汽车先进技术译丛 汽车创新与开发系列

汽车产品开发

［美］维夫克·D. 比泽（Vivek D. Bhise） 著
马芳武 等译
丁 祎 审校

机械工业出版社

本书旨在帮助读者理解汽车产品开发的"全局图",其唯一目的就是满足客户需求。本书源于作者深切地渴望了解汽车产品如何发展、认知汽车行业面临的诸多挑战、研究目前汽车产品设计中使用的方法,以及让未来的汽车工程师意识到他们的主要工作是为了满足使用他们产品的客户的需求。

　　本书分为三个部分。第一部分深入了解产品开发流程的各个阶段以及系统工程实施过程所涉及的步骤。严格并全面地执行系统工程流程是任何汽车产品方案取得成功的先决条件,否则,车辆开发方案可能超过其预算或规划时间,设计的产品可能无法满足其客户要求。第二部分介绍了车辆开发过程中使用的许多重要工具和方法。第三部分提供了过去几年作者在密歇根大学迪尔伯恩分校汽车系统工程专业教授研究生课程的许多实例和案例研究。本书适合汽车研发技术人员及汽车专业师生阅读使用。

译者的话

我从事汽车研发与教育工作多年,足迹遍布欧洲、北美和中国,见证了汽车变革重塑未来交通的巨大潜力和魅力。2018 年担任世界汽车工程师学会联合会(FISITA)技术委员会主席以来,不断鞭策自己,秉持"奉献、创新、求实和协作"的科学精神,架起中国汽车产业与世界之间沟通的桥梁。

为推进先进的汽车研发技术和管理方法,我一直致力于寻找可全面覆盖汽车产品开发和流程管理的好书推荐给汽车工程技术人员。直到发现了美国密歇根大学(University of Michigan)维夫克·D. 比泽(Vivek D. Bhise)教授所著的 *Automotive Product Development*,我决定尽快将此书翻译成中文版呈现给中国汽车研发人员。

作为汽车研发人员,如何将概念中的汽车变为现实所需的产品,如何让这款车型热销,都需要深入理解汽车产品开发流程和管理的重要性。这些问题需要研发工程师及汽车制造技师的共同努力来解决,也需要市场调研人员和产品规划人员的通力合作。面对当下激烈的市场竞争,汽车企业也正在缩短项目开发周期,并大力推行降低成本,采用最新技术,这也对汽车研发提出了新的挑战。《汽车产品开发》会助力我们解除许多困惑。

本书旨在帮助读者深刻理解汽车产品开发的全局,为工程技术人员和科研工作者提供汽车产品开发和管理的第一手必备知识,同时聚焦汽车行业所面临的诸多挑战、汽车产品设计所使用的方法以及如何让未来的汽车工程师创造出满足客户需求的产品等方面进行了深入阐述。

本书共包含 25 章,内容涵盖开发流程、方法工具和实例应用三大环节。第一部分(第 1~15 章)主要介绍汽车产品开发流程的各个阶段及系统工程实施过程中所涉及的步骤。开发与制造汽车产品是一项极其复杂的工程,涵盖一系列复杂的、协同的、高投入的设计、测试与制造过程。由此指出严格并全面地执行系统工程流程是任何汽车产品开发项目取得成功的先决条件;第二部分(第 16~21 章)详细讲述了汽车在开发过程的不同阶段所需使用的重要工具和方法,并通过其提供的数据或可视化信息来了解设计、验证等开发和工艺状况,以不断权衡并获得满足车辆要求的最佳产品。这些工具分为通用工具和专用工具,其合理使用大大提高了产品质量、缩短了项目时间并降低了产品成本;第三部分(第 22~25 章)以轿车、皮卡和 SUV 车型开发过程为例,阐明在产品开发项目前期、过程中和后期所使用的各种工具、方法及相应的评估结果，为汽车开发过程中的决策提供了必要的参考依据和支撑。

  本书的翻译工作由来自全球的十余位汽车行业专家历时一年多经过三轮翻译和校核完成。马芳武教授（加拿大籍，吉林大学）担任全书的总翻译工作；丁祎教授级高级工程师（美籍，北汽研究院）担任全书的总校对工作；本书第 1~4 章由魏佳宝（一汽-大众汽车有限公司）翻译，第 5~10 章由黄岩军博士（加拿大滑铁卢大学）翻译，第 11 章由金启前博士（宝能汽车有限公司）翻译，第 12 章由翟红生（Sean Zhai）（美籍，美国雪城大学）翻译，第 13~15 章由田广东教授（山东大学）翻译，第 16~19 章由郭冬梅（德国亚琛工业大学）翻译，第 20~21 章以及附录由马文婷（吉林大学）翻译，第 22~25 章由张先锋（中国汽车技术研究中心有限公司）翻译。赵颖博士（西南大学）、赵阳博士（吉林大学）和董芷卉（北京大学）参与了本书终稿的校对工作。在此，对以上所有成员的辛苦付出一并表示衷心的感谢！

  "工欲善其事，必先利其器"，希望本书能成为汽车工程技术人员、项目开发管理人员和科研院校的必备案前工具书，能为汽车行业所面临的问题提供建设性意见与建议。

  最后，特别鸣谢机械工业出版社在本书翻译与出版过程中给予的全面支持和大力帮助。

马芳武
SAE Fellow
FISITA 技术委员会主席
2020 年 01 月 18 日

前　言

汽车新产品的开发需要对多个学科知识的综合理解。在本书中，提供了多年来作者在密歇根大学为车辆工程专业的研究生教授汽车产品开发过程中所产生和使用的资料。

本书提供的这些复杂任务和完成这些任务的相关基本背景、原理、技术和步骤，有助于理解并确保成功开发出客户喜欢驾驶的"正确车辆"。正确地实施开发流程可以使产品开发团队成员为他们的成就感到自豪。并且创造出令人兴奋的新汽车能够提高公司的声誉，从而引导公司在经济效益、利润和投资回报方面取得难以想象的财务成功。

创造成功汽车产品的前提在于创建一个具有良好协同性的产品开发流程，应用正确的工具和技术，一个由积极进取的多学科专业人士组成的专业团队，以及能提供全方位支持的高级管理人员。

本书旨在强调汽车产品开发的"全局图"，其唯一目的就是满足客户需求。本书源于作者深切地渴望了解汽车产品如何发展、认知汽车行业面临的诸多挑战、研究目前汽车产品设计中使用的方法，以及让未来的汽车工程师意识到他们的主要工作是为了满足使用他们产品的客户的需求。

工程师们除了要精通专业领域应用技术，如结构分析、车辆动力学、动力系统效率分析、气动减阻和电气架构设计，还需要意识到客户购买的是"整车"，而不仅仅是他们设计的系统和部件的集合，例如四个车轮、转向盘、踏板、座椅、车身、灯具、线束以及油箱。所有车辆系统及其子系统和部件必须协同工作来满足客户所期望的驾驶感觉，以使他或她对车辆完全或非常满意。

在汽车行业工作的工程师可能声称他们目前具有诸如系统设计规范、设计工具、验证测试程序、测试设备和后续数据分析方法等领域的必要知识。然而，目前许多乘用车和货车仅能满足60%~80%的客户，也就是说，这些车辆没有达到客户和汽车公司高级管理人员所期望的90%以上的高比例。在各种市场调研调查中，客户和管理层对客户期望的高满意度与当前汽车产品实际达成满意度之间的差距，很大程度上是由于未能理解客户需求，未能将这些需求转化为设计规范，并确保所设计的产品确实是适合客户的产品。

本书的目的是为业内未来的工科毕业生和工程技术人员提供必要的背景知识，以确保他们了解汽车产品开发流程、挑战该行业的问题；为了让他们能创造出满足客户需求的产品，提供在设计、分析和评价这些步骤中应用到的各种必要方法和工具。

　　本书分为三个部分。第一部分深入了解产品开发流程的各个阶段以及系统工程实施过程所涉及的步骤。严格并全面地执行系统工程流程，是任何汽车产品方案取得成功的先决条件。否则，车辆开发方案可能超过其预算或规划时间，设计的产品可能无法满足客户要求。第二部分介绍了车辆开发过程中使用的许多重要工具和方法。第三部分提供了过去几年作者在密歇根大学迪尔伯恩分校汽车系统工程专业教授研究生课程的许多实例和案例研究。

　　汽车行业面对当下的激烈竞争和无尽压力，正在缩短项目开发时间和缩减成本。这导致了压缩甚至取消许多系统工程任务而造成进一步的压力，也因此危及整个开发项目的成功完成。由于技术的飞速进步，在许多分析中考虑了大量的参量，但因为许多关键参量无法直接测量，所以仍然依靠主观评价，这使车辆开发项目的复杂性增加。主观测量被应用在许多车辆属性评价中，如造型、驾驶性能、性能感觉、人机工程学、内部空间和质量。希望这本书能帮助解决该行业面临的许多具有挑战性的问题。

致　　谢

　　本书是我所受的教育、经历以及与来自汽车行业、学术界和政府机构的许多人交流的结晶。虽然要感谢所有影响我事业和思想的人是很难实现的，但我还是要感谢以下这些人的贡献。

　　我非常感谢俄亥俄州立大学的已故教授 Thomas H. Rockwell。Thomas 让我对人因工程学和驾驶研究产生兴趣。他是我攻读博士学位期间的顾问和导师。我学到了关于如何进行科学研究和分析数据的很多技巧，更重要的是，他把我推荐给了交通研究委员会（TRB）和美国汽车工程师学会（SAE）的技术委员会。

　　我要感谢已故的 Lyman Forbes、Dave Turner、已故的 Eulie Brayboy 和来自福特汽车公司的 Bob Himes。密歇根州迪尔伯恩市福特汽车公司人因工程及人机工程学系经理 Lyman Forbes，他花了很多时间与我讨论开展关于防撞研究和机动车辆安全标准制定研究的各种途径与方法。福特设计人员的先进设计工作室主任 Dave Turner 将人因工程和人机工程学部门植根于汽车设计流程中。在担任福特欧洲设计中心主任期间，他还帮欧洲福特内部建立了一个人因学小组。Eulie Brayboy 是企业设计部工程设计总工程师，他始终致力于将人因学投入汽车设计过程。先进车辆工程人员部的总工程师 Bob Himes，他致力于在车辆开发过程中的系统工程实施中将人机工程学和车辆布置作为车辆属性。

　　密歇根大学为我提供了开发和教授各种课程的难得机会。汽车系统工程和工程管理课程让我能够与数百名研究生交流，这些研究生在解决其他汽车行业设备制造商和供应商公司的问题时，采用了我们在研究生课程中教授的许多技术。我要感谢 Pankaj Mallick 教授和 Armen Zakarian 教授给予我开发和教授汽车系统工程和工业与制造系统工程项目的许多课程的机会。先进车辆系统研究所所长 Roger Schulze 让我对从事多种车辆设计多学科项目产生了兴趣。我们共同开发了许多车辆概念，例如轻量化车辆、福特 100 周年的新型 T 概念车和可重构电动汽车。我们还开发了大量的设计项目，创建了由工程系学生和来自密歇根州底特律创意研究学院的产品设计与交通设计系的学生组成的团队。我还要感谢我的学生多年来为许多研究项目所做的工作，包括建立测试系统、招募研究对象以及收集和分析数据。

　　在过去的 40 多年里，我还有幸与美国汽车工程师学会（SAE）、汽车制造商协会（MVMA）、交通研究委员会（TRB）以及人因学与人机工程学学会的许多委员会成员会面并讨论了许多汽车设计问题。

我还想感谢 CRC press（Taylor & Francis 公司的一个出版社）的 Cindy Carelli，感谢在准备本书的选题时给予的鼓励，以及感谢她的编辑团队将手稿转化成这本书。

最后，我要感谢我的妻子 Rekha，感谢她在我花费许多时间在电脑前工作、写手稿和创造这本书中的图表时，不断给予我鼓励和耐心。

维夫克·D. 比泽
安娜堡，密歇根州

作者简介

Vivek D. Bhise 目前是密歇根大学工业与制造系统工程专业的客座教授、教师协会讲师和退休教授。1965 年他在印度孟买的印度理工学院获得机械工程学士学位,1966 年在加州大学伯克利分校获得工业工程硕士学位,1971 年在俄亥俄州哥伦布市的俄亥俄州立大学获得工业和系统工程博士学位。

1973—2001 年期间,他在密歇根州迪尔伯恩的福特汽车公司担任多个管理和研究职务。他曾担任企业质量办公室的消费者人机工程学战略和技术经理,以及福特汽车公司企业设计中的人因工程学和人机工程学经理,负责乘用车和货车产品设计中的人机工程学属性研究。

他是最近出版的《汽车设计过程中的人机工程学》(ISBN:978-1-4398-4210-2. Boca Raton, FL:CRC Press, 2012)和《利用系统工程与技术设计复杂产品》(ISBN:978-1-4665-0703-6. Boca Raton, FL:CRC Press, 2014.)两本书的作者。

他曾教授过车辆人机工程学、车辆布置工程、汽车系统工程、产品和工艺设计管理、工作方法和工业人机工程学、人因工程、全面质量管理和六西格玛、质量工程定量方法、能源评估、风险分析和优化、产品设计和评价、安全工程、计算机辅助产品设计和制造、统计和概率理论等研究生课程。在密歇根大学渡过了 36 年(1980—2001 年担任兼职教授,2001—2009 年担任教授,以及退休后从 2009 年至今担任访问教授)。他还在 1968—1973 年间与俄亥俄州立大学驾驶研究实验室的已故教授 Thomas H. Rockwell 一起研究了许多人因工程学的科研项目。

他的著作还包括 100 多篇关于汽车内饰设计和评价、车辆布置参数化建模、汽车照明系统、汽车视野以及不同驾驶员/用户任务中人员表现建模的技术论文。

他还曾担任涉及产品安全、专利侵权和公路安全案件的鉴定专家。

1987 年,他获得了人因学会 A. R. 劳尔奖,以表彰他在理解驾驶员行为方面做出的杰出贡献。他曾在美国汽车工程师学会、美国国家科学院交通研究委员会、人因学会等多个委员会任职。

编辑的话

　　李骏院士、赵福全教授、马芳武教授等汽车行业领军专家在企业主持产品开发的过程中，深刻理解并总结了汽车产品开发中的三大要素：流程、标准与理念。

　　在行业领军人物和大量海归专家的带领下，各大国内主机厂和一些一级供应商已经建立了适合自身开发需求的完整的开发流程，建立了高水平的技术团队，保证了汽车产品的基本品质；汽车行业在不断制定和完善行业的各种开发流程和标准；在和国外汽车厂商的合作与竞争中，很多先进的理念也不断被开发人员接受并体现在工作中。

　　但是，产品开发中的三大要素并未完全解决：从流程上讲，仍存在优化和进步的很大空间，尤其是产品开发节奏日益加快，同步工程日益受到重视的当下，如何优化开发流程？从标准和理念上讲，如何将日渐严苛并逐渐与国际接轨的标准，以及先进的理念，融合到产品开发的每一个流程中，并在最终的产品中体现出来？

　　《汽车产品开发》从很大程度上给出了上述问题的答案。这本书从系统工程的角度出发，首先给出了汽车产品开发的全局图，对产品开发的流程和组织进行了描述，使读者建立汽车产品开发的完整概念；在对产品开发每一个子流程甚至每一个操作步骤，从横向（当前的竞争对手）和纵向（开发的新产品要面对2~4年之后的市场竞争）分别对比的角度，对于产品的客户需求、目标设定、概念建立、商业计划、技术发展规划、项目管理、系统级联等进行了详细描述。本书尤其有价值的是，为汽车产品开发的各步骤提供了方法和工具，包括各种比较参数如何计算和各种表格生成等。如何做，做到什么程度，在过程中要注意避免什么，等等，这些书中提供的方法和工具为将标准细化并落实到开发工作中，将先进的开发理念落地，夯实了坚实的基础。

　　本书对于从事汽车开发的相关专业人士都非常有价值。对于高校的学者，可以更了解汽车的开发流程和需求；对于即将毕业进入汽车企业从事技术工作的学生，可以从本书了解汽车产品开发的全局，找准自己工作的定位；对于汽车企业的技术管理者和开发工程师，可以从本书中汲取改善和细化自身工作的方法和工具；而Tier1甚至Tier2的供应商们，则通过本书可以更好地把准客户脉搏，提升自身的客户满意度。

　　正是因为本书内容的广度和深度，使本书的翻译工作更为困难。若不是对汽车产品开发的全流程以及具体的技术和管理工作有完整的认识和深刻的理解，则肯定无法表达出本书的价值！非常幸运的是，吉林大学马芳武教授领衔包括加拿大、美国、德国和国内学界及工程界的全球十余位技术专家，融合了国际化的对汽车产品开发的理念与视野，高质量地将本书翻译出版；为了保证本书的翻译质量，马老师又请美籍华人、教授级高工丁祎博士对全文进行了反复审校！

"为中国汽车提供领先世界的知识动力"是我们机工汽车编辑们的工作目标，也希望我们的图书能为广大行业技术工作者提供切实的帮助！

目 录

译者的话
前言
致谢
作者简介
编辑的话

第一部分　汽车产品开发流程

第1章　引言：汽车产品开发 …… 3
1.1 　引言 ……………………………… 3
1.2 　流程、系统和系统工程的
　　　基本概念 ………………………… 3
　　1.2.1 　流程 ……………………… 3
　　1.2.2 　系统 ……………………… 4
　　1.2.3 　系统工程 ………………… 4
1.3 　产品开发 ………………………… 7
1.4 　汽车产品系统 …………………… 9
1.5 　汽车产品开发流程 ……………… 11
　　1.5.1 　什么是汽车产品开发 …… 11
　　1.5.2 　汽车产品开发流程图 …… 12
　　1.5.3 　汽车产品开发时序图 …… 12
1.6 　了解客户需求 …………………… 15
1.7 　项目范围、时间管控及挑战 …… 15
　　1.7.1 　汽车开发项目的范围 …… 15
　　1.7.2 　项目时间管控 …………… 15
　　1.7.3 　管理汽车项目中的重要
　　　　　　注意事项 ………………… 16
　　1.7.4 　产品开发过程中常见问题 … 17
　　1.7.5 　产品开发过程中的决策 … 18
1.8 　汽车产品开发相关学科 ………… 18
1.9 　选择项目经理 …………………… 19
1.10　早期车辆概念开发的作用 ……… 19
1.11　团队架构与团队组建 …………… 20
1.12　将供应商视为合作伙伴 ………… 22

1.13　其他影响车辆项目的内部和
　　　外部因素 ………………………… 23
　　1.13.1　内部因素 ………………… 23
　　1.13.2　外部因素 ………………… 23
1.14　系统工程的重要性及优缺点 …… 23
　　1.14.1　系统工程的重要性 ……… 23
　　1.14.2　系统工程流程的优缺点 … 24
1.15　结束语 …………………………… 24
参考文献 ………………………………… 25

第2章　汽车产品开发中涉及的步骤
和迭代 ……………………………… 26
2.1 　引言 ……………………………… 26
2.2 　系统工程流程和模型 …………… 27
　　2.2.1 　这个过程需要从了解客户需
　　　　　　求、业务需求及政府要求
　　　　　　开始 ……………………… 27
　　2.2.2 　系统工程流程 …………… 27
　　2.2.3 　系统工程"V"模型 …… 30
　　2.2.4 　系统工程模型的5种循环 … 32
2.3 　系统工程流程管理 ……………… 33
2.4 　项目时间安排中的节点定义和
　　　定位 ……………………………… 34
2.5 　按车辆属性管理 ………………… 36
　　2.5.1 　车辆属性和属性要求 …… 36
　　2.5.2 　什么是属性 ……………… 36
　　2.5.3 　属性要求 ………………… 38

2.5.4	属性管理 ……………… 38	
2.6	整车级目标设置 ……………… 39	
2.7	将整车分解为可管理的低级别实体 ……………… 40	
	2.7.1 复杂产品管理 ……… 40	
	2.7.2 分解树 ……………… 41	
2.8	车辆属性与车辆系统之间的关系 ……………… 42	
2.9	车辆系统之间的接口 ………… 44	
2.10	设定和分析要求 ……………… 44	
	2.10.1 什么是要求 ……… 44	
	2.10.2 为什么规定要求 … 45	
	2.10.3 如何开发要求 …… 45	
	2.10.4 好的要求的特征 … 45	
2.11	评估、验证和认证测试 ……… 46	
2.12	结束语 ……………………… 46	
参考文献 ……………………………… 47		

第3章 客户需求、业务需求和政府要求 ……………… 48

3.1	引言 ………………………… 48	
3.2	汽车开发过程的输入 ………… 49	
	3.2.1 客户需求 ………… 49	
	3.2.2 客户需求清单 …… 49	
	3.2.3 商业需求 ………… 51	
	3.2.4 政府要求 ………… 52	
3.3	获取客户输入 ……………… 52	
	3.3.1 观察方法 ………… 52	
	3.3.2 沟通方法 ………… 53	
	3.3.3 实验方法 ………… 53	
	3.3.4 其他方法 ………… 54	
3.4	确定业务需求：产品组合、车型更改和盈利能力 ………… 54	
3.5	政府对安全、排放和燃料经济性的要求 ……………… 55	
	3.5.1 政府安全要求 …… 55	
	3.5.2 EPA 温室气体排放和 NHTSA 企业平均燃油经济性标准 … 55	
	3.5.3 基于投影面积的（油耗）标准的理论依据 ……… 55	

3.6	新技术的前瞻 ……………… 58	
3.7	车辆特性："兴奋""必须拥有""很高兴拥有"的特性 ……… 58	
3.8	全球客户及供应商 ………… 59	
3.9	根据客户需求对车辆进行比较 … 59	
3.10	结束语 ……………………… 59	
参考文献 ……………………………… 60		

第4章 对标和目标设定的作用 …… 61

4.1	引言 ………………………… 61	
4.2	对标 ………………………… 61	
4.3	照片对标 …………………… 64	
4.4	突破 ………………………… 65	
4.5	对标竞争车型实例 ………… 66	
4.6	系统、子系统和零部件级对标实例 ……………… 73	
4.7	结束语 ……………………… 73	
参考文献 ……………………………… 73		

第5章 制订商业计划与获得管理层批准 ……………… 74

5.1	引言 ………………………… 74	
5.2	商业计划 …………………… 74	
	5.2.1 商业计划的定义 … 74	
	5.2.2 商业计划的内容 … 74	
	5.2.3 商业计划的制订过程 … 77	
5.3	产品项目中的风险 ………… 77	
5.4	自制或购买 ………………… 79	
5.5	结束语 ……………………… 79	
参考文献 ……………………………… 80		

第6章 新技术、车辆特征和技术发展规划 ……………… 81

6.1	引言 ………………………… 81	
6.2	应用新技术 ………………… 81	
	6.2.1 影响未来车辆设计变化的主要原因 ……… 82	
	6.2.2 制订技术规划 …… 82	
	6.2.3 技术实施涉及的风险 … 82	
6.3	新技术 ……………………… 83	
	6.3.1 传动系统开发的设计趋势 … 83	
	6.3.2 驾驶员辅助和安全技术 …… 85	

6.3.3　驾驶员信息交互技术 ……… 87
6.3.4　车联网或V2X技术 ……… 88
6.3.5　自动驾驶汽车 ……………… 90
6.3.6　轻量化技术 ………………… 91
6.3.7　气动减阻 …………………… 92
6.4　技术规划 ………………………… 92
6.5　结束语 …………………………… 94
参考文献 ………………………………… 94

第7章　车辆属性与系统关系 …… 95
7.1　引言 ……………………………… 95
7.2　客户需求与系统设计的任务及关系概述 …………………………… 95
7.3　车辆系统的属性要求的分配 …… 97
7.3.1　整体车辆技术规范开发 …… 97
7.3.2　为提案车辆定义属性要求 … 98
7.3.3　车辆属性要求的细化 ……… 100
7.3.4　从车辆属性要求到向车辆系统功能配置的车辆功能技术规范 ……………………… 100
7.3.5　车辆属性要求级联到车辆系统 ………………………… 101
7.4　系统设计规范 …………………… 103
7.5　结束语 …………………………… 103
参考文献 ………………………………… 104

第8章　了解车辆系统间的接口 … 105
8.1　引言 ……………………………… 105
8.2　接口 ……………………………… 105
8.2.1　什么是接口 ………………… 105
8.2.2　接口种类 …………………… 106
8.2.3　接口要求 …………………… 107
8.3　可视化接口 ……………………… 108
8.3.1　接口表征 …………………… 108
8.3.2　接口图 ……………………… 109
8.3.3　接口矩阵 …………………… 109
8.4　接口图和接口矩阵的示例 ……… 110
8.4.1　车辆系统接口图和接口矩阵 ………………………… 110
8.4.2　车辆制动系统接口 ………… 113
8.5　用于消除或者改善接口的迭代设计 ……………………………… 120
8.6　跨多个车辆线共享共同实体 …… 120
8.7　结束语 …………………………… 120
参考文献 ………………………………… 121

第9章　整车属性要求级联到系统属性 …………………………… 122
9.1　引言 ……………………………… 122
9.1.1　什么是属性级联 …………… 122
9.1.2　向低级别级联分解属性要求 ………………………… 123
9.1.3　示例：车辆属性的子属性 … 124
9.2　属性要求级联到制定系统设计要求 ……………………………… 125
9.3　属性级联示例 …………………… 126
9.4　结束语 …………………………… 131
参考文献 ………………………………… 131

第10章　概念车的开发 …………… 132
10.1　引言 …………………………… 132
10.2　概念车开发流程 ……………… 136
10.3　与创建概念车相关的其他问题 ……………………………… 137
10.3.1　产品变型和差异化 ……… 137
10.3.2　车辆平台定义 …………… 137
10.3.3　概念车和变更的数量 …… 138
10.3.4　作为系统设计车辆的外饰和内饰 ……………………… 138
10.3.5　概念车的评估 …………… 139
10.4　使用Pugh图表进行概念选择和改进 ……………………………… 139
10.5　模型、布置和可选特性的规划 … 140
10.6　结束语 ………………………… 140
参考文献 ………………………………… 141

第11章　选择车辆概念 …………… 142
11.1　引言 …………………………… 142
11.2　市场调研审核概述 …………… 142
11.2.1　什么是市场调研 ………… 142
11.2.2　新概念车型 ……………… 143
11.2.3　特殊评估细节 …………… 143
11.2.4　市场调研的利弊 ………… 144

11.3 产品开发过程中的市场调研方法 ………… 144
11.4 市场调研审核 ………… 146
  11.4.1 市场调研审核中评估车型特征的举例 ………… 146
  11.4.2 市场调研审核通常包含评估的车型特征 ………… 147
  11.4.3 评估过程中外造型模型的准备 ………… 148
  11.4.4 内饰总布置座舱模型的调查准备 ………… 150
  11.4.5 避免市场调研审核干扰的措施 ………… 150
  11.4.6 调查出错原因 ………… 151
  11.4.7 调查问题和数据分析的类型 ………… 151
11.5 市场调研审核的类型 ………… 154
11.6 结束语 ………… 154
参考文献 ………… 154

第12章 车辆开发项目管理 ………… 155
12.1 引言 ………… 155
12.2 项目经理 ………… 155
12.3 项目与项目管理 ………… 156
  12.3.1 项目管理职能 ………… 157
  12.3.2 详细项目计划的开发 ………… 157
  12.3.3 项目管理 ………… 158
  12.3.4 项目计划的具体步骤 ………… 159
12.4 项目计划中使用的工具 ………… 159
  12.4.1 甘特图 ………… 159
  12.4.2 关键路径法 ………… 159
  12.4.3 项目（或小项目）评估与审核技术 ………… 161
  12.4.4 工作分解框架 ………… 162
  12.4.5 项目管理软件 ………… 162
  12.4.6 其他工具 ………… 162
12.5 系统工程管理计划（SEMP） ………… 163
  12.5.1 SEMP 的具体内容 ………… 164
  12.5.2 重要信息清单 ………… 166
  12.5.3 系统工程师的作用 ………… 166
  12.5.4 系统工程管理计划的价值 ………… 167
12.6 系统工程管理计划实例 ………… 167
12.7 项目管理的复杂性 ………… 173
  12.7.1 关于项目管理的时间管理 ………… 173
  12.7.2 关于项目管理的成本管理 ………… 174
  12.7.3 项目管理面临的挑战 ………… 174
12.8 结束语 ………… 175
参考文献 ………… 175

第13章 计算机辅助技术 ………… 176
13.1 引言 ………… 176
13.2 计算机辅助技术 ………… 176
13.3 计算机辅助设计、工程和制造业 ………… 179
  13.3.1 计算机辅助工程（CAE）方法和可视化 ………… 179
  13.3.2 产品可视化工具 ………… 179
13.4 专业工程活动中使用的设计工具 ………… 180
  13.4.1 概念设计 ………… 180
  13.4.2 CAE 与物理测试和样车制作 ………… 181
  13.4.3 设计审查会议 ………… 181
  13.4.4 验证测试 ………… 181
  13.4.5 认证测试 ………… 181
13.5 CAD 的优势 ………… 181
13.6 结束语 ………… 182
参考文献 ………… 183

第14章 车辆认证 ………… 184
14.1 引言 ………… 184
14.2 认证测试范围 ………… 184
  14.2.1 何时执行认证 ………… 184
  14.2.2 整车测试 ………… 185
14.3 评估方法 ………… 186
  14.3.1 客户评级 ………… 189
  14.3.2 专家审查 ………… 189
  14.3.3 公司员工和管理人员 ………… 190
  14.3.4 实验室和控制现场测试 ………… 190

14.4 一些认证测试和测试细节的
　　　例子 ·· 190
　　14.4.1 汽车的性能 ···························· 190
　　14.4.2 舒适性 ·································· 191
　　14.4.3 噪声、振动和舒适性
　　　　　（NVH） ································ 192
　　14.4.4 碰撞安全 ······························· 193
　　14.4.5 造型和外观 ··························· 194
　　14.4.6 总布置和人机工程学 ··········· 194
　　14.4.7 电气和电子产品 ··················· 195
14.5 结束语 ·· 196
参考文献 ··· 196

第15章 为车辆创建网站和手册 ··········· 197
15.1 引言 ··· 197
15.2 为何创建车辆手册 ······························· 197
15.3 车辆网站 VS 车辆手册 ······················· 198
15.4 手册的内容 ·· 199
　　15.4.1 车型、配置和特征 ·················· 199
　　15.4.2 图片集 ····································· 200
　　15.4.3 车辆价格 ································ 200
15.5 车辆手册内容举例 ······························ 200
　　15.5.1 车辆尺寸：外部尺寸和
　　　　　内部尺寸 ································ 200
　　15.5.2 传动系统和燃油经济性 ······· 201
　　15.5.3 车辆的重要属性 ··················· 201
　　15.5.4 安全特征 ······························· 202
　　15.5.5 特殊特征分类 ······················· 202
15.6 结束语 ·· 204
参考文献 ··· 204

第二部分　汽车设计过程中使用的工具

第16章 车辆产品开发工具箱 ················ 207
16.1 引言 ··· 207
16.2 车辆开发阶段使用的工具 ·················· 208
　　16.2.1 电子表格 ································ 208
　　16.2.2 设计标准和指南 ··················· 208
　　16.2.3 产品规划工具 ······················· 208
　　16.2.4 计算机辅助设计和工具包 ··· 210
　　16.2.5 工程分析工具 ······················· 210
　　16.2.6 质量工具 ······························· 211
　　16.2.7 人因和人机工程学工具 ······· 211
　　16.2.8 安全工程工具 ······················· 211
　　16.2.9 测量工具 ······························· 212
　　16.2.10 项目/计划管理工具 ············· 212
　　16.2.11 财务分析工具 ······················ 212
　　16.2.12 市场研究工具 ····················· 212
16.3 结束语 ·· 212
参考文献 ··· 213

第17章 决策工具 ······································· 214
17.1 引言 ··· 214
17.2 汽车制造商的决策实例 ······················ 215
17.3 产品设计决策 ····································· 216
　　17.3.1 产品生命周期中的
　　　　　关键决策 ································ 216
　　17.3.2 设计阶段的权衡 ··················· 216
17.4 什么影响决策 ····································· 218
　　17.4.1 备选方案、效果、收益和
　　　　　风险 ·· 218
　　17.4.2 最大期望值原则 ··················· 218
　　17.4.3 可选方案决策的其他
　　　　　原则 ·· 220
　　17.4.4 用于决策的数据收集 ··········· 222
　　17.4.5 及时决策的重要性 ··············· 222
　　17.4.6 通过敏感性分析进行稳健性
　　　　　评估 ·· 223
17.5 多属性决策模型 ·································· 223
　　17.5.1 Pugh 图 ································· 223
　　17.5.2 加权 pugh 分析法 ················· 224
　　17.5.3 概念选择的加权总分 ··········· 225
　　17.5.4 层次分析法 ··························· 226
17.6 AHP 多属性决策的应用 ····················· 229
17.7 决策中的信息需求 ····························· 232
17.8 产品开发和产品应用中存在的
　　 风险 ·· 233
　　17.8.1 风险的定义和产品开发中的

风险类型 233
17.8.2 产品使用过程中的风险
类型 234
17.9 风险分析 234
17.9.1 风险矩阵 235
17.9.2 风险优先级数 235
17.9.3 风险测量中的问题 236
17.10 产品开发中早期决策的
重要性 236
17.11 结束语 237
参考文献 237

第18章 产品规划工具 238
18.1 引言 238
18.2 对标和突破设计 239
18.2.1 对标 239
18.2.2 突破设计 240
18.3 Pugh 图 240
18.4 时序图和节点 242
18.5 质量功能展开 242
18.5.1 QFD 图表的示例 246
18.5.2 QFD 的级联 247
18.5.3 QFD 的优点和缺点 250
18.6 失效模式与影响分析 250
18.7 失效模式、影响及危害性分析 255
18.8 其他产品开发工具 255
18.8.1 商业计划 255
18.8.2 项目状态图 256
18.8.3 标准 257
18.8.4 CAD 工具 258
18.8.5 样车设计及模拟 258
18.8.6 物理样机 259
18.8.7 技术评估工具 259
18.9 结束语 259
参考文献 260

第19章 汽车项目的财务分析 261
19.1 引言 261
19.2 汽车开发项目中的成本和收入
类型 261
19.2.1 非重复性成本和重复性

成本 262
19.2.2 在产品生命周期中的
成本和收入 262
19.2.3 固定成本与可变成本 263
19.2.4 制造与购买决策 264
19.2.5 零件和平台共享 265
19.2.6 质量成本 266
19.2.7 制造成本 266
19.2.8 安全成本 266
19.2.9 产品终止成本 267
19.2.10 总生命周期成本 267
19.3 时间对成本的影响 268
19.4 项目财务计划 268
19.5 估算成本和收入的挑战 283
19.6 产品定价方法 283
19.6.1 传统的"成本加"方法 283
19.6.2 市场价格减去利润的
方法 283
19.6.3 其他成本管理软件应用
程序 284
19.6.4 权衡和风险 284
19.7 结束语 285
参考文献 285

第20章 车辆总布置工程工具 286
20.1 引言 286
20.2 车辆总布置背景 286
20.2.1 车辆总布置定义 286
20.2.2 车辆总布置内容 287
20.2.3 车辆总布置组织机构 287
20.2.4 车辆总布置工程领域 287
20.2.5 车辆总布置人员 288
20.2.6 总布置工程和人机
工程学 289
20.2.7 车辆总布置设计原则 289
20.3 车辆总布置设计流程 290
20.3.1 车辆总布置工程任务和
流程 290
20.3.2 车辆总布置设计的标准
实行 292

20.3.3 机械总布置设计 …… 293
20.3.4 乘员总布置设计 …… 296
20.3.5 CAD 模型和总布置模型 … 297
20.3.6 内饰总布置参考点和座椅
轨道相关尺寸 …… 299
20.3.7 内饰尺寸 …… 301
20.4 驾驶员总布置开发步骤及
运算 …… 305
20.5 上下车考虑因素 …… 313
20.5.1 上下车期间的问题 …… 313
20.5.2 与上下车相关的车辆特征和
尺寸 …… 315
20.6 驾驶员的视野 …… 316
20.6.1 发动机舱盖上方的能见度 … 317
20.6.2 指挥座位位置 …… 317
20.6.3 矮小驾驶员的问题 …… 317
20.6.4 高大驾驶员的问题 …… 318
20.6.5 遮阳板设计问题 …… 319
20.6.6 刮水器和除霜器要求 …… 319
20.6.7 A 柱引起的阻碍 …… 320
20.6.8 后视镜视野要求 …… 320
20.6.9 后视镜位置 …… 321
20.7 测量视野的方法 …… 322
20.8 其他总布置问题和车辆尺寸 … 323
20.9 结束语 …… 323
参考文献 …… 324

第 21 章 车辆评估方法 …… 325
21.1 引言 …… 325
21.2 产品评估方法概述 …… 325
21.3 数据采集和测量方法类型 …… 326

21.4 数据采集和分析方法 …… 327
21.4.1 观察法 …… 327
21.4.2 访问调查法 …… 327
21.4.3 实验法 …… 328
21.5 车辆开发过程评估 …… 328
21.5.1 用测量仪器进行物理
测试 …… 329
21.5.2 市场调研方法 …… 329
21.5.3 人机工程学评估 …… 331
21.6 客观评价和数据分析方法 …… 338
21.7 主观评价和数据分析方法 …… 338
21.7.1 分层评级 …… 338
21.7.2 基于对偶比较的方法 …… 339
21.7.3 Thurstone 对偶比较方法 … 340
21.7.4 层次分析法 …… 343
21.8 汽车设计中评估技术的
若干应用 …… 344
21.8.1 检查清单 …… 344
21.8.2 观察性研究 …… 344
21.8.3 车辆用户访谈 …… 344
21.8.4 分层评级 …… 344
21.8.5 使用程序化的车辆验证
模型研究 …… 344
21.8.6 驾驶模拟器评估 …… 345
21.8.7 场地测试和实车驾驶
评估 …… 345
21.8.8 系统和零部件验证及车辆
认证方法 …… 345
21.9 结束语 …… 345
参考文献 …… 346

第三部分 工具的应用：实例及图示

第 22 章 评价研究 …… 351
22.1 引言 …… 351
22.2 低成本车辆对标研究 …… 351
22.3 照片对标 …… 353
22.4 质量功能部署 …… 355
22.5 CAD 评价 …… 356
22.5.1 叠加图 …… 356

22.5.2 不同车辆左/右两侧的
复合视图 …… 356
22.5.3 装配顺序视图 …… 357
22.5.4 动态模拟/视频 …… 357
22.6 中控台设计中的观察性研究 … 358
22.7 人机工程学评估模型 …… 359
22.7.1 易读性预测模型 …… 359

22.7.2 风窗玻璃遮蔽炫光
预测模型 …………… 361
22.8 模拟器、实验室和场地测试 … 362
　22.8.1 驾驶模拟器 …………… 363
　22.8.2 实验室和场地测试 …… 363
22.9 总布置评估调研 …………… 364
22.10 概念选择市场调研 ………… 367
22.11 结束语 ……………………… 368
参考文献 …………………………… 369

第23章 乘用车开发实例 ………… 370
23.1 引言 ………………………… 370
23.2 客户特征和需求、细分市场、
　　　对标和车辆技术规范 ……… 371
　23.2.1 客户特征 ……………… 371
　23.2.2 客户需求 ……………… 371
　23.2.3 细分市场 ……………… 372
　23.2.4 对标 …………………… 372
23.3 目标车辆描述 ……………… 375
23.4 目标车辆变化 ……………… 376
23.5 目标车辆评估 ……………… 378
　23.5.1 客户需求 Pugh 矩阵图 …… 380
　23.5.2 车辆属性 Pugh 矩阵图 …… 380
　23.5.3 车辆系统 Pugh 矩阵图 …… 381
23.6 项目时间、销售和财务预测 … 381
　23.6.1 项目时间 ……………… 381
　23.6.2 销售预测 ……………… 381
　23.6.3 财务预测 ……………… 381
23.7 结束语 ……………………… 381
参考文献 …………………………… 382

第24章 皮卡车型开发案例
研究 ……………………… 383
24.1 引言 ………………………… 383
24.2 客户特征和需求、细分市场、
　　　对标和车辆技术规范 ……… 384
　24.2.1 客户特征 ……………… 384
　24.2.2 客户需求 ……………… 384
　24.2.3 细分市场 ……………… 386
　24.2.4 对标和车辆技术规范 … 386

24.3 目标车辆描述 ……………… 388
24.4 目标车辆变化 ……………… 388
24.5 目标车辆评估 ……………… 391
　24.5.1 客户需求 Pugh 矩阵图 … 393
　24.5.2 车辆属性 Pugh 矩阵图 … 394
　24.5.3 车辆系统 Pugh 矩阵图 … 394
24.6 项目时间、销售和财务预测 … 394
　24.6.1 项目时间 ……………… 394
　24.6.2 销售预测 ……………… 394
　24.6.3 财务预测 ……………… 394
24.7 结束语 ……………………… 394
参考文献 …………………………… 395

第25章 SUV 车型开发实例 …… 396
25.1 引言 ………………………… 396
25.2 客户特性、需求与细分市场 … 397
　25.2.1 客户特征 ……………… 397
　25.2.2 客户需求 ……………… 397
　25.2.3 细分市场 ……………… 398
25.3 目标车辆描述 ……………… 398
25.4 对标研究数据 ……………… 398
25.5 技术规划 …………………… 407
25.6 开发车辆评估 ……………… 411
25.7 项目时间、销售和财务预测 … 414
　25.7.1 项目时间 ……………… 414
　25.7.2 销售预测 ……………… 415
　25.7.3 财务预测 ……………… 415
25.8 结束语 ……………………… 415
参考文献 …………………………… 415

附录 …………………………………… 416
附录 A 对标和初步设计规范 …… 416
附录 B 选定的车辆系统的质量功能部署、
　　　　需求级联和接口分析 …… 418
附录 C 商业规划开发 …………… 420
附录 D 拟开发车辆的概念设计和
　　　　技术方案 ………………… 421
附录 E 系统工程管理计划和
　　　　车辆手册 ………………… 422

第一部分　汽车产品开发流程

第1章 引言：汽车产品开发

1.1 引言

复杂产品、大量输入、众多设计师和工程师

设计和生产汽车产品是一项极其复杂的工作。汽车产品本身非常复杂。它涉及很多系统：车身系统、传动系统、悬架系统、电气系统、空调系统、制动系统、转向系统、燃油系统等。每个系统都必须在所有可能的道路、交通和天气的综合条件下协同工作，以满足具有不同特点、能力和条件的驾驶员和用户的使用。汽车产品开发流程需要多年的资源积累，包括许多复杂的、协调的、高投入的设计、评价、生产和装配过程。复杂的汽车产品还必须满足数以百计的客户需求，并符合政府的法规要求及公司管理的目标和需求。

开发一个新的汽车产品需要高效地执行许多流程，而系统工程的实施对于协调各种技术和公司管理需求至关重要。正确合理地实施系统工程可确保在计划的时间周期内开发出最佳的产品，同时避免预算超支。为了理解产品开发流程的复杂性，我们将从本章开始，先对流程、系统及系统工程进行清晰的解释，之后再继续对汽车产品开发流程进行详细介绍。

1.2 流程、系统和系统工程的基本概念

1.2.1 流程

流程是"工作完成"的过程。一个流程通常由一系列步骤、任务或操作组成，这些步骤、任务或操作由人员（即人工操作员）和/或机器（如机器人、计算机或自动化设备）根据许多输入（如信息、原材料、能源）来执行工作。人们也可以使用一个或多个工具（例如手工工具、电动工具或软件应用程序）来执行任意任务。流程是由某个部件[如一个零件、一个装配体、一笔交易、一份跟踪报告、一份图样、一个计算机辅助设计（CAD）模型]或某个人（如一个人从工位到其

他工位和在每个工位执行一个或多个任务）通过一系列步骤和任务来研究和定义的过程。每个流程中必须明确定义起点和终点。流程的目的，也就是流程产生的原因；其功能，就是流程中要执行的工作，也必须明确定义和进行记录。

为了创造（即设计和生产）一个产品（如一辆汽车），需要许多流程（如客户需求确定流程、车辆概念开发流程、详细的工程工作流程、系统的验证流程、生产工具开发流程和车辆装配流程）。

1.2.2 系统

系统由一组部件（或元素）组成，它们协同工作以执行一个或多个功能。系统通常由人员、硬件（如零件、工具、机器、计算机和设备）或软件（即代码、指令、程序、数据库）及其操作环境组成。系统还需要操作程序（或方法）和组织策略（如目标、要求和规范的文档）来实现其流程并完成其工作。系统还要在特定的环境和条件下工作（如温度和湿度条件、振动、磁场、电力/交通流量模式）。必须明确定义系统的目的、功能和性能（即能够在指定的操作环境中执行或产生指定级别的输出）。

一些系统的定义如下：

1）系统是一组功能元素，它们被组织起来以实现指定的目标。这些元素包括硬件、软件、人员、设施和数据。

2）系统是一组相互关联的部件，它们协同工作来完成某些共同的目标或目的（Blanchard and Fabrycky，2011）。

3）系统是一组不同的元素，它们相互关联起来以实现特定的功能，而单个元素则无法实现该功能（Rechtin，1991）。

4）系统是一组对象，这些对象之间以及它们的属性之间都有关联（Hall，1962）。

一组部件具有以下属性（Blanchard and Fabrycky，2011）：

1）每个部件对整个系统都有影响。

2）每个部件都依赖于其他部件。

3）这些部件不能被划分为独立的子系统。

1.2.3 系统工程

系统工程是一个多学科的工程决策过程，涉及设计、使用系统和产品的整个生命周期。系统工程的实施是非常有益的，因为如果没有它，在目标时间和成本内创造客户真正想要的最佳的系统或产品（就其属性而言，如性能、安全性、造型及舒适性）的可能性将大大降低（参见 INCOSE ［2006］，NASA ［2007］，Kmarani and Azimi ［2011］ for more information on SE）。

1. 系统方法

系统工程中的"系统"一词涵盖了一个汽车产品中的不同系统的以下方面：

1) 汽车产品是一个系统，包含一系列的系统（如车身系统、传动系统、底盘系统、电器系统）。

2) 因此，整个汽车的设计将包括设计汽车的所有系统，使各系统协同工作（即系统之间相互关联，同时每个系统执行其各自的功能），以构建一个功能完备的车辆，来满足客户的需求。

3) 需要来自许多不同学科（如工业设计、机械工程、电气工程、物理、制造工程、产品规划、财务、商业和营销）的专业人员设计（即做出与设计有关的决策）车辆中的所有系统。

4) 车辆具有许多不同的属性（即客户期望的特性，如性能、燃油经济性、安全性、舒适性、造型和布置）。在进行车型的所有系统设计时，需要同时考虑所有属性的级别和各属性之间的权衡，这需要来自不同学科和专业并且对车辆每个系统都深入了解的专业人员的共同投入。

5) 汽车产品是其他更大系统的组成部分［如一个或多个车辆平台（可与其他车型共享）、公路运输系统、石油消耗和燃料分配系统、金融系统等］。

6) 汽车在不同的环境和条件下工作（如在雷雨天的晚上，行驶在蜿蜒的道路上）。

7) 在设计过程中，必须考虑生命周期的所有阶段，从新车型产品的概念化到停产，及其处置、报废、回收、更换、工厂拆除或重组。

系统方法包括同时考虑多个系统、多个属性、属性之间的权衡、生命周期、学科、其他系统和在工作环境中解决问题（即进行决策）。因此，系统方法是系统工程的主要和必要部分。

2. 多学科方法

系统工程是一种多学科方法，也就是说，它从许多不同学科的人员那里获得输入，他们协同工作、考虑许多设计和操作中出现的问题并且进行权衡，以得到成功的产品或系统。在此必须认识到，一个学科，例如电气工程，主要责任是设计电子系统，但是其他学科也可以提出许多与该系统的设计和操作有关的问题，从而有助于在系统设计中同时从多个角度对多个因素进行思考。

系统工程包括从产品（或系统）的早期概念阶段到产品生命周期的结束（即当产品从服务中移除并处置）的技术和管理活动。管理活动有助于确保所有的需求和设计关注点都被考虑到，并且满足产品性能、开发计划和预算的主要产品项目目标。

3. 客户至上

系统工程从理解客户需求和开发可接受的产品（或系统）概念出发。重点放在开发周期的早期，定义客户需求和所需功能，并记录需求，把问题作为一个整体考虑的同时进行设计整合和系统（或产品）验证（INCOSE，2006）。

系统工程的目标是确保产品（或系统）的设计、构建和运行，以便通过考虑性能、安全性、成本、进度和风险，以最具成本效益的方式满足客户的要求。

4. 系统工程基本特征

系统工程方法的基本特征如下：

1）多学科：系统工程是一个没有学科界限的活动。它是整个设计和开发过程中所涉及的学科的集合。它涉及来自不同学科的专业人员协同工作（同时且最好在同一个建筑中共同工作）、不断沟通、审核设计问题，并在产品的所有方面互相协助。所包括的学科类型取决于产品的类型和特征以及产品项目的范围。

将系统工程应用于开发汽车产品时需要来自众多学科的人员。例如工程师，包括工程学内的许多专业，例如机械、材料、电子、计算机和信息科学、化学、制造、工业试验、人因工程、质量和系统工程；进行车辆的新技术特征的设计和生产研究相关的科学家，如物理、化学和生命科学；工业设计师，他们定义车辆的感官形式和工艺特点，即车辆外部和内部的视觉、感觉以及声音，如造型和外观，材料特性及表面触感，操作设备的声音和材料的气味；市场研究人员，他们定义客户、细分市场、客户需求、市场价格和销售量；管理人员，如规划和项目管理人员，包括产品规划师、会计师、控制人员和经理；参与制造和装配的工厂人员、分销商、经销商，甚至保险公司也要确保减少事故损坏后维修所产生的费用，并且有能力承担。

在产品开发的早期阶段，从影响车辆特性和使用的所有相关学科获得输入是很重要的。这样可以保证他们所需求的和所关注的，以及权衡不同多学科之间的问题，都能够尽早得到考虑和解决，由此避免了后期费用高昂的更改或重新设计。

2）以客户为中心：系统工程持续关注客户，即产品设计不应偏离满足客户需求。特定的客户应该参与到制定车辆技术条件和车辆设计及后续的评价中，以确保所设计的车辆满足他们的需求。客户需求被转化为车辆属性，并且在车辆项目的生命周期中，保证在开发中的每个所需的属性都得到管理（即评价、试验和验证）。车辆属性需求过程在第2章中介绍。

3）产品级别需求优先：系统工程将重心放在整个产品（即整车）级别的初始需求定义。如在产品层面，汽车产品需求要基于所有的基本属性（来自内部和外部客户），如安全、燃油经济性、操控性（机动能力、加速、减速以及转向或转弯）、座椅舒适性、热舒适性、车身风格、造型、成本、尺寸和重量。

重点是要意识到，客户购买车辆是为了作为一个整体产品使用，而不仅仅是组成产品的众多部件的集合（请注意，汽车产品通常包含大约6000～10000个部件）。因此，只有在清楚地理解和定义了产品级别需求之后，才能衍生出相应的产品系统、子系统以及零部件的要求。第2章和第9章介绍了将产品级属性需求级联到系统和低级实体的问题。

4）产品生命周期注意事项：系统工程包括对产品设计的整个生命周期的考虑——从概念开发到产品处置（从欲望到灰尘）的所有阶段。因此，它是所有相关科学和工程学科在产品的所有阶段的应用，例如概念开发；设计、制造、验证、评价；在所有可能的操作条件下使用；服务和维护；产品在整个生命周期中所面临的从服务到处置或退役。

5）自上向下：系统工程采用自上向下的方法，首先将产品（或整个系统）看作一个整体，然后依次将产品划分（或分解）为更低的层次，例如系统、子系统、子子系统和部件。因此，较低级别的系统是为满足较高级系统的需求而设计的。请注意，如果制造商决定在新产品中沿用（即已有的）部件或系统，则需要对自上而下的方法进行修改。这个问题将在第2章讨论。

6）技术与管理：系统工程既是一项技术又是一种管理方法。它涉及在产品生命周期中制定与产品相关的所有技术决策，以及及时地管理要完成的所有任务，来实现系统工程过程并应用必要技术。

7）技术流程：系统工程的技术流程是将客户的操作需求转换为具有合适尺寸、配置和性能（例如性能水平）的产品（或系统）设计所必需的分析工作。它创建了产品需求文档，并驱动整个技术工作推进并验证包括用户和产品在使用中综合的、生命周期平衡的一系列解决方案。

8）管理流程：系统工程的管理流程包括成本和风险评估，提供所需的资源，整合工程师专业和设计团队，保持配置受控，以及持续审核工作，以确保成本、进度和技术性能目标满足产品和产品项目最初的工作需求。

9）产品和特定于组织的方向：系统工程实施的细节（如步骤、方法、过程、团队结构、任务和职责）取决于计划目标、要生产的产品（即它的特性）和生产它的组织（公司），就是说不同的公司通常有不同的流程、时间安排、组织职责和品牌特定的需求。

1.3 产品开发

大多数产品开发项目并不是指全新设计一个产品（即一个全新的产品）或一个以前不存在的产品类型。因此，在工业工程中（包括汽车行业），设计产品的过程通常被称为产品开发过程，而不是产品设计过程。但是，产品开发和产品设计这两个术语是可以互换的，在许多行业中都是在同一语境中使用的。在产品设计完成后，生产产品的过程（即制造各种系统、装配系统以产出整个产品）一般被称为生产过程，如图1.1所示。

产品开发的流程和阶段

重要的是要认识到，任何一项工作通常都要执行一个或多个流程来完成。一般

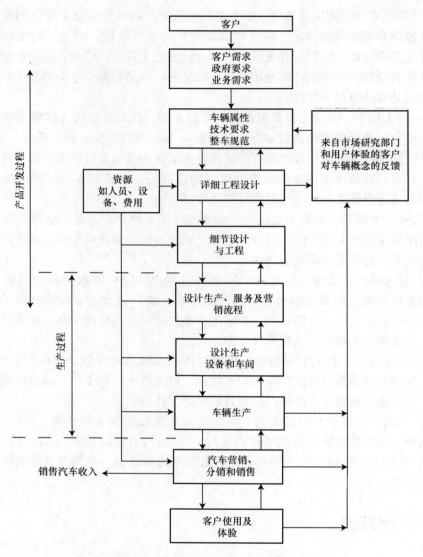

图 1.1 汽车产品开发及生产流程图

情况下，一个流程由输入（原材料、能源）、设备（拥有工具、机器、机器人或计算机的一个或多个工作场地）和人员共同按照特定的步骤（操作或任务）工作，以产生特定的输出。设计一个产品也需要执行相应的流程（之前定义的产品开发流程）。产品开发流程取决于产品的复杂性，涉及负责开发产品的内部组织和外部组织（如供应商）的许多流程。产品开发流程因产品（即它们的特征、功能和需求量）、产品开发项目类型（例如，更新现有产品或设计全新产品）和设计组织（或公司）的不同而不同。

涉及整个生命周期的产品的创造和使用的一般流程，通常包括以下阶段：
1）前期概念或前期项目（前期项目规划）。
2）产品概念探索（多选的概念开发）。
3）产品定义和风险管控（可行性分析、初步设计和风险分析）。
4）工程设计（包括测试在内的工程详细设计）。
5）制造开发（工艺、工具和工厂开发）。
6）生产（制造及装配）。
7）产品分销、销售、营销和运营支持。
8）产品更新或停用及处置。

以上前 5 个阶段可以定义为产品开发过程，第 5 个阶段和第 6 个阶段可以定义为生产过程。值得注意的是，第 5 个阶段制造开发可以看作是从产品开发到生产的过渡。在产品设计中尽早地（即在第 1~4 阶段期间，通过实施并行工程）考虑产品制造（如"为制造而设计"和"为装配而设计"方法的应用）是非常重要的，以确保第 5 阶段（包括制造工艺的设计以及工厂所需的工具和设备的制造）过渡过程中无缝连接从而避免在产品开发的后面阶段因满足生产需求而引起的设计变更。

每个阶段的工作都是通过执行特定的流程来完成的。例如，前期概念阶段包括了解客户、公司需求和法规要求这个流程，以决定新产品的类型和特征（即产品规格），并为后续活动制订计划。

Ulrich 和 Eppinger（2015）描述了通常的产品开发流程，其阶段如下：
1）规划。
2）概念开发。
3）系统级设计。
4）详细设计。
5）测试和改进。
6）生产提升。

值得注意的是，Ulrich 和 Eppinger（2015）在他们的第 4 阶段"详细设计"，包括了详细的部件设计（如零件几何形状、材料选择和公差规范）、生产过程的定义、工装设计以及工装采购的启动。第 5 阶段包括所有产品验证测试（即性能、可靠性和耐久性）和装配过程的改进，还包括生产工人的培训。"生产提升"阶段包括对早期生产输出的评估（验证测试）和生产系统全面运行的启动。

1.4 汽车产品系统

汽车产品是一个包含多个低级系统的系统：车身系统、底盘系统、传动系统、燃料系统、电器系统、环境控制系统、制动系统等。汽车产品中的每个系统都可以进一步分解为子系统、子子系统、子子子系统等，直到识别出最低级别的部件。例如，车身系统包括车架子系统、车身覆盖件子系统、开闭件系统（包括发动机舱盖子系统、车门子系统、行李舱或升降门子系统）、外部灯具子系统、座椅子系统、仪表板子系统、内饰件子系统等。

表1.1说明了典型汽车产品中的主要系统、子系统和子子系统或部件。表中所示的各种车辆系统的定义和内容对于不同的车辆品牌和型号可能有所差异。此外，在实现车辆的不同功能时，由于采用的技术不同而影响到车辆系统的设计。实际上，车辆工程师团队面临的挑战之一就是如何将整个车辆划分为不同的系统、子系统、子子系统……并将设计任务分配给各个工程师团队。第7、8、12章和附录A中介绍了汽车产品的划分或分解，以进行各种产品开发活动及其接口管理。

表1.1 典型汽车产品的主要系统及其子系统

汽车系统	子系统	子子系统或子系统的部件
车身系统	白车身	车架，横梁，车身覆盖件，前后围/保险杠
	开闭件系统	门（门框、外板、铰链、门锁、内饰面板电动摇窗机、门把手、窗户和镜子控制），发动机舱盖和行李舱盖（或举升门）
	座椅系统	驾驶员座椅、前排乘客座椅和后排座椅
	仪表板	仪表板、仪表覆盖件、开关、杂物箱、支架（适用于其他部件如空调，娱乐，导航控制和显示，乘客安全气囊）和装饰部件
	外部灯具	前灯系统（前照灯和前信号灯）、后信号系统（尾灯、停车灯、转向灯、倒车灯、车牌灯、后视镜）、侧灯和示廓灯
	玻璃系统	风窗玻璃、后窗玻璃、侧窗玻璃
	后视系统	内后视镜和外后视镜，摄像系统，以及后部和侧面目标传感系统
底盘系统	底部框架	前子框架，后子框架（支架），用于安装其他底盘系统的横梁，如转向系统和制动系统
	悬架系统	前后悬架（包括叉臂、连杆、转向节、铰接、弹簧、减振器）
	转向系统	转向连杆机构，转向柱，转向盘和控制杆
	制动系统	制动盘/鼓，制动器摩擦块和执行机构，制动主缸，踏板连杆机构
	车轮及轮胎	车轮和轮胎
传动系统	发动机	发动机缸体，缸盖，动力转换系统（活塞、连杆、曲轴、轴承），进排气系统，燃油供给系统，发动机电气控制系统，冷却系统，润滑系统
	变速器	变速器壳体、齿轮、轴、离合器
	传动轴和接头	传动轴，万向节，等速万向节，轴承
	主减速器和车轴	差速器壳体、轴、齿轮和轴承

(续)

汽车系统	子系统	子子系统或子系统的部件
燃油系统	燃油箱	油箱，燃油系统模块（燃油泵，压力阀，燃油滤清器，燃油液位传感器），炭罐，加油管和油箱盖
	燃油管路	燃料管路，软管和连接器
电气系统	电池	电池
	交流发电机	外壳、转子、定子
	电线线束	线束，插接器和夹子
	助力操纵机构	开关，传感器，继电器，电子控制单元，熔丝盒和熔丝
温控系统	加热器	散热器，鼓风机，风管，阀门和软管
	空调	散热器，压缩机，阀门，油管，软管，制冷剂
	温度控制	控制和显示（用于设置温度、鼓风机速度和模式）
安全系统	气囊	安全气囊单元，传感器和执行器，线束，电子控制单元
	座椅安全带	安全带，安全带固定器，安全带卡扣，安全带移动控制机构，传感器和线束
	刮水和除霜系统	风窗玻璃刮水器，刮水器电动机，刮水器控制系统，除霜系统，除霜控制系统
	安全照明和锁系统	外部照明灯，门锁，锁机构，防盗系统，线束和控制单元
	驾驶员辅助系统	防撞系统（如自动制动，车道偏离预警系统，驾驶员提醒系统）和自适应巡航控制系统
驱动接口和信息娱乐系统	主要和次要车辆控制和显示	驱动程序控件和显示，线束，连接器
	音频系统	音频控制和显示，音频底板和电路板，天线，线束，USB 接口
	导航系统	微处理器，显示器，线束，天线，地图数据库和数据端口
	CD/DVD 播放器	CD/DVD 播放机机壳和机构，微处理器，线束，USB 端口

系统设计人员的主要任务是确保每个系统都能实现其功能，并且系统通过与其他系统的接口协同工作，以满足整个产品最终的用户需求。因此，车辆的设计任务需要充分了解系统与系统之间的协调、系统的功能以及车辆属性之间的权衡，以得出最优的平衡的车辆设计。这个问题将在第 2 章和第 8 章进行更详细的讨论。

1.5 汽车产品开发流程

1.5.1 什么是汽车产品开发

汽车产品开发流程是对未来汽车产品的设计及工程的工作过程。汽车产品（即车辆）可以是乘用车或货车，也可以是旅行车、运动型多用途车（SUV）或

MPV 等车型。表 1.1 所列是典型汽车产品的主要系统及其子系统。制造和装配任务一般会分配给不同的部门。然而，在产品开发流程中，从制造和装配任务中挑选的代理人必须积极参与产品开发团队的工作。

汽车产品通常是大批量生产的，每年每个车型生产约 1 万 ~ 70 万辆，在装配线上每小时生产约 40 ~ 70 辆汽车。为满足客户的需求，将它们运往各地经销商并出售。车辆必须安全、高效、经济、可靠，"具有驾驶和使用乐趣"并能"取悦"客户。车辆还必须具有必要的特征，如性能（如操纵性）、造型/外观（形式）、质量（顾客满意）和工艺（制作精良）。让消费者"享受拥有汽车的乐趣"，也就是说，汽车必须具备符合他们生活方式的所有必要的属性和最佳的特征。

1.5.2　汽车产品开发流程图

汽车开发流程通常从了解客户需求开始，以客户使用汽车后提供反馈为结束。图 1.1 显示了车辆开发流程中的主要阶段，其中包括生产、营销、销售和车辆使用阶段。基于对客户需求、政府要求以及公司的业务需求的理解，通常由来自不同学科（如工业设计师、产品设计师、工程师、生产人员、产品规划和市场研究人员）的成员组成开发团队，研发车型属性要求并编制整车技术规范。这些信息被团队用于开发一个或多个汽车概念（以草图、图样、CAD 模型、实物模型或总布置模型的形式）。不同团队成员通过利用客户的反馈和建议，对车辆概念进行迭代改进，并对市场进行研究，以确定是否可以为详细设计和工程工作选择一个主导概念。根据选定的产品设计、制造工艺来选定供应商。生产设备和工厂是为制造和装配而设计、建造或改造的。制订营销、销售和分销计划。早期生产的部件和系统被装配成原型车辆。所有实体，从零部件到主要车辆系统，都经过测试，以验证它们是否满足各自的要求。将装配好的系统安装到车身上，制造出样车。接下来这些样车进一步测试以验证并确保整车级别的需求。车辆的生产最终由最高级管理层批准，开始车辆"投产"（即开始生产）。产出的汽车运到经销商处销售。卖出的车辆是由客户使用的，因此不断收集有经验客户的反馈信息（即来自现场操控情况、客户喜不喜欢、车辆维修和保修工作等数据），以改进现有的产品并为未来的车型设计做储备。

整个车辆开发过程需要资源（如资金、人员、设备和设施）支持。制订预算和时间表来管理整个产品开发流程。企业开始从汽车销售的收入中盈利。规划管理和财务分析的内容见第 12 章和第 19 章。

1.5.3　汽车产品开发时序图

图 1.2 提供了一个时序图，用来说明汽车产品开发方案中主要阶段的各项活动。水平条的长度和位置分别表示每个阶段中各项活动的持续时间、起始和结束的时间点。

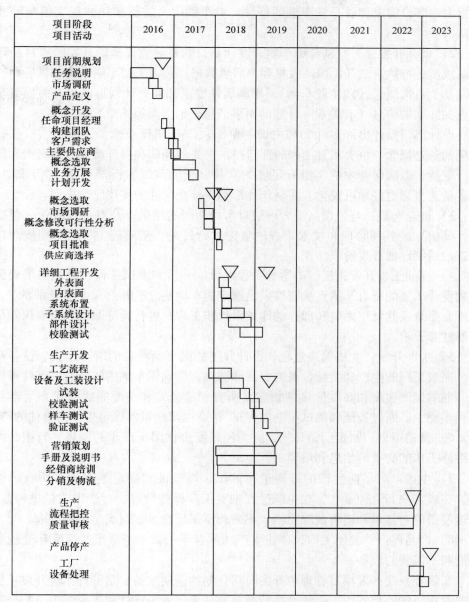

图1.2 车辆方案时序图

汽车产品开发及其整个生命周期的过程通常包括以下几个主要阶段:
1) 项目前期规划:这一阶段包括①制定车型开发项目的任务说明;②确定客户对提案的车辆的需求;③制定该车辆的基本技术规范。进行市场调查,以确定市场潜力、客户需求和要开发车辆的特性。对车辆定义进行细化并提交给车辆开发团队。

2）概念开发：一旦制订了车辆开发计划，就要对负责车辆开发的项目经理和团队成员进行挑选。开发团队收集客户需求数据，选定关键车辆系统的供应商，并开发几个备选概念（或主题车辆）。车辆属性要求和业务计划提供了有关提案车辆的更加详细的信息（有关业务计划的更多信息，请参阅第5章）。

设计部门设计出许多外饰和内饰的草图、CAD图样或模型，来提供一些提案车辆的备选概念。负责布置工程的部门提供重要的外部和内部尺寸数据对概念设计进行支持，以确保开发的车型有足够的乘员、车辆系统和行李/货物的需求空间。为了备选概念更好地可视化，需制作外部和内部全尺寸的实体座舱模型。

3）概念选取：与公司高级管理层对市场调研的结果以及对备选概念（包括可行性分析）的各种管理和技术审查的意见进行讨论，从而选定一个车型概念，开始进行后续详细开发阶段工作。

4）详细工程开发：进行的所有工程设计、分析和测试工作，都是为了确保配置和设计出来的所有车辆系统能够满足选定的车辆概念的外部和内部表面要求；完成所有系统及其低层系统和部件的详细设计和工程；进行验证测试，以确保满足所有属性和要求。

5）生产开发：完成制造过程，设计并制造出车辆所需的所有工具、设备和设施。完成工厂的生产和装配设备的安装和测试，以确保车辆内的所有零部件可以按照计划的生产速度和高质量（例如满足所有制造公差和装配完成要求）生产和装配到车辆中。通过验证和测试早期的样车/量产用车，以确保可生产出最佳的产品。

6）营销策划：制定营销计划，并为经销商提供用于汽车的销售、营销、维护和维修工作的必要的信息和培训。

7）生产：对早期生产的车辆进行测试，以验证和确定是否满足所有属性要求。完成客户和管理审核。在生产过程中对工厂设备校准、对产出质量进行监控。通过经销商对订单和销售情况预测，不断调整工厂产量，以满足市场需求。

8）产品停产：关闭工厂，停止生产，并为下一款车型重组。拆除和处理要废弃的和不需要的设备。

车辆和系统开发项目管理中开发时间计划的前期准备，是管理车辆开发项目当中非常重要的一项工作。必须给执行数百项任务的各个设计和工程部门分配合理的时间。必须由来自各项工作的经验丰富的专业人员，对每项任务进行仔细分析并选择及评估，以确保这些任务是必要的，每项任务所需的时间安排是合理的。通常产品规划部门获取所有关键的设计和工程活动后进行总体的时间评估，并创建一个总体规划时序图，如图1.2所示。

1.6 了解客户需求

系统工程开发从车辆的定义开始。车辆定义包括其类型（车身形式）、尺寸（整体尺寸）和细分市场（即市场定位和客户特征）。工程描述应该尽可能详细和具体，因为参与车辆开发流程的所有团队成员（设计师和工程师）都要使这些内容。

如果希望在汽车市场上取得成功，就必须根据客户的需求来定义汽车。这意味着要识别潜在客户，并在汽车开发过程中使用这些人群的统计数据和人机工程学特征，由此确定该开发车辆的特征和特点等需求。客户需求的描述应该是全面和完整的，也就是说，需要获得车辆各方面所涉及的所有相关属性。应该关注的是客户对整车的需求，而不是更低层次的实体上。第3章提供了有关如何在产品开发流程中获取和使用客户需求及由政府要求和公司业务需求所产生的其他方面需求的更多信息。

1.7 项目范围、时间管控及挑战

1.7.1 汽车开发项目的范围

汽车产品开发的项目就是现有车型的提升改进或全新替代的车型开发。车型的变更范围可以是从对现有车辆进行较小更新到以一个全新的车辆设计取代现有车辆。因此，汽车开发项目可分为以下几类：

1）较小更新项目：车辆外观的小改进，如外观颜色、车轮、后灯、格栅和前灯、内饰颜色、内饰材料和/或仪表图形显示等变化。

2）中等改进项目：更改部分车身覆盖件造型及变更部分车辆系统功能，如发动机舱盖、挡泥板、灯具、仪表板的造型改造，以及选定系统或子系统的性能改进。

3）重大改进项目：新的传动系统、车身和底盘的改进、车型的改进，如在现有轿车基础上改进的轿跑车和/或旅行车。

4）全新设计：以全新的车辆取代现有车辆，通常包括新的车辆外饰（车身）、新的传动系统和底盘以及新的车辆内饰（仪表板、门饰板、控制台和座椅）。

车辆项目的更改范围会直接影响该项目的工作量、时间控制和费用。

1.7.2 项目时间管控

通常一个汽车产品开发项目会持续12~48个月，具体取决于该项目的范围以及如何定义该项目的起始和终止点。一个大型的产品开发项目可能涉及开发一个全新的汽车平台、一个新的传动系统和一个或多个产品系列。例如，不同的企业品牌（如雪佛兰、别克和凯迪拉克；丰田和雷克萨斯；福特和林肯）虽然开发类似的车身造型但有不同的外部覆盖件和内部部件；或增加更多的车身造型或种类（如轿车、轿跑车、掀背车、旅行车和 SUV）。因此，大型的汽车开发项目可能会持续数年。一个小项目可能仅仅涉及更新现有的车辆，对车辆外观进行微小的更改，如对前保险杠、格栅、轮毂盖、外观颜色、前照灯和尾灯进行更改，以及对内部进行其他较小的更改，如对音响设备、图案装饰、内饰材料和颜色进行更改。小型汽车项目可能需要几个月到大约 18 个月的时间来完成其开发工作。

即使是在同一家汽车公司，两个汽车项目（就需要执行的任务而言）也不会完全相同，因为在不同的项目活动中工作的人员、与时间和预算有关的限制、客户需求的变化、与技术有关的变化等都不尽相同。不同的汽车制造商在设计任务、开发阶段、时间管控、测试程序、组织和管理方式等方面的差异很大。

一个大型汽车项目在几年内可能耗资 10 亿美元，涉及 600～1200 名来自不同学科的专业人员；运用大量装有专业的设计和工程软件的计算机系统；拥有专用设备、工装和夹具的制造车间、实验室和试验设施；设计和建造车间；以及改造、建造和装配工厂。

根据开发项目规模，车辆开发计划的时间有几个月到几年不等。这个车型开发项目的总时间是通过项目中的所有任务以及完成各项任务所需的时间和资源进行列表来估算的。将每个任务的成本和时间进行评估并相加，由此得出项目所需的总时间和项目费用。与成本相关的内容见第 19 章。

汽车公司的成功就在于开发出客户真正想要的"最佳"产品。因此，产品开发可能就是汽车公司最重要的流程。产品开发流程的目标是开发一个或多个客户想要购买的满足他们的载运需求的产品。一款成功的产品不仅创造了收入和利润，而且提高了公司的声誉和地位，也就是说，提高了其在人们心中的形象、品牌价值和声望。

1.7.3 管理汽车项目中的重要注意事项

汽车开发项目受到不同优先级客户的需求影响，并与该公司在开发汽车中应用的管理方法有关。在管理汽车开发项目时需要考虑的重要注意事项如下：

1）实施产品设计团队同地协作：同地协作包括将所有关键团队成员的办公室、设计工作室和测试设备协调到同一办公楼里。同地协作促进了团队成员之间更频繁的交流沟通。由于团队会议在同一办公楼召集，也节省了交通时间。

2）保持持续的沟通：团队成员之间有更多的沟通机会（正式的计划会议和非正式讨论），可以更快地发现和解决问题。

3）确保最新汽车设计、项目状态和参考材料的可用性：保证所有项目人员在线访问和获取关于车辆设计、项目更改以及从通用数据库（例如：对标数据、设计标准、测试程序和政府要求）等参考技术信息为最新数据状态，可以避免延迟获取最新变更等技术信息，从而减少返工或重复工作。

4) 采用同步/并行工程方法：在同一时间段内（即减少按时间顺序执行任务）执行多任务同时进行的同步开发工程。并行工程不仅可以减少项目的总时间，而且通过多学科同时采用共同的输入以及共同参与交流来解决问题，可以提高质量减少返工。

5) 项目定义后让设计变更量最少：一般在产品技术规范批准后所做的任何设计变更都会导致更多的更改（发生在所有受更改影响的实体上）和返工。这点毋庸置疑，因为汽车是复杂的产品，这些更改和返工将影响到具有许多接口的多个系统、子系统和零部件。

6) 使用计算机辅助方法来降低构建物理模型和测试的成本：计算机辅助方法不仅可以节约时间（通过使用复制、粘贴、镜像和拉伸等功能），还可以减少数据传输中的错误，并有助于通过多次设计迭代来优化设计。

7) 使用通用件：在开发新产品时，如果可以使用（即重复利用）现有部件，可以减少设计、工程和人工制造的时间和成本。然而，使用现有的部件降低了设计的灵活性，降低了融入创新设计思维的可能性。使用通用件包括沿用现有车辆车型中的一些部件或系统，以及沿用现有车辆平台，包括大量的系统和大型车身和底盘部件，这些部件决定了制造和装配工厂中使用的主要工具和夹具的特性。

8) 使用模块技术：我们已经学习、研究和开发了模块式实体（即一个部件或一个系统）并将其集成到未来的复杂（车辆）产品中。这节省了设计和开发新实体所需的时间。

9) 在整个项目中纳入设计评审：在早期的设计工作中，设计评审有助于没有直接参与项目工作的不同学科、部门的专家和管理人员参与更多的关键审核和分析。因此，设计审核有助于尽早发现和解决车辆设计及其相关过程中的问题。

10) 定义并遵循节点：节点是项目时间轴中的重要时刻（或事件）。节点在某些组织中也称为里程碑。节点指示某些关键事件何时发生。它们用于指导和协调产品开发中的所有活动，以确保车辆项目按照预先制订的时间计划进行。它们通常与某些活动的完成有关，例如概念开发的完成、工程的流程、管理层的审核和批准。表 2.1 给出了一些重要的节点和定义。不同汽车厂商的不同项目之间，节点的定义和数量差异很大。节点的定义和时间安排通常由项目规划部门制定——在所有主要领域（例如，设计、工程、制造、财务和营销）之间保持不断的沟通。每个主要活动，如设计、工程和制造的节点都将包含更多的低级节点，以便将更详细的活动与整个项目时间相协调。第 2 章介绍了汽车开发项目中使用的节点及其与项目中使用的系统工程过程之间的关系。

1.7.4 产品开发过程中常见问题

参与汽车产品开发项目的团队成员面临许多问题。一些常见的问题如下：

1）我们设计的车对吗？（这款车有客户真正想要的特征和特点吗？这款车会畅销吗？）

2）能否制造出与概念车具有相同特性的真实汽车？面对工程和制造方面的挑战和任务，这种车型的概念是否可行？

3）这款车在数月后推出时，能与最大的竞争对手竞争吗？

4）我们能不能在计划的价格的控制范围内，按照要求的质量水平制造这辆车？

5）我们是否有能力、工厂产能和资源来保证这款车型的制造？

6）我们能在计划时间、预算资源范围内完成吗？

1.7.5 产品开发过程中的决策

需要注意的是，产品开发流程的每一步都要做出很多决策。产品开发流程中，有一些与决策相关问题的例子：做什么类型的产品？它的尺寸应该是多少？该车型将计划使用何种动力？动力的容量应该是多少？每个部件应该使用什么类型的材料？将使用哪种类型的连接或装配方法？座椅从地板计算和从地面计算的高度应该是多少？驾驶员需要怎样的视野才能保证安全驾驶？汽车将在哪个装配厂生产？

在产品开发期间，在正确的时间做出正确的决策，对于车辆项目的时间把控是非常重要的。早期的决策通常涉及车型和配置相关特征的选择，例如是轿车还是SUV、前轮驱动还是后轮驱动。车辆配置的任何关键属性，如动力总成的类型或轴距，如果在车辆项目后期发生改变，那么所有与此关键属性相关的设计决策和属性也要随之更改。这些更改通常需要重新设计许多系统，特别是在项目的后期阶段进行更改时，而且它们需要花费大量时间和费用，因此，所有重要的学科都必须参与早期决策过程，以避免后期更改。

1.8 汽车产品开发相关学科

汽车产品的开发和生产需要来自许多学科的专业人员。此外，具有以往车型项目工作经验的专家可以在解决问题的过程中提供大量的知识和经验。这些专业人员来自不同专业领域，如机械工程、结构工程、车辆动力学、空气动力学和电子学。

1）产品规划：机械工程师、市场研究专家、业务管理专家、经济学家、运营研究人员、财务规划师。

2）市场研究：市场研究专家、业务管理专家、经济学家、运营研究人员、财务规划师。

3）工业设计：造型设计师（内饰和外饰设计人员）、造型工程师、CAD建模师、平面艺术家、色彩和装饰专家、工艺专家、油泥模型建模师、计算机辅助表面建模师、座舱制造人员。

4）车身工程：机械工程师、布置工程师、CAD 建模师、计算机系统工程师、结构工程师、安全工程师、材料工程师、空气动力学工程师、照明设计工程师、电气工程师。

5）动力系统工程：机械工程师、CAD 建模师、电气电子工程师、化学工程师、环境和排放工程师、材料工程师、燃料系统工程师、空气动力学工程师。

6）底盘工程：机械工程师、悬架工程师、CAD 建模师、车辆动力学工程师、制动工程师、轮胎工程师、电气电子工程师。

7）电气系统工程：电气工程师、电子工程师、计算机系统工程师、远程信息技术专家、机械设计工程师、音响工程师、显示技术人员。

8）人因工程与人机工程学：工业工程师、工程心理学家、人机工程学家、人因工程师、机械工程师。

9）温度控制工程：机械工程师、热力学工程师、空气动力学工程师、电气电子工程师。

10）制造、生产和装配工程：机械工程师、制造工艺工程师、材料工程师、冶金学家、数字控制专家/程序员、工业工程师、工厂工程师、工具设计师、工具工程师、人机工程学家、工业卫生学家、安全工程师。

1.9 选择项目经理

选择车型开发项目经理应该是公司高级管理层所面临的最重要的决策。车辆开发过程中涉及与设计车辆的特性相关的众多决策。项目负责人（或项目经理）必须监督车辆的开发活动，并做出所有关键决定。项目领导者应该是一个有远见的思想家，并且必须具备扮演多种角色的技能，如在项目中要作为整合者、决策者、时间和成本控制者、团队建设者、教练、激励者和沟通者。

Womack et al.（1990）将西方汽车公司的领导问题与丰田进行了比较，发现 20 世纪 80 年代丰田汽车的产品开发周期缩短和质量提高是由于 shusha 概念的实施。有关车辆及其项目管理的所有决策由 shusha（或总项目工程师）全权负责。关于项目管理任务的其他信息将在第 12 章中讨论。

1.10 早期车辆概念开发的作用

在大多数汽车公司中，开发车型早期概念（即在车型计划正式获批及推出前）是为了开发并梳理新车开发中涉及的有关集成和各个开发方面的问题。这些活动的输出物通常是概念车（制作或不制作汽车座舱模型或样车）。这些概念车通常会在不同汽车市场的各种车展上展出，以评估客户、业内专家和评论家对这些概念车是否感兴趣。

许多汽车公司设有相应职能并安排专职人员从事设计和工程活动,通常被称为前瞻设计工作室、前瞻汽车工程部门或前期产品概念研究部门,来创建未来的车辆概念。这样的车辆概念开发的运作有助于深入了解概念设计的许多优点和缺点、有关的工程挑战以及在正式车辆计划中进一步开发和实现这种概念之前需要规避的风险。一个正式的汽车项目通常是公司的高级管理层依据需求和市场潜力情况而决策进行开发的;也就是说,在公司内的关键决策者之间达成了共识,即可以将概念车开发出商品车来,而且会畅销。

1.11 团队架构与团队组建

汽车产品开发需要众多来自不同学科和专业领域的人员。所需人员和团队的数量将取决于车辆开发项目的范围和汽车公司情况。然而,在西方汽车公司的典型车辆开发项目中,大约需要400~1200名不同专业的工程人员,这些专业包括车身工程、底盘工程、电气工程和动力工程等。整个设计项目通常由多个团队组成,每个团队负责车辆的某个部分或系统或子系统的设计工作。每个团队由团队的领导和数名团队成员组成,每个团队成员的技术资质、每人的职责、进展报告、问题解决和沟通方法,都必须严格按要求执行,以确保设计出的所有车辆系统和系统之间的接口可以满足所有指定的工程要求。

车辆项目的最高级别团队通常由车辆项目经理领导,团队成员包括主要活动的高级管理人员和主要工程办公室的总工程师。在一些汽车公司,这被称为汽车项目指导小组。如图1.3所示,汽车项目指导小组的组织结构包括顶层(第1级)和下一层(第2级)。

汽车项目指导小组:

L1—汽车项目经理(1级)

L2-0—项目管理经理(2级)

L2-1—车身工程总工程师(2级)

L2-2—底盘工程总工程师(2级)

L2-3—动力总成总工程师(2级)

L2-4—温度控制总工程师(2级)

L2-5—电气工程总工程师(2级)

L2-6—燃料系统总工程师(2级)

L2-7—布置和人机工程学总工程师(2级)

L2-8—车辆工程总工程师(2级)

L2-9—制造工程总工程师(2级)

L2-10—首席设计师(2级)

L2-11—车辆属性工程总工程师(2级)

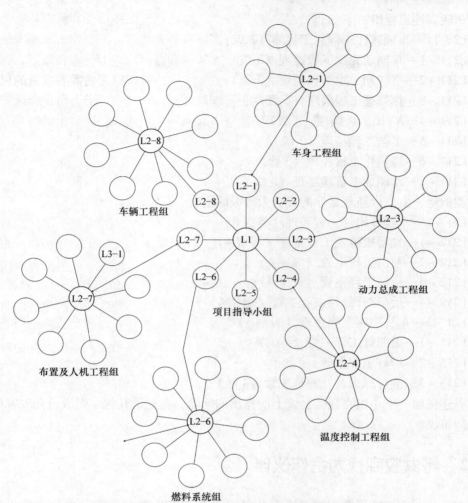

图 1.3 关联团队结构示意图（仅显示部分团队结构）

下一级团队由各二级总工程师领导，由三级经理组成，如图 1.3 所示：
车身工程组：
L2-1—车身工程总工程师（2级）
L21-1—车身结构工程经理（3级）
L21-2—车身开闭件工程经理（3级）
L21-3—车身安全系统经理（3级）
L21-4—车身电气工程经理（3级）
L21-5—车身照明工程经理（4级）
L21-6—仪表板工程经理（3级）
L21-7—座椅系统工程经理（3级）
L21-8—车身饰件部件工程经理（3级）

车辆属性工程组：

L2-11—车辆属性工程总工程师（2级）

L211-1—车辆动力学工程经理（3级）

L211-2—空气动力学工程经理（3级）

L211-3—热管理工程经理（3级）

L211-4—NVH工程经理（3级）

L211-5—工艺工程经理（3级）

L211-6—轻量化工程经理（3级）

L211-7—车辆成本管理经理（3级）

类似地，由三级经理领导的成员为四级的主管：

L21-2—车身开闭件工程经理（等级3）

L212-1—发动机舱盖工程主管（等级4）

L212-2—前门工程主管（级别4）

L212-3—后门工程主管（级别4）

L212-4—后门/升降门工程主管（级别4）

L21-5—车身照明工程经理（级别3）

L215-1—前照灯工程主管（4级）

L215-2—后灯工程主管（4级）

L215-3—侧灯标识及礼宾灯主管（4级）

上述任何一个小组在任何会议上所提出的问题，会邀请其他小组成员和专家协助共同解决。

1.12 将供应商视为合作伙伴

汽车公司应该特别意识到，汽车产品约35%~75%的部件都是由供应商生产和提供的，不同汽车公司会有所差异。因此，车辆的质量取决于供应商提供的实体的质量，并且取决于不同供应商所提供的实体之间，以及供应商与汽车公司生产的实体之间如何进行连接和协同工作的工作质量。许多供应商是在早期就选择确定的，并要求他们的人员参与产品开发过程（作为与其所供应的实体相关的不同团队的成员），并按照安排设计他们将生产的实体的任务。因此，在整个产品开发、生产和车辆装配过程中，应该把供应商视为合作伙伴。

因此，选择合适的供应商非常重要。供应商选择标准通常包括：①系统工程的专业知识和开发实体所需的专门学科；②具有生产出符合质量要求和价格要求的满足所需数量的产品生产能力；③在早期设计阶段，有快速灵活响应工程更改的应变开发能力；④满足关键产品需求（例如，高燃料经济性）的奉献精神和响应能力；⑤有应用创新方法和技术的能力；⑥可提供全球技术支持的能力（在许多国家销售的产品)。

1.13 其他影响车辆项目的内部和外部因素

汽车产品开发项目受到诸多因素的影响。项目管理需要时刻保持警惕,以确保这些因素不会影响车辆的各种属性、项目时间和成本。影响车型开发项目的来自汽车公司的内部和外部的主要因素将在下面小节中列出。

1.13.1 内部因素

1) 由于产品开发过程的迭代性质而不断变化。
2) 公司的高级管理层指令和与项目相关的决策,如预算、周期计划、某些车辆功能的偏好。
3) 平衡公司内所有车辆计划的成本、人力和时间。
4) 具备所需资质和专业知识人员的可用性。
5) 有能力选择供应商并整合他们参与车辆项目团队。
6) 能够外包设计和生产工作,并管理供应链。
7) 能够对与产品计划和设计有关的信息保密。
8) 项目管理(组织、沟通和控制)。
9) 通用性和共享实体:平台、系统和部件。
10) 能够满足产品的重量特性,包括各种预期特性和亮点。

1.13.2 外部因素

1) 汽车生产国的政策变化和其他情况,如恶劣天气。
2) 经济状况,如就业水平、税收、利率和通货膨胀率。
3) 政府法规变更对产品的影响。
4) 与车辆性能需求和价格相关的能源和材料资源的可获得性。
5) 全球因素的影响,例如其他国家和市场与产品相关的政治和经济条件。
6) 竞争对手的状况及其产品规划,如竞争对手推出的新产品。
7) 车辆设计和相关技术的发展趋势和更新。
8) 供应商满足质量、成本和时间目标的能力。

1.14 系统工程的重要性及优缺点

1.14.1 系统工程的重要性

系统工程在其他工程学科的协助下,建立车辆配置,为所有车辆系统及其下级实体分配功能和要求，对计划的备选概念/设计确立有效方案，并将设计与所有专业学科协同整合。因此，系统工程是一种"黏合剂"，它将与客户想要的车辆相关的所有车辆系统及所需学科联系在一起。

系统工程负责验证所开发的车辆及其所有系统是否满足车辆属性和系统规范中定义的所有重要要求。系统工程还计划进行所有必要的分析，并确保通过设计审核来满足项目时间要求。因此，应用系统工程原则、流程和技术开发的产品将从以下方面发挥作用：

1）开发出最佳的产品，因为系统工程将确保：
① 获得客户需求并将其转化为要求。
② 多学科小组采用产品开发的要求。
③ 通过迭代和递归改进选择最佳产品配置。
④ 验证所有产品实体以确保符合其要求。
⑤ 通过客户和预先选择的测试程序验证整个产品。
因此，客户会喜欢这些产品并且会非常满意。
2）可以通过避免代价高昂的延误来节约产品开发时间。
3）将减少重新设计和返工问题而发生的费用。
4）该产品将在市场上销售较长时间。

1.14.2 系统工程流程的优缺点

在复杂产品项目的开发中实施系统工程流程的主要优点如下：
1）有助于降低成本和缩短时间。
2）有助于构建用户想要的产品，即确保客户满意。
在产品开发项目中引入系统工程的缺点如下：
1）增加了人员（系统工程师）的工资，从而增加了项目的成本。
2）在系统工程管理规划中产生了额外的文档负担。
3）为团队成员在与系统工程人员沟通和参与在系统工程管理计划中的活动方面制造了更多的工作，参见第12章。

1.15 结束语

从事汽车开发项目是非常具有挑战性的，管理来自多学科的大量专业人员执行多项任务，完成所有的汽车系统设计，并确保满足所有的汽车规范和要求是非常复杂的。车辆项目也受到一些无法预见和不可控制的内外因素的影响。众多汽车制造商之间的竞争也非常激烈，在快速的技术变革下，汽车开发团队不得不减少开发时间和预算。后面的章节将介绍用于应对设计挑战的概念、方法和流程。

参 考 文 献

Bhise, V. D. 2014. *Designing Complex Products with Systems Engineering Processes and Techniques.* Boca Raton, FL: CRC Press. ISBN:978-1-4665-0703-6.

Blanchard, B. S. and W. J. Fabrycky. 2011. *Systems Engineering and Analysis.* 5th Edition. Upper Saddle River, NJ: Prentice Hall PTR.

Hall, A. D. 1962. *A Methodology for Systems Engineering.* New York, NY: D. Van Nostrand.

International Council of Systems Engineering (INCOSE). 2006. Systems engineering handbook. Website: http://disi.unal.edu.co/dacursci/sistemasycomputacion/docs/SystemsEng/SEHandbookv3_2006.pdf (Accessed: June 6, 2016).

Kmarani, A. K. and M. Azimi (Eds). 2011. *Systems Engineering Tools and Methods.* Boca Raton, FL: CRC Press.

National Aeronautics and Space Administration (NASA). 2007. Systems engineering handbook. Report SP-2007-6105, Rev 1. Website: http://ntrs.nasa.gov/archive/nasa/casi.ntrs.nasa.gov/20080008301.pdf (Accessed: June 6, 2016).

Rechtin, E. 1991. *Systems Architecting, Creating and Building Complex Systems.* Englewood Cliffs, NJ: Prentice Hall.

Ulrich, K. T. and S. D. Eppinger. 2015. Product Design and Development. 6th Edition. New York, NY: Irwin McGraw-Hill.

Womack, J. P., D. T. Jones, and D. Roos. 1990. *The Machine that Changed the World.* New York: Free Press.

第 2 章 汽车产品开发中涉及的步骤和迭代

2.1 引言

　　实施系统工程是一个反复迭代的过程。在车型开发过程中,很多相关系统的配置选型和系统特性的确定需要反复做出决定,因此迭代是必要的。每一个系统在工作状态下所应用的技术类型也会影响它们的特性和配置以及车辆属性之间的权衡。对车辆属性进行权衡时,如性能和成本(例如,车辆的加速性能与动力系统成本)、重量和性能、能耗和性能、性能和布置空间,都需要仔细考虑,以确保系统满足其属性要求、保证在相应的设计边界中协同工作。此外,许多设计问题取决于各车辆系统及其特征对于客户的重要程度。许多未开发的系统特性组合需要进行充分的分析和评估(例如,测试),以确定哪种设计方案既可行且最经济又能充分满足客户需求。

　　实施系统工程还要同时考虑来自众多学科的专业人员的输入。同步(或并行)工程需要来自所有学科专业人员之间的不断沟通,以确保全面考虑车辆的属性要求并对其进行权衡。专业人员在许多非正式和正式的信息沟通和设计审核会议上交流。设计审核中的产品可视化是通过对图样、计算机辅助设计(CAD)模型和物理模型(如实物模型、座舱模型、样车)的审核来推进的。在研究配置、接口、干涉以及不同车辆系统之间的间隙时,采用物理特性或飞行浏览视角的三维 CAD 模型(即来自不同位置或方向的摄像机视图)的分析方法对相互影响的车型系统间进行可视化空间布置是非常有效的。

　　例如,在车身和底盘系统中进行动力系统的布置时,需要了解发动机、传动系统、悬架系统、转向系统、车轮和轮胎、轴、主减速器和制动系统所需的空间。车身系统的配置要满足乘员的需要和车型相关属性的要求,如造型、空气动力学、燃油经济性、舒适性和安全性的要求。需要进行大量的权衡工作(例如,乘员空间与动力系统空间,动力系统空间与加速性能),并细致评估,以得出一个设计平衡的车型。在同一个车型项目中如有多种选型,例如车身样式和不同的发动机、变速器、车轮组合及备选配置等,设计问题则更加复杂了。

本章解释了对系统工程过程及其迭代特性的基本认知。

2.2 系统工程流程和模型

2.2.1 这个过程需要从了解客户需求、业务需求及政府要求开始

车辆开发过程要从全面了解客户需求、业务需求和政府要求开始。汽车公司有众多类型的客户。大多数人认为客户是那些真正购买和使用汽车的人，但他们通常被称为外部客户。也就是说，他们不在汽车公司组织内部。我们必须满足他们的要求，否则他们很可能到另一家汽车制造商那里购买下一辆汽车。维修保养车辆的服务人员也属于外部客户，也必须考虑他们的需求。股东和投资者也是外部客户，他们的需求必须得到满足，才能保证他们为产品项目投资，以换取公司的红利和/或支付利息以及使资本增值。还有就是内部客户，他们主要是公司的员工，他们通过接收信息、应用硬件（如工具）、软件和其他员工协同工作。为了让员工团结一致地工作，满足这些内部客户的需求是很重要的。

汽车公司也有自己的业务需求，即通过满足内部和外部客户来增加收入和利润。这需要确保设计最佳的产品并在最适当的时间投入市场，确保产品相较于竞争对手的车型有很强的竞争力。因此，必须对现有汽车进行对标，包括竞争对手的汽车和自己的产品，以了解如何使用现有技术设计和制造出不同的汽车（有关对标的详细信息，请参阅第4章）。

全面了解所开发车辆生命周期内必须满足的政府要求是至关重要的，因为如果车辆不能满足某一要求，则需要承担高价的召回、处罚、罚款和维修责任。美国国家公路交通安全管理局的联邦机动车辆安全标准（NHTSA，2015）和环境保护局关于燃油经济性和温室气体的排放要求（EPA 和 NHTSA，2012）是必须满足的主要要求（详见第3章）。此外，汽车制造商要对环境保护负责，所销售的产品不可出现对车辆用户和其他人产生伤害的设计和制造缺陷（见 Bhise，2014）。

2.2.2 系统工程流程

图 2.1 给出了在汽车开发过程中系统工程的流程图。

图 2.1 的顶部显示了上面描述的三种重要需求。这些需求通常被转化为车辆属性要求，以确保车辆拥有客户期望的属性。此外，还要考虑加入一些可能会惊艳和取悦客户的汽车新功能（见 Bhise，2012，2014）。在这个过程中收集一些竞争车辆对标信息来辅助分析。将车辆属性要求级联（即分配）到每个属性的低层子属性和整车系统（更多细节请参见第9章）。这一过程也会产生有关正在开发车辆的更加详细的技术规范（见第7章）。

这些信息用于确定车辆功能列表和对各功能的要求。功能要求确定了车辆必须

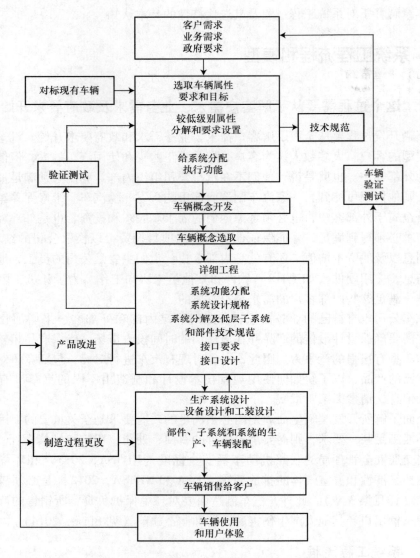

图 2.1 汽车开发过程中系统工程流程图

能够实现的功能。例如，其中一个关键功能是载运人和/或货物。要实现这个功能，车辆必须具有加速、保持速度和减速的能力。加速能力通常是通过测量记录车辆达到某一给定速度所用的时间（例如，从 0 加速到 60mile/h 用时 6s）（1mile ≈ 1.6km）。同样，减速或制动能力是通过测量一个移动的车辆完全停止时所行驶的距离（例如，从 60mile/h 减速到 0 行驶 120ft 距离）（1ft ≈ 0.305m）。这些功能要求，可以帮助设计团队确定动力系统和制动系统的特性。

将车辆的功能要求分配给各系统。将这些分配后的功能提供给系统设计团队作为他们构造车辆系统配置的目标。通过产品开发流程早期创建的不同车辆概念所定义内外表面，在车辆空间中布置（定位）各系统。随着所得信息增多，车辆概念方案也同时得到细化。经过一些专家和管理人员评价和审核，多个车辆概念方案减少到几个（通常约 2~4 个）。一般将上述所选取的车辆概念方案展示给市场研究所中具有代表性的客户群，由此协助选取其中一个概念方案来进行接下来详细的工程设计工作（更多详细内容见第 10 章和第 11 章）。

工程团队面临的最初挑战在于将功能分配给车辆中的各个系统，同时决策各车辆系统各低级别系统的"细节"（即设计配置）。这个过程可能导致车辆特性和属性要求的变化（如图 2.1 中，在详细工程和概念选择之间的向上箭头所指）。研究了各种系统之间的连接（即接口），确保所有系统能够协同工作以满足车辆属性要求（有关接口的详细信息，请参阅第 8 章）。这一过程要求不同的设计团队和工程团队不断沟通，讨论可能的系统替代配置，并进行各种系统功能之间的权衡和整车空间内的系统布置。因此，详细的工程设计是一个迭代的过程。

使用专门的设计工具（例如 CAE 工具）对每个系统进行分析，以确保每个系统能够满足其要求（更多细节见第 16 章）。在每个基本系统完成配置后，必须对其子系统进行设计，以确保所有子系统能够按照预期协同工作，并能布置在车内的可用空间中。子系统设计被进一步分解为更低的级别，直到分解至部件级别。还需要对每个子系统进行分析，确保它能够执行预期的功能，并且适合其父系统中给它分配的布置空间。类似地，部件的设计目的是确保它们能够协同工作，并适合子系统给它分配的布置空间。

随着详细的工程工作的推进，制造工艺工程师开展同步工作，确定生产车辆所需的工具和设施。汽车工程和制造工程师一起工作，进行必要的设计更改，来满足汽车属性要求和制造要求。接口如图 2.1 所示，由"详细工程"和"生产系统设计"两个方框之间的方向箭头表示（请注意，图 2.1 与图 1.1 不同，因为它包含了更多关于系统工程任务的细节，例如属性需求开发、车辆功能的级联和分配以及概念的选取）。

早期生产的部件（样车部件）通过验证测试，确保其能达到所有部件级别的要求。然后将部件装配成子系统，并对子系统进行测试，以验证它们是否满足各自的子系统级别的要求。这个装配和验证过程将继续进行并形成更高级别的系统，直到装配为整车。这种早期组装的车辆（称为样车）也要经过一系列验证测试，以确保其满足所有关键的整车级别要求。验证测试过程通常是详细工程设计工作的一部分。一旦早期生产的车辆可用时，将由一定数量的客户和公司人员对其进行评价、验证测试（或驾驶评估），以确定其认可度。验证测试在第 14 章中描述。

车辆验证经管理部门批准后，开始正式投产，产出的车辆被运输至经销商处。在整个车辆生命周期中，要持续跟踪监控来自购买和使用车辆的客户的反馈，以确保高水平的客户满意度。由客户反馈（称为客户体验）而导致的"制造过程变更"

和"产品改进"活动,见图 2.1 左下角的方框。

2.2.3 系统工程"V"模型

系统工程"V"模型展示了产品生命周期中的所有重要步骤。模型如图 2.2 所示。该模型被称为系统工程"V"模型,因为这些步骤被安排成"V"形,后续步骤显示在前面步骤的下面或上面[更多细节见 Blanchard 和 Fabrycky（2011）]。下一节将以一个新的汽车产品的开发为例来说明该模型。

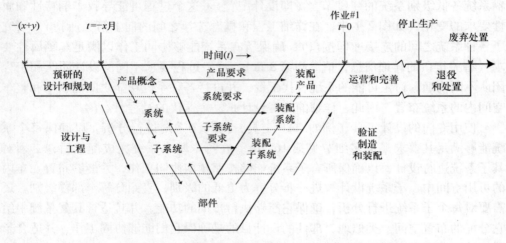

图 2.2　系统工程模型显示新车从前期规划活动到
生产设施处置的生命周期活动

模型中水平时间轴上显示了整个车辆项目的基本步骤,该时间轴表示作业#1 之前几个月的时间（t）。在汽车工业中,"作业#1"被定义为第一辆汽车由工厂完成制造并进行销售这一事件。车辆项目通常在作业#1 之前几个月开始。项目的起始时间取决于项目的范围和复杂程度（即新车型相对于已出厂产品的改变情况）以及管理部门批准启动汽车开发流程的状态。

1. "V"的左侧：设计与工程

在汽车项目正式启动前的早期阶段,一个预研的设计和产品规划活动（通常包括一个先期的车辆规划部门或一个特殊的规划团队）决定了车辆特征及其初步架构［例如,车辆类型（车身造型）、尺寸和动力系统类型、驱动轮的位置（前轮驱动或后轮驱动或全轮驱动）]、性能特点、目标市场（即汽车将在哪些国家销售）等。它还提供了新车型可能取代或竞争的参考汽车（用于对标）名单。从预研设计小组中挑选出一些工程师和设计师（通常约 10~15 人）,要求他们创建一些早期的车辆概念,以了解造型设计和工程面临的挑战。一份商业计划书,包括预计销售量、新车型的计划寿命、汽车项目时间规划、设备和工装规划、人力规划和财务规划（包括预估的成本、所需资金、收入流和利润），与公司规划的所有其他车辆项目一起编制并提交给高级管理层（以说明提案的项目将如何适应公司的总体产品规划和战略布局）。第 5 章给出了有关商业计划开发的更多细节。

车辆项目通常是在公司管理层批准商业计划后被正式启动。这个项目批准的事件发生时记录为作业#1 之前的 x 个月，如图 2.2 所示。该图还显示，预研设计和规划活动开始于作业#1 前 $(x+y)$ 个月（由该活动的工作范围决定，y 的取值范围约为 3~12 个月）。

在 $-x$ 个月时，任命车辆项目总经理，同时产品开发及其他相关活动中的各职能组［如设计（造型）、车身工程、底盘工程、动力工程、电气工程、空气动力学工程、布置与人机工程/人因工程、制造工程］被要求提供人员，来支持整车开发工作。这些人员按组构成团队，组织好的团队开始设计和工程化整车及其系统和子系统。

团队形成后的第一个主要阶段是构建一个整体的车辆概念（在图 2.2 中标记为"产品概念"）。在这一阶段，工业设计师和布置工程师与不同的小组合作，设计车辆概念方案，其中包括①创建提案车辆的图样或早期的 CAD 模型；②计算机生成逼真的三维图像和/或车辆的视频（颜色、阴影、反射和质感效果完全呈现）；③物理模型（用泡沫芯、黏土、木或玻璃纤维块来呈现车辆的内外表面）。提案车辆的图像和/或模型会展示给市场研究所的潜在客户和管理层，用他们的反馈信息来进一步完善产品概念方案。市场研究实践在第 21 章中进行介绍。

在车辆概念开发过程中，每个工程小组都需要决定如何配置车辆的每个系统来适应车辆空间（由车辆概念的外覆盖件和内表面定义）及各种系统如何与其他系统匹配实现协同工作，以满足所有的功能、人机工程学、质量、安全和其他产品要求。此步骤如图 2.2 中的"系统"步骤所示。在此阶段中发现的任何问题都可能需要迭代返回（至上一阶段），对产品概念方案进行改进或修改（如图 2.2 所示，该反馈表示从"系统"到"产品概念"的向上箭头）。

在进行系统设计的过程中，下一个阶段将涉及更低级别实体的更详细设计，即对每个系统的子系统及各子系统中的部件开展设计。后续这些步骤，在时间上向右推进，如所示的"子系统"和"部件"。本节描述的步骤构成了"V"的左半边，代表了"设计和工程化"中涉及的时间和活动。如图 2.2 所示，V 的左半边向上箭头表示系统工程的迭代性质。

2. "V"的右侧：验证、制造和装配

"V"的右半部分从底部贯穿至顶部，涉及制造部件（或较低级别的实体）和测试，以验证它们是否满足功能特性和要求（在"V"的左半部分进行开发）。由部件装配成子系统，子系统经过测试以确保满足功能要求。类似地，由子系统装配成系统并进行测试；最后，由系统装配成整车。在每个步骤中，测试相应的装配体，以确保它们满足各自设计步骤中的要求（即对装配体进行验证）。这些要求显示为图2.2中从"V"的左侧到右侧的水平箭头。因此，"V"的右侧被标记为"验证、制造和装配"。需要注意的是，在图2.2中"V"右半部分的各个装配步骤之间没有向下的箭头。向下的箭头表明验证步骤中的失败。当出现失败时，将信息传递给相应的设计团队，以便将设计更改整合，避免此类失败的再次发生。

在车辆项目中不同团队中工作的工程师和技术专家通过这些步骤，不断地对车辆设计进行评价，以验证在所有可预见的使用情况下，车辆用户能够适应并能够使用该车辆。在作业#1之前开发的早期阶段生产的车辆，通常用于进行有关其他整车评价的产品验证（参见关于验证测试的第14章）。

3. 流程图右侧：经营和处置

作业#1之后，进行车辆生产并运输至经销商处，然后卖给客户。图2.2中的模型还显示了一个名为"运营和完善"的时间段。在此期间，生产的车辆由用户购买、使用、维护、经销商（或其他修理店）提供服务。车辆也可以在其生命周期内进行一些更改（例如，在现有的车型周期内进行少量修改，或每隔几年更新一次，作为一款更新的车型）。当汽车变得陈旧过时时，就会被从市场上撤下来。这标志着汽车生产的结束。此时，装配工厂及其设备将被回收或重组以用于下一款汽车（作为下一款车型产品或全新产品），或关闭工厂。当产品达到使用期限时，则将其送到汽车弃置场，在那里许多部件可能被拆卸。拆卸的部件要么被回收提取材料，要么被送往垃圾场。

这本书的网站包含一个汽车产品开发过程的"V"模型的Excel电子表格说明。它显示成一个甘特图，其中附上各种活动和这些活动每月的估算成本（见第19章）。

2.2.4 系统工程模型的5种循环

图2.3说明了一个常用的系统工程模型的变更有5种类型的循环。模型中的5种循环有：①要求环；②设计环；③控制环；④验证环；⑤认证环。这些循环说明了系统工程流程的迭代性，从客户需求、业务需求和法规需求开始，将这些需求转换为车辆属性目标和车辆属性要求。车辆属性要求通过功能分析与功能分配级联到较低级别实体（即包括车辆系统、子系统、子子系统，直至部件级）的要求中。生成的要求和功能的分配被迭代和整合为可能和可行的产品配置，直到达到平衡的车辆设计。

平衡的车辆设计是通过考虑所有的属性要求和属性权衡而得到可接受的车辆配置。车辆配置包括通过实现系统间的要求接口，将车辆功能分配给系统，以及在车辆空间内为其系统分配空间（即系统装配）。

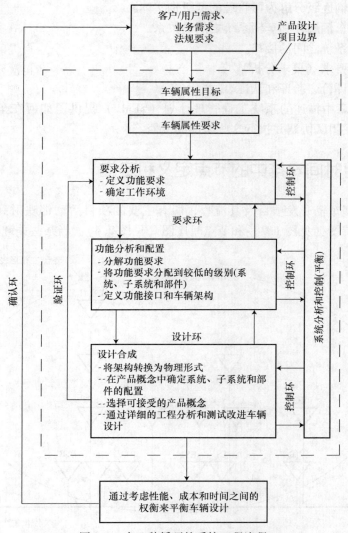

图 2.3 有 5 种循环的系统工程流程

2.3 系统工程流程管理

要更好地理解系统工程流程管理,首先要研究下列核心推进功能实现所涉及的流程和技术:

1) 在项目时间安排中定义并定位节点。
2) 按车辆属性进行管理。
3) 设定整车级别目标。

4) 将车辆逐级分解为可管理的低级别实体。
5) 定义车辆属性和车辆系统之间的关系。
6) 车辆系统之间的接口。
7) 设定要求（要求分析）。
8) 执行评价、验证和认证。

在第 12 章中描述的系统工程管理计划（SEMP）提供了如何在车辆开发过程中由各个开发团队协调并执行这些功能的文档。

2.4 项目时间安排中的节点定义和定位

为了管理车辆开发项目及其流程，所有主要的项目活动都映射到一个时序图上，例如甘特图（见图 1.2）和节点时序图（见图 2.4）。当某些关键任务完成时，

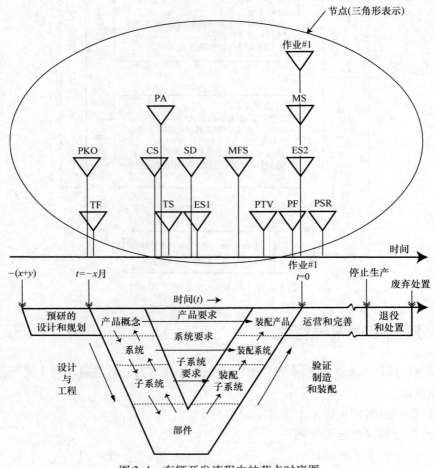

图 2.4 车辆开发流程中的节点时序图

则由技术专家和管理人员对车辆设计和项目进度进行审核。审核工作的目的是确保所有任务按照先前计划圆满完成，以及做出必要的设计更改，解决先前审核中发现的问题。完成这些任务及管理需审核的事件被定义为节点。节点通过管理层的审核并批准则意味着车辆开发将进入下一个任务或项目阶段。所有节点都设置在时间表上。节点通常使用三角符号标识，并使用首字母缩写来定义每个任务。以图2.4为例，提供了在图2.2所示车辆开发程序"V"模型时间轴上进行节点设置的示例。表2.1提供了典型车辆开发项目中使用的各种节点的定义。每个汽车公司通常都有一组自己独特的节点定义和识别标签。

表2.1 节点的定义和标注

阶段性描述	步骤描述	节点描述	标注
预研工作	此节点的目标是定义用于开发一种或多种车辆（基础车辆及其变体）的方案	方案定义	PD
车辆定义、目标设定、概念开发和系统设计	高级管理层正式接受开发新车辆提案的时间和方案。该方案从选择项目负责人和团队领导开始	项目启动	PKO
	团队成立并开始收集客户数据和汽车设计和技术趋势	团队构成	TF
	开始对选定的竞争车辆进行对标		
	根据车辆和系统的功能规格设定目标。设计和工程团队创建几个车辆概念	目标建立	TS
车辆概念评估和概念选取	管理层选取的车辆概念为内部和外部市场研究做好准备	概念评估	CR
	管理层开会审核市场研究结果和项目团队的建议，并选择进一步发展的概念	概念选取	CS
系统设计工程工作	工程团队开始对每个主要车辆系统进行系统级设计工作。不断评估每个系统的功能方面和系统之间的接口，以研究工程可行性	工程启动	EL
系统批准和工程签署	负责各主要车辆系统（第j级系统）的经理与其他系统经理一起审核系统设计，并获得系统级设计的批准	系统设计批准	SD (j)
	每项工程活动的领导者都会对整体车辆设计进行签发，并指出当前的车辆和系统设计已准备好进行进一步的详细设计工作	第1次工程签发	ES1
详细的工程、验证测试、工具和设施的设计、生产准备评审	车辆方案经管理部门批准，下拨资金进行系统的详细设计和集成工作	项目批准	PA
	验证测试完成。测试在部件、子系统和系统级别进行。测试结果用于整合硬件和软件的变更，并根据需要重新测试	验证测试（第i代实体）	VT (i)
	样车是为车辆级别的验证测试而装配的	测试样车	PTV

(续)

阶段性描述	步骤描述	节点描述	标注
详细的工程、验证测试、工具和设施的设计、生产准备评审	销售和现场支持（经销商、零部件销售和服务）人员提供必要的技术信息、硬件和服务支持工具	市场推广和现场支持计划启动	MFS
	制造和装配工厂重新装备和进行测试，以确保车辆的制造能力，并开始建造用于培训和验证测试的早期生产车辆	生产准备	PR
样车的制造、验证测试、和签发	最终的生产样车可用于工程和验证测试，并由专家、管理人员和客户进行审核	最终样车	PF
	所有的工程领导都参与生产车辆的功能、可靠性和耐用性的签发	第2次工程签发	ES2
	制造和工厂经理签发了生产车辆的功能和制造重量	最终制造签发	MS
汽车生产、销售、服务	管理部门批准生产销售车辆 第一辆生产车辆从装配厂出来的时间称为"作业#1"	作业#1	J#1
	定期审核客户反馈、销售、保修和成本数据，以确定制造过程或产品的未来变化	项目状态审核（第j次审核）	PSR(j)

2.5 按车辆属性管理

2.5.1 车辆属性和属性要求

系统工程过程始于对客户需求的理解。将客户需求转化为车辆属性（即汽车必须具有的卖点），在汽车开发过程中使用和管理这些属性，以确保汽车拥有满足客户需求的属性。属性管理过程包括开发属性需求，将属性需求从车辆级别级联到更低级别（例如系统、子系统和部件等实体），将功能分配给车辆中的所有实体。开发测试程序来验证每个实体是否满足其需求，以及完成验证和认证测试。本节描述车辆属性、需求的开发，以及车辆内实体的功能分配。

2.5.2 什么是属性

属性是保证产品畅销的特性。假设用户购买和使用产品时是根据其产品的影响力，这可以将其分解成许多属性。一个产品可以有很多属性。产品属性必须来源于客户的需求。所有的产品属性加在一起，应该涵盖客户的所有需求。属性可以分解（或细分）为更低级别的属性，如子属性、子子属性等，直到属性涵盖了产品的所有特征。

汽车产品的属性可以描述为：①美学/造型；②乘员布置和人机工程学；③成

本/支付能力（即采购、操作和维护费用）；④性能和燃油经济性；⑤内部舒适度（如噪声、振动和温度控制）；⑥乘坐与操纵（即驾驶过程中需考虑的与车辆感受有关的车辆动力学事项）；⑦热力学和空气动力学；⑧轻量化；⑨安全；⑩保护性；⑪排放（车辆在行驶过程中产生的有害气体/污染物）；⑫资讯及娱乐（即为车辆使用者提供所需的资讯及娱乐）；⑬车辆生命周期中用户的体验（在生命周期和更改中客户在车辆使用过程中的整个经验）；⑭产品和工艺的兼容性。

表2.2给出了汽车产品的属性及其子属性。需要注意的是，属性的定义并不是标准化的，因此，属性及其子属性的列表和定义可能在不同的汽车项目和汽车制造商的组织机构中有所不同。

表2.2 汽车产品的属性

序列号	车辆属性	子属性
1	布置	乘客座位布置，入口和出口，行李/货物布置，视野，传动系统布置，悬架和轮胎布置，其他机电布置
2	人机工程学	控制装置和显示屏的位置和布局，手和脚伸展，可见性和易读性，姿势舒适度和可操作性
3	安全性	正面碰撞，侧面碰撞，后碰撞，侧翻和车顶挤压，安全气囊和安全带，传感器和发动机控制模块，其他安全功能（可见性，主动安全）
4	造型和外观	外观——形状，比例，姿态等；内部——配置，材料，颜色，纹理等
5	热和空气动力学	空气动力学，热管理，水管理
6	性能和驾驶性能	性能感，燃油经济性，远程性能，驾驶性能，手动换档，拖车牵引
7	车辆动力学	驾驶，转向，操控和制动
8	NVH	道路NVH，动力系统NVH，风噪，机电系统NVH，制动NVH，尖叫声和响动，行人噪声
9	内部气候舒适性	加热器性能，空调性能，防水性能
10	重量	车身系统重量，底盘系统重量，动力总成重量，电气系统重量，燃料系统重量
11	保护性	车辆防盗，内部和部件防盗，个人安全
12	排放	尾气排放，蒸气排放，车上诊断
13	通信和娱乐	互联网连接，车内协同活动，车-基础设施通信，车-车通信，音频接收
14	成本	客户的成本，公司的成本
15	客户生命周期	购买和服务经验，操作经验，生命阶段变化，系统可升级性，处置性，可回收性
16	产品和流程的复杂性	共性，可重用性，继承件，产品变化，工厂复杂性，工具和工厂生命周期变化

质量是另一个汽车属性，它通常与造型、布置、安全性和舒适性等其他属性相结合。类似地，耐久性是一个属性，与性能、舒适性、造型和外观以及安全性等其他属性组合一起出现。例如，将耐久性纳入许多属性要求的一部分，这说明适用的要求应该在车辆整个使用寿命（例如，15 年或 15 万 miles 的行驶里程）中得到满足。

为了帮助读者理解产品属性所涵盖的领域，以笔记本电脑为例。本产品的属性为①物理尺寸；②重量；③显示屏尺寸；④人机工程学（即易于使用的键盘、触摸板、音频、显示和磁盘驱动器）；⑤处理器功能（例如，处理数据的能力和速度）；⑥数据存储能力；⑦电池容量（两次充电之间的工作时间）；⑧输入/输出端口；⑨无线联网；⑩美学（造型/外观）；⑪耐久性；⑫生命周期费用（即客户在笔记本电脑生命周期中产生的费用）。这个属性列表应该涵盖笔记本电脑设计团队在整个笔记本电脑生命周期中应该考虑的所有客户需求。

2.5.3 属性要求

为实现产品属性而制定的要求可以定义为属性要求。为了管理属性，每个属性可以在不同层次上进一步分为子属性、子子属性等不同级别。在进行功能分析和配置时，应将所有属性要求级联（即分配）到各个车辆系统中。

后面章节将提供关于需求的更多信息及开发"良好"要求的指南。

2.5.4 属性管理

在一些汽车公司中，客户需求是根据属性要求规定的。每个属性分配一个属性管理者，每个属性管理者的职责是确保将他或她的属性要求分配给恰当的系统和低级别实体，并不断进行评价。不同于负责产品设计和开发不同系统的生产线工程活动，属性管理一般被分配给独立的核心工程职能部门。例如，被分配到"舒适性和方便性"属性的管理人员必须审查正在开发车辆的整个设计，并分析每个车辆系统，以确定该系统是否会对乘员的舒适性和方便性产生影响。对该属性有影响的车辆系统将被详细地分析和评价，以确保所有属性要求以及属性与其他相关属性或子属性之间得到权衡，例如驾驶员界面人机工程学、座椅舒适性、出入口舒适性、行李装载方便性、发动机使用舒适性、热舒适性等。

属性的重要性

一些公司不是直接从客户需求确定产品要求，如图 2.2 所示，而是发现从客户需求定义产品属性并管理每个产品属性（即管理交付或贡献给指定产品属性的所有产品需求）是一种更好的方法，特别是对于像汽车这样复杂的产品开发。需要注意的是，从采访中获得的客户需求可能并不完整；也就是说，它们可能没有考虑到许多工程方面的注意事项。因此，属性要求应该包括客户需求和工程需求。对于具有某一属性的车辆,它的属性要求要从整车级别级联(或指定或分配)到系统层次结构较低的级别(即,从产品到其系统再到子系统和部件)。

基于属性的产品需求管理具有三大优势:

1)属性需求帮助产品开发过程中的每个人了解某些产品属性需求的可追溯性(即任何需求都可以追溯到一个或多个产品属性)。

2)可以责成专人对某一属性负责,以确保产品设计满足属性要求(使产品具有该属性)。

3)在产品开发的各个阶段,需确保所有产品属性按照存在的属性需求进行分析研究(即追踪及评估),并且在产品项目的所有主要节点处审核是否符合属性要求。

因此,在产品生命周期的设计和子阶段中,属性管理方法可确保始终重视客户的需求(即客户会满意)。本主题将在第9章进一步讨论。

2.6 整车级目标设置

在开发车辆的过程中,在定义车型之前,必须就公司的整体目标达成一致(即产品规划及市场战略)。有关目标的一些例子,①以类似的市场定位,开发出一款新车型来替代现有老车型;②开发出同级别中最佳的交通工具;③和/或开发出一辆能够吸引不同细分市场客户的汽车(例如,在中国销售为美国市场设计的汽车)。因此,汽车开发过程的定义取决于汽车公司在目标设定中采用的策略。

目标设定及测量

需要在车辆级别(即以选取的车辆为整体)及其属性和子属性级别设置最低限度的目标。用于确定目标的方法既要客观(即目标可用一种或多种物理仪器测量),也要主观(即以客户或专家提供的资料或评级为依据)。

以一些应用于整车级别的测量为例:

1)最佳车辆(即在同级别车辆中,所有选取车辆中它是最佳总得分)。

2)客户满意度百分比(例如,至少80%的客户应声明他们"非常"或"完全"满意该车辆)。

3)达到设计标准和/或要求的百分比(例如,至少满足95%的车辆级属性要求)。

4)在预先设定的测试中实现的评估测量值的最小值、最大值或范围(例如,以每加仑最低英里数计算的燃油经济性、最大空气阻力系数)。

5)在预先设定的评估测试中,选择你的目标车辆而不是其他竞争对手车辆的客户所占百分比(例如,在选定竞争对手的由60miles/h车速到完全停止的制动距离上至少改善15%)。

6）在指定市场销售的目标车辆的数量（或百分比）（例如，占豪华中型客车市场份额至少20%）。

7）在指定的评估测试中，目标车辆与其他选定竞争对手车辆的排名（例如必须在选定竞争对手的前三名之内）。

8）目标车辆达到选定标准要求的百分比。

9）具有多个评估标准中的一组评估测试中，目标车辆的平均分数或加权分数。

10）基于指定平台开发的车辆与平台共用件至少达到55%（平台开发的其他车辆的部件和系统）。

属性级测量实例说明

新型四门轿车在与参考车型（如现有车型或主要竞争对手）进行比较时，应满足所选车型的属性水平。汽车的属性是汽车畅销必须具备的特征。例如，燃油经济性、整车重量、动力系统类型、行驶和操控性以及内部空间都是车辆的属性。基于属性的车辆目标实例有：

1）新车型与前一车型相比，燃油经济性至少提高了15%。

2）整车重量较前一车型减少6%（或300lb）。

3）新车辆的动力系统应提供可选的涡轮增压发动机和8速变速器。

4）新车辆应具有与参照车辆相媲美的安全性能。

5）车辆的操纵性能、行驶性能和制动性能至少比参考车辆高出10%。

6）车辆应配备语音识别和语音翻译功能，以保证电子邮件信息的安全通信。

7）与参考车辆比较，车辆内部应更宽敞，应至少增加15mm的驾驶员腿部空间、头部空间和肩膀的空间。

8）车辆的外观应比参考车辆更符合空气动力学。

9）应包括驾驶员、前排乘客和后排乘客自动温度控制和独立的控制。

10）70miles/h时车内噪声水平应比参考车辆至少低2dBA。

11）车辆应具备以下可选的安全功能：外围辅助礼仪照明、紧急报警系统、防盗报警、心率监控以及紧急信息触发的气囊系统。

为了确定每个属性的级别，用于测量每个目标的测量指标（即变量）及其测量程序必须由公司管理层确定并接受。

2.7 将整车分解为可管理的低级别实体

2.7.1 复杂产品管理

随着产品复杂程度的增加，对系统工程的需求也随之产生。产品复杂性的增加,反过来又增加了许多部件之间的交互量(即关联关系),同时也增加了设计高可靠性的难度。随着产品中实体数量增多,这种复杂性也导致需要更大的组织来管理众多团队,这些团队涉及来自不同学科的专业人员,需要满足许多需求,并且需要做出大量决策(注:设计非常简单的产品可以由非常少的专业人员完成)。

因此,一个复杂的产品应该将其划分(或分解)成一组可以进行管理的实体。这种分解是产品开发过程中管理大型系统非常有效的步骤。产品可以分解为许多系统,系统可以分解为子系统,子系统可以分解为部件。有些产品可以分为多个等级体系层次;也就是说,系统可以分为许多层次的子系统,如子系统、子子系统和子子子系统。产品设计任务也可以划分和分配给各个小组或团队中的个体。各部分的级别划分取决于许多因素,如以往的设计经验和在开发类似产品时遇到的问题、设计团队同时处理许多设计问题的能力、需要分析和评价设计和工程化细节的水平、满足要求的严格程度和项目进度。

2.7.2 分解树

图2.5给出了一个产品分解树。这是一个树形图(一颗颠倒的树),显示了一个产品自顶向下逐层分解至系统(S1到S5),每个系统分解至子系统(例如,SS11,SS12,SS21,…,SS53),每个子系统分解至部件(C111,C112,…,C533)。

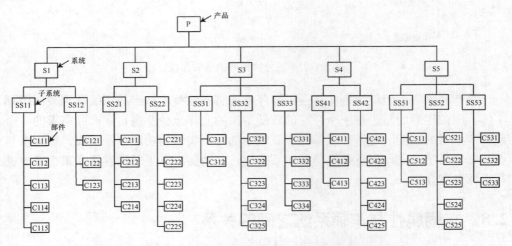

图2.5 产品自顶向下分解为系统、子系统和部件的说明

图2.6给出了一个汽车音频系统分解树的例子。音频系统为3级(L3)系统,因为它是在车辆电气和电子系统(这是一个2级(L2)系统)之中进行开发的。整车被认为是一级(L1)系统。音频系统的子系统包括音频源、音响系统、线束和连接器以及控制装置和显示器(属于第4级系统)。每个子系统被进一步分解为

它的子子系统（这里显示为L5级系统）。L5级系统可以进一步分解为几个更低级别系统，可以是单个部件级别，也可以是从供应商购买的装配单元级别（从汽车制造商的角度来看，不需要进一步分解）。5级部件的例子有AM接收器、CD播放机、线束和触摸屏。

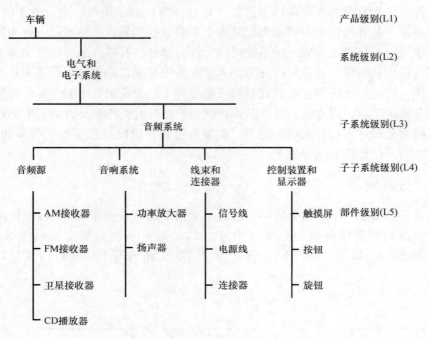

图2.6 车辆分解树内的音频系统

将产品分解为较低级别实体还需要仔细地将属性需求从产品级级联到较低级别实体。应该注意的是，每一个存在的较低层次的实体至少要满足该产品需求的一个或多个必需的功能。理解和跟踪每个系统中的每个实体的功能也很重要，因为参与设计每个系统的设计团队必须确保该系统执行其功能。本主题内容将在第7章中进行更详细的介绍。

2.8 车辆属性与车辆系统之间的关系

必须充分地认识到，为了满足指定属性的需求，需要一个或多个系统。如此一来，每个系统都要提供一个或多个车辆属性。车辆属性与车辆系统之间的关系可以用矩阵图表示。表2.3给出了车辆属性与车辆系统之间的关系矩阵。车辆属性以矩阵的行表示，主要的车辆系统以矩阵的列表示。每个属性和每个系统之间的关系强度显示在行与对应列的交集处所定义的单元格中。单元格中的数字表示关系的强度：9 = 强关系，5 = 中关系，1 = 弱关系，0（或空白）= 无关系。

表 2.3 车辆属性与车辆系统之间的关系矩阵

		车身系统（车架、覆盖件、门、发动机舱盖、行李舱/升降门、保险杠蒙皮、保险杠、脚踏板、边梁、把手、灯、仪表板、座椅、装饰件）	底盘系统（轮子、轮胎、悬架、制动、转向系统）	传动系统（发动机、变速器、主减速器、冷却系统）	燃油系统（油箱、油管、油泵、油滤清器、减压阀）	电气系统（交流发电机、电池、线束、功率调节器、熔丝/继电器/开关）	气候控制系统（热交换器、鼓风机、空调系统、软管和管、风管）	安全和保护系统（安全气囊、安全带、主动安全系统、传感器、发动机控制模块、线束、前照灯、信号灯、泛光灯）	驾驶员交互界面和信息娱乐系统（控制装置和显示器、音频系统、导航系统）	车辆属性子属性车辆系统和子系统（在括号中）序列号 重要性评级：10 = 非常重要，1 = 根本不重要
1	布置	9	9	9	3	3	3	1	1	10
2	人机工程学	3	1		1		3	9	9	8
3	安全	9	9	9	9	3		9	3	10
4	造型和外观	9	1	1				3	1	8
5	热和空气动力学	9	3	3			1	1		7
6	性能和驾驶性能	9	9	9	9			1		8
7	车辆动力学	9	9	9	3			3	1	8
8	NVH	9	9	9		1				6
9	内部环境舒适性	5		3		5	9		3	8
10	质量	9	9	9	9	3		1	1	6
11	安全性							9	9	8
12	排放			9	5					8
13	通信及娱乐					1		1	9	5
14	成本	9	9	9	3	3	3	3	1	3
15	客户生命周期	1	1	1	1	1	1	1	1	3
16	产品和过程复杂性	3	3	9	3	3	3	9	9	2
		712	550	602	259	203	202	312	261	3101
		23.0	17.7	19.4	8.4	6.5	6.5	10.1	8.4	

注：表 2.3 所示关系强度定义为 9 = 强，3 = 中，1 = 弱。表 2.2 描述了这些属性的子属性。

表 2.3 中提供的关系数字表明，以下属性与所有车辆系统有关系（或受其影响）：布置、重量、成本、客户生命周期和产品工艺兼容性。此外，以下车辆系统与大多数车辆属性具有关系：车身系统、底盘系统、动力系统、安全和防护以及驾驶员界面和信息系统。

车辆属性要求用于定义每个车辆系统的要求。第7章和第9章提供了关于车辆规范的更多信息，开发车辆属性要求后，将属性要求级联到各个系统及更低级别的实体，以确保开发的整车能够满足客户的需求。

2.9 车辆系统之间的接口

众多的车辆系统也通过与其他车辆系统的连接（或接口）执行各自的功能。识别和设计不同系统及其更低级别实体之间的接口是所有系统设计人员的一项重要任务。第8章介绍了接口结构图和接口矩阵是如何开发的，并将它们作为理解和分析不同系统之间接口的基本工具。图8.4和表8.1给出了接口示意图和接口矩阵，说明了表2.3中包含的所有车辆系统之间的接口。图8.4和表8.1说明了大多数车辆系统是相互关联的，以使车辆执行其所有功能。车辆系统设计者需要首先为每个接口开发要求，以确保相关联的车辆系统能够协同工作。然后，在进行相关联的车辆系统设计时使用接口要求。第8章提供了更多关于接口设计的注意事项。

2.10 设定和分析要求

要求分析是车辆成功的关键。要求应该从客户需求、业务需求和法规需求中开发，并分配给产品属性。应该将这些要求形成清晰的文档，文档中的要求应该是易解释的、可操作的、可测量的、可测试的和可跟踪的。应对这些要求进行分析，确保设计出的车辆满足要求，并且生产出的车型有较高的客户满意度。该分析还应验证现有要求是否合适，是否需要开发新的要求（这些要求更适合产品的任务/操作）。

要求分析还应包括：①以一致性的和客观的方式制定出适用于替代设计排序的测量方法；②评价环境因素和车辆系统的运行特性对产品性能以及最低可接受度的功能要求的影响。这些措施和评价还应考虑设计对成本和进度的影响。应该定期检查每个要求的有效性、一致性、合意性和可实现性（有关要求的更多信息，请参见第3章和第7章）。

下面的小节提供了关于要求的基本信息、要求规范的原因以及良好要求的特征。

2.10.1 什么是要求

要求定义了一个或多个产品特性，以及在给定的条件下实现特定目标（例如，要执行的功能、要达到的各性能级别或对产品的最大重量和/或尺寸限制）所需达到的水平。要求是为了满足客户需求、政府法规和企业需求（例如，特定于品牌的特性）而开发的。创建要求是为了实现产品的某些属性特征、功能或性能。

2.10.2 为什么规定要求

明确规定的要求为启动产品设计流程提供了所需的信息和方向。提供的信息包括：①清楚地了解如何跨团队（负责车辆内不同系统）分配要求以及为什么分配要求，从而帮助理解产品中所有系统之间的跨功能交互；②为了满足要求，给设计团队分配明确的职责；③尽早地确保产品完全满足所有顶级要求，并具有针对达成满意度过程的可追溯性；④检查以防止无意中添加特性和成本（即避免"镀金"）；⑤检查以避免在产品开发的后期出现不可接受的意外；⑥快速评估由于任何要求更改所造成的影响；⑦尽早和彻底地验证和认证符合要求的产品设计程序。

2.10.3 如何开发要求

大多数要求并不是在产品项目的早期阶段完全开发出来的。事实上，"从新开始"开发要求需要大量的数据处理、分析、测试和评价——也因此，开发要求是一个非常消耗时间和金钱的过程。

大多数需求都是从以前开发的、经过验证的各种来源的需求中获得的，例如①标准（即根据国际、国家或地方政府机构、专业协会和行业协会规范开发的公司内部标准或外部标准）；②由制造商和他们的供应商制定的设计指南；③产品开发组织内部的测试和评价程序和实践；④经验（过去的失败和成功）、客户反馈、从以前类似产品的项目中获得的教训和见解。这些要求还应不断加以评价，以确保它们不会因技术进步、设计趋势、新材料、客户需求和政府法规的变化而过时。

在先前产品上进行开发的新车型想要实现新的技术和特征（即与传统内燃机相对照的，电动汽车的开发）需要相当多的附加工作，如了解诸如客户如何使用产品、客户关注点、产品在其生命周期中的操作过程问题以及为实现前瞻而开发的新技术。在要求开发过程中，还需要考虑不同属性之间的进一步权衡。因此，要求开发过程需要来自不同学科的专家的输入和评审。

2.10.4 好的要求的特征

判断一个要求是否是"好的"（即有用的、不易混淆的、可实现的）需要考虑许多特征。由此，开发一个"好的"要求需要注意：

1）要求必须注明"产品应"（即应做、应按形式、应起作用、应提供、应重等），然后对必须做的事情进行说明。

2）要求应该是明确的、清楚的并且完整的。措辞应尽量减少不同人在理解上的混淆和差异。为了确保要求的完整，它应该提供详细的上下文信息，例如场景、环境、操作条件、时间期限、紧急/优先级和用户的特征，产品在哪些情况下能起到预期作用。

3）要求中，对产品及其低级别实体中须使用一致的术语。

4）要求中，须清楚列明其适用性（即何时、何地、系统类型或分层系统级别及其适用和不适用的范围）。

5）对于要求，应通过明确定义的测试、测试设备、测试程序和/或独立分析来验证。

6）对于要求，应具有可行性（即创建该系统或产品应该是可以实现的，并且不会花费巨大的开发时间和成本）。

7）对于要求，应该与系统层次结构中高于它和低于它的其他要求保持统一和可追溯性。

8）每个要求应该独立于其他要求。该特性将有助于控制和减少产品属性的可变性，从而有助于产品性能。

9）每个要求都应该简明扼要；也就是说，它应该以最小的信息量来表述。

（注意事项 8）和 9）满足产品设计中所考虑的公理理论的两个基本公理［公理1：独立性公理——保持功能需求的独立性；公理2：信息公理——最小化设计中的信息量］［Kai and El–Haik，2003］）。

美国国家航空航天局（NASA）系统工程手册（NASA，2007）也在附录 C 中提供了更多关于"如何编写一个好的要求"的信息，并提供了"有关要求的验证清单"。

2.11 评估、验证和认证测试

从部件级到整车级，各级别的每个实体都必须在指定的设计和生产阶段进行评价，以确保满足各自的要求。要求一般在系统设计规范或标准中规定。评价通常涉及对每个实体的选定样本进行若干观测和/或测试。根据实体及其在产品开发周期中的阶段，测试可以包括模拟、台架测试、实验室测试、现场测试等。收集的数据经专家评价，并使用相应的分析工具（如 CAE 工具、统计测试）进行分析。将要求中的指定参数输出值与它们的验收标准进行比较。

第 20 章和 21 章对不同类型的评价作了更详细的说明。

2.12 结束语

汽车产品是复杂的，因为它们有许多属性和众多系统。车辆开发系统涉及诸多步骤，这些步骤由来自多学科的众多人员在多次迭代中执行，以确定通过不断权衡来满足大量需求的配置。本章提供有关下列主题的基本信息来帮助读者理解它们在开发新车过程中起到的作用：①产品开发流程；②系统工程"V"模型；③系统工程流程；④产品分解；⑤车辆系统和系统之间的接口；⑥根据车辆属性和属性要求的管理；⑦车辆属性和车辆系统之间的关系。本书的后续章节提供了关于这些主题的更多内容，并介绍了在车辆开发流程中实现系统工程过程的方法。

参 考 文 献

Bhise, V. D. 2012. *Ergonomics in the Automotive Design Process*. Boca Raton, FL: CRC Press. ISBN 978-1-4398-4210-2.

Bhise, V. D. 2014. *Designing Complex Products with Systems Engineering Processes and Techniques*. Boca Raton, FL: CRC Press. ISBN: 978-1-4665-0703-6.

Blanchard, B. S. and W. J. Fabrycky. 2011. *Systems Engineering and Analysis*. Upper Saddle River, NJ: Prentice Hall.

EPA and NHTSA (2012). 2017 and Later Model Year Light-Duty Vehicle Greenhouse Gas Emissions and Corporate Average Fuel Economy Standards. *Federal Register*, Vol. 77, No. 199, October 15, 2012, Pages 62623–63200. Environmental Protection Agency, 40 CFR Parts 85, 86, and 600. Department of Transportation National Highway Traffic Safety Administration, 49 CFR Parts 523, 531, 533, 536, and 537. [EPA–HQ–OAR–2010–0799; FRL–9706–5; NHTSA–2010–0131]. RIN 2060–AQ54; RIN 2127–AK79.

Kai, Y. and B. El-Haik. 2003. *Design for Six Sigma: A Roadmap for Product Development*. New York: McGraw-Hill.

NASA. 2007. *NASA Systems Engineering Handbook*. Report no. NASA/SP-2007-6105 Rev1. NASA Headquarters, Washington, D.C. 20546. Website: http://ntrs.nasa.gov/archive/nasa/casi.ntrs.nasa.gov/20080008301_2008008500.pdf (Accessed: May 10, 2016).

NHTSA. (2015). *Federal Motor Vehicle Safety Standards and Regulations*. U.S. Department of Transportation. Website: www.nhtsa.gov/cars/rules/import/FMVSS/ (accessed: June 14, 2015).

第3章 客户需求、业务需求和政府要求

3.1 引言

客户购买车辆是用来满足自身需要的。因此，对汽车设计者和工程师来说，鉴别客户并了解他们的需求是非常重要的，这样才能设计出满足客户需求的汽车。通常情况下，客户可能无法说出他们想要的车辆要具有什么样的特性或功能。这是因为：①客户本身可能并不熟悉所有的功能；②他们可能并不了解新功能；③他们可能意识不到车辆设计的未来趋势。然而车辆开发团队所面对的挑战就是全面的了解：①客户需求；②设计和技术趋势；③未来政府的要求；④经济因素。

利用这些信息，设计团队可以为新车型定义和开发可能的汽车概念。然后将设计概念和/或概念车展示给客户，并评估和总结他们对这些概念或概念车的响应。收集到的数据将用于确定每个概念的可接受性，也用于了解客户的需求。这些通常是通过客户的响应获得的，例如在概念评价过程中记录的反响、意见、评论、评分和身体语言。将收集到的数据转换成技术术语，作为车辆属性要求，可以被设计人员和工程师用来确定提案车辆的技术规范。

客户需求的转化过程必须是完整的，也就是说，这个过程必须能提供所提案车辆主要功能和特征的技术规范。因此，许多汽车公司采用了上一章介绍的属性要求流程。这些属性共同定义了车辆的所有特征。

车辆开发团队必须知道他们要设计车辆的属性要求。除了满足客户的需求，车辆还必须满足在其生命周期内将要强制执行的所有适用性的政府要求。否则，政府部门将不允许汽车制造商销售这些汽车。新的车辆项目还必须具有商业意义，也就是说，它必须满足公司的商业需求，这样公司才能继续经营下去。

根据三个领域（客户需求、业务需求和政府要求）的需求清晰地完成需求定义，构成了新车辆项目的输入。本章讨论与这三种需求有关的基本注意事项和问题。

3.2 汽车开发过程的输入

3.2.1 客户需求

客户需求主要是由市场调研人员（或其他团队成员，如产品规划师和人机工程学工程师）通过对潜在客户进行采访，询问他们对新车的喜好来获得的。如果能向顾客展示概念车、计算机生成的车辆图像或具有某些车辆特性的硬质模型，采用这种车辆可视化的方法，能够在采访过程中帮助客户引发他们的反响。客户对属性的反应可以通过观察得到。在某些情况下，可以向客户展示一些产品和/或一些产品特性，并让他们给出评级、偏好和评论（概念车以及其他现有车辆，例如制造商当前的现有模型及其领先竞争对手的车辆）。此外，可以通过提问来获得他们喜欢或不喜欢的原因（每辆车的什么特征或特性让他们喜欢或不喜欢）。

由于客户有许多需求，因此获得重要性评级以及每个需求重要性的原因也很重要。这些需求可以分类为"必须拥有""很高兴拥有"或"没有兴趣拥有"等类别。重要性评分可以通过使用 10 分的重要性表（例如 10 分为绝对重要，1 分为根本不重要）来获得。利用瑟斯通的配对比较法和第 21 章所述的层次分析法等技术，也可以从特征的配对比较中得到一组特征的重要性评级。

采访客户的主要挑战之一是确定在采访中客户是否有能力或知识来理解让他或她判断或评价的任何给定的项目的有关问题。客户可能缺乏知识，或者没有见过或使用过这些问题中提到的特性。当客户被要求评价与设计或技术的未来趋势相关的项目或特性时，这是个大问题（更多细节请参见第 6 章）。

收集到的客户需求数据用于开发车辆属性要求（见第 2 章和第 9 章）。客户需求数据还可用于质量功能配置（QFD）技术的应用，该技术有助于将客户需求转化为工程规范（见第 18 章）。

3.2.2 客户需求清单

一旦组建了汽车概念开发团队，其首要任务就是开发出一份完整的汽车客户需求清单。以下是由设计团队为三个汽车开发项目开发的客户需求的初步清单。

1. 中型 SUV

设计团队收集了福特 Escape、本田 CRV 和丰田 RAV4 这三款中型 SUV 的最新车型数据。在采访了十几位目前拥有这款车的客户后，该团队准备了一份 2021 年款中型 SUV（MY）的客户需求清单：

1）它应该能够舒适地搭载 5 名乘客。
2）它应该有较小的整备质量。
3）与全尺寸 SUV 相比，在狭窄的城市道路上驾驶应该很容易。

4）它的乘坐高度应该大于 C 级掀背车。

5）它应该有一个强大的发动机，在满载 5 名乘客和行李的情况下，性能不会明显下降。

6）发动机应该有更智能的动力管理。

7）如果配备了混合动力系统，价格不应该太高。

8）应该有冬季四驱驾驶选项并在所有条件下保持良好的道路抓地力。

9）日常通勤它应该有合理的燃油经济性。

10）如果加满了油，它在市区的行驶距离应该达到 385miles，在高速公路上的行驶距离应该达到 520miles。

11）它应该比 C 级掀背车和超小型跨界车有更大的载货空间。

12）它应该有一个 60/40 的可折叠翻倒的后座椅。

13）它应该有后行李舱保护货物的衬垫。

14）它应该有额外的存储空间（例如置物袋/杯托，在行李舱地板下部）。

15）它应该有一个电动遥控举升门。

16）它应该有一个行李架。

17）它应该有一个拖车挂钩选项。

18）它应该有一个中央媒体中心，具有直观的菜单组织和语音激活命令，能够识别常见的术语或短语。

19）它应该有一个更加集成化的媒体中心，通过蓝牙与客户智能手机连接。

20）座椅应该舒适，有足够的肩部、臀部、腿部和头部空间。

21）座椅应该易于调整，车辆应该有可选的加热和冷却座椅。

22）车辆应该有可选的转向盘加热。

23）车辆应提供 110V 电源插座，分别布置在前后排座椅。

24）车辆应提供以下可选功能：远程发动机起动按钮、自适应巡航控制、主动车道保持系统、停车传感器、后视镜摄像头、盲点检测能力、平行和垂直停车的自动泊车辅助。

2. 重型皮卡

在美国，重型皮卡主要是福特 F-350、RAM 3500 和雪佛兰 Silverado 3500。重型皮卡的客户大多是男性、蓝领、技术熟练的商人或喜欢户外活动的人。目标客户也可以描述为"自己动手"型和需要经常托运的客户。我的 2021 年重型皮卡的客户需求清单包括以下重要参数：

1）拖曳能力。

2）负载。

3）货箱（箱衬、尺寸、容积、箱高）。

4）室内空间/舒适性。

5）技术（全球定位系统（GPS）、Wi-Fi、摄像头等）。

6）安全特性。
7）越野性能。
8）燃油经济性。
9）进入性（底盘高度，踏板，踏板门，车梯）。
10）娱乐和便利性。
11）音频系统（卫星/高清电台）。

3. 主要的车辆控制装置

在另一个汽车项目中，客户接受了采访，并与他们讨论了对 2021 年新款中型豪华四门轿车的主要控制装置（即转向盘、踏板、变速器和杆）的要求。客户的需求描述如下：

1）转向盘位置可调（倾斜伸缩）。
2）不受外界温度影响的转向盘表面（非导电材料）。
3）转向盘表面有很好触感。
4）转向盘表面能提供良好的把握感（边缘截面和可压缩材料）。
5）低速时转向力低。
6）转向准确（不拖泥带水）。
7）良好的转向盘反馈。
8）适当的踏板位置（置于"较正确"位置）。
9）线性加速踏板。
10）线性制动踏板。
11）给人良好感觉的换档旋钮表面。
12）手动变速杆。
13）高档感的操控杆。
14）令人兴奋的带有变速杆位置显示的液晶显示器（LCD）仪表组。

3.2.3 商业需求

车辆项目的主要目标通常是开发一个或多个客户将购买的车辆，并通过出售车辆为汽车公司盈利（即，收入减去成本的净现金流）。新的车辆开发项目获批准和获得执行该计划资源的过程中涉及复杂的决策。这是因为公司管理层面临许多项目的抉择，并且必须在许多车辆项目和流程中共享有限的资源。在众多的决策中举一些例子，①决定生产新轿车还是新货车还是为现有车辆项目分配资源；②确定拟开发车辆的特征（许多与汽车尺寸、车身造型、豪华程度等相关特征的可能组合需要被仔细考虑）；③决定与其他车型和品牌共享平台的程度。与有限资源相关问题的例子有：①共享可用资源，例如产品开发总预算、生产和装配能力（现有工厂）；②制造新专用夹具和加工设备的费用；③承担新车辆项目的可用人力（例如，公司内可用的产品研发工程师人数）。需要考虑的其他外部因素包括经济状况

(例如，客户购买新车的能力)、汽车制造商生产的不同产品的市场份额状况、主要竞争对手的产品规划、供应商的可用性及其能力。

车辆项目团队通常会准备一份商业计划，以帮助管理层决定是否批准该项目。商业计划提供了提案车辆的详细描述和其他信息，例如，提案车辆的竞争对手、项目时间计划、项目生命周期内的成本和收入估算，以及实施项目存在的风险。更多关于商业计划和相关决策问题的信息见第5章和第17章。

3.2.4 政府要求

必须满足联邦、州和地方政府对车辆特征的要求，如车辆尺寸、重量、燃料消耗、温室气体排放、安全系统和特点（如车辆照明、制动性能和防撞性能）的最小和最大限制值，也就是说，这些要求是强制性的。本章下一节（见"政府在安全、排放和燃料经济性方面的要求"）和第9章"安全与保障属性及其子属性"将介绍这些要求。

3.3 获取客户输入

客户的需求可以通过使用多种方法来获得。观察、交流和实验的方法可以用来收集客户需求数据。

以下描述了通常用于获取客户需求的方法：
1) 要求客户描述他们的需求，并对大量客户代表的意见进行总结。
2) 要求客户从预先选择的列表中，对开发的客户需求的重要性进行评级。
3) 展示车辆（或车辆概念），尽可能地让客户使用车辆，然后让他们描述他们喜欢或不喜欢的地方，并根据预先选择的清单评估客户需求的重要性。
4) 可能会要求客户参与多辆相关车型（或车辆设计）的实验。实验可能包括客户使用每辆车执行几个任务。对每个任务执行过程中收集的数据进行分析，以确定客户表现最佳的任务和车辆设计（例如，使用任务完成时间和所犯错误等度量）。此外，在完成每项任务之后，或者在整个实验结束后，可以提问以确定客户在执行具有不同设计车辆及不同任务时的喜欢、不喜欢和偏好。

下一节将描述这三种基本方法。这三种基本方法的多种组合可以用来获取客户需求。

3.3.1 观察方法

在观察方法中，通过在不同的车辆使用情况下直接或间接观察用户（即，作为驾驶员或乘客的客户）来收集信息，以确定用户如何使用不同的车辆功能。可以直接观察一个或多个观察对象，或者设置摄像机在之后回放，以便观察和分析。可以在客户们的自然驾驶情况下观察他们，或者要求他们执行某些任务，例如在预定路线上行驶，并且在驾驶期间要求他们使用某些功能，例如将无线电台调到指定频率或遵循车载导航系统提供的指示。可以观察（测量）他们的行为、他们的错误、使用过程中遇到的问题以及使用（或任务）的持续时间。

观察者必须接受培训，以识别并对不同类型产品的预定状态分类（例如，事件、遇到的问题或用户犯的错误）（即车辆或其选定的车辆特征）以及观察期间用户的行为。观察者还可以记录相关细节，例如不同类型事件的持续时间、执行操作的尝试次数、使用的控件数量和顺序、扫视次数等。

通过观察用户在选定车辆中使用情况得到的信息，可以了解用户的行为，并将其转换为各种特征的使用频率，以及用户在使用过程中的难易程度。一般来说，相比那些不能理解和难以使用的特性，客户通常会使用他们能够理解并且可以轻松使用的功能。因此，用户观察提供了他们对车辆喜欢（即，想要或想要更多）或不喜欢（即，讨厌、不想要或需要改进）的深刻见解。

3.3.2 沟通方法

沟通方法涉及要求用户或客户提供关于他们对车辆或车辆特征的感觉和体验的信息。最常见的方法包括个人采访，其中采访者向每个参与者/客户询问一系列问题。可以在车辆使用之前、期间或之后询问这些问题。需要询问参与者/用户以下问题：①描述产品（车辆）或对产品及其属性的印象（例如，造型、布置和人机工程学、舒适性）；②描述在使用产品时遇到的问题（例如，无法找到和看见极重要的物件，如风窗玻璃除霜按钮等）；③使用名义尺度对产品或其性能进行分类（如可接受的或不可接受的、舒适的或者不舒服，看起来坚硬与单薄）；④在一个或多个维度上对产品进行评级，描述其特征和/或总体印象（例如，易于操纵，乘坐舒适性）；⑤将该产品与其他竞争对手的产品的相应属性进行组对比较（例如，外观——看起来新的与过时的，易用性，舒适性）；⑥陈述他们在新车中想要或不喜欢的东西。

也可以采访一组人，例如在某个特定小组，其中包括大约8~12名具有类似背景的人，在主持人引导下对一系列问题进行头脑风暴，并要求参与者对一种或多种产品特征有关的问题提供意见或建议。

沟通方法中常用于了解客户需求重要性的工具包括：①按级别评定：使用数字级别、形容词分级（如接受度评级和语义差异分级）；②分级别进行成对比较（如瑟斯通的成对比较法和层次分析法）。这些工具将在第21章中描述。

3.3.3 实验方法

实验研究的目的是为了让研究者能够控制研究情况（例如，选择一个产品设计，执行一项任务或一个测试条件），从而评估响应变量和自变量之间的因果关系。一项实验包括一系列人工（测试）条件下进行的受控观察（或对响应变量的测量），这些观察（或测量）是有意识地操纵自变量的组合，以验证一个或多个与自变量影响（或由于自变量的差异）的相关假设。因此，在实验中，操纵一个或多个变量（称为独立变量），并测量它们对另一个变量（称为依赖变量或响应变量）的影响，同时消除或控制所有可能混杂关系的其他变量。

实验方法的重要性在于：①它们有助于确定自变量的最佳组合及其用于设计产品的水平，从而为用户提供最理想的效果；②当竞争对手的产品和制造商的产品一起进行实验时，就可以判断出哪个产品更好。为了确保该方法能提供有效信息，设计实验的研究人员需要确保在实验中不遗漏任何与产品性能或被研究任务相关的关键因素。关于实验方法的更多信息可以从 Kolarik（1995）或其他关于实验设计的教科书中获得。

也可以使用具有各种输入变量（或配置）组合的计算机模型进行实验。计算机建模方法可以分为数学模型、仿真模型、可视化或动画模型，以及软硬件结合的样车。

3.3.4 其他方法

此外，在工业工程、质量工程和六西格玛设计（DFSS）以及安全工程等领域使用的许多其他工具也可以用来分析和理解客户的需求。这些工具的例子有 Pareto 图、流程图、任务分析、箭头图、界面图、矩阵图、Pugh 分析、失效模式和效果分析（FMEA）以及故障树分析（FTA）。上述工具很大程度上依赖于通过与用户/客户以及多功能设计团队成员的沟通所获得的信息。关于这些工具的更多信息见第 13~16 章以及其他书籍，如 Kolarik（1995）、Besterfield et al.（2003）、Creveling et al.（2003）、Yang and El–Haik（2003）和 Bhise（2014）。

3.4 确定业务需求：产品组合、车型更改和盈利能力

大多数汽车制造商都有一系列不同品牌的轿车和货车产品。因此，他们不断寻找机会更新或换代他们的产品，以增加他们的收入（净销售额，财务报表峰值）和收益（或净收入，财务报表的谷底）。从资源的角度来看（即人员、资金和工厂产能），开发新产品是一项浩大的工程。因此，每 2~4 年才对车型系列进行一次更新（即，进行较小的改动），每 4~7 年才进行一次大的改动（即新的造型、新的动力总成、新的内外饰）。

公司的高层管理人员决定整个公司所有长期生产的车型（如未来 5~10 年）的周期计划（或产品规划）。整个公司的全周期计划需要平衡每个车型的更新需求。管理层还决定终止哪些车型，以及何时推出一款或多款全新车型。整个公司的全周期计划通常是由一个预研的产品规划部门在公司内部的市场调研、财务规划、工程和设计各方面领导的帮助下制定的。

技术和设计方面即将发生的变化，是随着所有细分市场有关的政府法规变化

的,并由不同专业的专家不断研究产生,这些建议由高级决策人员在周期规划会议上加以审查。

各学科专家不断研究即将到来的技术和设计变更,以及所有细分市场中政府法规的变化,他们的建议也会由高级决策者在周期规划会议上进行审批。

3.5 政府对安全、排放和燃料经济性的要求

3.5.1 政府安全要求

根据《美国法典》第301章第49条,美国国家公路交通安全管理局(National Highway Traffic Safety Administration,简称 NHTSA)拥有立法权,有权发布联邦汽车安全标准(FMVSS)和规定,汽车和设备项目的制造商必须遵守和证明符合这些标准(NHTSA,2015)。这些联邦安全标准是根据机动车或机动车设备方案的最低安全性能要求制定的法规。要求是这样规定的:"保护公众不受因机动车设计、结构或性能而发生的不合理碰撞的影响,也保护公众在发生碰撞时不受不合理的死亡或伤害风险的影响。"

可以通过 NHTSA 网站(NHTSA,2015)访问 FMVSS。FMVSS 在《联邦法规法典》(CFR)第49编中编号如下:①防撞标准(FMVSS 101~133);②碰撞性标准(FMVSS 201~224);③碰撞后标准(FMVSS 301~500);④第531~591部分中包含的其他法规。

3.5.2 EPA 温室气体排放和 NHTSA 企业平均燃油经济性标准

2012年10月15日,美国环境保护署(EPA)公布了最终的2017—2025年温室气体排放标准。美国国家公路交通安全管理局(NHTSA)宣布了2017—2021年度车型的最终企业平均燃油经济性(CAFE)和2022—2025年度车型的预案标准(EPA 和 NHTSA,2012)。这些标准适用于轿车、轻型货车和中型客车(例如 SUV 车、交叉型多用途车和轻型货车)。这些标准适用于每个制造商的车辆(生产不同尺寸和类型的车辆总数),而不仅限于某个车辆。

据估计,在2017—2025年生产的轻型汽车的使用寿命内,该国家项目将节省约40亿桶石油,并减少相当于约2亿t的温室气体排放。尽管这些机构估计,用于满足标准的技术平均会为2025年新型轻型车增加大约1800美元的成本,但是在整个车辆生命周期内驾驶2025年度车型的消费者将会平均节约燃料5700~7400美元(基于7%和3%的折扣率),产品生命周期净节省3400~5000美元。

3.5.3 基于投影面积的(油耗)标准的理论依据

对于不同型号年份(MY)的车辆,这些标准中的要求如图3.1~图3.4所示。

这些要求是根据车辆的投影面积而定的。投影面积是地面上四个轮胎接触点所覆盖的面积，定义为轴距与胎面宽度的乘积。在这种基于投影面积的标准方法下，EPA和 NHTSA 仍然认为，这些规则不会对生产特定尺寸的汽车产生强烈的激励作用，因此，不会对车辆类型中不同尺寸车辆的相对可用性产生显著影响。在 2017—2025 年规则制定期间，这些标准还将有助于维持消费者的选择。

图 3.1 和图 3.2 分别为轿车和轻型货车的燃油经济性要求。这些数据表明，与较大投影面积的车辆相比，较小投影面积的车辆需要更高的燃油经济性水平（当两种车辆的燃油效率改进技术水平相当时）。

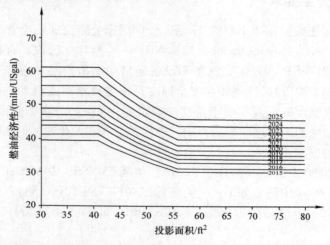

图 3.1 轿车燃油经济性要求（摘自 EPA 和 NHTSA，《联邦公报》，77，199，2012）

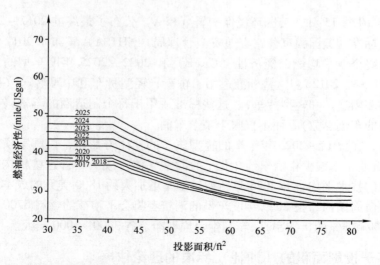

图 3.2 轻型货车燃油经济性要求（摘自 EPA 和 NHTSA，《联邦公报》，77，199，2012）

相反，图 3.3 和图 3.4（用于乘用车和轻型货车排放要求）表明，相对于较大投影面积的车辆而言，投影面积较小的车辆将具有较低的二氧化碳排放量（当两种车辆具有相当水平的燃料效率改进技术时）。这些标准适用于制造商的整体乘用车车型系列和整体轻型货车车型系列，而不适用于单个车型。因此，如果一个制造商的车型系列以较小投影面积的车型为主，那么该车型系列将比另一个制造商的车型系列具有更高的燃油经济性要求和更低的二氧化碳排放要求。

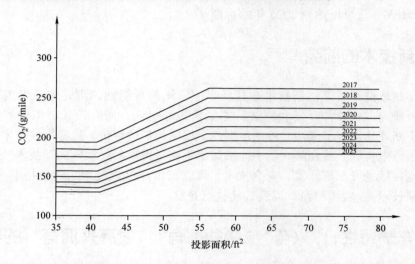

图 3.3 轿车排放要求（摘自 EPA 和 NHTSA，《联邦公报》，77，199，2012 年）

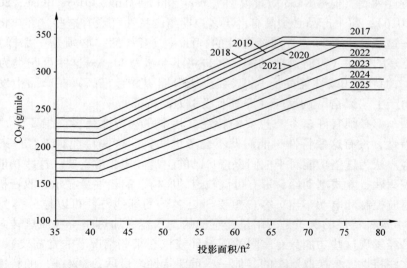

图 3.4 轻型货车排放要求（摘自 EPA 和 NHTSA，《联邦公报》，77，199，2012）

有多种技术可以帮助汽车制造商满足这些标准。这些技术包括先进的发动机和变速器、车辆减重、改进空气动力学、低滚动阻力的轮胎、柴油发动机、更高效的配件、改进的空调系统等（更多细节见第 6 章）。汽车制造商将增加电动技术，如起停系统、轻度和重度混合动力车、插电式混合动力汽车（PHEV）和纯电动汽车（EV）。不过，NHTSA 也预计，汽车制造商将主要通过改进内燃机来满足这些标准。规则制定分析显示，汽车制造商在 2025 年只需要生产新车总量的 1%～3% 作为 EV/PHEV，就可以达到 2025 年的标准。

3.6　新技术的前瞻

汽车制造商不断评估新技术在其新车中应用的可能性。研究和开发工作（例如，分析研究、软硬件开发和测试）需要资源和时间，所有设计、工程和制造组织都在不断评估新技术成功实施的可能性。根据他们的评价，选择一些技术在未来的车辆项目中实施。将在第 6 章中详细讨论正在考虑的将要实施的新技术领域，这些新技术领域是发动机开发、安全技术、驾驶员信息接口技术、通信技术（例如，车辆网联技术）、轻质材料，以及气动减阻开发。

3.7　车辆特性："兴奋""必须拥有""很高兴拥有"的特性

每个计划中的车辆项目团队都要磋商制定"兴奋""必须拥有"和"很高兴拥有"的特性列表。根据 Kano 质量模型（Yang 和 El – Haik，2003；Bhise，2014；Zacarias，2016），每个产品必须具有：①客户期望的特性（没有这些，客户将会不满意）——这些被划分为"必须拥有"的特性（或者产品"必须是"那样）；②客户想要更多的特性（没有这些功能，客户将不会满意）——这些可归类为"很高兴拥有"的特性（或性能品质），③客户从未期望并且很高兴在产品中发现的特性，从而产生"兴奋"的反应（即具有吸引力的特征）。

每辆车都必须有许多客户想要的特性。其中一些特性是客户想要的"必须具备的"特性，没有这些特性，他们就不会考虑购买。这些特性对于客户来说是必需的，客户认为这些功能对于他们保持自己的生活方式非常重要。这些功能的例子包括遥控钥匙、盘式制动器、带有可调轨道的座椅、油箱油量显示、收音机、温度控制、巡航控制和电动车窗。客户想要"更多"的其他特性可以被分类为"很高兴拥有"。这种特性的例子是带雨量传感器的刮水器、加热座椅和加热转向盘。客户可能已经发现这些功能具有有限的用途（或仅在某些情况下非常需要），他们愿意放弃这些特性，来换取汽车的其他一些重要特性。最后，"兴奋"的特性是客户从未想过的，汽车拥有这些功能，他们会非常惊讶和高兴。

根据车辆的类型、车辆使用的地理区域以及用户对其先前车辆中的特性的熟悉程度，这三个类别中每一个的特性列表都是不同的。

没有一套通用的特性可以归类为这三种类型。某一特定细分市场的汽车"必须具备"的特性可能不会吸引另一个细分市场中的客户，或者被发现不是另一个细分市场中的客户所必需的，反之亦然。一般而言，豪华车中存在的许多功能，"经济型"车辆的客户也将对此有所期待。此外，Garvin 的工作表明，对产品质量的看法将取决于它所拥有的特征的数量（Garvin，1987）。

3.8 全球客户及供应商

通常情况下不同国家销售的是基于基本车型的变型车。这是为了符合当地法规和适合当地驾驶员的需要而做出的修改，包括：①客户群体的特征、习惯和文化期待；②特定国家的客户驾驶条件（道路、交通和气候条件）；③燃料价格；④经济状况（即拥有汽车的费用相对于赚钱能力）（比如，拥有汽车的成本相对于盈利能力）。

对车辆的修改内容通常由制造商在当地的产品开发部门开发，以满足当地要求和当地政府规定。这些汽车也在当地的装配厂使用当地劳动力进行装配，并鼓励当地供应商为这些汽车提供一些零部件或系统。在一些特定的市场，例如中国和印度市场，也会有特别款型的汽车。

3.9 根据客户需求对车辆进行比较

汽车制造商使用各种方法来了解客户对未来汽车的需求。最典型的方法是组建一个由设计师、工程师、产品规划师、营销和财务人员组成的多功能团队，然后进行头脑风暴会议。团队成员对一些现有的车辆进行了广泛的对标。他们还使用了一些方法来了解客户需求和市场趋势，如观察使用他们车辆的客户、个人采访以及组成潜在客户专项小组，以及深入市场研究多辆车型静态和动态条件下的特点。

第 23~25 章提供了由笔者组织的设计团队的成果示例，是笔者汽车系统工程研究生课程的一部分。这 3 章描述了诸如客户特征、客户需求、细分市场、车辆对标数据、有关提案车辆的描述以及用于开发一辆新车、一辆皮卡和一辆 SUV 的 Pugh 图（提供了基于客户需求、车辆属性和车辆系统的提案车辆和对标竞争车型的相对评分）。

3.10 结束语

汽车制造商内部和外部的许多因素都会影响汽车开发项目的成功，但是应该将满足客户需求、符合所有政府要求以及满足业务需求置于最优先的位置。满足购买和使用汽车的外部客户可能是最重要的因素。满足政府的要求，制造商才可以销售汽车，因此，它是一个强制性因素。企业的业务需求应该与客户的满意度相一致，这只有通过开发和生产高质量的产品才能实现。满足客户所需的正确的属性级别和属性之间的权衡。本书涵盖了这些问题的诸多方面。

参 考 文 献

Besterfield, D. H., C. Besterfield-Michna, G. H. Besterfield, and M. Besterfield-Scare. 2003. *Total Quality Management*. Third Edition. Upper Saddle River, NJ: Prentice Hall.

Bhise, V. D. 2014. *Designing Complex Products with Systems Engineering Processes and Techniques*. Boca Raton, FL: CRC Press.

Creveling, C. M., J. L. Slutsky, and D. Antis, Jr. 2003. *Design for Six Sigma: In Technology and Product Development*. Upper Saddle River, NJ: Prentice Hall.

EPA and NHTSA. 2012. 2017 and Later Model Year Light-Duty Vehicle Greenhouse Gas Emissions and Corporate Average Fuel Economy Standards. *Federal Register*, Vol. 77, No. 199, October 15, 2012, Pages 62623–63200. Environmental Protection Agency, 40 CFR Parts 85, 86, and 600. Department of Transportation National Highway Traffic Safety Administration, 49 CFR Parts 523, 531, 533, 536, and 537. [EPA–HQ–OAR–2010–0799; FRL–9706–5; NHTSA–2010–0131]. RIN 2060–AQ54; RIN 2127–AK79.

Garvin, D. A. 1987. Competing on the Eight Dimensions of Quality. *Harvard Business Review* (November–December 1987). 101–109.

Kolarik, W. J. 1995. *Creating Quality: Concepts, Systems, Strategies, and Tools*. New York, NY: McGraw-Hill.

NHTSA. 2015. *Federal Motor Vehicle Safety Standards and Regulations*. U.S. Department of Transportation. Website: http://www.nhtsa.gov/cars/rules/import/FMVSS/ (Accessed: June 14, 2015).

Yang, K. and B. El-Haik. 2003. *Design for Six Sigma*. New York: McGraw-Hill.

Zacarias, D. 2016. *The Complete Guide to Kano Model*. Website: http://foldingburritos.com/kano-model/ (Accessed: January 19, 2016).

第 4 章 对标和目标设定的作用

4.1 引言

对标和突破是在产品开发项目早期阶段通常使用的两种方法。从对标过程中收集的信息，产品设计人员可以了解到新产品概念与其竞争对手产品的特征和功能之间的"差距"，而突破方法则迫使设计团队超越现有产品和技术，从而在提案产品中开发全新产品或新功能，以实现对现有产品设计的重大改进。本章将介绍这两种方法，但更侧重于对标，并说明如何在未来产品的开发中设定目标。

4.2 对标

对标是制造商对最强大的竞争对手或被公认为行业领导者公司的产品、服务或做法进行衡量的过程。因此，它是一种对行业内能够带来卓越性能的最佳产品或实践的探索。

通常选择产品开发团队内的多功能小组（或产品项目的设计团队）来执行产品对标活动。对标通常从确定最强大的竞争对手（例如，非常成功并被公认为行业领导者的品牌）和认证满足客户类似需求的产品（模型）开始。选定的竞争产品用于与目标产品进行比较。制造商把目标产品定义为其未来产品（或未来产品的现有模型）。

该小组收集有关产品的所有重要竞争产品和信息，并通过一系列评估（例如，产品特性的测量，将产品特征拆分（拆解）为较低级别的实体，将竞争对手的产品与其目标产品进行比较观察，由专家进行评估（例如，性能、能力、独特特性），竞争对手使用的材料和制造工艺，测试和测量方法，以及对标产品的生产成本估算）。从比较评估中收集的信息通常非常详细。但是，对标时涉及的评估深度可能因需处理的问题和不同公司而异。例如，汽车盘式制动器的对标可能涉及基于零件尺寸、重量、所用材料、表面特性、强度特性、散热特性、所需的生产工艺、估计的生产成本、客户"非常喜欢"的特性、可能被客户"讨厌"的特性、在团队成员和潜在客户之间产生"兴奋"反应的特性、特殊性能测试（例如在极限制动力矩应用过程的部件温度，制动"尖叫"的声音）等。此外，还可以拍摄数字图片和视频，以帮助观察对标产品的差异（通过并排比较）。

收集的信息通常以表格形式汇总，产品特征以行表示，不同的对标产品以列表示。表4.1给出了一张表的示例，该表用于比较四种不同运动型多用途车（SUV）的尺寸（或参数）。尺寸在表的左边列中描述，四款SUV的尺寸值在后面的列中给出。这些数据有助于确定不同参数的取值范围，并为所设计产品的每个参数设定目标值。

表 4.1　对标 2015 年度车型中型 SUV 和 2020 年度车型 SUV 的目标车型设定

车辆特征	2015 吉普切诺基	2015 福特翼虎（4WD Titanium）	2015 本田 CR-V	2020 吉普切诺基（目标）
轴距/in	106.3	105.9	103.1	104
长度/in	182	178.1	179.4	180
高度/in	67.8	66.3	65.1	67
轮距/in	63.5	61.6	62.2	63
重量/lb	4016	3645	3624	3400
最小离地间隙/in	8.8	7.9	6.8	8.8+
发动机	DOHC I4	Turbocharged I4	DOHC I4	Turbocharged I4
排量/L	2.4	1.6	2.4	2.0
功率/hp	184@6250r/min	173@5700r/min	185@6400r/min	220@6250r/min
变速器	自动档	自动档	自动档	自动档
轮胎尺寸	245/65/17	235/50/18	225/60/18	245/65/17。必须允许售后市场更大的轮胎，直径达35in
驱动方式	4×4	4×4	AWD	4×4
燃油经济性（美国环境署，EPA）	19/25/22	22/29/25	26/33/28	25/40/38
接近角	29.9°	22°	28°	30°+
结构	承载式车身	承载式车身	承载式车身	承载式车身
牵引能力/lb	2000	2000	1500	2000+
制造商建议零售价	$30095	$31485	$32795	$30000~$35000

对标获得的数据可以按数据关系存入计算机中，按照子集进行分类供不同功能区域使用。这些信息用来确定竞争对手的产品特征与制造商的"目标"产品的产品特性之间的"差距"。由此可以制定行动计划，以决定通过实施更多好的方法来改进目标产品以消除与竞争对手已有设计的差距，并避免不好的设计带来的问题。

因此，对标可以全面了解一个或多个最佳竞争对手的产品，在后续产品开发阶段可以用它们作为参考产品。此外，在对标过程中还可以对最佳设计进行进一步的创新性改进。

彼得斯和沃特曼（Peters and Waterman，1982）称对标活动是"从你的最佳竞争对手中获取创意"。许多公司都有对标实验室，其中收集了由不同竞争对手生产的众多产品，并且将这些产品（或其系统、子系统或组件）与收集的信息一起展示。对于设计人员、工程师和产品计划人员而言，这样的实验室是极好的学习工具。

对标的最大优势在于，它可以帮助团队成员了解竞争对手，并在很短的时间内通过学习其他的产品来创建自己的产品。

因此，对标可以帮助缩小制造商的"目标"产品与其最佳竞争对手产品之间的差距。但是，设计达到与最佳竞争者一样是远远不够的，因为这些最佳竞争者还将不断改进其未来的产品。因此，制造商的目标产品应具有远远超出最佳对标产品的能力。仅是简单地在对标产品中基于选择最佳特性而进行的最佳设计可能不会得到整体的最佳产品，因为设计是要不断地在与成本、性能、客户偏好、制造方法等相关的不同产品特性间进行取舍的。

对标是质量提升的一项重要技术，并且得到了美国国家技术和标准研究所（NIST）鲍德里奇国家质量奖标准（NIST，2016）和国际标准化组织（ISO）9000要求（ISO，2016）的认可。优秀制造商必须不断将其产品与最佳竞争对手进行比较，并使用信息来不断改进其流程和产品。有趣的是，对标活动并没什么新鲜的，就像和"Joneses"（朋友、邻居或同事）一起保持同步，不断获得进取一样。

我们找出他们所做的（例如，观察或询问他人，或调研文献），将我们的情况与其他报告中发现的情况进行比较，然后决定下一步的行动。

实例：中型跨界 SUV

针对笔者的班级课题，设计了一款中型 SUV，并进行了对标研究。要求学生们开发 2020 年度吉普切诺基（Jeep Cherokee）车型的技术规范，并以现有的三款 2015 年中型 SUV 为对标：目前的吉普切诺基（Jeep Cherokee）、福特翼虎（Ford Escape）和本田 CRV。

为该项目生成的 SUV 的主要客户需求包括：

1）车辆必须美观；造型必须传达一种感觉，即车辆是"吃苦耐劳的"。

2）燃油经济性必须至少与该车型种类中的其他车辆竞争，并且与轿车和小型车的差别不大。

3）在正常的公路/高速公路行驶期间要舒适。

4）车辆需要有现代化的设备/信息娱乐，如蓝牙和导航。

5）车辆必须能够在适当的时间内加速到高速路速度。

6)车辆必须具有与该级别车型对应的牵引能力和货舱容量。

7)车辆必须能够越野行驶并不会造成严重的损坏。

表4.1给出了2015年度三款SUV的基本车辆特征,以及提案的2020款吉普切诺基(Jeep Cherokee)的特征。表格是一种显示对标数据的有效方法。通过考虑表中每行中显示的车辆特征,可以对列中显示的所有产品进行并排比较。团队决定减少整体外部尺寸(轴距、总长度、宽度、高度、轮距),以满足即将到来的环境保护局/国家公路交通安全管理局(EPA/NHTSA)燃料排放和燃料经济性要求(见第3章)。使用轻质材料并将总体尺寸略微减小,目标车辆重量从4016lb减少到3400lb。2.0L涡轮增压发动机取代目前的2.4L发动机。

第23~25章提供了对标研究的其他例子。

4.3 照片对标

照片对标是一种简单但功能强大的工具,可以可视化产品之间的差异和相似之处。在这里,当前对标产品的照片是从各种选定的角度拍摄的,并以表格格式显示,以便进行并排比较。图4.1从6个不同的角度比较了3款中型车。

图4.1中的照片帮助设计团队了解三种车辆设计细节之间的差异,例如外门把手的位置、前后悬、C柱尺寸、格栅开口尺寸、前后保险杠、中控台和中控面板设计、后行李舱开口等。

图4.1 三款中型汽车的照片对标对比示意图

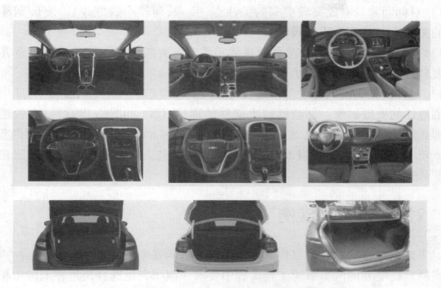

图 4.1　三款中型汽车的照片对标对比示意图（续）

4.4　突破

突破方法包括丢弃所有现有的产品设计和制造过程，并进行头脑风暴会议，以开发一个全新的设计，从而在造型、性能、成本和客户满意度方面获得巨大的潜在收益。突破通常需要一个全新的思维过程和维度，这导致了新技术的应用。因此，突破的落实在系统集成、制造和项目管理方面产生了新的问题。

突破的产品设计例子有：①具有越野驾驶能力的 SUV 造型同时具有传统的旅行车车身形式；②薄膜晶体管（TFT）和有机发光二极管（OLED）显示触摸屏替代传统背光显示；③用紧凑型荧光灯（CFL）和 LED 灯代替钨光源，以数倍减少电力消耗；④用无线无钥匙遥控钥匙和按钮起动取代传统的用钥匙的点火开关（无须查找、定位、插入和转动点火开关中的钥匙）；⑤无盖加油口设计，取消加油口盖；⑥汽油发动机燃油系统，用燃油直喷和涡轮增压技术取代化油器，以获得更大的发动机功率，满足更严格的燃油经济性和排放要求，并减少整个动力系统的重量。

对标与突破之间的差异

对标和突破之间的差异可以强调如下（Kolarik，1995）：

1）对标是一个快速/短期的过程，可以从其他现有设计中寻求产品（或过程）改进的思路，而突破过程需要更长的时间才能实现。

2）对标通常具有比突破更窄的关注点（一系列较小的更改），突破则涉及更广泛的关注点（或完全重新设计）。

3）与突破相比，对标带来的改进要小得多，突破涉及性能的显著改进并且通常需要新技术的全新维度。

4）对标应在头脑风暴之前作为指导，以产生突破。

创造性的突破思维，创造性解决问题的理论（Altshuller, 1997），有效逻辑系统的理想设计（Ideal）概念（Nadler, 1967；Nadler and Hibino, 1998）和再造流程（Champy, 1995）提出了开发改进产品和流程的一些方法和原则。这些方法在开发突破产品概念时非常有用。

4.5 对标竞争车型实例

对于新车型通过对标可以快速进入技术规范的开发中。本章给出了如何进行对标的实例。在笔者的汽车系统工程课程中要求一组研究生选择最近在美国市场销售的车型（2015年度车型）车辆以及目前在同一细分市场中与参考车辆竞争的另外两辆车。对标实践的目的是为参考车辆的未来（2020年度车型）车型的开发创建一套初始技术规范。要求学生从以下方面收集车辆尺寸和特征数据：互联网搜索（例如，车辆制造商的手册、汽车杂志和期刊上的文章）、拜访经销商、参加底特律车展，以及他们自己的车辆测量数据和照片，和他们的研究的区域和系统进行并排比较。

表4.2给出了一个对标表，根据参考车辆的内外尺寸和对应系统的特点，将基准车辆与其两个对标竞争车进行比较。表4.3给出了四种车辆可用的标准和可选特性的比较。

表4.2 车辆特征的对标比较

车辆参数/特征	基准车辆 2015 福特翼虎	对标车辆#1 2015 斯巴鲁 森林人	对标车辆#2 2015 马自达 CX-5	目标车辆 2020 福特翼虎
制造商建议零售价/$	30585	33095	29220	32500
车型	2.0L Titanium with AWD	2.0XT Touring	Grand Touring	2.0L Titanium with AWD
外部				
轴距/in	105.9	103.9	106.3	103.0
最小离地间隙/in	7.9	8.7	8.5	8.5
长度/in	178.1	180.9	179.3	178.1
宽度（无镜）/in	72.4	70.7	72.4	72.4
轮距（前）/in	61.5	60.9	62.4	61.5
轮距（后）/in	61.6	61.1	62.5	61.6
高度/in	66.3	68.2	65.7	65.7

第4章 对标和目标设定的作用

（续）

车辆参数/特征	基准车辆 2015 福特翼虎	对标车辆#1 2015 斯巴鲁 森林人	对标车辆#2 2015 马自达 CX-5	目标车辆 2020 福特翼虎
外部				
整备质量/lb	3769.0	3651.0	3560.0	3500.0
轮胎尺寸/in	18.0	17.0	19.0	18.0
转弯半径/ft	38.8	34.8	36.7	34.0
内部				
头部空间（前排）/in	39.9	40.0	39.0	40.0
头部空间（后排）/in	39.0	37.5	39.0	39.0
腿部空间（前排）/in	43.1	43.0	41.0	43.5
腿部空间（后排）/in	37.3	38.0	39.3	39.3
臂部空间（前排）/in	54.8	53.9	55.2	55.2
臂部空间（后排）/in	52.4	53.0	53.7	53.7
肩部空间（前排）/in	56.0	57.0	57.5	57.5
肩部空间（后排）/in	55.3	56.6	55.5	56.6
容量				
座位数	5	5	5	5
承载量/ft^3	98.1	103.3	102.3	103.5
后面载货量前排/ft^3	67.8	68.5	65.4	68.5
后面载货量后排/ft^3	34.3	31.5	34.1	34.5
油箱/USgal	15.5	15.9	15.3	15.5
拖曳 （最大拖车质量）/lb	2000	1500	2000	2100
动力总成				
发动机类型	涡轮增压 缸内直喷 DOHC I4	涡轮增压 缸内直喷 DOHC H4	缸内直喷 DOHC I4	涡轮增压 缸内直喷，DOHC I4 可变行程，带起停
排量/mL	1999.0	1999.0	2488.0	1999.0
功率/hp	240@5500r/min	250@5600r/min	184@5700r/min	210@5500r/min
转矩/lbf·ft	270@3000r/min	258@2000r/min	185@3250r/min	260@3000r/min
燃料类型	汽油	汽油	汽油	汽油
进气系统	涡轮增压	涡轮增压	自然吸气	涡轮增压
压缩比	9.3:1	10.6:1	13.0:1	9.3:1
变速器类型	6速自动	CVT 8速	6速自动	9速自动
驱动方式	四驱	全时四驱	全时四驱	全时四驱
性能				
0-60mile/h 加速时间/s	6.8	6.2	8.1	6.2
$\frac{1}{4}$mile 加速时间	15.2s@88.8mile/h	14.8s@95.8mile/h	16.3s@84.5mile/h	15.0s@96mile/h

（续）

车辆参数/特征	基准车辆 2015 福特翼虎	对标车辆#1 2015 斯巴鲁森林人	对标车辆#2 2015 马自达 CX-5	目标车辆 2020 福特翼虎
性能				
制动距离,60-0mile/h/ft	123	111	125	115
侧向加速度/g	0.85	0.79	0.79	0.85
续驶里程/mile	338.8/462.0	381.6/508.8	367.2/459.0	385/520
EPA 值/(mile/USgal)	21/28	23/28	24/30	35/46
二氧化碳排放量/(g/mile)	371.9	353.8	317.5	175
NHTSA 前排驾驶员碰撞测试	4	5	5	5
NHTSA 前排乘客碰撞测试	4	4	5	5
底盘				
前悬架	独立悬架麦弗逊结合稳定杆	独立悬架麦弗逊结合稳定杆	麦弗逊结合稳定杆	独立悬架麦弗逊结合稳定杆
后悬架	独立悬架多连杆结合稳定杆	独立悬架双叉臂结合稳定杆	多连杆结合稳定杆	独立悬架多连杆结合稳定杆
制动	4轮防抱死制动系统（ABS）	4轮防抱死制动系统（ABS）	4轮防抱死制动系统（ABS）	4轮防抱死制动系统（ABS）
转向	电动助力转向（EPAS）	电动助力转向	齿轮齿条 EPAS	电动助力转向（EPAS）
轮胎	P235/50HR 18 BSW 全季节轮胎	P225/55HR 18 BSW 全季节轮胎	P225/55 VR 19 BSW 全季节轮胎	P235/50HR18 BSW 全季节轮胎

表4.3 对车辆特性进行对标比较

车辆特性		基准车辆 2015 福特翼虎	对标车辆#1 2015 斯巴鲁森林人	对标车辆#2 2015 马自达 CX-5	目标车辆 2020 福特翼虎
类别	描述				
照明及能见度	氙气前照灯	可选	标配	可选	可选
	卤素前照灯	标配	无	标配	标配
	雾灯	标配	标配	标配	标配
	日间行车灯	无	标配	标配	标配
	自适应前照明系统	无	无	可选	可选
	加热侧镜	标配	标配	标配	标配
	自动感光后视镜	标配	可选	可选	标配
	后视摄像头	标配	标配	标配	标配
	盲点镜	标配	无	无	标配
	盲点探测系统	可选	无	标配	可选
安全和保护	前气囊	标配	标配	标配	标配
	驾驶员膝部气囊	标配	标配	标配	标配
	前排座椅式侧安全气囊	标配	标配	标配	标配

（续）

类别	车辆特性 描述	基准车辆 2015 福特翼虎	对标车辆#1 2015 斯巴鲁森林人	对标车辆#2 2015 马自达 CX-5	目标车辆 2020 福特翼虎
安全和保护	侧帘式气囊	标配	标配	标配	标配
	安全带提醒	标配	无	无	标配
	胎压监控系统	标配	标配	标配	标配
	被动防盗系统	标配	标配	标配	标配
驾驶员辅助	前端传感系统	可选	无	无	标配
	车尾传感系统	标配	无	可选	标配
	辅助制动	标配	标配	标配	标配
	主动停车辅助	可选	无	无	可选
	坡道起步辅助	标配	标配	标配	标配
	自适应巡航控制	无	可选	无	标配
	定速巡航控制	标配	标配	标配	标配
	车道保持系统	无	可选	无	标配
舒适性及方便性	前排座椅加热	标配	标配	标配	标配
	功率自动调节座椅	标配	标配	标配	标配
	真皮座椅	标配	标配	标配	标配
	60/40 可分式后座椅	标配	标配	无	无
	40/20/40 可分后座椅	无	无	标配	标配
	一键式折叠后座椅	无	标配	标配	标配
	驾驶员设置记忆	标配	无	无	标配
	转向盘加热	无	无	无	可选
	一键起动	标配	标配	标配	标配
	遥控起动	标配	可选	可选	标配
	遥控无钥匙进入	标配	标配	标配	标配
	无钥匙进入	标配	无	无	标配
	真皮转向盘	标配	标配	标配	标配
	雨量感应自动刮水器	可选	无	无	可选
	驾驶员一键式电动车窗控制	标配	标配	标配	标配
	全员一键式电动车窗控制	标配	无	无	标配
	双区域空调	标配	标配	标配	标配
	车厢环境灯	标配	可选	无	标配
	行李舱下存储空间	无	标配	无	标配
信息娱乐与互联	大尺寸触摸显示屏	标配（8in）	标配	标配（5.8in）	标配
	音频系统	390W，10 扬声器	440W，8 扬声器	9 扬声器	390W，10 扬声器
	语音指令	标配	标配	标配	标配
	蓝牙连接	标配	标配	标配	标配

(续)

类别	车辆特性 描述	基准车辆 2015 福特翼虎	对标车辆#1 2015 斯巴鲁森林人	对标车辆#2 2015 马自达 CX-5	目标车辆 2020 福特翼虎
信息娱乐与互联	USB 连接	标配	标配	标配	标配
	12V 辅助电源端口	标配（4）	标配（2）	标配（3）	标配（4）
	110V 电源插座	标配（1）	可选	无	标配（1）
	导航	可选	可选	可选	可选
外部特性	电动尾门	标配	标配	无	标配
	脚激活尾门	标配	无	无	标配
	天窗	可选	标配	标配	标配
	车顶行李架	标配	标配	可选	标配
	拖车连接装置	可选	可选	可选	可选
	双铬排气管	标配	标配	标配	标配

在这些表中，最后一列提供了目标车辆的技术规范。这些表格考虑了与车辆属性有关的不同类别的车辆参数和特性，以便将现有车辆与提案车辆进行比较。对标表作为重要的参考文件，它可以比较现有产品和对标产品的参数和特性并决定其优点和缺点，这些数据有助于用对标产品做参照来定位新产品的未来模型。应该认识到，目标车辆必须与对标产品的 2020 年度车型竞争。

在规划过程中，对标数据与客户的基本需求、公司需求和政府要求一起使用，目标产品必须满足这些需求。

表中提供的数据通过比较现有参考车辆与对标车辆的内外尺寸和特征，有助于确定目前车辆的不足之处。总的来说，开发新车型的策略是提供更多的室内空间，增加燃油经济性，减少排放，并提供更多的新技术特性。将现有的 Escape 与两款对标车进行比较，新的车型开发团队决定。

1）将整车重量从现有 3769lb 减少到 3500lb。
2）将车辆整体高度降低至 65.7in。
3）增加离地间隙，使其更接近竞争对手。
4）通过将轴距略微减小到 103in，将转弯半径减小到 34.5ft。
5）通过增加前排和后排的头部空间、腿部空间和肩部空间来增加内部尺寸。
6）一体化的 9 速变速器。
7）采用全轮驱动（AWD），提供与两个竞争对手相同的功能。
8）提高燃油经济性，减少温室气体排放，以满足即将到来的燃油经济性和排放要求。
9）增加自适应前照灯系统、日间行车灯、自适应巡航控制等新功能。
10）制作先前可选的设备标准，例如前向传感系统和天窗。

因此，对标数据有助于支持上述更改。

表 4.4 给出了一个 Pugh 图，显示了每辆车辆的子属性与参考车辆（用作基

准）的比较情况。（注意，+、S 和 - 符号分别表示列中的车辆比参考车辆（基准）更好、相同或更差）。将标有 + 符号的子属性的总数减去标有 - 符号的子属性的总数而得到的数值，则给出了在基准车辆基础上每辆车的改进措施。因此，2020 年福特 Escape 的总分为 23 分，高于其他基准车型的相应分数。

表 4.4 对标车辆和目标车辆与现有车型（为基准）的车型子属性对比的 Pugh 图

车辆属性	子属性	基准车辆 2015 福特翼虎	对标车辆#1 2015 斯巴鲁森林人	对标车辆#2 2015 马自达 CX-5	目标车辆 2020 福特翼虎
成本	成本	基准	-	+	-
	保修	基准	S	S	S
车辆性能	功率	基准	+	-	-
	转矩	基准	-	-	-
	0-60mile/h 加速	基准	+	+	+
	60-0mile/h 制动	基准	+	+	+
	四轮驱动系统	基准	S	S	S
	横向加速度	基准	-	-	S
	车辆质量	基准	+	+	+
	拖曳性能	基准	-	S	+
	转弯半径	基准	+	+	+
燃料效率和排放	混动选项	基准	S	S	+
	范围	基准	+	+	+
	1USgal 汽油所行驶的里程	基准	+	+	+
	排放	基准	+	+	+
安全性	NHTSA 正面 驾驶员碰撞测试 NHTSA 正面碰撞测试 乘客碰撞测试	基准	S	+	+
	日间行车灯	基准	+	+	+
	盲区一侧镜子	基准	-	-	S
	所有气囊	基准	S	S	S
	安全带提醒	基准	-	+	+
	胎压监控系统	基准	S	S	S
	制动辅助	基准	S	S	S
	自适应前照灯系统	基准	S	+	+
布置/空间	乘客数量	基准	S	S	S
	载客量	基准	+	+	+
	载货量（第一排座椅后）	基准	+	+	+
	载货量（第二排座椅后）	基准	-	+	+
	行李舱下辅助储物间	基准	+	+	+
	分离式后座椅	基准	S	+	+
	一键式折叠后座	基准	+	+	+

（续）

车辆属性	子属性	基准车辆 2015 福特翼虎	对标车辆#1 2015 斯巴鲁森林人	对标车辆#2 2015 马自达 CX-5	目标车辆 2020 福特翼虎
舒适性和便利性	遥控起动	基准	–	–	S
	遥控无钥匙进入	基准	–	–	S
	可加热前排座椅	基准	S	S	S
	电动调节驾驶员的座位	基准	S	S	S
	皮质座椅	基准	S	S	S
	可加热转向盘	基准	–	–	+
	皮质转向盘	基准	S	S	S
	雨量感应刮水器	基准	–	+	S
	全部一触式电动车窗	基准	–	–	S
	双区域自动空调	基准	S	S	S
	车厢环境灯	基准	–	–	S
	脚感应电动尾门	基准	–	–	S
	天窗	基准	+	+	+
	车顶行李架	基准	+	–	S
	拖车挂钩	基准	+	+	S
驾驶员辅助功能	正面传感系统	基准	–	–	+
	车尾传感系统	基准	–	–	S
	后视摄像头	基准	S	S	S
	辅助制动系统	基准	–	–	S
	坡道起步辅助系统	基准	S	S	S
	自适应巡航控制	基准	+	–	+
	定速巡航控制	基准	S	S	S
	车道保持系统	基准	+	S	+
信息娱乐和连接	大尺寸触摸显示屏	基准	–	–	S
	音频系统	基准	+	–	S
	语音指令	基准	–	–	+
	蓝牙连接	基准	S	S	S
	USB 连接	基准	S	S	S
	12V 辅助电源端口	基准	–	–	S
	110V 电源插座	基准	–	–	S
	导航	基准	S	S	S
（–）总计			20	24	3
（+）总计			21	15	26
（S）总计			21	23	33
整体分数			1	–9	23

4.6 系统、子系统和零部件级对标实例

可以对不同车辆中的电气系统进行对标和比较,以了解不同的竞争对手如何配置其电气系统和子系统。例如,可以对交流发电机、电子控制模块、线束、电动机、执行机构、传感器甚至连接器进行对标,以提高其功能并降低产品成本。

制动系统工程师通过比较系统中的所有部件,例如制动片、制动盘、主缸、助力器、制动踏板、制动管路等,来对不同车辆的制动系统进行对标,以了解与其他车辆系统在设计、配置和集成方面的差异。

类似地,车身工程师对不同车辆的车身进行对标,以了解车身是如何使用不同的材料(如低碳钢、高强度钢、铝)进行设计的;各种部件的尺寸,如横梁、地板、顶板、门板;以及焊接、密封、涂漆等的方法。

人机工程学工程师通常对安装在仪表板、门和中控台上的控制装置和显示器进行评估,以研究人机工程学识别控制装置和显示装置方面相关事项,如显示器的易读性和颜色的使用,以及研究每辆对标车辆的每一项功能的触及、抓取和操作控制。这样的过程通常会产生有关人机工程学良好和差的特征列表。获得的信息可作为设计指南用于设计人员开发未来驱动程序接口。

4.7 结束语

对标是开发新产品或改进产品时非常有效的工具。选择合适的产品进行对标,可以让整个团队熟悉其他制造商的设计。因此,它可以在短时间内指导设计团队处理所有与设计相关的问题。如今,在汽车工业中,运用对标工具已经非常普遍。

参 考 文 献

Altshuller, G. S. 1997. *40 Principles: TRIZ Keys to Technical Innovation*. Translated by Lev Shulyak and Steven Rodman. Technical Innovation Center, Worcester, MA 01606.
Champy, J. 1995. *Reengineering Management*. New York, NY: Harper Business Books.
ISO. 2016. Quality Management. Website: www.iso.org/iso/home/standards/management-standards/iso_9000.htm (Accessed: May 11, 2016).
Kolarik, W. J. 1995. *Creating Quality: Concepts, Systems, Strategies, and Tools*. New York, NY: McGraw-Hill.
Nadler, G. 1967. *Work Systems Design: The IDEALS Concept*. Homewood, IL: Irwin.
Nadler, J. and S. Hibino. 1998. *Breakthrough Thinking: The Seven Principles of Creative Problem Solving*. Roseville, CA: Prima.
NIST. 2016. Baldrige performance excellence program. Website: www.nist.gov/baldrige/ (Accessed: May 11, 2016).
Peters, T. and R. H. Waterman, Jr. 1982. *In Search of Excellence*. New York, NY: HarperCollins.

第 5 章 制订商业计划与获得管理层批准

5.1 引言

开展新车开发项目不仅需要投入大量的资源,比如资本、人力、工具、设备和设施,而且开发和制造车辆,还会涉及许多风险:如车辆开发可能需要更多的时间和预算,客户可能认为该车辆设计不比许多其他竞争车型好,随后公司可能无法达到预期销量等。因此,汽车公司的高级管理层需要获得提案汽车开发项目的足够信息来决定是否批准该项目。汽车项目的商业计划目的是为拟议项目提供必要的信息,并且提交给高级管理层以协助其决策过程。本章将介绍商业计划的准备过程、内容以及实施商业计划所涉及的风险。

5.2 商业计划

5.2.1 商业计划的定义

商业计划指创建或开发新产品的提案,是商业成功必不可少的技术路线图。商业计划通常提前 3 年或更早进行准备,并且概述了汽车开发项目实现其目标所需的规划路线。它通常是在汽车公司内部编制,以获得最高管理层的同意批准该车型开发项目。因此,商业计划这份文件制订的目的是,概述拟开发车辆的详细信息,项目时间安排,开发车辆所需的公司资源,以及该车未来产生的收入。商业计划通常由公司产品规划、工程、营销和财务部门共同编制。

5.2.2 商业计划的内容

商业计划是帮助公司高级管理层决定是否批准拟开发车辆项目的决策工具,其内容应有助于管理层充分考虑公司在启动拟议项目后直到停止项目期间将会面临的所有相关业务问题。因此,商业计划应包括以下方面:

1) 提案产品的描述。

① 产品配置（就汽车产品而言，汽车的车身类型，例如轿车、轿跑车、跨界车、运动型多功能车（SUV）、皮卡或商务车（MPV）及其变形车）。需要注意的是，一些大型车辆项目包括具有各种版本（型号）的一系列新型汽车。这些汽车很可能共享（即，使用）一个通用的车辆平台（即，许多共同的部件、制造和组装设备），生产一个或多个品牌的不同车型。

② 汽车的年度车型。

③ 尺寸等级。美国环境保护署（EPA）尺寸等级：a）轿车：超小型紧凑型、小型紧凑型、紧凑型、中型、大型；b）旅行车：小型、中型和大型；c）皮卡：小型和标准（EPA，2016）。欧洲市场细分：A级迷你车、B级小型车、C级中型车、D级大型车、E级商务车、F级豪华车、S级跑车、M级多用途汽车、J级运动型多功能车（EAFO，2016）。

④ 市场划分（例如，超豪华、豪华、入门级豪华或不同车身类型的经济型车辆）。

⑤ 产品销售和使用的市场（国家）。

⑥ 能源使用特性（例如，汽油、柴油、电动、混合动力、插电式混合动力）、目标燃料经济性和排放水平。

⑦ 动力总成类型和配置（例如，发动机和变速器的类型，左侧驾驶或右侧驾驶，前轮驱动（FWD）、后轮驱动（RWD）或全轮驱动（AWD））。

⑧ 悬架类型，制动类型，轮胎尺寸。

⑨ 制造商建议的零售价（MSRP）和不同选配设备的价格范围。

⑩ 生产能力和产品生命周期内的年销售量估计。

⑪ 在提案汽车的市场划分中，主要竞争对手的品质/品牌，型号和价格。

2）目标属性范围（即，通过考虑每个产品属性，提案车型是如何在其市场划分中定位，例如是同类最佳，高于同类平均水平，平均水平，还是低于平均水平）。

3）Pugh图描述了产品属性（和/或车辆系统）以及提案概念车相对于基准（选定的对标产品）和竞争对手的变化。

4）尺寸、主要变化和可选项。

① 整体外部尺寸（例如，产品的最大长度、宽度、高度、轴距和货物/存储容积）。

② 内部尺寸（例如，乘员的腿部空间、头部空间、肩部空间、座位数量等）。

③ 整备质量和车辆总质量。

④ 影响该项目的政府新政策。

⑤ 与之前（出厂）车型中的系统相比，车辆系统的重大改变，例如，造型变化、减重、驱动选项（FWD，RWD，AWD）、动力系统（发动机、电机和变速器的类型、尺寸和容量）、独特特征的描述（例如，悬架的类型）、引入的技术，以

及标准和可选特征/设备。

5) 简短描述：用一段话对提案产品进行描述，用几个形容词来描述其形象、姿态和造型特征（例如，未来的、传统的、复古的、快速的、动态的、空气动力学的、坚硬的或粗犷的－坚固的像 Tonka 车）。

6) 项目进度表。
① 启动日期，主要时间节点。
② 工作#1 的日期（即第一个产品从装配厂下线的日期）。
③ 车辆生命周期事件：未来轻微和重大变化以及车辆生命周期结束（车辆停产的预计日期）。

7) 市场分析和预期销售量。
① 对提案产品竞争对手的描述。
② 市场调查结果（例如，调查参与者中喜欢提案车辆的百分比）。
③ 可能的竞争对手的计划和市场份额的情况。
④ 每个细分市场中每款车型的季度（或年度）销售额估计。

8) 组织和人力需求。
① 产品开发、制造和市场营销所需人力。
② 所需的独特专业知识。

9) 制造与购买分析以及供应商计划。
① 新产品实体的制造与购买分析。
② 供应商需求与能力。

10) 拟议工厂位置、车辆生产能力和工厂投资。

11) 产品生命周期。
① 预计的生命周期。
② 可能的产品更新、未来车型以及变型和改变。
③ 工厂、设备和产品的回收。

12) 财务分析。
① 生命周期内不同情况（最佳情况、平均情况和最差情况）下累计成本和收入的估算曲线图。
② 产品开发和收入增长期间预期的季度资金需求。
③ 盈亏平衡的预期日期。
④ 产品生命周期内预期的季度净利润和投资回报。

13) 提案产品项目中的风险：公司在开发（例如，新技术实施期间）和营销车辆时将面临的风险列表。主要风险水平（每次重大损失的概率和后果）。

14) 项目提议理由：与其他替代方案相比，执行拟议计划的原因。此项目对其他现有和未来汽车项目的影响（例如，实体和资源的共享）。

5.2.3 商业计划的制订过程

制订商业计划需要大量头脑风暴,预测设计和技术趋势,推测竞争对手在同一细分市场生产类似和更好产品的能力,以及开展一些试点或前期概念设计工作。经验丰富的产品规划人员、市场调研人员、工程师和设计师通常会组成一个团队,负责为提案车辆提出早期设计规范和早期的概念车设计。

制订商业计划涉及以下几个典型步骤:

1) 研究汽车市场、技术的发展趋势,以及公司及其竞争对手现有产品的销售历史。
2) 确定机遇并进行产品创意头脑风暴。
3) 对一定数量的竞争对手现有车辆进行对标。
4) 创建早期概念车构思、草图和图样。
5) 绘制有前景的概念车的装配草图,以了解设计和工程挑战。
6) 制定车辆的描述、技术规范以及标准和可选功能列表。
7) 制定车辆的主要开发任务列表,估算完成任务所需的时间和人力,并制订项目时间计划和技术实施计划。
8) 进行财务分析并准备财务计划。
9) 准备商业计划文件草案。
10) 邀请产品工程办公室的关键专家和管理人员审阅商业计划草案,对提案车辆的工程可行性提供意见和修改建议,包括他们主要关注的事项清单。
11) 解决主要问题,对草案进行必要的修改,并确定商业计划终稿。
12) 将终稿发送给高级管理层成员。
13) 安排高级管理人员会议,介绍和讨论商业计划。

5.3 产品项目中的风险

管理层密切关注的商业计划中的重要问题之一便是拟议项目所涉及的风险。风险包括项目未按拟议规划开展导致公司可能面临的潜在损失。许多不同的原因都可能造成潜在损失,其中一些可能在项目管理可控范围内(例如,未能在规定时间做出决策),然而许多其他能导致损失的事件可能超出项目管理的控制范围(例如,地震、恶劣天气、无法预料的经济形势变化或经验丰富的专业人员的流失)。

通过考虑项目时间安排、技术问题、经济状况和人力问题等主要领域,对风险进行分类。应该注意的是,许多问题是相互关联的:例如,技术问题会影响时间安排和成本;未能达到既定的燃油经济性可能与各种技术原因有关,比如无法设计耐用发动机轴承或无法开发具有轻质材料的部件(例如,难以制造某些碳纤维车身部件)。此外,由于各种原因的组合作用,很多风险可能会相互关联。

下面介绍了重要的风险类别以及每个类别中的一些示例（Blanchard and Fabrycky, 2011）：

1）技术风险。是由车辆设计涉及的一个或多个技术问题引起的，例如，无法在规定时间内开发出所需技术，系统、非功能子系统设计出现缺陷以及电器单元出现故障组件。修正产品缺陷可能需要进行额外的分析、实验、修改工具和设备等。有时，新技术的预计实施可能无法在规定时间内完成生产。进行变更的追加工作需要额外的时间和资源，因此为项目时间安排带来不确定性。

下面是其他几个技术风险案例：

① 产品性能不符合既定技术规范；例如，制动系统无法在制动系统设计的技术规范所规定的停止距离内将车辆从 60mile/h 完全停止。
② 车辆无法满足要求的燃油经济性（每加仑英里数或每升千米数）目标。
③ 车辆未能达到联邦标准规定的碰撞性能要求。

2）成本风险。包括纠正问题所需的额外支出。产品设计的返工也是主要的成本风险之一。在某些情况下，问题在于产品规划过程采用了错误的成本假设。在这种情况下，通常是没有了解设计复杂性，因此导致产品开发所需时间与资源被低估和分配不当。同样，销售预测可能过于乐观。成本和收益估算对提案项目可行性的确定极为重要，但是经常出现低估成本和高估收益的现象，造成成本超支、收益下降甚至项目可能无法实施。

3）进度风险。与因各种原因无法满足预定截止日期（例如，时间节点）有关。恰当安排项目任务对确保工程师和设计师有充足时间在车辆上市之前能恰当设计和测试车辆的所有系统和子系统至关重要。如果某项工作所需时间超过规定时间，则可能导致延迟车辆生产，以及延迟实现某些收益目标。进度延误可能有很多原因：机器和装配线停机时间、工人罢工、供应商提供组件延迟等。在最后时刻更改计划可能导致接收原材料延迟，这也会导致进度风险。

4）计划风险。与项目的产品开发各个方面有关。计划中的任何重大变更，例如计划的修改、与计划相关项目的取消，或因迟做的决定而导致的计划推迟，都可能导致计划风险。此类风险与进度风险密切相关，但与管理问题关系更密切，其中由项目的重新安排、预算限制以及预算增加的批准要求所导致的频繁的重大计划变化都可能导致计划延迟。由于预算、项目要求、管理层指示方面的频繁变化，甚至计划取消，此类风险在产品开发计划中普遍存在。项目更改之前计算的预算可能不适用于更改后的项目。因资金不足而放弃项目也是一项计划风险。

与计划相关的风险例子还包括：

① 汽车开发计划未能满足既定的工作#1 日期。
② 汽车项目不能控制在分配预算内。
③ 没有可用的人力来执行技术和/或管理任务。
④ 外部灯（例如，前灯）未能满足联邦机动车辆安全标准 108 中规定的光照

度规范。

⑤ 为了满足质量和性能目标（例如，从整体轴变为独立后悬架），导致后悬架系统中的部件数量增加。

5）供应商相关风险。指供应商未能满足装配商的车辆制造时间要求。供应商未能根据商定的交付计划提供质量和/或数量达标的实体（系统，子系统或组件）。（注意：供应商为汽车公司提供较大比例的汽车系统，子系统和组件。）

6）外部原因导致的风险。这些超出项目管理的管控。例如，政治僵局可能会延迟项目。例如，2014 年 6 月，墨西哥与田纳西州就财政激励问题展开了一场拉锯战，导致美国的大众跨界车辆工厂被推迟。经济形式的意外变化、油价变化、地震和天气状况（例如，突发性洪水）也可能对工厂运营造成重大影响，从而对计划车辆的销售量产生重大影响。

5.4　自制或购买

业务计划应包含一份需要外包（即由供应商设计、制造和交付）的实体清单。决定自制还是购买的一些重要考虑因素如下：

1）缺乏内部制造能力和产能。
2）有值得信赖且成本低廉的供应商，能够交付所需数量与质量的产品。
3）没有资金用于内部生产所需的实体。
4）需要保持未来产品设计的竞争信息的机密性，或者需要保持在公司内生产某种实体所需的独特工艺的机密性，以便保持竞争优势。

5.5　结束语

商业计划是产品规划和交流的有效工具。它总结了有关车辆技术规格和竞争对手的所有重要信息，以及商业问题方面的信息，如时间安排、资源需求和财务分析，包括成本、收入和投资回报率。一份好的商业计划也会帮助设计团队组织其想法、设置优先级以及预见其模型在财务方面的运转状况。此外，产品规划团队还可以通过商业计划与受到车辆计划影响的每个人分享他们的业务理念。如果您不想一遍又一遍地解释业务理念，则通过事实、时间计划和财务状况等内容，与组织内其他人分享商业计划便可以为他们提供一个清晰的构想。因此，商业计划可以促进各方面的决策制订。第 23～26 章分别给出了轿车、皮卡车和 SUV 车辆的商业计划示例。第 19 章介绍了商业计划中财务分析方面的其他信息。

参 考 文 献

Blanchard, B. S. and W. J. Fabrycky. 2011. *Systems Engineering and Analysis*. Upper Saddle River, NJ: Prentice Hall PTR.
EAFO. 2016. European vehicle categories. Website: www.eafo.eu/content/european-vehicle-categories (Accessed: June 9, 2016).
EPA. 2016. Classes of comparable automobiles. Website: www.gpo.gov/fdsys/pkg/CFR-2015-title40-vol30/xml/CFR-2015-title40-vol30-sec600-315-08.xml (Accessed: June 9, 2016).

第6章 新技术、车辆特征和技术发展规划

6.1 引言

技术上的新发展,政府要求的变化以及汽车制造商之间的激烈竞争迫使汽车制造商在新车中加入能改善功能性和安全性的新功能。同时汽车制造商还面临降低成本、减轻重量、减少排放和燃料消耗的压力。本章讨论了未来汽车产品可能引入的新技术和技术应用问题。每个新车型产品都必须有一份技术规划,概述车辆计划的所有新功能、技术应用挑战的评估和应对挑战的行动计划。本章还提供了一个未来汽车产品的技术规划示例。

6.2 应用新技术

新技术的应用总是伴随更多的工作。应用新技术来改善一个或多个车辆系统的性能和功能的团队,首先必须清楚地理解应用新技术会带来众多问题及其对所有其他相关联的车辆系统及所有车辆属性的影响。需要考虑的重要问题如下:

1) 能够达到的车辆性能或功能的改进水平(注意:证明可以实现改进并评估改进水平通常需要大量的研究)。
2) 客户根据需要适应新变化,接受变更及维护/服务/升级新功能的能力和意愿。
3) 新变化对相关车辆系统的影响以及由此产生的各种受影响车辆属性之间的权衡。
4) 准备可用的技术资源(例如,专家,分析技术和测试设备的可用性)以分析车辆设计变化的影响。
5) 车辆中可用的布置空间以整合变更所需的硬件。
6) 对车辆总成本的影响。
7) 对车辆整备质量的影响。
8) 对车辆燃料消耗特性的影响。

9）与转化新技术相关的时间和成本（即，确保新技术有效并已准备好被采用）。

10）对车辆质量的短期和长期影响（即确保新技术不会给车辆带来缺陷）。

11）与新实体相关的"制造或购买"决策对公司生产资源的影响与新车或受影响车辆系统潜在供应商能力的影响。

6.2.1 影响未来车辆设计变化的主要原因

1）满足政府要求（例如，国家公路交通安全管理局（NHTSA）的企业平均燃油经济性（CAFE）和环境保护局（EPA）的温室气体排放（GHE）要求；参考第3章详细内容）。

2）与车辆属性和特征相关的技术发展可以带来很多优势，例如提升性能、效率、安全性、舒适性、便利性和布置空间，减轻重量和降低成本。利用新技术的一些例子如下：

① 应用先进的驾驶辅助工具和安全技术。
② 提高驾驶员的舒适度和便利性。
③ 利用先进的驾驶员信息和通信系统。
④ 新型轻质材料的发展。
⑤ 制造和组装方法及设备（例如，材料连接技术，机器人系统，材料搬运系统）的改进。
⑥ 全球通信、采购和项目管理方法的发展。
⑦ 提高车辆可靠性、耐用性和质量。

应用新技术的另一个主要因素是确保与将被新车替换的旧车相比，客户能感觉到新车辆的改进和提升。如果主要的竞争对手已经采用或正准备采用许多新技术，这一点将尤为重要。

6.2.2 制订技术规划

在新车型的早期起草和描述中，通常会包含一份改进清单（例如，特征和技术）。技术规范和属性要求与技术规划的制定应同时启动。技术规划应该考虑到每个主要车辆系统及其子系统，并应描述变更和技术、变更带来的风险以及主要的公开问题。本章稍后会详述技术规划（见表6.1）。第23～25章分别详述了轿车、皮卡车和运动型多功能车（SUV）的技术规划。

6.2.3 技术实施涉及的风险

任何新技术的实施都会涉及风险。因此，考虑到所有类型的风险并确保公司高层管理人员了解所面临的风险、后果和挑战，对于车辆开发团队成员而言是非常重要的。所有风险可以分为以下三类：

1）技术风险：汽车公司不能在规定时间内利用现有资源开发或完善技术去实现所需的功能，这会导致技术风险。在业务和技术规划的制定过程中，技术的完备性可能会被高估。要是无法彻底调试并消除新功能带来的所有可能的错误或缺陷，则可能需要通过昂贵的产品召回途径来解决问题和/或防范责任情况。

2）进程风险：车辆计划可能会被延迟，以便进行所需的技术开发和应用。

3）成本超支：开发所需技术及其应用的费用可能远高于预算。

在联合开发项目中与其他车型或其他汽车制造商分担费用是开发新技术时可能的方法之一（例如，福特和通用汽车共同开发新的9速和10速变速器（Wernle and Colias，2013））。

6.3 新技术

本节将介绍车辆早期开发过程中所涉及的先进设计趋势和技术。

6.3.1 传动系统开发的设计趋势

1. 更小、更轻、更节能的汽油发动机

由于发动机技术的提高和轻质材料的应用，车辆发动机的平均尺寸和重量正在减小。

目前汽车发动机的改善包括：

1）增压进气/涡轮增压/涡轮加速：增压进气是将压缩空气输送到内燃机进气口的过程。增压进气发动机利用气体压缩机（例如，涡轮增压器，它是一种排气做功或电动机驱动的涡轮机），增大空气的压力、温度和密度。没有增压进气的发动机被称作自然吸气式发动机。涡轮增压有助于减小发动机的尺寸并保持甚至增加其输出。例如，目前许多可用的涡轮增压汽油发动机提供约120hp/L的输出，而自然吸气式汽油发动机输出约为80~100hp/L。涡轮增压还有助于回收废气能量，并减少高温废气释放到大气中造成的能量损失。能量损失通常约占所消耗燃料能量的25%~30%。

应该注意的是，机械增压器不能排除废气，因为它和发动机链接并由发动机提供动力，因此它与曲轴一起旋转。当曲轴旋转增压器时，它会迫使空气进入发动机。涡轮增压效率更高，因为它不需要发动机来驱动它，因此每次增压会产生更多动力。机械增压器也不会产生完全增压，直到最高转速（接近发动机最高转速），即发动机尽可能快地驱动增压器。

因此，随着增压进气技术的应用，汽车发动机中使用的气缸数量一直在减少，这导致涡轮增压4缸发动机的占比增加，8缸发动机正在被6缸涡轮增压发动机取代。和涡轮轴相连的电动-发电机的电动助力可以进一步帮助回收电能。

2）直喷和化油器发动机：与化油器发动机相比，燃油喷射发动机更高效并且排放少。化油器含有将燃料（例如汽油）喷射到燃烧室的喷嘴。流过喷嘴的燃料量完全取决于被吸入化油器进气口的空气量。使用化油器获得最佳性能的主要缺点是它无法调节每个气缸的空燃比。燃油喷射系统可以向发动机中精确喷射燃料，能使发动机获得最佳性能并非常受欢迎。

燃油喷射有两种不同的方式：进气道喷油和直喷。进气道喷射是最常用的，直喷是最新开发的燃油喷射系统。两种系统都使用计算机控制的电动喷射器将燃料喷射到发动机中，但不同之处在于喷射燃料的位置。进气道喷射将燃料喷射到进气口，在那里它与进入的空气混合。喷射器通常安装在进气歧管流道中直到进气门开启将其吸入发动机气缸。进气道喷射系统的制造成本比安装在气缸中的喷射器便宜得多。进气道喷射头没有暴露在高温高压的燃烧室内，因此它们不需用高压喷射。进气道喷射系统通常在 $30\sim60 lbf/in^2$（$1 lbf/in^2\approx 0.007 MPa$）范围内运行，这远低于直喷系统。因为燃油压力较低，燃油泵等相关系统也更便宜。

在直喷系统中，喷射器安装在气缸盖中，喷射器将燃料直接喷射到发动机气缸中，然后在那里与空气混合。只有空气通过进气歧管流道并直接喷射入进气门。直喷可精确计量每个气缸的燃油量，以获得最佳性能，并在非常高的压力下喷射。在一些车辆中能高至约 $15000 lbf/in^2$，因此燃油雾化良好并几乎立即点燃。使用当前的计算机控制装置，喷射器可以针对每个燃烧行程进行多次喷射，因此可以长时间喷射燃料以最大化输出功率。

因此，使用直接喷射的主要优点是可以根据发动机负载条件将燃料和空气精确地喷射到气缸中。系统中使用的电子设备将计算此信息并不断调整燃油喷射的时间。受控的燃油喷射可实现更高的输出功率、更高的燃油效率和更低的排放。仅通过将进气道喷射换为直喷可以大约提升 15% 的性能。

直喷的缺点是其成本和复杂性。因为喷射头直接安装在燃烧室中，喷射器材料必须耐高温和高压，因此它们更昂贵。而且，将燃料直喷到气缸中所需的高压意味着需要更昂贵的高压泵。这些通常由发动机机械驱动，因此，它们增加了发动机的复杂性。

3）气缸关闭技术：当车辆以不变的速度巡航驾驶并且对车辆的动力需求小于车辆加速时，该方法停用一些气缸（通常在 6~8 缸汽车中停用 2~4 个气缸）。在轻负载条件下驾驶，气缸停用将减少所停用气缸的泵送损失，从而提高燃油经济性。

4）起停：起停方法指的是当车辆完全停止时关闭发动机并且当驾驶员踩下加速踏板以加速车辆时立即重新起动发动机。该系统需要更大的起动机和电池容量来执行频繁的停止/起动循环。起停方法可以减少车辆在交通和交叉路口频繁停车的城市交通状况下的能量消耗。

5）可替换燃料源：为了减少对汽油的需求，已经开发了使用许多替代燃料的发动机。这些包括天然气（压缩天然气（CNG）和液化天然气（LNG）、柴油（例如涡轮柴油)、生物质燃料和氢气(即氢动力)燃料电池汽车)。

相对于汽油发动机而言,每个可替换燃料源都有其优缺点。例如,由于CNG的能量密度远低于汽油的能量密度,因此需要大型CNG储罐。为了携带LNG,需要制冷单元在使用前将燃料保持在液化状态的低温下。柴油发动机比汽油发动机更昂贵。生物质燃料(由有机材料、例如木材、农作物、粪肥开发)不是很常见并且不是标准化的。氢动力车辆需要大型氢气罐或携带氢燃料电池以产生氢气。

6)混合动力传动系:混合动力传动系包括发动机和一个或多个电动机。在串联模式中,电动机为驱动轮提供动力;内燃机驱动交流发电机,为电池充电;电池通过电子模块驱动电动机。在并联动力总成模式中,内燃机和电动机都为驱动轮提供动力。一些混合动力传动系统具有两个或更多个电动机(例如,轮毂电机直接驱动一个车轮)。混合动力系消耗的燃料更少,因为电动机比内燃机更高效。此外,在车辆减速期间,电动机作为发电机,回收并利用车辆动能为电池充电。

7)电动汽车:完全依靠电池存储的能量或由车载源(例如,氢燃料电池)产生的电力驱动的汽车数量稳定增加。未来储能能力的提升、电池重量和体积的减少将会增加续驶里程,从而加快提升市场份额。

2. 更高效的变速器

8~10速变速器、无级变速器(CVT)和双离合变速器(duel clutch transmissions)的份额正在缓慢地增加。这些变速器比5速或6速变速器提升2%~10%的燃油效率。

然而,这些新型高速变速器的额外重量和复杂性使成本增加或许将不能明显改善燃油经济性。但是,一些生产商已经制造出如此复杂的车辆并声称燃油经济性获得提高。

6.3.2 驾驶员辅助和安全技术

车辆采用这些技术通过执行某些功能以帮助驾驶员安全地驾驶。这些功能通常包括监测车辆运动以及与道路,交通和天气有关的其他变量,并提醒驾驶员,且激活车辆控制(例如,制动或转向)以避免驾驶员危险驾驶。

这些功能包括:

1)车道偏离预警系统:在高速公路和主干道上(通常当以40mile/h速度驾驶时),车道偏离预警系统在车辆将要偏离车道(除非车道偏离方向的转弯灯开启)时向驾驶员发出警告。这些系统旨在通过解决引起碰撞的主要起因:驾驶员错误操作、分心和困倦,来最大限度地减少道路交通事故。该系统主要分为两种类型:①车辆通过提供视觉、听觉和/或振动警告(例如,振动转向盘)警告驾驶员(车道偏离预警(LDW))偏离车道的系统;②警告驾驶员系统,如果不采取行动,将自动采取措施使其保持在行驶车道中。

2)驾驶员监控或警报预警系统:如果驾驶员没有注意前方道路并且检测到危

险情况，系统将通过闪烁灯、警告声和/或振动警告驾驶员。如果驾驶员没有采取任何动作，车辆将自动施加制动（例如，发出警告后紧接着是制动系统的短暂自动启用）。

3）自适应巡航控制系统：自适应巡航系统（也被称为自动或雷达巡航控制）是一种可选的巡航控制系统，可自动调节车速，以保持与前方车辆的安全距离。该控制基于车载传感器（基于雷达或激光）信息。大多数系统提供安装在转向盘的控件，用于设定最大巡航速度和与前车的距离。

4）自动制动系统：当车辆中的传感器和处理器监测到车辆将要与静止或移动物体发生碰撞时，该系统使车辆制动。如果车辆将要发生碰撞且驾驶员未执行避碰操作，则该装置自动启动制动器。

5）倒车影像系统：倒车摄像机是一种特殊的视频摄像机，连接到车辆后部专门用于帮助倒车和减小后部盲区。倒车摄像机也称为后视摄像头。它专门用于通过在后视摄像头视图中为驾驶员提供车辆映射路径以及带有颜色的距离标记来避免倒车碰撞。后置摄像头通常安装在车辆中心线上，后牌照上方或靠近尾门（后窗的）顶部或底部边缘。在倒车时（一旦变速器置于倒档），摄像机输出以及映射的颜色标识将显示到中控屏幕中。红色、黄色和绿色的颜色标识分别表示车辆后部的物体非常靠近，稍微靠近或远离车辆。在一些车辆中，带有彩色编码区域的后置摄像头显示器集成在后视镜内。

6）盲点检控系统：盲点检控器是一种基于车辆传感的设备，可检测位于驾驶员两侧和后部的其他车辆（即，换车道过程）。可以通过视觉、听觉、振动或触觉信号显示警告。在向前行驶时，最常见的警告信号是激活安装在每个外后视镜外侧边缘附近的琥珀色发光二极管（LED）警告灯。在备用感应模式下，当检测到目标接近碰撞区域时，系统会发出蜂鸣警告声。该系统还可以与备用摄像系统集成。

7）夜视系统：该系统能使驾驶员在夜间驾驶时看到比借助车辆前照灯时更远的距离。夜视系统通常使用红外摄像机，该摄像机可以检测道路上远远超过驾驶员可以通过车辆前照灯的近光灯看到的物体。红外摄像机通过驾驶员前方的单独显示器或平视显示器的增强屏幕向驾驶员提供信息。检测到的物体通常在摄像机捕获的前方道路场景的视图中显示为增强的叠加图像。

8）自适应前向照明系统：自适应前向照明系统很大程度上提高夜间驾驶安全性。该系统监控迎面而来的驾驶员和道路特征如曲线，坡度和交叉路口（例如，通过集成的全球定位系统（GPS）和地图数据库系统）的前方道路场景，并改变光束模式以在目标区域提供更多照明并减少眩光照射到迎面而来的驾驶员眼睛。联邦机动车辆安全标准（FMVSS）108已经批准其中一些功能，允许一部分发射光在顺应性前照灯光束内移动和/或通过头灯光束模式的自动重新瞄准（NHTSA，2016）。

9）主动防侧倾/稳定性系统：主动防侧倾系统（ARP）利用传感器和微处理器，以识别即将发生的侧翻，并选择性地应用制动器以预防侧翻。ARP基于电子稳定控制及其三个底盘控制系统：车辆防抱死系统、驱动控制和横摆控制。ARP 增加了另一个功能：即检测即将发生的侧翻。由转弯速度过快产生较大的侧向力可能导致侧翻。只要检测到潜在侧翻，ARP 就会自动响应。ARP 迅速借助于瞬间产生的制动压力将制动力施加到相应车轮，并且在某些情况下，降低发动机转矩输出以在发生翻车之前防止侧翻发生。

10）先进自动碰撞预警系统：该系统也被称为先进的自动碰撞警示（AACN）系统，是自动碰撞警示（ACN）的升级版本，它向紧急医疗求助者发出警报，来自 AACN 车辆远程信息处理系统和类似系统的实时碰撞数据可用于确定受伤患者是否需要在创伤中心进行护理。如果车辆发生中度或严重的前、后或侧面碰撞，通过使用一系列传感器，AACN 等车辆遥测系统会向顾问发送碰撞数据。根据系统的类型，包括的数据有关碰撞严重程度、撞击方向、安全气囊展开、多次撞击和翻车的信息（如果配备了适当的传感器）。顾问可以将此信息传递给紧急调度员，帮助他们快速做出涉及应急人员、设备和医疗设施组合的适当响应。

11）充气座椅安全带：在碰撞过程中该技术使管状气囊能够从安全带的连接处两端充气到覆盖乘员的胸部。充气式安全带有两个优点。首先，它们将碰撞力分散到更宽的身体接触区域，可能降低胸部受伤的风险。其次，气囊的展开使安全带收紧并减少乘员的向前运动。因此，它减少了头部受伤的可能性。福特为后排外侧的乘员引入了充气式安全带。

12）胎压监测系统：胎压检测系统（TPMS）是一个用来监测多种车辆充气轮胎内部气压的一套电子装置。TPMS 通过仪表、图形或者一个简单的低压预警等向驾驶员传递实时胎压信息。

13）自动照明系统：这些系统监测周围光环境，激活车辆外部和/或内部灯，并调整其强度以确保驾驶员的安全和便利（例如，周边照明系统）。该系统通过接近传感器激活，例如，持有无线钥匙驾驶员接近车辆。

6.3.3 驾驶员信息交互技术

这些技术包括实施以下控制和显示相关的组合技术及其功能：

1）安装在转向盘上的控件：安装在转向盘辐条上的控制装置，例如按钮，摇臂开关或旋转装置（例如拇指轮）。

2）触摸屏：触摸屏上的触摸控件（通过手指触摸在显示器表面上激活的控件）。

3）触摸板：触摸板位于中控台及其区域。触摸板的输入通常在显示屏上显示。

4）无接触控件（接近传感器和/或运动传感器）：传感器可以检测出身体部位（例如手指或手）的接近度和/或运动，并且基于该部位的运动方向进行控制。

5）多功能控件（根据所选的模式，单个控件也可以控制不同的功能）。这些控件通过设定可以激活不同的功能,或者通过朝不同方向移动来控制很多功能(例如,旋转控件可以像操纵杆一样移动,按下控件选择其功能,像鼠标"点击"一样)。

6)触觉控件(在控件活动中提供触觉(力)反馈):选定某一控制模式进行操作时,触觉控件可以提供不同的触觉感觉/反馈(例如,旋动旋转开关时,通过改变不同的清脆声(伴随旋转动作发生的力/力矩变化),可以提供不同的止动特征的感觉,并且激活不同功能时,旋转开关还可以提供力/力矩大小的变化)。

7)具有触觉反馈显示器和增强实境的控件(例如,具有额外重叠细节/条的显示器上的触摸控件可以获取道路上其他车辆、行人和/或动物的位置信息):例如,手指触摸后,触摸显示屏显示出被观测目标的位置并提供视觉和振动反馈。

8)基于手势的控件:基于身体运动的控件(例如,接近传感器或基于摄像头的传感器检测或识别某些手/手指或身体运动,作为控制动作)。

9)人眼注视操作的控件:驾驶员通过注视视野场景内选定的位置激活的控件。

10)语音控件(通过语音指令激活的控件):可以识别不同语言表达的语音指令,并且执行对应于所识别指令的控制动作。在车辆行驶时的嘈杂声中,语音指令可正确识别的精确度、语音指令发出后激活控制动作所需的反应时间,以及驾驶员执行语音指令的意愿,这些是开发和评估语音识别系统需要考虑的3个重要因素。

11)数字显示器:具有加强功能的高分辨率、可变信息/图像,比如使用色彩、触摸控制区域、触摸控件中触觉反馈、明亮阳光下的易读性以及显示屏尺寸,这些是开发数字显示器需要考虑的重要因素。显示器尺寸大小不一,大型显示器如特斯拉的17in纵向显示器,小型显示器如3~5mm高的、高分辨率、可变信息显示器,能够内置于旋钮或按钮内,作为发光标识。由于成本降低和新显示技术(如发光二极管、有机发光二极管)出现,预计将来汽车会增加这类显示器的使用。

12)听觉显示器:激活控件的声音反馈;声调、哔哔声、口说或合成语音指令都是听觉显示器的例子。听觉显示器的优势在于:驾驶员可以自由地用眼睛看任何其他视觉场景或视觉显示器,并且同时获取听觉信息,无须朝某一方向转头。听觉或声音显示器可以用来提供一辆或多辆汽车功能的信息或状态。用户可以选择其他特性,如语言和发声者的口音。

13)触觉显示器:这类显示器通过执行器的运动显示信息,执行器的运动或振动可以通过用户皮肤接触执行器表面感知(例如,在控制表面(控制旋钮)上按压移动、触摸或握紧屏幕、转向盘、座位、踏板产生的振动)。

6.3.4 车联网或 V2X 技术

这些无线技术(称作V2X)可以实现车与该车以外其他实体(X)之间的双向沟通,例如:

1）V2V = 车与车：该车将其位置、运动状态和控制激活状态（比如、转弯、加速和减速）与其他车辆进行通信。

2）V2H = 车与家：该车就车辆（例如，电动车充电）或家庭系统（例如，安全系统、家电）与其家庭相关的功能设计或控制进行通信。

3）V2I = 车与基础设施：该车可以与路边的基础设施进行通信，比如十字路口的交通信号灯、道路状态或交通状况。

4）V2P = 车与人或行人沟通：该车可以与附近的人或行人进行通信（例如，通过无线设备发送关于车辆位置、接近方向或到达时间的警告信息）。

5）V2C = 车与云端数据源：驾驶员可以根据个人需求从其他云端数据库获取信息（例如，寻找最近的银行、加油站、餐馆）。

因此，V2X 技术使得车与车或车与其他地点之间实现相互间无线通信。这些通信信息通过有关不安全情况的警告信息，甚至是启动某些操作来帮助驾驶员避免事故。

下面给出了一些通信信息示例：
1）接近路口和交通信号灯的警告信息。
2）左转弯时靠近的其他车辆的警告信息。
3）接近施工区或前方车辆突然减慢或停止的警告信息。
4）接近道路危险因素的警告信息（例如，路面缺陷（不平路面、凹坑）、倒下的电力线、事故）。
5）接近弯道时的速度警告信息。
6）位于视野障碍区（盲区）或低的能见距离的区域内的警告信息。
7）自行车和行人的警告信息。
8）前方车辆突然减慢或停止的警告信息。

在一篇关于 V2V 应用的报告中，Harding 等人给出以下陈述：

1）与"车－居民"防碰技术的益处相比，V2V 通信在帮助警告驾驶员即将发生危险的方面又取得了进步。

2）V2V 通信使用车载专用短距离无线电通信设备将该车的速度、前进方向、制动器状态以及其他信息传递给其他车辆，并从接收的信息中获取相同的信息，但是其范围和"视距"能力超出当前和近期"车－居民"系统——有些情况下，范围甚至接近 2 倍。这一"环顾"拐角或"看清"其他车辆的较长探测距离和能力，有助于安装 V2V 的车辆比传感器、摄像头或雷达装置更早地感知一些危险，并对驾驶员做出相应的警告。

3）V2V 技术还可以与"车－居民"技术集合，这样比单独应用任何一种技术的益处都更大。V2V 能够加强"车－居民"系统，其作用就像一个完整的系统，拓展了整个安全系统，解决 V2V 通信未涵盖的其他碰撞情况的能力，比如车道和道路偏离。集合后的系统也可以提高系统精确度，因此有可能缩短预警时间和减少误警次数。

欲了解关于不同级别车辆的自动化程度如何在减少碰撞中发挥重要作用以及车载系统未来如何与 V2V 技术协作的讨论，请参见美国国家公路交通安全管理局（NHTSA）的车辆自动化初步政策声明（NHTSA，2013）。

借助这些预警信息，驾驶员可以采取措施降低碰撞的严重程度或完全避免碰撞。NHTSA 估计，该项技术可能会是一个"规则改变者"，可能解决涉及未受损驾驶员的百分之八十的事故（NHTSA，2013）。

Harding 等人在报告（2014）中也初步估计了安全效益，指出这两项安全应用——左转辅助（LTA）和路口运动辅助（IMA）——可能每年避免 592000 例事故和挽救 1083 人的生命。因此，通过提供事先警告信息，V2V 技术能够帮助驾驶员避免超过一半的这类事故。LTA 警告驾驶员不要在迎面行驶车辆之前左转，IMA 提醒驾驶员，由于与一辆或多辆汽车相撞的可能性很大，驶入路上是不安全的。其他应用通过前车碰撞、盲点、禁止超车和红灯/停车标识等警告信息，也有助于驾驶员避免逼近的危险。

几家主要的汽车制造商和众多技术提供商一直在与 NHTSA 合作研究 V2V 技术的潜在安全效益。自 1999 年以来，联邦通信委员会（FCC）已经为 V2V 无线通信预留了一个单独的频段（5.9GHz 频段）。目前，FCC 正在探究该频谱是否能与未经许可的 Wi-Fi 设备共享，不过汽车制造商认为，在未证明不存在干扰之前，最好不要做出这样的决定。

6.3.5　自动驾驶汽车

许多汽车制造商已经证实，在驾驶员没有任何输入或干预的情况下，其车辆具有驾驶能力。这些车辆具有连续监控道路和交通状况的感知能力，并能采取必要的横向（转向）和纵向（加速器和制动踏板动作）控制动作。通过内置 GPS 的支持，车辆还可以选择路线并到达预定的目的地。随着这些技术的实施，车辆变得"自主"（即与其他事物或人分开行动；具有管理自己的权力或权利）。

许多当前可用的驾驶员辅助系统，例如自动制动、自适应巡航控制和车道保持系统，随着时间的推移，将会被整合到一起来创造自动驾驶汽车。

目前，此类技术的未来饱受争议，因为驾驶员还没准备好完全信任这样的系统。此外，要以最高的置信度解决此类车辆的入侵问题，因为如果黑客可以进入车辆的电子系统，就能改变车辆的输出动作。预计在不久的将来，汽车制造商将会整合很多驾驶员辅助功能并提供具有有限功能的车辆（半自动和全自动的自动驾驶车辆），例如①具有变道功能的自适应巡航控制；②自动泊车车辆；③自动驾驶仪配置，使得驾驶员可以在某些预先批准的情况下解放双手使其离开转向盘（Naughton，2015）。

自动驾驶货车是该项技术的另一个重要应用领域。包括军队的许多商业应用都可以使用自动驾驶货车。Sedgwick（2016）曾阐述过军队如何受益于由自动驾驶货车组成的车队,其中领头货车配有人类驾驶员。对于很多商业运输应用而言,能够减少驾驶员工作量和数量的可能性也非常具有吸引力。自动驾驶货车可以长距离行驶,减少休息时间(不需要咖啡时间,只需停下加油),因此运输货物所需的交货时间更短。

6.3.6 轻量化技术

轻质材料和新的结构优化技术用于减轻车辆的重量。减轻车辆重量可以降低车辆加速和维持给定速度所需的动力,进而降低燃料消耗量。产品开发早期会对所有车辆系统进行研究并评估减重的可能性。汽车制造商几十年来一直在对轻量化技术进行试验,但是更严格的汽油里程标准的要求使得这项工作变得越来越紧迫(EPA和NHTSA,2012)。为了实现政府到2025年将平均燃油经济性几乎倍增至45mile/USgal这一目标,轻型车辆需要再减轻重量。

以下几种组合方法通常可能会减轻重量:①采用不同的轻质材料(例如高强度钢、铝、镁、复合材料/塑料/碳纤维);②新型结构设计和机构(例如带有复合车身板件和空心螺旋弹簧的空间架构设计);③不同的生产技术(例液压成型的车身底盘部件、钛质悬架臂、喷涂金属线路);④连接方法(例如钢质铝质车身部件的铆接、黏合剂、不同材料的激光焊接);⑤形状更小、重量更轻、效率更高的节油动力系统。许多先进技术,例如涡轮增压发动机、8速变速器、起停功能和停缸技术,已经尝试用于改善动力系统的节油性能。混合动力和电力发电方案能够提供更好的燃油经济性,不过携带重型电池通常会增加车辆的重量。所有这些方法普遍都会增加成本和开发时间,并且增加了同时实现理想的性能水平和维持高水平可靠性和耐久性的难度。

下面概述了汽车行业目前使用的各种材料(Helms,2014)。

1)高强度钢(HSS):HSS更轻、更坚固,与其他元素(如镍和钛)混合而组成。就目前而言,HSS至少占汽车重量的15%,在一些较新的车辆中(例如2014款凯迪拉克ATS),HSS用量接近40%。HSS成本比普通钢高约15%,但是仍低于铝成本,不过比铝重。然而,随着结构设计的不断进步,HSS可以进一步降低车辆重量。

2)铝:有代表性的汽车已经使用约340lb的铝,占中型车重量的10%。2013款路虎揽胜采用全铝车身后重量减少约700lb,而2014款讴歌MDX增加HSS、铝和镁的使用量后重量减少了275lb。与以前车型相比,2015款F-150皮卡车重量减少700lb。铝最常用于发动机、车轮、发动机罩和行李舱盖,质地比钢轻、易于制成各种部件且耐蚀性比钢更好。钢的供应量是铝的数倍,并已持续多年。铝的成本比传统钢高约30%,并且需求的快速增长可能会使铝价波动。一些预测估计,到2030年,铝在汽车工业中的使用量将增加两倍。

3)碳纤维:这是由编织纤维组成的高强度材料,其比重约为钢的一半。碳纤维具有抗凹痕和腐蚀的能力,并且具有很高的设计灵活性,与冲压钢板相比,碳纤维可以制成各种形状。然而，碳纤维成本较高，部件制作时间较长，这对汽车工业而言确实是重大缺陷。碳纤维的原料是石油基股线，它们必须经过几个阶段后才能最终编织成碳纤维。之后，将材料再制成部件大约需要 5min，而用钢或铝制成部件只需要 1min 左右。碳纤维比钢贵 5~6 倍。

许多公司正在尝试更便宜的纤维材料和固化速度更快的树脂，缩短部件制作的时间和成本。在取得重大进展之前，预计碳纤维会在小批量生产的车辆或豪华汽车上使用，且用量有限。2014 款雪佛兰 Corvette Stingray 采用碳纤维材质的发动机罩和车顶，2014 款宝马 i3 电动车采用的是碳纤维车架。

6.3.7 气动减阻

许多空气动力学方面的改进不断地提出来并被应用到新的车辆设计中，从寻求更具空气动力学的基本车辆造型到改变车辆周围空气流动的主动空气动力学元件的引入（Gehm, 2015）。最近引入的空气动力学改进措施包括：

1）采用可调悬架，在行驶车速较高时降低车高。
2）轻巧的车身底板，可减少车身底部的紊流。
3）格栅和前保险杠上的主动百叶窗，减少和偏转进入发动机室的空气。
4）主动偏转元件，可以向外向后移动减少车轮周围的阻力。
5）齐平（非杯型）车轮或主动轮辋（例如梅赛德斯·奔驰推行的智能气动汽车（IAA）概念，将其杯形车轮从 50mm 降至 0——从 5 轮辐到平盘轮）。
6）可伸展的尾端和扰流器。
7）薄型或嵌装门把手。
8）更小的后视镜，或用后置摄像头取代外后视镜并在仪表板上的屏幕上显示它们的视图。注：FMVSS 111 要求内后视镜和左外后视镜均为平镜（单位放大倍数）（NHTSA, 2016）。

6.4 技术规划

表 6.1 给出了如何制订计划对各种车辆系统和子系统进行改进，以满足未来电动车减重和燃油经济性目标。

表 6.1 汽车产品的技术规划示例

汽车系统	规划的主要变更	主要技术挑战的概述	评论
车身	在获得允许情况下，使用轻质和可回收材料生产车身内外部件	轻质材料比较昂贵，并且其性能（例如强度和刚度）需要改进。较轻的车辆可能不太安全但减小空气阻力	使用轻质材料（如铝、镁或玻璃纤维增强聚合物复合材料）会增加车辆成本。可回收材料相对环保。车身的大多数部件内部自制比从供应商购买更便宜。结合改进的外形和车身底板，降低车身高度

(续)

汽车系统	规划的主要变更	主要技术挑战的概述	评论
电动传动系统	160kW 永磁电机 60kW·h 锂电子电池或更先进的可更换电池	增加电动机功率会增加功耗，从而增加车辆成本	新电动机和可更换电池需要对车身进行一些改装。建议从供应商购买电动机和电池。如果电池行业未来会有重大突破，那么电动传动系统会对客户更具吸引力
底盘系统	低摩擦轴承 低滚动阻力轮胎 快速更换充电电池（释放和安装）	必须考虑安全性，因为低滚动阻力轮胎会增加制动距离和制动反应时间。此外，增加新的电池释放和安装系统时，需要特别考虑新系统与其他系统的相互配合	低滚动阻力轮胎和低摩擦轴承降低转动轮胎所用的能量，进而增加行驶里程。为了适应电池释放和安装，需要进行一些改装
环境控制系统	自动温度控制系统	需要更多的传感器和接线来测量车身不同位置的太阳热负荷	环境控制系统根据太阳照射及其角度调节室内温度。自动气候控制系统根据外部环境调整内部环境，从而帮助降低能耗
娱乐系统	声音识别，声控和声显可配置的显示和多功能控件 带有实时交通提示的导航系统 文本到声音转换系统 投影显示器	因为存在许多语音激活系统，所以需要高度复杂的软硬件（例如，语音滤波器）来区分人类语音与道路噪声 在车辆中加入许多先进系统会增加成本	为了适应所有这些系统，需要进行一些改装。建议从供应商购买这些系统
转向系统	倾斜/伸缩式转向柱	可增加车辆的总体价格	转向柱周围的横梁需要重新配置
制动系统	电子制动系统（EBS）	需评估全天候可靠性	该制动系统以电子方式激活所有部件。制动力分布与负载分布相适应。建议从供应商购买该系统
照明系统	智能照明和可视系统 LED 灯、光纤、智能头灯 夜视系统	车辆增加新系统会增加成本	智能照明根据车辆周围的环境开灯和关灯，从而帮助减小照明功率
太阳能系统	太阳能电池板或更先进的技术，减少电池负荷	太阳能电池板和额外的电子设备会增加车辆重量和成本	需要改装顶部以容纳太阳能电池板。太阳能电池板必须是弯曲的，以便与车身造型兼容。探索已在太阳能电池板构造有所突破的技术在车辆上的可用性
安全系统	智能气囊和安全带 困倦的驾驶员警示监控和车道偏离警告系统 免碰撞系统 盲点预警	额外的传感器可能会增加成本。需要对大量假人进行更广泛的验证测试，以确保对更大比例人群进行保护 加入这些所有的安全系统将会增大车辆的总价。精确性和可靠性需要额外的验证测试 更高的成本，错误预警和可靠性问题 加入传感器和预警显示器带来的高额费用	建议进行更多的验证测试

6.5 结束语

技术进步正通过动力系统、空气动力学、材料、电子设备、驾驶员界面等方面的发展对车辆设计产生实质性的影响。替代能源的发展，相应开发燃油经济性和清洁汽车。正在进行的关于自动驾驶或无人驾驶车辆的研究现已证明，甚至更高水平的乘客舒适度、便利性和安全性是可能的。通过增加设计、工程和管理活动中计算机辅助技术的使用量（参见本书的其他章节），技术发展也改变了车辆的开发方式。

参 考 文 献

EPA and NHTSA. 2012. 2017 and Later Model Year Light-Duty Vehicle Greenhouse Gas Emissions and Corporate Average Fuel Economy Standards. *Federal Register*, Vol. 77, No. 199, October 15, 2012, Pages 62623–63200. Environmental Protection Agency, 40 CFR Parts 85, 86, and 600. Department of Transportation National Highway Traffic Safety Administration, 49 CFR Parts 523, 531, 533, 536, and 537. [EPA–HQ–OAR–2010–0799; FRL–9706–5; NHTSA–2010–0131]. RIN 2060–AQ54; RIN 2127–AK79.

Gehm, R. 2015. Active in Aero. *Automotive Engineering*, November 2015. (Published by the SAE International, Warrendale, PA.)

Harding, J., G. R. Powell, R. Yoon, J. Fikentscher, C. Doyle, D. Sade, M. Lukuc, J. Simons, and J. Wang. 2014, August. *Vehicle-To-Vehicle Communications: Readiness of V2V Technology for Application.* (Report No. DOT HS 812 014.) Washington, DC: National Highway Traffic Safety Administration.

Helms, J. H. 2014. Advanced engineered material technologies for a challenging environment. *SAE Off-Highway Engineering*. Website: http://articles.sae.org/13054/ (Accessed: June 16, 2015*)*.

Naughton, K. 2015. Self-driving cars are a lot closer than you think. *Automotive News*. Website: www.autonews.com/article/20150507/OEM06/150509895/self-driving-cars-are-a-lot-closer-than-you-think (Accessed: May 7, 2015).

NHTSA. 2013. NHTSA's preliminary statement of policy on vehicle automation (May 2013). Website: www.nhtsa.gov/staticfiles/rulemaking/pdf/Automated_Vehicles_Policy.pdf (Accessed: January 22, 2014).

NHTSA. 2016. *Federal Motor Vehicle Safety Standards and Regulations*. Website: http://www.nhtsa.gov/cars/rules/import/FMVSS/ (Accessed: November 8, 2016).

Sedgwick, D. 2016. Army marches with self-driving trucks. *Automotive News*, February 6, 2016. Website: www.autonews.com/article/20160206/OEM06/302089997/army-marches-forward-with-self-driving-trucks (Accessed: February 6, 2016).

Wernle, B. and M. Colias. 2013. Ford, GM work together on new nine-, 10-speed transmissions. *Autoweek*, April 14, 2013. Website: http://autoweek.com/article/car-news/ford-gm-work-together-new-nine-10-speed-transmissions (Accessed: October 23, 2014).

第 7 章 车辆属性与系统关系

7.1 引言

在收集设计车辆所需的所有必要背景信息（在前面章节中介绍的）之后，面临的挑战是提出车辆详细设计规范的列表。详细规范必须包括车辆及其系统必须执行的所有功能。对现有车辆进行详细对标可为我们提供有用的信息并了解所选车辆的所有系统配置、构造和功能。该信息有助于对如何设计新车集思广益。车辆设计通常从车辆总体技术规范（车辆类型和外部尺寸）开始，并将车辆功能分配给不同的系统，确定配置（即每个系统内的所有子个体的布置）并在车辆整体空间范围内为每个系统分配空间。因此，本章描述了需要执行的任务以及客户需求、车辆属性、车辆功能和系统设计细节之间必须满足的关系。

7.2 客户需求与系统设计的任务及关系概述

新的车辆规划始于公司高层管理人员对开发一款新车（或一系列新车）的愿望和方向。图 7.1 展示了一个完整的流程图，从管理方向开始到新车概念评估结束的相关活动。在一系列高级产品规划会议中，高级产品规划部门通常会向公司的高层管理人员提出并讨论对新车辆计划的需求。如果管理层支持这项需求，它会让车辆项目管理人员制定提案的概念车，并通过向客户展示来进行市场调研以评估此概念车。按照管理方向开展的活动流程图如图 7.1 所示。活动的流程是迭代的，涉及来自不同领域的许多专业人士。图 7.1 中显示的过程和活动依赖于很多因素，例如公司及其竞争对手现有产品的销售状况、先进技术以及可用于开发新车的资源。因此，整个过程的活动在一个公司的不同车辆开发项目之间以及不同汽车公司之间变化很大。

从图 7.1 得知的几个重点是：

1）车辆整体技术规范：这些规范必须在车辆规划的早期阶段确定。项目中的每个人都必须了解车辆类型和车辆整体特征，例如乘客数量、有效载荷、外部尺寸

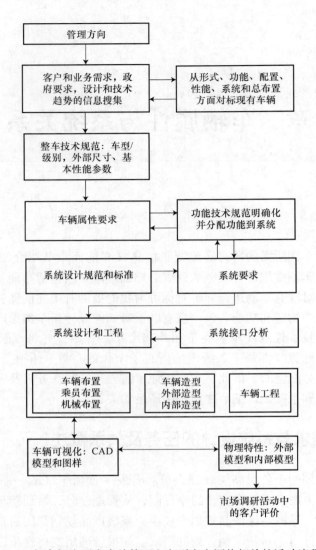

图 7.1 新车概念开发中从管理方向到客户评价相关的活动流程图

和整备质量。因此，这些规范是该项目的起点。这些规范是通过仔细研究客户需求、业务需求、车辆必须满足的政府要求、设计和技术趋势，以及主要领先的竞争对手车辆详细对标。

2）车辆属性要求：必须定义提案车辆的所有必需属性和每个属性的要求（详见第 2 章）。必须仔细确定车辆级别的每个属性要求的目标值，以确保满足这些要求的车辆满足所有客户、业务和监管需求。

3）系统要求：系统要求明确了每个系统的设计方式和职责。用于设计每个车辆系统的系统要求开发（或级联），必须基于车辆属性要求并仔细地将功能（即，车辆必须执行的所有功能）分配到每个车辆系统。应该注意的是，车辆必须执行的功能是为了满足属性要求而开发的。在大多数汽车公司中，提供已开发的内部系统设计规范（或标准），以加快提案车辆的每个系统创建（或选择）设计要求的过程。这些标准通常非常全面，包括有关的详细的技术信息，例如推荐的配置、构造和总布置注意事项，设计要求，系统间的接口（即，显示系统的子系统和其他相连系统的接口图，参见第8章）、设计和安装指南，测试程序，测试设备等。

4）整体车辆总布置和设计：该任务是通过总布置工程师、设计师、工程师和来自所有不同属性部门的专家的协调努力对设计、工程和制造问题的相关的集成工作和思考过程（参见图7.1中最宽的方框）。他们的基本任务是实现车辆设计，可以使用计算机辅助设计（CAD）模型、图样和物理模型方便地进行可视化和评估。车辆设计给出了车辆的形式（例如，其形状、尺寸和不同车辆尺寸的比例），所有主要车辆系统的空间和位置，以及结构细节的一些特征。

5）概念车评估：一旦概念车整体上设计得足够详细以允许对提案车辆进行可视化和设计评审，就应对其进行评估以确保其满足客户的需求。通常进行市场调研以评估概念车。在市场调研中，客户代表由访调员邀请和指引，以观察概念车并回答一系列问题。使用诸如计算机可视化、CAD模拟、车辆视图和/或示出车辆的内部和外部细节的物理模型等方法向客户展示概念车。市场调研活动将在第21章中描述。

本章的以下各节将对这些任务所涉及的概念和细节进行更多的说明。

7.3 车辆系统的属性要求的分配

本节描述了为每个车辆系统分配车辆属性要求的过程中涉及的任务：①整体车辆技术规范的制定；②提案车辆属性要求的制定；③车辆属性要求的细化；④将车辆属性要求级联到车辆系统。

7.3.1 整体车辆技术规范开发

车辆技术规范包括确定车辆主要参数和将目标值分配给所确定的参数。车辆的主要参数包括关键外部和内部尺寸、容量以及执行车辆主要功能的能力。车辆的技术规范应包括：

1）车辆类型、车身造型，车型（车辆级别），乘员和货物/行李托运容量（乘员总数、座位配置（座椅排数和每排乘员数量），行李舱/货物量，车辆重量。

2）主要外部尺寸：整车长度、宽度和高度，前围和行李舱位置，前风窗玻璃和后部（后窗）倾斜角度，内倾角度，轴距，前后悬，车轮尺寸，前后胎面（或车辙）宽度，离地间隙，接近角和离去角以及坡道通过角度（这些外部尺寸在第 20 章中定义）。

3）主要内部尺寸：从地面和车辆地板到座位参考点（SgRP）的高度、加速踏板跟部到 SgRP 的距离，座椅轨道长度，每排乘员的腿部空间、肩部空间、头部空间和臀部空间，两乘员间的距离（前排和后排 SgRP 之间的纵向距离）（有关上述内部尺寸的定义和更多详细信息，请参阅第 20 章）。

4）纵向运动性能：①加速到给定速度的时间（例如，以秒为单位的 0 – 60mile/h）；②在给定距离内的时间和最大可达到的速度（例如，行驶时间为 1/4mile 和这期间达到的最高速度）；③60 – 0mile/h 的停车距离。

5）转向和侧向运动性能：最小转弯半径和最大侧向加速度（例如，在干燥路面上绕 300ft 直径圆周运动时的最大速度）。

6）燃料消耗和里程数：燃料类型（汽油、柴油、天然气（压缩天然气或液化天然气）、氢气或电能）；在城市，高速公路和混合路况下每单位体积燃料的行驶距离（每加仑英里数或每升的千米数），或电能消耗（每千米千瓦·时），以及满箱燃油和充满电的电池的最大行驶距离（如果是混合动力或电动车）。

7）车辆系统详细要求：动力总成类型，发动机尺寸和输出特性，前后悬架特性。

8）牵引能力：卡车和运动型多用途车（SUV）产品的牵引能力（磅或千克）。

9）动力和舒适功能及其特性：例如，电动车窗和锁，电动座椅，助力转向，倾斜/伸缩转向柱，巡航控制，双区环境控制，后视摄像头和停车辅助设备。

10）娱乐和通信系统及其特点：音频、导航和信息/通信系统。

11）安全和驾驶辅助系统及其特性：被动防撞功能（安全带和安全气囊），主动防撞功能（例如制动、转向和稳定系统，外部照明系统，盲区检测和后视系统）和驾驶员辅助功能（例如，车道偏离警告和前向制动系统）。

车辆技术规范中包含的项目可能会有所不同，具体取决于车辆类型、车辆规划、制造商和报告机构。

应当指出的是，设计规范是通用或笼统的。也就是说，它们只指定要实现的目标，并没有指出如何设计系统来实现这些规范（该部分将在后面介绍）。

7.3.2 为提案车辆定义属性要求

在项目管理部门就初始车辆设计规范达成一致后，产品规划团队开始制定车辆的属性目标和要求。属性目标定义了车辆如何很好地定位或在同类车（细分市场）中与其他车辆进行比较。表 7.1 提供了中型乘用车（例如，福特 Fusion 或丰田凯美瑞）的属性目标。

表 7.1　某款中级轿车的属性目标

序号	车辆属性	子属性	目标
1	布置	乘员座位布置、进出车门、行李/货舱布置、视野、动力总成布置、悬架和轮胎布置、其他机械和电气布置	新车后面腿部空间至少领比现有车型多出40mm。车辆整体布置在细分市场车辆中必须是处于领先水平
2	人机工程学	位置与分布、手脚伸展范围、能见度与易读性、姿势舒适度与可操作性	在其同等级车辆中处于领先水平
3	安全性	正面碰撞、侧面碰撞、后面碰撞、侧翻和车顶挤压、气囊和安全带、传感器和ECM①电子空间、其他安全功能（能见度、主动安全性）	必须满足联邦所有安全性标准，且所有碰撞类别均达到五星级别
4	造型和外观	外部——形状、比例、姿态等 内部——配置、材料、颜色、质地等	同等级中最好
5	热力学和空气动力学	空气动力学、热管理、水管理	高于同级别平均水平
6	性能和操纵性	性能感觉、燃油经济性、长距离行驶能力、操纵性、手动换档、拖挂	在同级车辆中处于领先水平；必须满足2022年款相对于投影面积的联邦燃油经济性要求
7	车辆动力学	乘坐、转向操作、制动	高于同级别平均水平；满足制动系统的联邦机动车辆安全性标准
8	声振舒适性（NVH）	道路NVH、动力总成NVH、风噪声、电器机械系统NVH、制动NVH、吱吱声与咯咯声、行人噪声	高于同级别平均水平
9	内部环境舒适性	加热性能、空调性能、湿度	高于同级别平均水平
10	质量	车身系统质量、底盘系统质量、动力总成质量、电气系统质量、燃油系统质量	满足3400lb最大整备质量
11	安保性	车辆盗窃，部件盗窃，人身安全	高于同级别平均水平
12	排放	尾气排放、蒸气排放，车载诊断系统	车辆必须满足2022年款相对于投影面积的联邦排放要求
13	通信和娱乐	网络连接性、车内公用性、车辆到基础设施的通信，车车之间的通信，音频接收	高于同级别平均水平
14	成本	给客户带来的成本，给公司带来的成本	车辆成本应该接近2020年款规定的同级别车辆的平均成本
15	客户生命周期	购买和服务感受、操作感受，生命阶段变化、系统升级、处置和回收	车辆应该相比现有车辆吸引高出20%的客户
16	产品和过程复杂性	通用性、重复利用性、沿用、产品变型、工厂复杂性、工具和工厂生命周期变化	车辆应该使用至少30%的沿用部件，并且在最终装配厂不能超过当前的复杂度

① ECM：电子控制模块。

属性要求必须从目标中起草，以确保它们满足客户需求并创建车辆的整体形象，以适应指定的细分市场和品牌，并具有其他关键特征，例如，车身风格、性能和性能列表。

对市场细分的主要产品进行对标。收集的数据用于制作 Pugh 图。Pugh 图对于理解定义车辆所需的每个属性的级别非常有用。Pugh 图用于进一步改进不同的车辆概念（见第 18 章）。在市场调研过程中进一步评估有前途的车辆概念，以确保选择一种领先的概念车辆来开发。

7.3.3 车辆属性要求的细化

在对标、概念开发和概念选择期间，循环迭代地做出关于提案车辆如何配置车辆主要系统的位置、功能和性能特征方面的若干决策。车辆和系统级别的各个设计团队之间的持续沟通（每日或每周团队会议）和设计评审有助于开发一组平衡的属性要求（通过实现不同属性之间的权衡，分配给各种系统的功能，以及如车辆布置和 CAD 模型中所示的布局）。

7.3.4 从车辆属性要求到向车辆系统功能配置的车辆功能技术规范

对于具有所述属性的车辆，它必须满足每个车辆属性的要求。为了满足属性要求，车辆必须具备许多功能。车辆功能是车辆作为整体必须执行的动作和输出，以实现其技术规范和属性要求。车辆的主要任务是在白天，夜间和不同天气条件下在特定场合的道路上安全地运输乘客和行李/货物。必须根据客户期望建立由车辆实现的运输过程中的制动、加速和转向功能，例如在特定时间内停止的距离和速度。在指定的乘坐和操作期间必须满足的乘员舒适度要求水平。类似地，指定配置的座椅和内饰构造（例如，在垂向、纵向和横向空间和加速度的最大值）必须提供所需的安全性、舒适性和便利性的要求。

通过将一个或多个车辆功能分配到其每个车辆系统来满足车辆级功能。因此，每个车辆系统必须执行某些操作以执行其指定的功能。因此，每个车辆系统要执行的功能成为设计和配置每个车辆系统的目标。例如，为了满足车辆的加速功能，动力系统必须具备功能使发动机转速和输出转矩之间产生指定的关系。

为车辆系统分配功能的过程需要许多迭代设计，因为车辆系统可以通过许多不同的方式进行配置和设计。要找到满足所有车辆级要求的所有车辆系统的独特设计组合是具有挑战性的，因为它需要在车辆属性之间进行多次权衡。例如，如果选择功率非常大的发动机来满足车辆加速能力，则可能不满足燃料经济性和车辆重量属性的要求。同样，为了配合高性能制动系统，较大的制动系统可能无法满足其成本和重量属性的要求。

每个车辆系统的功能必须通过考虑属性要求、属性与系统的关系，以及系统间的接口来定义。

例如，车身系统的基本功能是：

1）提供基本的车辆结构（框架）来定位和支撑其他所有车辆主要系统，例如动力总成、底盘、供油和电气系统。

2）定位并保护乘员免受风、降水和杂物的影响。

3）改善车辆外观（造型）并减少气动阻力。

4）事故过程中吸收碰撞能量。

5）在所有驾驶条件下提供安全舒适的操作环境（包括乘员空间、照明和能见度以及驾驶员界面）。

6）提供舒适的进/出口（例如，座椅高度和门开口）。

7）减少腐蚀并保护所有车辆系统。

8）为行李/货物、备用轮胎和轮胎更换工具提供空间。

可以使用许多不同的技术进行功能分析。功能分析系统技术（FAST）和功能建模集成定义（IDEF）是定义和组织功能的两种常用技术，以确保在需求开发期间包含所有需要的功能（Bytheway，2007；Colquhoun 等，1993 年）。

图 7.2 给出了使用 FAST 创建的车辆功能的流程图。FAST 指的是对正在设计的产品或系统的所有可能功能通过使用动词和名词的头脑风暴，例如，运送人员、容纳人。这些功能从左到右排列，使得最基本的功能在左侧，而在右侧列出了需要执行的用来实现基本功能的其他辅助功能。可以在其他功能的上方或下方列出相同级别的附加功能。一个多学科团队参与创建功能列表并在左右两条虚线之间的问题范围内将它们组织起来，标记为"如何"和"为什么"（即，产品应该如何起作用？为什么要创建辅助功能？）。在列出所有可能的功能并通过箭头连接以表示流程之后，可以提出诸如车辆系统及其下级实体（例如，子系统、子子系统直到部件级别）的实体（即，分配功能到实体）。拟议实体可以在车辆空间内以许多可能的方式布置，直到产生一个平衡且可接受的车辆配置。

7.3.5　车辆属性要求级联到车辆系统

所有车辆属性要求必须级联到所有车辆系统。这意味着必须开发每个车辆系统的所有要求以满足一个或多个车辆级属性要求。因此，每个车辆系统要求可以追溯到一个或多个车辆级要求。因此，在不确保其有助于满足至少一个车辆级属性要求的情况下，就不应设计该车辆系统。否则，系统可能会执行一些客户不需要的功能。

表 2.3 中给出的车辆属性和车辆系统之间的关系矩阵也提供了更有用的见解。例如，表 2.3 显示多种属性与许多车辆系统有关，也就是说，相关属性影响许多车辆系统的设计。此外，单个属性（例如，重量）与许多车辆系统的设计相关。

从表 2.3 得到的以下两个观察结果说明了这几点：

1）布置属性：布置工程将为所有车辆系统提供空间。因此，必须研究所有车

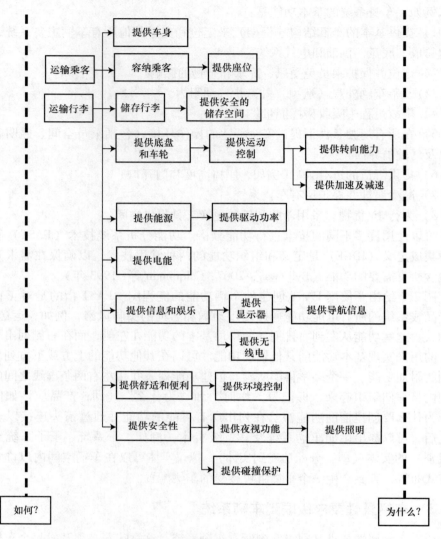

图7.2 一款车功能图表说明

辆系统的位置以确定在各系统之间开发接口（例如，物理连接点和附属机构，电缆，燃料管路，冷却管和制动液管线）所需的空间。

2）人机工程学属性：所有用户（驾驶员、乘员和安装人员）的界面设备，例如设计的每个系统操作中用到显控件的设计必须满足人机工程学属性的要求（更多信息请参见Bhise，2012）。

第9章详细介绍了将属性要求级联到车辆系统的相关内容。

此外，由于许多车辆系统连接到其他系统以执行其功能，因此需要分析和设计不同车辆系统之间的接口以满足接口要求。有关接口设计和要求的相关内容将在第

8章中介绍。在设计任何车辆系统时，了解其与其他车辆系统的接口非常重要。设计的接口必须确保它们能一起满足所有车辆级属性要求。

表8.1列出了车辆主要系统的接口矩阵。矩阵显示以下内容：

1）所有车辆系统都与5~7个其他车辆系统相互连接。

2）车身系统、动力系统、电气系统和驾驶员接口系统具有与其他系统的接口数量最多。因此，这些系统对整车性能，驾驶性能和驾驶员舒适性及便利性具有很大的影响。

有关接口矩阵的更多信息，请参见第8章。Bhise（2014）也提供了有关接口分析的其他信息。

7.4 系统设计规范

必须为每个车辆系统创建系统设计规范。系统设计规范有助于减少为每个系统开发需求所需的工作量和时间。系统设计规范应包括对以下要点的描述和详细信息：

1）系统目标。

2）系统所执行的功能。

3）系统间的接口，包括接口图和接口矩阵。

4）系统可能配置的描述，包括其子系统，以及子系统和其他车辆系统之间的接口。

5）系统的设计规范、要求和指南。

6）用于验证系统功能的测试程序和测试设备。

7）特殊要求：强制性的政府要求，特别是与车身造型、豪华程度、舒适度等相关的某些市场细分的要求。

8）有关客户反馈的更多信息以及在其他现有产品中应用类似系统的经验教训。

9）其他参考信息（例如，对标数据、研究和报告）。

7.5 结束语

面临的挑战是使用从上到下（整车级别到较低级别）的方法设计车辆，以便所有要求和设计工作都可追溯到客户需求、政府要求和公司需求的最初的设计步骤。工程能力和技能依赖于设计团队将需求级联到最低级别系统的能力，通过在各种要求之间选择可接受的权衡来创建满足所有属性要求的一个平衡的车辆设计。第8章和第9章提供了有关系统之间接口、接口要求以及将车辆属性级联到车辆系统要求的更多信息。

参 考 文 献

Bhise, V. D. 2012. *Ergonomics in the Automotive Design Process*. Boca Raton, FL: The CRC Press.
Bhise, V. D. 2014. *Designing Complex Products with Systems Engineering Processes and Techniques*. Boca Raton, FL: The CRC Press.
Bytheway, C. W. 2007. *FAST Creativity and Innovation: Rapidly Improving Processes, Product Development and Solving Complex Problems*. Fort Lauderdale, FL: J. Ross.
Colquhoun, G. J., R. W. Baines, and R. Crossley. 1993. A State of the Art Review of IDEF0. *International Journal of Computer Integrated Manufacturing* 6.4: 252–264.

第 8 章　了解车辆系统间的接口

8.1　引言

汽车产品包含许多系统。车辆的系统必须与其他系统相连，使得所有系统一起工作以执行车辆的所有功能。汽车工程师与造型工程师和布置工程师，共同创建内外饰表面以形成包络。所有车辆系统都安装在各自的包络里面。为了使系统与其他系统一起工作，系统之间的接口（即连接）必须设计成确保所有系统都在车辆空间合理布局并执行其分配的功能。在本章中，我们将了解一下接口类型、接口图和用于理解接口设计任务和接口要求的接口矩阵。

8.2　接口

8.2.1　什么是接口

接口可以被定义为"连接"，由两个（或更多个）实体（例如，系统、子系统或组件）连接在一起以实现其分配的功能。因此，接口影响两个相连实体和定义关联参数（即接口处连接元件的配置）的设计。两个实体之间的连接或接口必须兼容，也就是说，定义它们功能的两个相连实体的参数值（例如接口部分的尺寸）必须匹配。接口可以包括：①物理连接（或附件）；②共享空间（即布置时彼此靠近）；③能量交换（例如，机械、液压、电能或光能的传递）；④材料交换（例如，油、冷却液、气体）的交换；和/或⑤数据交换（例如，数字和/或模拟信号）。

了解接口的类型及其特性对于确保两个相连实体相互协作以执行其分配的功能非常重要。在产品的设计初期阶段，当功能及要求分配和系统确定后，必须确定不同实体之间的接口及其参数。随着设计的进一步发展，根据其特性确定的每个接口的参数（例如，尺寸、物理附着力强度、通过接口的电流或数据流量）以及它们的强度或容量水平必须在随后的详细设计中确保和控制。参与设计两个相连实体的工程师必须知道这两个实体如何相互作用，必须知道接口如何交换、通信或共享什么信息以使两个实体一起工作并执行其期望的功能。

应该认识到，由于产品中的每个系统都执行一个或多个功能，因此产品中的所有系统必须协同工作才能使产品正常运行。因此，必须仔细设计每个接口，以确保两个相连系统兼容。

8.2.2 接口种类

需要研究和设计影响产品及其部件（例如，零件、子系统、操作人员、软件）操作的系统、子系统或部件间和其他外部系统之间的接口，以确保产品能够满足客户使用。可以通过考虑产品的许多工程特性和用户需求来对接口进行分类（Lalli等，1997）。以下列表中描述了一些常用的接口类型。

1）机械或物理接口：这种类型的接口确保任何两个相连部件的性能如下：①它们可以物理连接在一起（例如通过使用螺栓、铆钉、螺纹、接头、焊接或黏合剂）；②它们的连接（或者接头）可以固定或允许一系列运动（例如，通过销或铰链）；③它们可以使用诸如连杆、弹簧、阻尼器或摩擦元件（例如制动鼓和制动蹄片之间的接口）之类的元件在实体之间传递力；④它们具有所需的强度或传递能力（例如，用于材料、热量或力的传递）和耐久性（即，在不同载荷、振动、温度等因素下许多工作循环中的工作能力）。

2）流体或材料传递接口：流体或材料传递接口（用于输送流体、气体或粉末/颗粒材料）可视为不同于机械接口的一类接口，也可视为包括管道、软管、密封等的机械接口。流体接口将使流体、气体或粉末/颗粒材料进行流动，其特征包括流速、纯度、压力、温度、绝缘、密封、耐蚀性等。

3）总布置接口实体：两个相连实体需要物理空间来布置或相容。所需空间可以从①两个相连实体及其接口所占据的空间（即三维包络）的尺寸/体积和形状来确定；②实体周围考虑振动、零件/连杆的运动，用于冷却的空气通道，以及用于装配/维修/修理的手/手指或工具进入预留的间隙；③考虑操作其工作所需的最小和最大间隔距离。总布置接口的一些示例是①发动机布置在发动机舱内；②将发动机和散热器布置在一起；③在乘客舱内布置乘员。

4）功能接口：在某些情况下，如果需要提供一个或多个功能，则可以将一个或多个上述接口组合并定义为功能接口。例如，汽车悬架系统在车辆的簧载质量和非簧载质量之间形成独特的功能接口（包括物理接口及其与能量传递的相对运动）。

5）电器接口：电器接口确保两个相连实体实现电连接/耦合（例如，通过连接器、引脚、螺钉、焊接或弹簧触点/电刷），用以承载所需的电流或信号，提供必要的绝缘保护和/或实现数据传输，并且具有其他特性，例如电阻、电容、电磁场或干扰。

6）软件接口：软件接口确保当数据从一个实体（带有软件系统）传输到另一

个实体时，两个相连实体间交互编码数据的格式和传输特性是兼容的，以便按所需的数据量和速率传递。

7）磁性接口：磁性接口产生所需的磁场，用于使诸如螺线管/继电器、电机（电动机、发电机）、悬浮装置等设备工作。

8）光学接口：光学接口（例如，光纤、光路、光导、光管、镜子或反射表面、透镜、棱镜和滤光片）使光能通过发光或非发光（例如，红外）在相连实体之间传输和反射光能。接口还能起到屏蔽、阻挡或过滤不需要的辐射能量来防止辐射能量传递的作用。

9）无线接口：这种类型的接口可以通过射频通信、微波通信（例如，通过高定向天线的远程视距或短距离通信）、红外线（IR）短距离通信、蓝牙等无线传输信号和数据。接口应用可以是点对点通信、点对多点通信、广播、蜂窝网络和其他无线网络。

10）传感器和执行器接口：传感器具有独特的接口将某些感测的能量或物体特性（如，光、运动、触感、距离或接近某些物体、压力和温度）转换成电信号。例如，浮动传感器或装置可以感测流体水平高度并将它转换成电信号，而执行器通过将从一种模式的输入转换为另一种不同模式的输出（例如，控制或机械链接的移动）。例如，步进电动机为每个电脉冲输入产生精确的角运动。

11）人机接口：当操作人员参与操作、监视、控制或维护产品时，人－机或人－计算机接口（通常分别称为 HMI 或 HCI）将包括诸如人的空间或位置装置（例如，椅子、座椅、扶手、驾驶舱、站立平台、台阶、脚踏板、把手、进出门），控制装置（例如，转向盘、变速杆、开关、按钮、触摸控制装置、杆、杠杆、操纵杆、踏板和声控制器），工具（例如，手动工具、助力工具）和显示器（例如，视觉、听觉、触觉和嗅觉显示器）。

8.2.3 接口要求

要设计接口，工程师首先必须了解产品的总体要求以及相连实体的已分配功能和特征。对接口的要求应规定如下：①两个实体的功能性实现；②实体的配置；③创建接口的可用空间；④产品操作的环境条件和操作人员的舒适度；⑤耐久性（产品功能所必须运行的最少操作周期）；⑥执行所需功能时的可靠性和安全性；⑦人的需求（例如，查看和阅读需求、听力需求（声音频率和大小）、照明和气候控制需求，以及产品操作需求）；⑧电磁干扰。此外，要求应包括必须满足的任何其他特殊约束（例如，重量要求、空气动力学和工作温度范围）。

接口需求开发过程中涉及的步骤通常需要迭代（具有一系列步骤和循环，如图 2.2 和图 2.3 所示），除非先前开发需求文档（或标准）可用。一系列步骤通常涉及以下内容：

1）收集信息以了解相连实体如何工作，如何和产品配合，并支持产品的整体功能、性能和要求（例如，参考现有系统设计文档和标准）。绘制接口图（在下一节描述）。与接口实体的设计成员（例如，车身工程、动力总成工程、电气工程和汽车产品的气候控制工程等核心工程功能）和产品设计团队会面，了解问题和考虑产品属性（例如，布置空间、安全性、维护和成本）的权衡。

2）记录与接口相关的所有设计因素，如输入、输出、约束和权衡，以及它对其他实体的影响（例如，制定因果图；进行失效影响和模式分析（FEMA）（见第18章和Bhise［2014］）。

3）研究类似接口的现有设计，并通过对标与竞争对手的产品进行对比（参见第4章对标技术）。

4）研究可以应用的现有技术和新技术以改善接口。

5）创建所选系统的接口矩阵（在下一节中描述），以了解所有接口（所选系统、其子系统和其他车辆系统之间）的类型和特征。

6）为每个接口如何起作用创建一套初步要求。

7）将需求转换为设计规范（使用质量功能部署（QFD）技术可以在此步骤中提供帮助，请参阅第18章和Bhise［2014］）。

8）集思广益可能的需要执行的验证测试（或从现有标准中获取可用的测试方法），以证明符合要求。

9）开发备用接口概念/想法。

10）与专业技术专家一起调研备选概念和想法（即，进行设计迭代，见第2章）。

11）通过分析功能上通过接口与实体相连的所有实体来选择一个领先的设计（开发Pugh图以帮助进行决策（见第17章））。

12）修改和优化接口图和接口矩阵。

13）迭代步骤1）-12），直到找到可接受的接口设计（参见第2章）。

如果内部（公司）已有了用于设计带有接口实体的设计指南或标准，可以用作满足产品级要求的起始文档，则可以减少此过程中描述的迭代工作负荷。公司中的专家和其他知识渊博的人员可以提供有关在开发过去产品计划的类似接口过程中学到的宝贵经验的信息。

8.3 可视化接口

8.3.1 接口表征

任何两个实体（可以是系统、子系统或部件）之间的接口可以用简单的箭头图表示，如图8.1所示。

箭头（两个实体之间）表示两个实体（即实体A和实体B）之间的链接（或

关系)。表示链接的箭头可以表示以下任何一种情况(参见图 8.1):

1) 实体 A 的输出是实体 B 的输入。
2) 实体 A 通过机械连接到实体 B。
3) 实体 A 在功能上附属于实体 B(即, B 需要 A 的功能来执行其功能)。
4) 实体 A 为实体 B 提供信息。
5) 实体 A 为实体 B 提供能量。
6) 实体 A 向实体 B 传输或发动信号、数据, 材料(例如流体、气体)。

图 8.1 两个实体间的接口

例如,在汽车中,车门内饰板(需安装的门扶手和车门开关)物理地连接(使用塑料压配螺柱)到金属车门钣金板上,并且钣金车门是物理地通过门铰链安装(使用螺钉固定)到车身上(见图 8.2)(注意:图 8.2 中箭头上方的字母 P 表示物理连接)。

图 8.2 内部车门饰板和车身之间的接口

8.3.2 接口图

接口图是一个流程图(或箭头图),以块(或流程图中的矩形)表示产品的不同系统、子系统和组件,通过箭头显示了它们是如何相互连接的(即,相连或连接的)。它提供了产品或产品的一部分的可视化表示,显示了接口位置。它还应通过使用字母代码显示每个接口的类型,例如 P 表示物理连接,E 表示能量传输,M 表示材料/流体传输, D 表示箭头旁边的数据传输。

接口图是了解各种系统、子系统和部件如何相互连接的有用工具。可以在任何级别创建该图表:在产品(车辆)级别,显示产品的所有系统;在系统级别,显示系统的所有子系统;在子系统级别,显示子系统的所有部件;或者在混合层面,显示系统、子系统以及产品的其他主要系统。在本章后面的部分中将介绍接口图的两个示例。图 8.4 给出了汽车中车辆系统的接口图,图 8.5 提供了汽车制动系统的接口图。

8.3.3 接口矩阵

接口矩阵是一种常用来说明不同实体(即系统、子系统或部件)之间接口的存在和类型的方法。参与分析的所有实体都在矩阵中表示。实体用矩阵行和列的标题代表。行的标题放在矩阵的左侧，列的标题放在矩阵的上方。矩阵的每个单元由其行和列的交集定义，由两个相连实体表示。接口在单元格中由一个或多个适用的字母代码显示，以表示接口的类型。

图8.3给出了6个实体在6×6接口矩阵中之间的输出－输入关系（对角线中的单元除外）。实体标记为 $E1 \sim E6$。实体 EJ 和 EK 之间的接口定义为 IJK。因此，IJK 代表实体 EJ 的输出并被 EK 使用。

接口矩阵中单元的内容（也就是 IJK）通常包含定义具有输入和输出功能实体间接口类型的字母代码。代码通常包括：P = 物理接口，S = 空间布置接口，E = 能量转移，M = 材料流，I = 信息或数据流，0（或空白单元）= 无关系。

因此，接口矩阵①获取了所有存在的接口；②显示任意两个实体之间的输出－输入关系（见图8.3）；③显示任何两个实体间的接口类型。在下一节中将提供接口矩阵的示例。接口矩阵在一些公司中也称为交互矩阵。

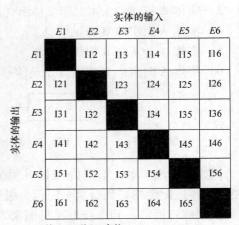

图8.3 接口矩阵单元表示的实体的输出到输入关系

接口图和接口矩阵都是可视化关系和描述现有接口间关系的非常有用的工具（NASA，2007；Sacka，2008）。这些工具使设计团队关注产品中存在的接口以及其类型。下一步是了解连接配置的详细信息和相连实体的功能要求，并开发这些接口的要求，以确保相连的实体协同工作以执行其分配的功能。

8.4 接口图和接口矩阵的示例

8.4.1 车辆系统接口图和接口矩阵

图8.4描述了一个车辆所有主要系统的接口图表。表1.1中车辆所有8个主要系统都在接口图的方格中显示。方格之间的箭头代表系统间的接口，每个箭头上方或右侧的字母代码表示接口的类型。如接口图所示，车辆中的每个系统都和其他几个系统相连。例如，所有系统都连接到车身系统（其支撑并固定所有系统并组成车辆）。提供电力的电器系统也与所有其他系统连接。

表8.1提供了一个接口矩阵，显示了图8.4所示的所有主要车辆系统之间的接口。接口矩阵优于接口图的是它以易于查寻的格式呈现接口信息。可以查看每一

第8章 了解车辆系统间的接口

表 8.1 车辆所有主要系统的接口矩阵表达

	车身系统（车架，钣金件，车门，发动机舱盖，行李舱举升门，饰带，保险杠，脚踏板，灯，仪表板零件，台阶，手柄，座位，饰板零件）	底盘系统（车轮，轮胎，悬架，制动，转向系统）	动力总成系统（发动机，变速器，主减速器，制冷系统）	供油系统（油箱，油管，油泵，滤清器，泄压阀）	电器系统（发电机，电池，线束，功率调节器，熔丝/继电器/开关）	环境控制系统（散热器，风扇，空调系统，软管和管道，进气管）	安全和安保系统（气囊，安全带，主动安全系统，传感器，ECM，线束，前照灯，信号灯，泛光）	驾驶员界面和信息娱乐系统（控制件，显示器，音频系统，导航系统）
车身系统（车架，钣金件，车门，发动机舱盖，行李舱举升门，饰带，脚踏板，灯，仪表板零件）		S.F.M	P.S	P.S	P.S.E	P.S.E	P.S.E.I	P.S.E.I
底盘系统（车轮，轮胎，悬架，制动，转向系统）	M.F.S		F.P.S	P.S.			E.I	E.I
动力总成系统（发动机，变速器，主减速器，制冷系统）	S.F			F.M	E.I	M.P.E.I	E.I	I
供油系统（油箱，油管，油泵，滤清器，泄压阀）	S	P	M.F		F.E		E.F	
电气系统（发电机，电池，线束，功率调节器，熔丝/继电器/开关）	F.E.M	F	F.E	E		E.I	E.F	F.E.I

（续）

	车身系统（车架，车门，发动机舱盖，行李舱/举升杠，饰件，脚踏板，保险杠，仪表板，手柄，座位，饰板零件）	底盘系统（车架，轮胎，悬架，制动，转向系统）	动力总成系统（发动机，变速器，主减速器，制冷系统）	供油系统（油箱，油管，油泵，滤清器，泄压阀）	电器系统（发电机，电池，线束，功率调节器/继电器，熔丝，开关）	环境控制系统（散热器，风扇，空调系统，软管和管道，进气管）	安全和安保系统（气囊，主动安全带，传感器，ECM，线束，信号灯，照明灯，泛光）	驾驶员界面和信息娱乐系统（控制器件，音频系统，显示系统，导航系统）
环境控制系统（散热器，风扇，空调系统，软管和管道，进气）	M.F.S		F.P.E		E.I			E.I
安全和安保系统（气囊，安全带，主动安全系统，传感器，ECM，线束，信号灯，泛光灯）	M.S.I		F.E	I	E.I			E.F.I
驾驶员界面和信息娱乐系统（控制器件，音频系统，显示系统，导航系统）	M.S.I	I	F.E.I	I	E.I	E.I	I	

注：E = 电器接口；I = 信息或数据流；ECM = 电子控制模块；F = 功能接口；M = 材料流；P = 物理连接；S = 空间布置接口。

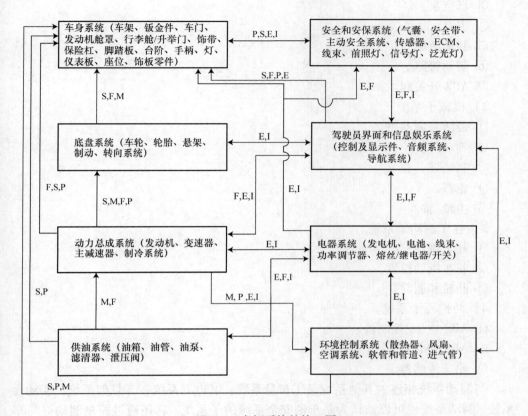

图 8.4　车辆系统的接口图

行,以确定该行所代表系统的输出如何与其他车辆系统相连。例如,查找所有列并向下经过所有行,该矩阵显示出车身系统、动力系统,电器系统和驾驶员接口系统具有最多的与其他系统之间的接口数量。因此,在这些系统的工程师必须与其他车辆系统工程师持续保持沟通,以确保所有识别出的接口都能满足各自的要求。同样,水平方向查询所有列表示接收来自各行中系统的输入接口。

8.4.2　车辆制动系统接口

本节所示的汽车制动系统是针对具有前盘式制动器、后鼓式制动器、防抱死制动系统(ABS)功能的车辆,以及应用在后鼓式制动器的手动驻车制动器。制动系统被分解为四个子系统,每个子系统中的主要部件是:
1) 液压系统。
① 制动踏板。
② 真空助力器。

③ 真空泵。

④ 主缸。

⑤ 制动液罐。

⑥ 制动管路。

⑦ ABS 开关阀。

2）机械子系统。

① 带活塞制动钳。

② 制动片。

③ 制动鼓（盘）。

④ 轮毂。

⑤ 主轴/轴。

3）驻车制动子系统。

① 驻车制动杆。

② 驻车制动拉索。

③ 凸轮和制动片。

4）防抱死子系统。

① ABS 电脑/控制器。

② ABS 警告灯。

③ 轮速传感器。

与制动系统相连的其他系统是①车身系统；②电器系统；③悬架系统；④动力系统。制动系统也可以被认为是车辆安全系统的子系统。它还通过控制制动灯与车辆外部照明系统相连。

制动系统的接口图如图 8.5 所示。子系统和其他车辆系统的部件之间的接口用箭头表示，每个箭头的上方或右侧的字母表示接口类型。使用的字母代码是 P = 物理接口，S = 空间的接口 – 空间共享，F = 功能接口，E = 电器接口，M = 材料转移（例如，制动液）。

表 8.2 给出了制动系统的子系统和部件以及其他接口系统的接口矩阵。系统、子系统和部件由代码 S = 系统，SS = 子系统，C = 部件和 OS = 其他系统来标识。字母代码后跟数字，第一位数字是系统标识，第二位数字是序列号。接口矩阵中数字 0 表示对角线，代码 0 表示没有接口（与空白单元格相同）。

对接口矩阵的快速查看表明，前三个子系统中大多数部件都顺序连接到下一个部件（每行和每列中），并且大多数组件都连接到车身（参见 OS1 栏，标记为"车身系统"）。

在接口分析中，进行了重要问题分析，权衡考虑和其他观察，这些都列在以下小节中。

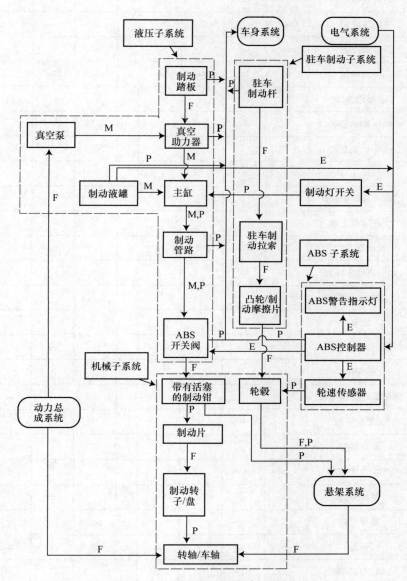

图 8-5　汽车制动系统接口图

1. 重要接口

1）液压系统。

① 液压子系统必须通过制动助力器与进气歧管的连接与动力系统连接。动力传动系统还包括电动真空泵,如果歧管中真空不足,则该真空泵将向制动助力器泵气。该接口的不良设计可能导致失去动力辅助制动。

表 8.2　汽车制动系统、子系统、部件和其他接口系统的接口矩阵

S	SS1	C11	C12	C13	C14	C15	C16	C17	SS2	C21	C22	C23	C24	C25	SS3	C31	C32	C33	SS4	C41	C42	C43	OS1	OS2	OS3	OS4
制动系统	液压子系统	制动踏板	真空助力器	主缸	制动液罐	制动管路	ABS开关阀	制动踏板	机械子系统	带有活塞的制动钳	制动片	制动转子/盘	轮毂	转轴/车轴	驻车制动子系统	驻车制动杆	驻车制动拉索	凸轮/制动摩擦片	ABS子系统	ABS控制器	ABS警告指示灯	轮速传感器	车身系统	电器系统	悬架系统	动力总成系统
S 制动系统																							P	E	F	F
SS1 液压子系统			F																E, F				P	E		
C11 制动踏板			0																				P			
C12 真空助力器				F					0														P			
C13 主缸					M	0																	P			
C14 制动液罐					M		0																P			
C15 制动管路						P, M		0 P, M									F						P			
C16 ABS开关阀								0																P	E		
C17 真空泵					P				0																		P

第 8 章　了解车辆系统间的接口

	SS2 机械子系统	C21 带有活塞的制动钳	C22 制动片	C23 制动转子/盘	C24 轮毂	C25 转轴/车轴	SS3 驻车制动子系统	C31 驻车制动杆	C32 驻车制动拉索
				F				F	
							F	E	
	E						E	E	
	P						P	P	F
								F	F
								O	O
				P					
			O			O			
			F						
		P	O						
	O	P							

（续）

	S 制动系统	SS1 液压子系统	C11 制动踏板	C12 真空助力器	C13 主缸	C14 制动液罐	C15 制动管路	C16 ABS开关阀	C17 制动踏板	SS2 机械子系统	C21 带有活塞的制动钳	C22 制动片	C23 制动转子/盘	C24 轮毂	C25 转轴/车轴	SS3 驻车制动子系统	C31 驻车制动杆	C32 驻车制动拉索	C33 凸轮/制动摩擦片	SS4 ABS子系统	C41 ABS控制器	C42 ABS警告指示灯	C43 轮速传感器	OS1 车身系统	OS2 电器系统	OS3 悬架系统	OS4 动力总成系统
C33 凸轮/制动摩擦片																			O								
SS4 ABS子系统																											
C41 ABS控制器																					O	E			E		
C42 ABS警告指示灯																					F	O			E		
C43 轮速传感器																					E		O		E		
OS1 车身系统			P		P				P															O	P	P,S	P
OS2 电器系统								E													E	E	E		O		
OS3 悬架系统														P,F												O	S
OS4 动力总成系统													F	P										P		F	O

注：CIJ = 第 i 个系统的第 j 个部件；OCJ = 其他系统的 j 个部件；OSI = 第 i 个其他系统；S = 系统；SSI = 第 i 个子系统。

118

② 液压系统还与车身系统连接。踏板箱需要牢固地安装在车身上。制动助力器也需要安装在有足够空间的地方，因为它是一个相当大的部件。如果这些部件未能正确与车身相连，则制动系统可能无法正常工作。

③ 液压子系统还与 ABS 子系统连接。如果接口未能正确连接，ABS 制动性能可能较差，或者可能产生完全制动的故障。

2）ABS 子系统。

① ABS 子系统与电器系统连接。在大多数现代汽车中，许多其他子系统可能对 ABS 制动事件（变速器换档，发动机减小输出功率等）做出反应，并且该信息需要传达给其他电器模块以确保整个车辆做出适当的反应。

② 与传动系统的接口是必要的，以确保可以在所有工况下测量车轮速度。需要正确的车轮速度以确保 ABS 在需要时激活。

③ 与机械子系统的接口对于确保 ABS 子系统根据需要提供或减小相应的液压以及 ABS 提供适当的制动性能至关重要。

3）机械子系统。

① 机械子系统直接与传动系统相连以使车辆减速。重要的是所有部件都能很好地配合在一起，以确保将合适的制动力矩传递给车轮。

② 机械系统与 ABS 子系统的接口非常重要。ABS 负责向该子系统提供适当的液压，以使车辆在低摩擦路面上没有抱死的情况下减速。

③ 此子系统中的部件必须极好地相互连接。部件的不适当配合和协调可能导致许多制动问题，例如转子翘曲、过早磨损以及声振舒适性（NVH）问题。

2. 设计权衡

1）一个重要的权衡是平衡与传动系部件相连的机械子系统部件的尺寸。专门设计大型卡钳、摩擦片和转子以用于增加制动摩擦力和减少热量对于满足制动性能目标至关重要。轮毂、车轮和悬架设计时都需要考虑这些部件，以确保满足适当的制动性能。较大的制动系统部件（即卡钳、制动片和转子）会增加非簧载重量，这会影响车辆驾驶性和操纵性。

2）制动踏板和助力器需要牢固地安装在车身上。机械接口需要非常坚固，即不受振动、腐蚀、温度变化或制动踏板较大驱动力的影响。这导致需要使用大而重的制动踏板并与助力器连接，以确保子系统不会因为鲁莽驾驶员的过度使用而损坏。这导致在所附加的硬件中需要大的力。因此，在为发动机舱中的其他部件进行分析和分配空间时，必须考虑提供强大助力器所需的空间。

3）电器系统成本和 ABS 泵的性能之间需要权衡。当激活时，ABS 泵作为电器系统的重要负载。随着泵变得越来越强大，电流负载越大，需要更大的电缆和交流发电机来支撑负载。

4）在真空泵所需的容量与将其安装在发动机舱所需的成本和空间之间存在一个权衡。制动助力器依赖于发动机来提供动力辅助制动所需的真空。由于发动机已经变得更加省油,有时产生的真空度是不够的。因此,可能需要额外的真空泵来为增压器提供真空来代替发动机,尤其是在高海拔地点工作时。因此,为了提供更好的制动性能,必须考虑真空泵所需的额外空间和电力负载。

3. 其他要点

从该示例中可以看出许多系统和子系统大多参与提供基本的车辆功能。管理这些系统和接口的复杂性始终是系统设计人员和工程师面临的挑战。收集大量数据并用于设计所选系统中每个组件的所有接口。诸如开发接口图和矩阵之类的工作可以帮助部件工程师组织和理解开发部件所需的信息,并确保为车辆提供所需功能。收集的信息对于接口设计过程中用到的接口要求开发也很有用。接口要求必须指定两个相连实体的特性以及它们在给定的一组工作条件下应如何操作。

8.5 用于消除或者改善接口的迭代设计

减少接口数量涉及①减少车辆特性;②通过将两个或以上的接口合并增加了接口的复杂性(例如,机械连接也用于电器连接);③改变接口形态(例如,将电器连接变成无线数据传输)。

改进接口需要在诸如产品范围内系统的新配置、突破性概念,新技术应用,放弃旧设计和沿用实体件,减轻重量、减小尺寸和降低成本,对新接口设计的投资等领域进行大量集思广益。例如,驾驶员接口设计当前趋势包含可重新配置的驾驶员接口,采用新技术显示器和控制,更直观的触摸显示和多功能控制——为驾驶员提供选择他或她首选显示和控制组合的选项。

8.6 跨多个车辆线共享共同实体

横跨多个车辆线共享实体(系统、子系统或部件)涉及共享接口的标准化(或"通用化"),以便可以与其在不同车辆中的相应配合实体一起工作(例如,附接和传输信号或材料,例如流体或气体)。这限制了配合实体的设计(即配置),反过来也可能影响所涉及系统的性能。例如,在不同的车辆线中使用共用交流发电机会限制不同车辆线中使用的机械和电器接口系统。通用化将减少甚至消除与设计不同的变换器及其相应的连接器相关的设计工作,这反过来会降低设计和制造成本;然而它可能限制共享相同交流发电机设计车辆的电器系统内的总体可用的电力。

8.7 结束语

接口非常重要,因为它们使得不同的实体链接并一起工作以执行产品所要完成的功能。接口设计和生成需要时间、金钱和专业资源的支出。切记下面的观点，线束生产商经常做出这样的论断："主要成本的增加不在于线束长度的增加，而是在两端（即接口）的'连接器'的复杂性。"

参 考 文 献

Bhise, V. D. (2014). *Designing Complex Products with Systems Engineering Processes and Techniques*. Boca Raton, FL: CRC Press. ISBN: 978-1-4665-0703-6.

Lalli, V. R., R. E. Kastner and H. N. Hartt. 1997. *Training Manual for Elements of Interface Definition and Control*. NASA Reference Publication no.1730. Washington, DC: National Aeronautics and Space Administration, Office of Management, Scientific and Technical Information Program.

NASA (National Aeronautics and Space Administration). 2007. *NASA Systems Engineering Handbook*. Report no. NASA/SP-2007-6105 Rev1. NASA Headquarters, Washington, DC 20546. Website: http://ntrs.nasa.gov/archive/nasa/casi.ntrs.nasa.gov/20080008301_2008008500.pdf (Accessed: October 15, 2012) p. 139.

Sacka, M. L. 2008. A Systems Engineering Approach to Improving Vehicle NVH Attribute Management. Master's Thesis for M. S. degree in Engineering Management at the Massachusetts Institute of Technology, Cambridge, MA.

第 9 章 整车属性要求级联到系统属性

9.1 引言

整车属性要求源于客户需求、业务需求和该车型进行市场销售和使用时政府部门强制的法规要求，因此整车属性是车辆最高层级的要求。这些要求往下逐层向低级别级联分解，以确保各层级系统的设计执行所需的功能并满足车辆级的属性要求。

本章用几个例子来阐述整车属性级联的工作流程，以及对于低层级实体要求的相关的技术规范所需要考虑的要点。

9.1.1 什么是属性级联

要求的级联需要从产品的较高级别实体的每个要求出发，为产品的所有较低级别实体创建要求，以确保满足较高级别实体的要求。这里提到的实体由系统级别界定——产品级别（或车辆级别）是最高级别，部件级别是最低级别。例如，车辆级别的要求应该级联到车辆系统的要求。图9.1 展示了设计车辆系统（如 S1 至 Sm 所示）需要考虑的车辆属性（如 A1 至 An 所示）的示意图。图 9.2 同样展示了车辆系统和子系统（如 SS11、SS12 等所示）需要考虑的属性和子属性（如 SA11、SA12 等所示）的二级视图的示意图。应该注意的是，图 9.1 和图 9.2 中水平线与垂线交叉点表示该处需进行要求级联分解。任何给定属性的车辆系统要求都可以与其子系统的要求级联（图9.2）；子系

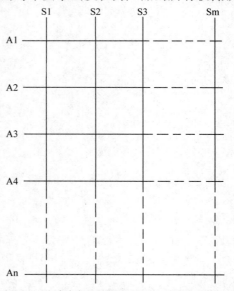

图 9.1　设计车辆系统所需要考虑的车辆属性

统的要求可以与其子系统的要求级联，以此类推。因此，级联过程要确保该产品中任何级别的要求只是为了满足与它相关的较高级别的实体的要求而存在。

此外，需要充分地认识到，制定车辆中任何实体的要求时必须包括考虑到所有的车辆属性。例如，制定制动系统的要求时，如果只考虑安全属性（包括国家公路交通安全管理局（NHTSA）联邦机动车辆安全标准（FMVSS）135 关于车辆制动系统的要求（NHTSA），2015），那么制动系统的要求是不完整的，因为制动系统也会影响其他的车辆属性，如噪声、振动和舒适性（NVH）、重量，成本，产品和工艺复杂性。因此，级联必须要包含对实体产生影响的所有属性要求。

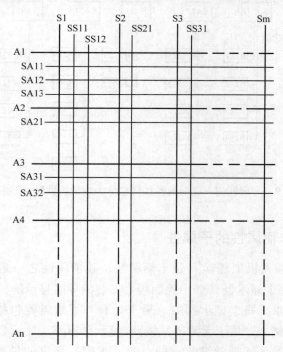

图 9.2 设计车辆系统及其子系统所需要考虑的车辆属性和子属性

9.1.2 向低级别级联分解属性要求

为了确保能在车辆设计阶段考虑到所有与产品属性相关的问题（或设计要素），将每个属性进一步细分为较低级别：子属性、子子属性、子子子属性等。图9.3 是一个属性树图，显示了属性（A1、A2、A3 和 A4）细分为相应的子属性，如 SA11、SA12、SA21、SA22、…、SA42。定义每个子属性的要求如图 9.3 中R111、R112、…、R425 所示。制定属性树有助于把属性逐步划分为一系列易于管理的低级别的属性，以便明确定义每个子属性的要求。对于每个要求，还需明确制定一个或多个测试程序（验证测试）以及性能测量和最低验收标准，确保这项要求可以得到验证。属性树还有助于维护较低级别属性要求和较高级别属性要求之间的关系（或可追溯性），并且满足较低级别要求可以确保最终满足较高级别要求。

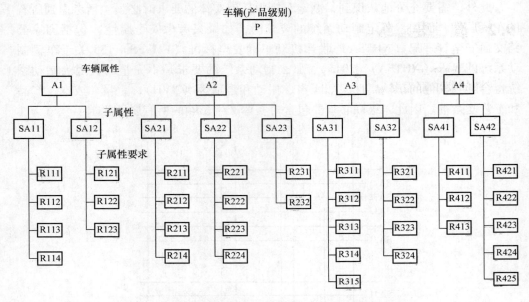

图 9.3　属性树：说明属性如何细分为较低级别属性要求

9.1.3　示例：车辆属性的子属性

例如，"布置和人机工程学"是车辆属性，其子属性之一是"显示器易于观看"。因此，车上每个显示器（如中控面板上安装的导航显示屏）必须满足"易于观看"这个属性要求。每个显示器的"易于观看"要求需要包括以下几项：显示尺寸、显示位置（例如，位于无障碍区域）、显示分辨率、显示亮度（物理亮度）、显示颜色、显示字母（或视觉细节）的对向（观察）角度的最小尺寸、字母与显示背景的对比亮度或对比度、显示方位（调整）角度、显示表面反射率、耐刮擦显示表面等。

下面明确规定了显示器子属性的一些要求：

1) 按对角线测量，显示器最小尺寸是 33cm（13in），长宽比 7:4。

2) 显示器应安装在无障碍区域（例如，采用汽车工程师学会（SAE）J1050 方法来确定转向盘轮辋、辐条和轮毂所遮挡的区域（SAE，2009））。

3) 显示器的最小分辨率是 4 pixel/mm。

4) 显示器的最小亮度（亮白色视觉细节）是 600cd/m^2，黑白区间最小对比度至少是 1000:1。

5) 显示器应有调节亮度的旋转控件。

6) 对于65岁的观看者而言，显示器显示轴从左侧60°到右侧60°（垂直于显示面）之间都是清晰可见的。

9.2 属性要求级联到制定系统设计要求

为了确保车辆满足其所有属性，车辆必须具备客户所需的属性。因此，每个车辆属性的要求都需要编写。由于大多数车辆属性都很复杂，因而需要进一步划分为专属区域，即上一章节所描述的子属性（见图9.2和图9.3）。车辆划分为系统和子系统（见表1.1），每个系统都执行某些指定的功能，这些功能使该系统能满足一组或多组属性要求。为系统和子系统指定或级联分解属性要求的过程需要大量的思考和分析，并且通常是一个反复进行的过程，因为每个系统的配置都会影响与其相连接的其他系统的配置。

与车辆系统级联属性要求有关的考虑因素

从车辆属性级别要求到较低级别车辆系统的级联要求问题是十分复杂的，原因如下：

1) 每个车辆都有很多属性。

2) 每个车辆属性包括许多考虑因素，需要以较低级别属性，例如子属性、子子属性、子子子属性等，来对其进行描述（或划分）。

表2.2提供了车辆属性及其子属性列表。例如，安全属性可以级联分解为以下几项子属性：正面碰撞、侧面碰撞、后面碰撞、侧翻和车顶挤压、气囊和安全带、传感器和电子控件、来自车辆的能见度、车辆的能见度、加速和减速能力、转向能力、车辆操稳性，以及驾驶员状态监控。"来自车辆的能见度"子属性包括前方视野、后部视野、侧面视野，以及通过内外镜可获得的间接视野。"前方视野"子子属性包括发动机舱盖上的可见度（或向下能见度）、A柱造成的前方视野中的障碍区、上视角能见度（例如高位安装的标志和信号的可见性）、夜间（由于前照灯系统）前方能见度或道路场景和目标（如车道标志）等。

3) 必须满足每个级别属性的要求，确定方法是车辆必须执行的功能。

4) 每辆车会执行很多功能，需要将这些功能分配给不同的车辆系统。

5) 由于使用的技术不同（例如，动力系统技术、电子技术、制造汽车部件的材料类型等方面的差异），车型不同，车辆系统也会有所不同。

6) 大多车辆系统都是复杂的，可以分解为较低级别的系统（为了方便和管理），例如子系统，子子系统等，直到部件级别。

7) 车辆系统要求可以分配给其较低级别的实体。

8) 属性和车辆系统的分解任务通常由每个汽车公司内部各个工程办公室的专家们完成，具体取决于以下因素：①工程学科和专业；②工程设计、制造责任和组织结构的划分；③所选供应商交付车辆系统或其较低级别实体的能力。

例如，在一些公司中，车身工程部门负责设计白车身和车身电气系统（车身内安装的配线线束、开关和照明设备），但电气工程部门负责制定电气系统架构，涉及电力发电、存储（电池）、控制和配电系统，电气系统部门的电子分部负责设计所有的高科技工程功能，例如电子化控制模块，驾驶员信息、娱乐、警告和辅助系统。

因此，车辆制造商不同，甚至同一制造商车辆项目不同，从车辆级别到系统的属性级别的分解级联过程都会有所不同。

9.3 属性级联示例

制动系统及其子系统的要求：

本节提供了一个简化示例，说明了如何从车辆属性要求来开发出汽车制动系统及其子系统的要求。这里所考虑的制动系统已在第 8 章的接口图和接口矩阵中描述（见图 8.5 和表 8.2）。

表 9.1 说明了如何将车辆属性要求分解级联到制动系统及其子系统的要求中。表中第 1 列表示车辆属性（有关子属性的详细信息，请参阅表 2.2）。第 2 列和第 3 列分别表示子属性及子属性的要求。表中每一行表示一个子属性。（注意：图 9.2 是表格 9.1 的格式所代表组合的示意图。）

表 9.1 车辆属性要求分解级联到制动系统及其子系统的要求

车辆属性和要求			制动系统要求	制动系统的子系统			
车辆属性	子属性	要求		液压子系统	机械子系统	驻车子系统	ABS 子系统
布置	乘员空间	空间布置按 10 分评价，95% 用户应该得 7 分及以上	制动系统能被 1 百分位的女性用户与 99 百分位的男性用户操作	制动助力器和制动踏板不应该大于需要支撑乘员踏板力的极限			
	机械的布置	所有机械装置应该放置于发动机舱罩和车身间的空间中		液压系统应该安置在发动机舱罩下并留有维修需要的手的空间	安置机械子系统并留有为操作和维修需要的手和脚的空间	安置驻车制动系统并留有为操作和维修需要的手和脚的空间	ABS 应免受水和热影响
	行李空间	车辆应提供至少 25ft^3 的行李空间					

第 9 章　整车属性要求级联到系统属性

（续）

车辆属性和要求			制动系统要求	制动系统的子系统			
车辆属性	子属性	要求		液压子系统	机械子系统	驻车子系统	ABS 子系统
人机工程学	显控件	显控件应该安装在期望的位置并且在最短的时间内可被操作。以 10 分来评价，易于操作度应在 7 分以上	制动系统的控件与显示器应都能被 1 百分位的女性用户与 99 百分位的男性用户操作	制动液泄漏应该激活制动故障警告灯。警告灯必须安装在中控板的显眼位置	制动踏板应该安装在脚能触及的位置并被 99.5% 以上的驾驶员轻松操作	驻车制动控件应该安装在能触及范围内，并被 99.5% 的驾驶员轻松操作	提供 ABS 操作功能，提供故障警告灯
安全性	避免碰撞	车辆应满足 FMVSS 135 要求。在不失去车辆控制下，并能在 FMVSS 规定距离的 95% 内完全制动车辆	车辆应满足 FMVSS 135 要求。在不失去车辆控制下，并能在 FMVSS 规定距离的 95% 内完全制动车辆	液压系统能够在整个车辆生命周期内，在最大负荷下产生制动液压	设计的制动踏板必须满足阻力衰减和制动距离要求	驻车制动能够在具有 30% 倾角的斜坡上制动车辆	在低附着地面制动的时候，ABS 的应用必须能满足稳定性的要求
	碰撞保护	车辆应该满足 FMVSS 200 和 300 系列应用要求。必须获得 5 星级 NHTSA 碰撞保护级别	设计的制动器在正撞测试过程中向乘员舱内的侵入为最小	在正撞测试过程中，设计的制动踏板和助力器向乘员舱内的侵入为最小	在正撞测试过程中，设计的制动踏板和助力器向乘员舱内的侵入为最小	在正撞测试过程中，设计的驻车制动系统应向乘员舱内的侵入为最小	
	能见度	车辆应该配备满足 FMVSS108 要求的照明系统	制动系统应能向驾驶员提供视觉警告信息	万一制动系统发生故障时，有警告灯显示。该警告灯应该安装在中控区域可看到的地方		当摩擦片厚度由于摩擦达到极限时，给出警告	提供驻车制动指示器	提供 ABS 工作和故障警告灯
造型和外观	外观	车轮应该提供和车辆照片相符的外观	制动器转子、踏板和发动机舱必须具有符合车辆设计主题的外观	制动踏板必须有符合内饰设计主题的外观	制动器转子必须有符合外部设计主题的外观	驻车制动杆应该具有符合内饰设计主题的外观	必须在仪表板提供 ABS 操作和故障警告

(续)

车辆属性和要求			制动系统要求	制动系统的子系统			
车辆属性	子属性	要求		液压子系统	机械子系统	驻车子系统	ABS子系统
热力学和空气动力学	空气动力学和热管理				能够对制动转子制冷避免过度升温		
性能和操纵性	燃油经济性	车辆应该满足在城市和高速联合工况下39mile/USgal燃油消耗的要求	设计的制动系统能够满足FMVSS应用要求	降低重量至最小以改善燃油经济性	降低重量至最小以改善燃油经济性	降低重量至最小以改善燃油经济性	降低重量至最小以改善燃油经济性
	0-60mile/h加速	至少8.5s					在加速过程中和起步控制系统共同作用来减少车轮打滑
	制动	车辆应该满足FMVSS 135要求,在不失去车辆控制下,并能在FMVSS规定距离的95%内完全制动车辆		制动液压系统能必须强劲并满足制动距离规范要求	物理制动部件必须足够强劲能满足制动距离规范要求	驻车系统性能满足FMVSS要求	设计的ABS在制动测试中应确保在制动距离最小的情况下车轮不被抱死
	里程	车辆油箱的容量能保证500mile的高速行驶					
车辆动力学	侧向加速度	车辆在弯道行驶时最大0.8g的侧向加速度					在驱动测试中驱动控制能减少车轮滑转
	驾驶员舒适性	必须通过对标车辆的驾驶测试		驾驶过程中没有液压制动噪声	驾驶过程中没有制动磨损和尖叫声		

第 9 章　整车属性要求级联到系统属性

（续）

车辆属性和要求			制动系统要求	制动系统的子系统			
车辆属性	子属性	要求		液压子系统	机械子系统	驻车子系统	ABS 子系统
噪声、振动、舒适性（NVH）	路面噪声	在试车场 NVH 测试中不能比对标车表现差	在试车场 NVH 测试中不能比对标车表现差			在制动过程中没有制动啸叫	
	传动系噪声	不能比对标车辆表现差					
内部气候舒适性	加热器	在车辆外部温度在 −20～120℉（约 −29～49℃）时，车辆内部应能在 5min 内达到 70℉（约 27℃）					
重量	重量	车辆整备质量小于 3700lb		以减小重量为目的设计最小尺寸	以减小重量为目的设计最小尺寸	以减小重量为目的设计最小尺寸	以减小重量为目的设计最小尺寸
安保性	车辆防盗/人身安全	在不被授权的使用情况下，车辆应被锁止禁用					在没被授权操作下，ABS 可以锁止
排放性	排气管排放物	必须满足联邦和加利福尼亚州排放标准					
	车载诊断系统	和 CARB 规定吻合					与排放相关指示灯和 ABS 指示灯必须满足 OBD 规范
通信和娱乐	车辆状态信息	在故障发生时提供警告		在故障发生时提供警告		在故障发生时提供警告	在故障发生时提供警告

（续）

车辆属性	车辆属性和要求		制动系统要求	制动系统的子系统			
	子属性	要求		液压子系统	机械子系统	驻车子系统	ABS子系统
成本	车辆价格	和对标车相差5%	和对标车相差5%	必须满足液压部件成本目标	必须满足机械部件成本目标		必须满足ABS部件成本目标
	利润	每辆车有5%利润		必须满足液压部件成本目标	必须满足机械部件成本目标		
客户生命周期	系统可靠性	10个保修索赔/100个质保索赔	100个车中应该少于2起的制动系统不满意	必须满足液压部件的耐久性	必须满足机械部件的耐久性		必须满足ABS部件的耐久性
	全额质保	3年36000mile		必须满足液压部件的耐久性	摩擦片和摩擦蹄应能使用最少是初始的36000mile		必须满足ABS部件的耐久性
	动力总成质保	5年100000mile					
生产和工艺兼容性	沿用部件	通过应用沿用部件，核实可行性和性能的提高		和其他车型共用部件	和其他车型共用部件	和其他车型共用部件	和其他车型共用部件
	平台和生产车间的共享	和其他生产线共享平台和车间		和其他生产线共享平台和车间	和其他生产线共享平台和车间	和其他生产线共享平台和车间	和其他生产线共享平台和车间

注：ABS——防抱死制动系统；CARB——加利福尼亚州空气资源局；OBD——车载诊断系统。

必须在级联表（例如表9.1）中按行输入每个属性的所有子属性，以确保不会遗漏任何属性及其子属性。这点非常重要，因为如果遗漏任何子属性（即未在级联过程中考虑），则产生的系统和子系统要求是不完整的。

第4~8列表示制动系统及其4个子系统的要求。制定（或级联）制动系统及其子系统的要求，目的是满足每行所列的子属性要求。需要注意的是，由于表格尺寸的限制，表9.1并未全部列出表2.2所包含的子属性。但是在实际的级联操作中，必须列出所有属性及其子属性，并且必须仔细追踪和级联所需的完整的所有系统及子属性的子属性要求。在级联过程中，要求的所有的管理车辆系统及其车辆属性的工程师以及负责设计系统、子系统和其他接口系统的系统工程师需要积极参与这项工作（见图 8.5）。

在进行分析时，需要同时考虑许多问题。需要考虑的重要问题如下：
1) 正在开发车辆的技术规范。
2) 车辆的整体配置，就是说包括总布置和各个系统在车辆中的初拟位置。
3) 系统和子系统之间的接口。
4) 分配给系统的功能。
5) 参考并遵循工程组织内可用的系统工程规范中所提供的设计指南。
6) 对主要竞争对手产品的布置和系统进行对标测试。
7) 在决定步骤 1）~4）时，需要考虑的属性与其子属性间的权衡。

上述过程是反复进行的，因为在实现车辆总布置的整体架构与所有主要车辆系统及其子系统的功能分配和位置保持平衡之前，需要考虑和确定很多变化和权衡。整个过程可能需要多次会议和几周的时间，具体取决于所有相关功能和系统领域的专家可起的作用（包括许多分析和数据的演示）和设计评审进度表。一套完善且记录完备的系统设计规范有助于加速整个级联过程。

9.4 结束语

分解级联过程既耗费时间又非常困难，需要仔细考虑本章所述的许多问题。然而，由于车辆是复杂的产品且需要满足很多属性的要求，完整级联这项复杂工作还是必要的。对车辆系统级联分析属性要求时，任何捷径、近似或马虎都会导致系统开发不完整、缺少某些特征或功能，并最终导致客户不满意，降低车辆可接受度。

参 考 文 献

NHTSA (2015). Federal Motor Vehicle Safety Standards and Regulations, U.S. Department of Transportation. Website: www.nhtsa.gov/cars/rules/import/FMVSS/ (Accessed: June 14, 2015).
SAE. 2009. *SAE Handbook*. Warrendale, PA: SAE.

第 10 章　概念车的开发

10.1　引言

本章讲述了在概念车开发期间需进行的有关活动的内容。该过程正式始于核心团队的组建，目的是开展车辆项目。团队成员首先收集在项目开展前期（或先期产品规划阶段）的相关信息，并进行其他详细调查，以获取技术趋势、汽车设计和政府法规等领域的信息。他们还对竞争车辆进行对标，参加车展，会见和访问客户，并创建问题清单，以了解客户、细分市场、竞争对手、新材料、制造流程以及现有生产和装配工厂的能力。

概念车开发工作通常从创建车辆草图、图样、计算机辅助设计（CAD）模型和物理样车（多数是非工作状态的模型）开始，以展示提案车辆具有什么样的外观和功能。车辆内饰和外饰都在这些图样和模型中呈现出来。各专业技术工程团队（例如车身工程、动力总成工程、生产工程）审核图样和属性并进行分析，以确定概念车的可行性，即确定是否可以在设定时间内用可用资源设计和制造出来具有满足所有属性要求的功能的车辆。由负责开发不同属性的各个工程技术团队提出的设计变更和技术权衡方案都应保证整体设计（造型）概念的变更最小。

为什么要创建概念车

概念车开发阶段为新车型提供了前景预示。公司的每个人都可以从为概念车而创建的属性中更好地了解新车的外观。概念车还有助于展示在设计中如何融入各种车辆特性和新特征。在创建一个或多个概念车中还能发现在开发车辆时需要解决的许多技术问题。为说明概念车而创建的属性可用来让所有专家进行设计审查，以评估与创建车辆相关的可行性和风险。

表 10.1 汇总了用于沟通概念车开发的不同设计方法。可以将概念车与其他现有车辆进行比较，以便更好地了解其竞争对手的同类车辆中的相似性和差异。还可以向客户代表展示概念车及其特征，以评估与一些现有车辆相比的吸引力和适销性。

表 10.1　用于概念设计的可视化和评估的工具

工具类型	工具用途
车辆草图	以便更好地从不同角度了解整体形状、比例姿态和重要特征（例如，车身样式、格栅、前照灯、尾灯、风窗玻璃倾角）
车辆的二维视图（侧视图，后视图和俯视图）	为了更好地了解用于布置的相对尺寸和空间（例如，乘员空间、轴距、悬伸、行李/货物空间）
二维全尺寸胶带图	更好地了解整体尺寸和车辆布置空间。其他概念车或现有车辆轮廓可以以不同颜色叠加以说明不同设计之间的差异
三维 CAD 框架/网格模型	可视化可用的布置空间和不同空间的相对尺寸（例如，发动机、悬架、轮胎、乘员、油箱的空间）。基本的乘员布置/人机工程学工具将用于检查乘员的位置、范围、间隙、视野等。数字人体模型可用于说明乘员的位置和其容纳空间
CAE[①]工具	CAE 工具用于评估重量、重心、车辆稳定型、动力总成的选择、气动阻力等
具有颜色、纹理、反射、阴影和阴影效果的三维 CAD 模型	从各种视觉位置和用不同背景（展厅、道路和城市环境）对产品进行更真实的可视化
虚拟现实模拟	可以通过头戴式显示器和/或在计算机辅助虚拟现实环境（CAVE）中查看 CAD 模型，其中坐在车辆模型中的对象可以看到 CAD 模型和其他道路环境的投影图像。用于评估内饰空间和视野
发泡模型/实物模型	快速评估车内物体（例如，控件和显示器位置）之间的大小、空间和间隙。尤其适用于内饰评估（例如，仪表板）
油泥模型（车辆内饰或/和外饰）	适用于外部和内部表面的快速管理评估。与全尺寸油泥模型相比，可以快速且低价地制造比例模型（例如，1/4 或 1/3 比例）。但是，与缩小模型相比，全尺寸模型可以更容易显示实际尺寸和体积。油泥模型不耐用且难以运输（重且易碎）
基于木质或铝制框架的纤维玻璃表面的内外饰模型	适用于长途运输进行市场调研评估和参展。通常用于评估车辆外饰造型和内饰表面（例如，仪表板、头部空间、车顶衬板和车门饰板）
工作样车	用于客户评价并展示未来造型和技术特征

① CAE——计算机辅助工程。

在概念开发的早期阶段，设计团队创建了许多备用概念。它们通常以车辆草图形式展示。图 10.1 给出了这类草图的一些例子。草图由一些团队成员、专家和管理人员进行审核，并选择其中一些（通常为 2~4 个）进一步开发。所选的概念被细化，并进行更进一步的分析以探索其可行性。

图 10.1　提案车型的概念草图

图 10.2 给出的线图显示了提案概念车的侧视和俯视的线图。这种按比例绘制

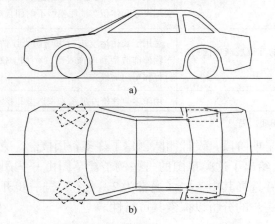

图 10.2　提案车型的早期的侧视 a）和俯视 b）图示

的视图可以对不同外饰特征（例如，发动机舱罩长度与整车长度比例，整车高宽比，总高和腰线高度比例等）的尺寸和比例进行更好的了解。

图 10.3~图 10.7 给出了用 CAD 模型展示的概念车的其他视图。这些 CAD 模型和图片出自作者作为负责导师的密歇根大学迪尔伯恩分校学生的一个可重构车辆开发项目。有关项目报告可参见学校网站（参见 Gupta，2009）。

此外，网站可用于说明新车概念（参见 Land Rover USA，2014 网站）。

图 10.3　概念车的油泥模型图示

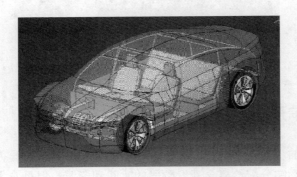

图 10.4　展示电驱动和座椅的透明外饰图示（线框模型）

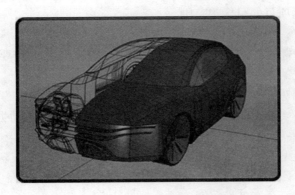

图 10.5　概念车 CAD 模型局部渲染图示

图 10.6　小型电动车的底盘和车身骨架概念图示

图 10.7　小型电动车的外饰模型

10.2　概念车开发流程

　　开发概念车的步骤在不同汽车制造商和车辆开发项目中差异很大。车辆项目的规模和范围也会影响分配给概念开发阶段的时间和资源。但是，主要的车辆开发项目通常要执行以下步骤：

1）了解车辆项目的目标和范围。

2）拜访客户，了解他们的生活方式和意愿。

3）了解客户需求、细分市场、设计和技术趋势，以及政府要求。

4）对标领先的竞争者产品。

5）研究不同对标车辆性能和特点的长处和短处。

6）与所有主要功能团队商讨并了解他们的需求（例如，动力总成团队将对空间和燃油有独特要求）。

7）持续与造型和布置工程师合作来确保概念车满足所有车辆主要系统的工程和布置要求。

8）开发多份概念车备份草图。

9）和设计团队一起审核概念车草图，探讨客户意愿、工程可行性、共享平台

（在下章讲述）、成本、性能、风险等。

10）根据获得的反馈来修改概念车。

11）选定一些主要的概念车，整合改进，并设计更详细的草图。

12）建立所选概念车内外饰的三维 CAD 模型。

13）在 CAD 模型中加入主要特征和布置约束（参见第 20 章）。

14）和设计团队、不同功能领域的专家和管理人员审核概念车的 CAD 模型。

15）选取两个或三个主要的概念车以便在市场调研活动中进行客户评估（通常用 Pugh 图和其他决策工具来选择概念车。参见第 17 和第 18 章）。

16）准备渲染的内外饰视图，或者整个表面渲染的三维模型，用于内部审核和市场研究（参见第 13 章）。

17）准备外饰物理模型用于内部审核和市场研究。

18）在主要城市的主要车辆市场区域（参见第 21 章）规划和开展市场研究活动。

19）和团队成员及关键的管理人员审核市场调研活动的结果。

20）选取一个主要的概念车，以便进一步研发或对车辆项目修改进行决策，包括由于概念车不被接受而可能导致终止该车辆开发项目。

10.3　与创建概念车相关的其他问题

10.3.1　产品变型和差异化

生产一款新车的目的是引入一款或多款被消费者喜欢并购买的新车。需要根据客户需求、政府法规、技术、设计潮流、资源成本等的预期变化来规划现有和新车型之间的变化量。

一个重要因素就是平台共享。如果新车能和现有车辆共享许多部件和系统，新车的开发生产成本将大幅度下降。在一个平台上生产不同车型将产生规模经济。

10.3.2　车辆平台定义

车辆平台是指一组由不同车型共享的相同设计、工程和生产工作以及主要部件，这些不同车型通过车身造型、车辆尺寸和品牌等方面的变化来相互区别。平台共享这个术语在汽车业内应用相当灵活，并有不同的含义。模型和平台共享有许多不同的方法，但这种做法主要用于通过减少设计和制造工作的特殊化（或增加通用性）来降低生产成本。

不同的车辆可以在同一平台上，非常相似的车辆可以在不同的平台上。单独部件共享并不意味着平台共享，平台共享并不仅仅意味着部件共享。如果能在现有车辆的工厂中生产新车，那么它可以深度共享，如尺寸、制造工艺流程、机器、工具和工装等，以降低成本。平台可视为一组尺寸，决定着共用车辆的某些部件（例如地板、车顶板和底盘部件）的最大/最小外观尺寸。这些共同的尺寸可以使不同的车辆共用制造和组装设备并用它们来安装，例如输送机、自动引导车辆（AGV）、升降机、夹具、固定装置和工具。平台决定了所用硬点（或定位器）的共同位置，以便机器人可以抓取、操纵、定位、焊接车身部件并将部件吊装到指定位置。

例如，不同品牌共享同一通用平台已广泛用来制造车身和尺寸相同但品牌不同的车辆（如，福特 Fusion 和林肯 MKZ；福特 Edge 和林肯 MKX；雪佛兰 Malibu 和别克 Regal）。

因此，随着新车概念的创建，平台共享的问题将通过确定如何减少车辆设计和生产活动的时间和成本而解决。

10.3.3 概念车和变更的数量

根据车辆开发项目的范围（例如，要引入车型和车身类型的数量），市场研究的概念开发可能会有许多变化，例如，①单一概念车；②具有某些外部或内部特征变化的单一概念车（例如，金属格栅、后端的不同外观）；③多个概念车，每个车辆都有不同的外部和内部造型。

大型车辆开发项目可以包括针对由汽车制造商销售的不同品牌的多种车身类型（例如，轿车、轿跑车、运动型多功能车（SUV））的概念车开发。在概念开发之前的早期规划应包括：外部和内部变化的数量和品牌差异的特征，以及车辆尺寸和硬件配置的相似性。概念开发中所考虑到的外部特征的变化通常包括整体车型变化、比例变化以及外部部件的变化，例如金属格栅、前照灯、尾灯、门把手、车轮盖、车外后视镜和装饰部件。内饰概念变化可以通过改变形状和材料来实现，并且根据以下方面会有差别：视觉外观（例如，颜色、质地、奢侈感、虚实对比（模拟的，例如，木纹、涂漆金属塑料）材料或塑料部件）、触感（如纹理、可压缩性、表面柔软/粗糙）特征、运动感觉（例如，开关启动时清脆或沉闷感）和主要部件的重新设计（例如仪表板、仪表控制台、仪表、车门饰板、转向盘和座椅等）。

10.3.4 作为系统设计车辆的外饰和内饰

在创建新车辆设计时，协调车辆的内外饰设计非常重要。协调的一些重要因素包括：

1）共同主题和/或品牌的识别（例如，奢侈感、运动感、卡车式和/或越野车的坚固感）。

2）由同一个设计师设计的外饰和内饰（使用共同的主题或一组设计思路）的外观和感受。

3) 车辆的驾驶员视野（能见度）的特征，来自于相匹配的基本车辆布置（例如，限定的座位、坐姿感觉良好）参数，例如限定的座位参考点（SgRP）相对地面的高度、安全带和仪表板顶部高度以及发动机舱罩高度。

4) 车辆布置参数间的匹配协调也影响出入车辆的方便性，例如 SgRP 从地面的高度、门槛板顶部与地面的高度、SgRP 点距门槛板外缘的横向位置和车辆的入口高度。

10.3.5 概念车的评估

概念车通常在市场研究活动中进行评估。开展一个或多个市场调研活动的最终目标是确定是否应继续新的车辆开发项目，以及应选择哪个概念车或哪些概念车（一个或多个，取决于计划目标）以进一步开发。当多个概念车与其他比较车辆一起展示时，还要对包括在不同概念和对比车辆中的许多特征进行评估。这些评估结果可以进一步用于选择对所选概念需要的特征和/或相应的变更或修改。

市场研究活动中所使用的设置和程序将根据车辆项目的范围、要评估的概念的数量、概念车的内容以及用于比较的其他参考车辆的不同而不同。市场研究评估的相关内容将在第 11 章中介绍。

10.4 使用 Pugh 图表进行概念选择和改进

Pugh 图是一种极好的比较及评估工具，用它可以与其他现有和对标车辆的多种概念车进行评估和比较（更多细节见第 17 章）。表 10.2 给出了一张 Pugh 图，说明了基于车辆属性的三种不同概念车与五种现有车辆（四种竞争对手和一种当前车型作为基准）的比较。

表 10.2 最后一行显示的总分表明，概念车#2 优于所有其他概念车和竞争对手的车辆。然而，还要通过研究其他车辆的属性可以进一步改进概念车#2，特别是概念车#2 得到的 – 或 S 分数。

表 10.2 Pugh 图以现有车辆作为基准对比三种概念车和四个竞争者

Sr. No.	属性特征	概念车#1	概念车#2	概念车#3	竞争者#H	竞争者#T	竞争者#B	竞争者#W	现有车辆（基准）
1	布置	+	S	–	+	S	+	–	D
2	人机工程学	S	+	S	–	–	–	–	D
3	安全性	+	+	S	S	S	+	–	D
4	造型和外观	+	+	S	–	–	–	S	D
5	热力学和空气动力学	S	+	S	+	S	S	S	D
6	性能和操纵性	+	+	S	–	–	S	S	D

（续）

Sr. No.	属性特征	概念车#1	概念车#2	概念车#3	竞争者#H	竞争者#T	竞争者#B	竞争者#W	现有车辆（基准）
7	车辆动力学	+	+	S	–	–	S	+	D
8	噪声、振动和舒适性（NVH）	S	S	S	+	+	+	–	D
9	内部气候舒适性	S	S	S	S	S	+	–	D
10	重量	–	+	S	S	S	S	S	D
11	保护性	S	S	S	S	S	S	S	D
12	排放	S	+	+	S	+	S	S	D
13	通信和娱乐	+	S	S	S	S	S	S	D
14	成本	S	–	S	+	S	S	S	D
15	客户生命周期	S	S	S	S	S	S	+	D
16	生产和工艺复杂性	–	–	S	+	+	S	S	D
	S 总和	8	6	14	6	8	9	4	
	+ 总和	6	8	1	5	3	6	5	
	– 总和	2	2	1	5	5	1	7	
	总和 分数 = + 总和减去 – 总和	4	6	0	0	–2	5	–2	

注：+—好于基准；–—劣于基准；D—基准；S—与基准相同。

10.5 模型、布置和可选特性的规划

规划新车时，在各种战略规划会议中需充分讨论汽车公司及其竞争对手生产的不同细分市场中的各种现有车型，以及其销量、特征列表、可选布置、独特品牌因素等数据，以确定未来车型的特征。还进行了一系列财务分析，以确定与开发不同替代车辆项目相关的成本和收益（见第17章）。

随着概念车的开发，产品规划人员、市场研究人员和设计团队成员也会举行一系列计划会议，以便了解客户需求并确定模型数量的组合，每个模型的布置选装数量，以及要提供给客户的可选功能的数量（第15章将讨论这个问题）。

10.6 结束语

概念车的开发是产品开发中非常重要的一个阶段，因为它是汽车制造商在构建

的众多概念车中选择一个并进行全面开发和工程设计的过程。该阶段还使设计团队进行设计过程多次迭代，因此，它使团队能够了解不同的设计问题并改进他们的设计。随着对不同概念的审查，管理人员也能更好地了解设计问题和挑战。公司通过学习并获益，以便减少失败的可能性、后期昂贵的变更，以及项目风险。此外，由此产生的有组织的学习使后续阶段更有效率。

参 考 文 献

Gupta, A. 2009. Development of a Reconfigurable Electric Vehicle. Published by the College of Engineering and Computer Science, University of Michigan-Dearborn. ISBN: 978-0-933691-13-1. Website: http://umdearborn.edu/cecs/IAVS/books/Reconfigurable_Electric_Vehicle.pdf (Accessed June 26, 2015).

Land Rover USA. 2014. Discovery Vision Concept Interior Design. Website: www.landroverusa.com/vehicles/discovery-sport-compact-crossover/gallery/dual-frame-reveal-youtube-gallery-2.html/293-94215/ (Accessed May 17, 2016).

第 11 章　选择车辆概念

11.1　引言

选择车型概念设计方案可能是新车型开发项目中最重要的决策点，记作概念选择（CS）节点（参见表2.1节点的定义和标注）。在产品开发的早期阶段（CS节点之前），通常会创建具有不同外部、内部造型以及不同车辆配置的多款备用车型概念。车型概念通常经由以下方式展示：①逼真的图片或投影图像（全纹理、灯光投影、彩色计算机辅助设计（CAD）模型带有诸如街道、展示间等真实背景）；②具有三维物理属性的模型或概念实车（可驾驶或不可驾驶的）。

多款车型概念首先展示给公司管理层，然后向有代表性的客户群体展示，便于选定进一步开发的车型概念。不同汽车制造商与车型项目在概念车型上的筛选流程不尽相同。尽管如此，大多数汽车制造商都会举行一个或多个市场调研审核，通过征求客户代表对多款车型概念的意见进行系统评估。市场调研结果经由汽车设计团队和公司各级管理层评审后，由公司最高管理层做出最终决策。此外，在评估与评审中收到的反馈将用于对选定车型概念进行修改时的参考依据。

一旦车型概念被选定，相关决策信息就会传达给参与产品开发的每位成员，并会开始车型下一阶段的详细设计和工程设计。

11.2　市场调研审核概述

11.2.1　什么是市场调研

产品开发期间的市场调研主要包括邀请客户来到评价场址，参加一个或多个访谈提供关于不同车型概念的评判意见和/或反馈。受邀的客户代表是从拥有或经常使用与车辆概念类似车辆的客户群体中仔细筛选出来的。用于评价的车型通常选自与车型概念相同的细分市场，并且通常包括竞争对手最新的概念模型和在售车型。因此，拥有或经常使用（或驾驶）评价车型的客户代表被认为是车型概念的潜在客户代表。

参与访谈的代表将在采访者的带领下参加一系列会议。在每个会议中,采访者将向客户代表展示一款或多款车型和/或车型特征、配置,并邀请他们对预设的一组问题给出明确的意见。客户代表的意见经由统计学方法分析后将提交给开发团队和管理层。会议评价内容通常包括外部造型特征(例如,大小、比例、形状和从不同视角的造型)、内饰特征(例如,仪表板、门内板、副仪表台和座椅的样式和布局)以及其他新特征(例如,控制面板、显示屏、存储空间、材质,以及某些采用的新技术)。市场调查会议通常持续约1.5h。

11.2.2 新概念车型

汽车制造商有时会创建全新的概念车型,通过汽车展会和/或若干个专门的市场调查来评估车型整体概念的接受度。一般会向客户充分展示设计的一个全尺寸的、内外饰造型设计的、包含动力系统和独有特征/配置的概念车型。这种方式常见于向公众、汽车评论家以及媒体首次展示高端运动或豪华轿车。

多数情况下,车型在正式上市前一年左右会披露。例如,在2015年上海车展期间,几家汽车制造商展示了大型四门行政版新车型,这些车型通常由专职司机驾驶,并具有特殊后座特征(例如,角度可调后座、屏幕和用于通信的计算机界面)。这种展示的目的通常是为了评估潜在客户和公众对车辆实用性方面的兴趣。此案例中需要收集反馈的问题是:"这样的车辆概念会吸引忙碌的高管吗?能满足他们生活方式和需求吗?车型会体现他们的社会地位吗?"

11.2.3 特殊评估细节

汽车公司的管理层通过深入的市场调查获得客户对设计细节的反馈。以下小节将描述市场调查研究过程中的细节。

1. 外部造型的审核事项

1)总体尺寸:确定即将开发的车型尺寸是否符合客户的期望。例如,研究并回答"对于市场来说,车型尺寸是过大、刚刚好还是过小?"

2)外观造型与比例:确定不同视角下的外部造型是否受客户喜爱(例如,前视、后视、侧视以及其他视角)。

3)造型主题:在向参与者展示的数个主题或产品概念中,确定最佳的主题。

4)与其他现有车型比较:确定概念车型的外观设计是否优于其他领先的(或具有竞争力的)设计(例如,更好或较差,与其他设计相似或不同);或品牌辨识度是否较高(例如,看起来是否像宝马公司的车型)。

5)造型外部特征,如尾灯、前照灯、保险杠、格栅、后视镜和内视镜、挡泥板。

6)整体偏好和形象:确定这个概念是否被喜爱,并确定分类为未来、当代、奢华、复古、过时、运动、阳刚、硬朗等。

2. 内饰审核事项

1）内饰总布置：确定概念车型在内饰座舱模型中主要部件的布置位置等是否符合客户的期望（例如，踏板、转向盘、扶手、升降玻璃按钮和存储空间）。

2）内饰设计：确定在早期设计阶段中的权衡取舍是否合理（例如，室内空间宽敞度和操控便利性的权衡取舍）。

3）内饰设计可接受程度：确定内饰设计在造型、比例、材质、颜色等方面是否会被客户接受/喜爱。

调查中收集的数据汇总后将用于支持节点会签决策，例如，总布置校核结果将提交给项目和工程管理团队，然后由工程总监们完成会签。

11.2.4 市场调研的利弊

规划并开展一次市场调研费时且耗费财力。此外，参与市场调研的客户代表所提供信息的有效性可能受到许多人的质疑。参与者可能会回答说，他们非常喜欢这个概念，但当汽车上市时，难以预测他们是否真的会购买它。因此，一些管理层会质疑调研的用途，因为他们认为，被邀请的客户代表可能无法提供可靠的信息用于预测车型未来在市场上是否会成功。客户代表可能不熟悉设计和技术趋势。进行市场调研的优势在于，在产品最终问世之前，它提供了来自客户的"提前"响应。

因此，管理层必须权衡利弊，讨论所有问题以及市场调研结果的有用性，以便做出最终决定，是继续沿着当前概念的方向进行设计，还是基于客户的响应进行修改，或者终止开发。

如果管理层没有看到市场调研审核的价值，就不会进行市场调研，而是通常会采用内部评估（例如，使用公司员工或员工的亲戚和朋友或者访客的评估意见）和/或管理层评审的方式来做出决定。

11.3 产品开发过程中的市场调研方法

获取数据的方法

个人访谈是车型概念市场调研中最有用和最常用的方法。在概念选择期间一般不使用邮件或基于网络的调查和电话调查的方式。一般在个人访谈结果出来之后进行专题会议，项目管理层希望从特定的客户代表群体获得更多的反馈信息。因此，可以举行专题会议，以便从特定的客户代表群体（例如，非常喜欢或不喜欢特定车型概念的那些人）获得更多信息，了解他们针对某些特定概念设计细节反馈的具体原因（例如，前部或后部造型、仪表板布置等）。

（1）个人访谈

个人访谈由经培训的面试官向被访谈者提出一组问题。这是一个针对车型概念选择的一对一访谈。被访谈者通常在访谈前的1~2周被仔细挑选出来。市场调研人员通常从区域列表中随机选择居住在选定县的某款车型、型号和年款（MY）的车辆所有者（例如，购买并居住在俄亥俄州富兰克林和马里昂县的2016年款的福特野马车主）。这些所有者的信息经由车辆注册登记机构获取。随后，市场调研员向每位车主电话认证，首先核实参与者确实拥有车辆并且是车辆的主要驾驶者。经认证的车主随后被邀请参加调查。一般会给参与调查的车主提供激励（例如，2h的调查访谈获得200美元）。激励的多少取决于市场细分的类型（例如，大型豪华车的车主将得到比小型经济车的车主更多的激励）、访谈的时间、访谈程序的复杂性，以及调查的地理位置和时段。

被访客户在指定的时间里到达调研地点后，市场研究员首先要求他们出示驾驶执照和车辆登记证件，检查他们的身份和车辆的所有权。然后向被访谈者提供关于调查的一般说明，要求他们填写一份个人身份登记表，提供诸如姓名、地址、年龄、性别、职业、教育水平、收入范围、日常用车习惯（目的、频率和距离），以及过去几年拥有的车辆信息等。在一些调研中，还对受访者进行人体测量，如身高、体重、坐高、肩宽和臀膝长度。随后，调查官引导受访者到评价区域，对如何评价概念车型提供指导，使用预先制定的程序和问卷进行访谈。被访谈者提供的反馈信息记录到纸质表单、笔记本电脑或平板电脑。

（2）专题会议

专题会议由1位主持人与8~10名受访者组成。由市场调研官根据特征（例如，当前拥有的车辆的制造商和型号、年龄、性别、教育背景和职业）选择出来的受访者参与产品问题和概念的讨论。每组受访者具有相似的特征（例如，2015年款丰田凯美瑞的老年男性车主在之前的个人访谈中表示不喜欢概念车的造型）。邀请具有相似特征的受访者的好处在于，整个讨论过程不会由一个受访者主导（即为他们的观点辩护），并且他们可以共同思考主持人提出的问题并发表意见（例如，提供喜欢或者不喜欢概念车型的某些特征/配置的理由）。可以分别邀请几个具有不同特征的小组来讨论产品问题，从而提供更广泛的个体反馈。

专题会议的目的是理解某些类型的个体，对预选产品概念话题相关的愿望、关注和反馈。例如，制造商可能想知道年轻男性不喜欢产品概念的原因。因此，在之前进行的个人访谈中特别不喜欢产品概念的受访者将会被再次邀请，以进一步讨论他们对产品概念的关切。主持人可以系统地引导他们探讨每个问题的不同方面，并在小组中探讨他们不喜欢的原因。

由于专题小组会议的受访者的数量小，因此所收集的信息一般不进行任何统计分析。但是设计团队可以用这些信息了解客户的想法，帮助评估。

（3）邮件、网络和电话调查

邮件、基于网络（互联网）和电话调查通常不用于车辆概念评估，主要是因为市场调研人员无法控制受访者的选择（即，是谁在何时以及什么情况下做出的反馈),并且受访者在提供反馈信息前无法看到物理模型(例如,车辆模型)并与之互动。在这些反馈信息的收集方法中,反馈率(即响应者数量的百分比)也很低。

11.4 市场调研审核

市场调研部门通常负责设计和组织内外饰布置的市场调研活动。车型项目的团队成员与市场调研人员合作,设计调研问题。调研选址一般设在代表主要目标市场的城市。例如,由于皮卡在得克萨斯州和美国的西部各州的使用率更高,所以在预计时间里,可以在得克萨斯州达拉斯市进行市场调研来评估新的皮卡概念。

通常,在选定城市的车辆登记数据库中,会有75~300名受访者被随机选定和邀请。受访者的总数通常由统计计算得出,以确定对不同概念车型和参考车型反馈率(或评分值)的最小差异。例如,在95%置信水平下,基于75%的反馈率,控制反馈率偏差为±4%,需要512个样本。这意味着,样本低于512时,在95%置信水平下,如果一个车型概念被75%的受访者喜爱,则第二个车型概念一定会被低于71%或高于79%的受访者喜爱。

计算样本数量的公式如下:

$$n = [z^2 p(1-p)]/A^2$$

式中 n——需求的样本数量;
p——以小数形式表示的平均反馈率(如:$p = 0.75$);
A——以小数形式表示的绝对精度(如:$A = 0.04$);
z——期望置信水平的标准偏差(标准化标准变量的标准偏差)的数值(例如,$z = \pm 1.96$ 包含了均值为0.0和标准偏差为1.0的标准化标准变量的概率密度函数下面积的95%)。

11.4.1 市场调研审核中评估车型特征的举例

市场调查旨在评估与新车型概念相关的若干问题。调查的典型问题如下:

1)车辆尺寸:皮卡制造商希望了解是否可以面向美国市场设计和销售尺寸介于标准尺寸皮卡(例如,雪佛兰 Silverado、道奇 Ram、福特 F-150)和小型皮卡(例如,雪佛兰 Colorado、道奇 Dakota、福特 Ranger)之间的新型皮卡。

2)外部造型:皮卡制造商希望确定,相较于与现有产品和其他对标车型,新皮卡外部造型的可接受程度。

3)微型货车座椅高度:驾驶员和其他座椅的垂直高度(从地面测量)是微型货车在细分市场取得成功的关键因素之一。座椅高度过低会造成乘员进出车辆困难,并且会影响驾驶员的视野(较高的座椅高度视野较好)。另一方面,座椅高度过高会导致乘员上下车困难,尤其对于女性驾驶员。因此,需要进行有关人机的市场调查，以确定最优的座椅高度范围。

4）中型入门级豪华轿车的内饰设计：入门级豪华中型轿车被普遍认为比经济型中型轿车更好（更豪华）。市场调查可以确定是否增加额外的配置以及是否改进工艺（例如，更高质量的材料、更好的表面光洁度和连接部件之间更小的间隙），以使受访者感到内饰设计优于经济型轿车。

5）复杂控制按键的可辨识性：需要评估复杂控制按键的布局、控制性能类型和标识，例如副仪表台的车内环境控制面板、收音机和其他组件，以认证驾驶员容易理解并能无失误地正确操作。

6）轿车的内部空间：前后排乘员的车内布置空间必须使乘员有较好的空间感（即空间足够）。空间感是由许多车型布置尺寸参数进行衡量的。例如同排座椅左右乘员位置之间的横向距离、前后排座椅参考点之间的纵向距离、肩部空间、头部空间、立柱之间距离的最小值、顶篷高度和仪表板距驾驶员眼睛的距离。市场调查的问题列表中，必须确保所有与室内空间感知相关的乘员布置参数经受访者鉴定和评估。

11.4.2 市场调研审核通常包含评估的车型特征

本节提供一个可用于评估概念车型内外饰的项目清单。每个项目后面的括号中提供了典型的问题。三等级评价结果（提供与给定车辆尺寸相关的三个选择）和10分制的评价结果用于收集受访者的反馈，这些评价手段也包括在下面的问题中。

1. 外饰评估特征

1）车型整体尺寸（车辆的整体尺寸过大，适中，还是过小？）。
2）车辆总长度（车辆的总长度过长，适中，还是过短？）。
3）车辆整体宽度（车辆的总宽度过宽，适中，还是过窄？）。
4）车辆整体高度（车辆的整体高度过高，适中，还是过矮？）。
5）轴距（轴距，即前后轮之间的距离过长，适中，还是过短？）。
6）前悬（前悬，即，从车辆侧看，从前保险杠到前轮中心的距离过长，适中，还是过短？）。
7）后悬（后悬，即从后保险杠到后轮中心的距离过长，适中，还是过短？）。
8）离地间隙（离地间隙过大，适中，还是过小？）。
9）总体车辆外观（使用10分制对车辆的总体外观进行评级，其中10表示非常喜欢，1表示非常不喜欢）。
10）侧视图中的车辆外观（造型）（使用10分制对侧视图中的车辆外观进行评级，其中10表示非常喜欢，1表示非常不喜欢）。
11）前视图中的车辆外观（使用10分制对前视图中的车辆外观进行评级，其中10表示非常喜欢，1表示非常不喜欢）。
12）后视图中的车辆外观（使用10分制对后视图中的车辆外观进行评级，其中 10 表示非常喜欢，1 表示非常不喜欢）。

13）发动机舱罩长度（发动机舱罩的长度过长，适中，还是过短？）。

14）行李舱长度（车辆行李舱的长度过长，适中，还是过短？）。

15）载货区域长度（货物区域的长度过长，适中，还是过短？）。

16）选择形容词用于描述车辆总体造型（从以下列表中选择适用于此车辆的形容词：现代、传统、复古、强壮、运动、阳刚、新、旧、锐利等）。

2. 内饰评估特征

1）整体内部空间（乘员舱内的整体空间过大，适中，还是过小？）。

2）驾驶员座椅的高度（驾驶员座椅的高度过高，适中，还是过低？）。

3）车顶高度（坐在驾驶座上时，车顶高度，适中，还是过低？）。

4）地板高度（地板距地面的高度过高，适中，还是过低？）。

5）腿部空间（坐在驾驶座上，前后腿部空间过大、适中或过小？）。

6）头部空间（坐在驾驶座上时，头顶的空间过大，合适还是过小？）。

7）肩部空间（坐在驾驶座上时，肩部的空间过大，适中，还是过小？）。

8）驾驶员座视点高度（坐在驾驶座上时，眼睛高度过高，适中，或过低？）。

9）头部前面的空间（坐在驾驶座上时，头部前面的空间过大，适中，还是过小？）。

10）头部左侧（外侧）的空间（驾驶座头部左侧的空间过大，适中，还是过小？）。

11）加速踏板的纵向前后位置（加速踏板位置过远，适中，或过近？）。

12）车辆在肩部高度处的宽度（车辆在肩部高度处的内部宽度过宽、适中还是过短？）。

13）车辆前部视野（驾驶员座位车辆前部视野良好、足够或不够？）。

14）车辆左侧视野（驾驶员座位车辆左侧视野良好、足够或不够？）。

15）车辆右侧视野（驾驶员座位车辆右侧视野良好、足够或不够？）。

16）车辆后向视野（驾驶员座位车辆后向视野良好、足够或不够？）。

17）驾驶员座位上车便利性（使用 10 分制评价驾驶员座位上车乘坐便利性，其中 10 分表示便利性很好，1 分表示非常不好）。

18）驾驶员座位下车便利性（使用 10 分制评价驾驶员座位下车乘坐便利性，其中 10 分表示便利性很好，1 分表示非常不好）。

第 21 章提供了内外饰设计市场调研审核中评估问卷设计和数据分析方法的附加信息。第 22 章也提供了内饰评价的数据示例（见表 22.5）。

11.4.3 评估过程中外造型模型的准备

概念车的外部造型模型一般与其他现有车辆同时向客户展示。例如，如果制造商希望评估新概念车（例如，作为 2021 款车型）以替换其现有的中型轿车，则可以展示和评估现有车型（2016款）和另外两个竞争对手的2016款车型，作为市场调研的参考。为展示概念车而创建的外部造型模型，应与其他生产车辆具有同等级的装配和抛光质量。外部造型模型应该是全尺寸模型，一般由玻璃纤维、木材、金属、塑料和玻璃等材料制成，从外表看就像真正的车辆。但一般情况下，不具有行驶功能。

为了从侧面、前方、后方或特定视角等角度展示车辆，在市场调研审核场应仔细规划车辆的摆放。图11.1和图11.2分别显示了市场调研审核现场，为了展示四种车辆的侧视图和前视图建议的车辆摆放位置。

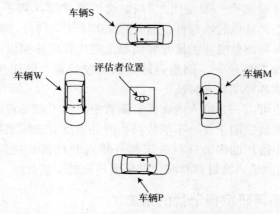

图11.1 对四辆车侧面造型进行比较时的车辆摆放平面图

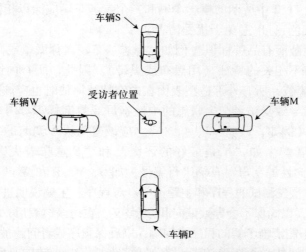

图11.2 对四辆车前部造型进行比较时的车辆摆放平面图

在图11.1和图11.2中，车辆S是概念车辆，与其他三种车辆进行比较：车辆M（制造商的现有车辆）、车辆W和P（领先的竞争对手的车辆，用于对标）。图

11.1 受访者（标记为主体）被安排站在四车围成区域的中心位置，以确保从中间区域审视时，四个车辆的侧视图在几何方向上一致。当站在中心区域审视四辆车的侧面造型时，受访者需回答几个问题。为了方便和快速改变车辆视角，这四辆车一般被放置在转盘上，转盘是同步转动的，并可以旋转到任何角度以便于比较。图 11.2 显示了评估车辆前部造型的车辆摆放位置。

第 22 章提供了概念选择的调研审核结果示例（参见表 22.6）。

11.4.4 内饰总布置座舱模型的调查准备

内部总布置的座舱模型一般使用木材和/或铝制支架（脚手架），仪表板、顶篷、车门、中控中心和其他装饰部件通常使用玻璃纤维材料，并安装在设计位置。座椅、转向柱、踏板和调整机构的尺寸和调整范围也相应按照设计尺寸制作。受访者（一次一个）需坐在座位上，调整到舒适的驾驶位置，使用预先编制的座舱布置问卷调查表来评估各种项目和特征。

其他参考车辆也可以一并纳入内饰评价调查中。为了避免在内饰评估过程中由于车辆外造型不同而造成的干扰，车辆或模型的外造型应该用黑布或其他类似的材料遮蔽。四台车辆中使用的内饰材料应该具有相同的材料和相同的中性颜色（例如，灰色），以避免由于内饰材料和颜色差异而造成的干扰。

11.4.5 避免市场调研审核干扰的措施

1）在外饰的评价中，所有车辆应以相同的视角和相同的外观特征呈现。例如，图 11.1 和图 11.2 中所示的概念车辆和三个参考车辆应涂以相同的中性外饰色（例如，银色或灰色），以避免干扰受访者。

2）拆除或遮蔽所有品牌标识（例如，标志、车辆名称徽章或标签）。

3）遮蔽所有不相关的特征（用黑布或黑带）。因此，所有内饰在外部造型评估时必须用黑布遮蔽，所有外部造型表面在内饰特征评估时也应该用黑布遮蔽。

4）使用不会导致受访者产生联想的中性字母或数字标识参考车辆。例如，应该避免连续编号（例如，1、2、3、4、…）。应该避免从 A 到 F 的字母，因为这些字母容易让受访者产生如"A 是最好的评级"和"F 意味着失败"的联想。图 11.1 中用了无偏向性的字母对车辆进行编号，如 S、M、P 和 W。

5）使用经过预先测试的程序和主题说明。对程序和主题说明进行若干个先导测试（或"干试"），以确保不会导致偏向和/或歧义。在访谈结束后，要求受访者陈述他们无法理解或不能清晰了解的程序或问题，以确保程序或者问题被受访者所理解。

6）所有内饰评估必须在受访者调整好他/她的座位、转向盘和踏板（如果配备了可调的踏板）到他/她最舒服的驾驶位置之后进行。在提供任何评价反馈之前，明确要求受访者调整他们的驾驶位置是非常重要的。否则，对与内饰布置评估（例如，控制件操作便利性、与显示屏的可见度有关的目视距离、驾驶员的视野）

将得不到正确评价反馈。车辆静态市场调研中，如果不允许受访者驾驶车辆，通常不调整座椅和控制部件的位置（除非他们收到特别的指示）。他们可以保持前一个受访者的座椅位置不变，或者将座位位置调到更靠后、靠背角度更倾斜的位置。

11.4.6 调查出错原因

从受访者筛选到进行访问调查的整个过程中可能会出现多种导致调查失效的情况。这些错误会影响调查过程中数据的收集。典型的错误类型如下：

1）受访者选择错误：需要仔细选择受访者，以确保他们真正代表"目标"客户群体。必须根据真正随机的过程选择满足目标特征的受访者。例如，以下三种情况将不允许随机选择受访者：①使用受限制的数据库（即，数据库中只包括受访个体的某些特征）；②选定的访问时间段不是所有的受访者都能参加（例如，工作日下午进行的市场调查，只有诸如退休者和失业受访者可以参加）；③有特定经济目的的参与者（即，仅因为所提供的奖励（例如，金钱）而愿意参加市场调查的受访者）。

2）面试官错误：面试官的外表形象、访谈方式以及提问态度/方式都会影响受访者的答案。一些受访者可能会有意歪曲他们的回答以给面试官留下好印象或者忽略面试官。受访者对问题的回答会受到问题措辞或面试官提问的语气的影响。因此，认真选择面试官并充分培训，遵循预先制定的程序和调查主题，避免由于调查官的偏见导致结果的偏差是非常重要的。访谈过程中应要求面试官准确阅读预先批准的访谈问题，避免用自己的个人语言表达或删减问题的内容。否则，不同的受访者可能对每个问题有不同的反馈。面试官的行为也应该处于受监控状态，以确保他们能准确地完成所要求的任务。面试官作弊（例如，不记录或不准确记录答复）的情况经常发生，尤其是受访者数量较多时。

3）受访者错误：在设计和管理问卷时，必须采取预防措施确保以下错误不会发生：①零反馈（被调查者未能提供反馈）；②非真实客观的反馈（被调查者由于他/她自身的倾向性或认知，可能故意歪曲他/她的反馈或曲解访谈指导）。面试官必须接受培训，以识别此类行为，并通知调查主管采取适当行动（例如，取消受访者的资格）。

关于调查规划和调查中的易发生错误的其他信息可以在 Zikmund 和 Babin（2009）中找到。

11.4.7 调查问题和数据分析的类型

在市场调研审核中的问题通常需要受访者提供①个人信息数据（例如，年龄、收入和教育水平）；②按照预先编制量分等级的反馈分数或等级（例如，使用带有数字和/或形容词/描述词评级反馈可接受程度）；③方向性的评级结果（例如，转向盘离得太远、适中或太近）；④概念车或其特征的分类，如喜欢或不喜欢、经济或豪华、过时或现代。

例如，为了获得每辆车外观的评级，调查官将向参与者提供以下指示：

"请走到展示区的中心（见图 11.1 和图 11.2），站在贴有标识的区域，环顾所有参与评审的四辆车。请用 10 分制对如下问题进行评分（输入最能体现你感受的数字，见表 11.1）"。

表 11.1 用于同时比较四车外观的数据记录表示例

外观评估特征	非常喜欢		喜欢		不好说		不喜欢		非常不喜欢	
评分等级	10	9	8	7	6	5	4	3	2	1

侧面视角外观评价（图 11.1）

车辆 S 侧视外观

车辆 M 侧视外观

车辆 P 侧视外观

车辆 W 侧视外观

车辆 S 总长度

车辆 M 总长度

车辆 P 总长度

车辆 W 总长度

车辆 S 总高度

车辆 M 总高度

车辆 P 总高度

车辆 W 总高度

前部正面视角评价（图 11.2）

车辆 S 前视外观

车辆 M 前视外观

车辆 P 前视外观

车辆 W 前视外观

车辆 S 总宽度

车辆 M 总宽度

车辆 W 总宽度

车辆 P 总宽度

车辆 S 总高度

车辆 M 总高度

车辆 P 总高度

车辆 W 总高度

后向正面视图评价

车辆 S 后视外观

车辆 M 后视外观

车辆 P 后视外观

车辆 W 后视外观

车辆 S 总宽度

车辆 M 总宽度

车辆 W 总宽度

车辆 P 总宽度

车辆 S 总高度

车辆 M 总高度

车辆 P 总高度

车辆 W 总高度

总体外观（所有视角）

车辆 S 总体外观

车辆 M 总体外观

车辆 P 总体外观

车辆 W 总体外观

表 11.1 给出了 S、M、P 和 W 四台参与评审车辆外造型评价的数据记录表。通过该表中的等级评分对按要求摆放的四台车辆进行评价（即，采用 10 分制评级），使得它们都可以从侧视、前视以及后视等相同静态视角，展示给受访者。除了静态展示，也可以同时动态地比较所有车辆，通过以相同的恒定缓慢速度（例如，1r/min）旋转所有车辆，同步受访者观察角度，以获得表 11.1 最后 4 行中所示的车辆总体外观比较的等级。此外，可以从其他视角来比较和评估车辆，例如前四分之一视角（从车辆前部与 x 轴呈 45°）和后四分之一视角（从车辆后部与 x 轴呈 45°）。

受访者对每个问题的反馈由调查官在市场调研时记录。针对每个问题获得的数据可分别按照受访者全体分析或者按照受访者特征（例如，性别、年龄组、教育水平、受访者拥有的车辆品牌、身高和体重）进行分析总结。数据汇总通常涉及确定评分等级的分布、平均值、高于或低于特定值的反馈百分比、特定事件出现的次数（例如，受访者在进入车辆时撞头的情况）以及受访者所作评论的概要。

采用每个问题的反馈数据来进行统计分析，以确定反馈是否由于车辆的不同（例如，概念车辆的评分是否高于或低于每台参考车辆）而显示出差异，以及确定是否由于受访者个人信息、人机工程学特征等差异，而影响相应的评分或对车辆的偏好。

第 22 章提供了车型概念选择的市场调查结果实例。（参见表 22.4 ~ 表 22.6）。

11.5 市场调研审核的类型

市场调研审核包含静态或动态测试条件下的评估、整车或车辆系统（例如，系统或子系统的评估）或硬件/软件特征的某种组合。更可取的是，在全部使用场景的条件下（静态的，即当车辆停放时；和动态的，即当车辆在自然不受限制的交通状况下在公共道路上行驶时）对概念车辆进行评价。然而，工作样车或整车样车在车辆开发的早期阶段可能不可用。制造一辆可驾驶状态样车的成本也很高。因此，综合利用测试环境和评估方法，采用创新方法获取必要信息。

静态评价与动态评价

当可驾驶车辆（例如，样车）条件具备时，动态驾驶测试总是比静态评价更受欢迎。因为在驾驶期间，受访者可以体验许多车辆特性，例如加速、制动、转向感觉、换档、风噪声、发动机声音、道路的可见度，以及控制操作和显示。动态调查通常在 Job#1 之前的车辆验证阶段执行（参见第 21 章）。

如果有高保真驾驶模拟器，该驾驶模拟器也可以用来评估车辆的动态方面的特性。许多涉及控制和显示的车载设备，例如音频系统和导航系统，可以通过模拟器进行评估，以研究驾驶员的工作负荷，以及在不需要实际驾驶切换车道的情况下，安全执行车内操作任务的能力（更多信息见 Bhise [2012]）。

在缺乏可驾驶样车和驾驶模拟器的情况下，也可以将车辆系统安装在其他现有车辆中，通过动态测试的方式来进行评估。另外，可以进行静态实验室测试，基于有限的测试验证开发一些操作功能。（有关更多信息，请参阅 Bhise [2012]）。

11.6 结束语

车型概念选择应基于评估不同概念车型和现有车型所获得的数据。这些数据应该通过邀请有代表性的客户参与经精心策划的市场调研审核来获取。评估结果应该用于筛选和改进车辆概念。创建诸多车辆概念、评估若干概念以及使用收集的数据的最终目的是开发最优的车辆设计。

参 考 文 献

Bhise, V. D. 2012. *Ergonomics in the Automotive Design Process*. Boca Raton, FL: The CRC Press.
Zikmund, W. G. and B. J. Babin. 2009. *Exploring Market Research*. 9th Edition. London: Cengage Learning.

第 12 章　车辆开发项目管理

12.1　引言

车辆开发项目是极其庞大和复杂的。管理如此复杂的项目需要拥有：①对整车开发流程的高度认知；②汽车、竞争对手和目标顾客的相关信息；③整体需求和资源、组织架构和人才以及关于确保和管理资源的具体流程（包括相关专家和供应商团队）；④对于各个项目阶段的紧密管控，例如时间、成本、产品特性与性能之间的权衡。

一个车辆项目取得成功，就好比一支庞大的管弦乐队的演奏，需要组织纪律和项目团队中每个人之间的协调配合。一家汽车制造商中涉及开发项目的员工数量因企业不同，并受到项目规模的影响。然而，在典型的新车开发中由 400~800 人构成的负责核心技术工程和设计的团队情况并不少见。此外，供应商数量和被分配至开发各自的供应实体的人员数量也极大程度上取决于项目规模和汽车制造商的外包政策。

对于领导车辆项目的项目经理的选择，可能是摆在汽车制造商管理层面前最为重要的决策之一。

12.2　项目经理

车辆项目经理（在一些汽车企业中也被称为首席项目经理或首席项目工程师，在日本丰田公司被称作"主查"）是一个高级别的管理职位（Womack et al.，1990）。首席项目经理通常对关于涉及车辆开发的所有决策全权负责。在许多汽车企业中，首席项目经理需要向特定汽车部门的执行董事或负责产品开发的副总裁汇报。被分配到车辆项目的所有负责设计、工程及市场营销的经理们需要直接向首席项目经理汇报。通常在项目指导团队会议上做出所有通信联络、产品审核和关于项目的决策。指导团队会议由首席项目经理主持，所有项目活动均由负责项目的各位首席工程师、首席设计师和市场营销经理审核。每位首席工程师（或经理）通过设计开发不同等级实体（例如车辆、系统、子系统和组件级别）的团队和跨职能团队管理具体活动（参见图1.3）。

首席项目经理负责规划、管理以及完成整个车辆项目直至新产品正式发布。项目经理必须拥有规划项目、制定时间表以及管理预算的实践知识和工作经验。他必须是团队构建者、教练、激励者和优秀的沟通者；同时必须是具有宏观思考能力的思想者、庞大技术信息的整合者，以及迅速有力的决策者。同时，作为经理和项目时间及成本的管控者，他需要具备卓越的个人能力。

项目经理的基本工作职责可以被概括为：

1）构建跨职能产品团队，包含负责项目的特定职务和职责。

2）通过协调产品团队和其活动来规划和管理项目，以实现指定的项目目标、日程表及预算。

3）领导关于开发、购买服务与物料、资本设备与设施支出等项目的财政支出和预算。

4）协调关于第一代设备的开发、技术规范及采购。

5）管理供应商体系的协调（创建工作说明、报价、采购与交付协调、评价/评级）。

6）提供产品的特定销售支持（通过产品介绍、数据表、客户访问、市场调查数据/客户统计数据、产品商业模型与发布规划、定价）。

因此，项目经理必须拥有如下技能和经验：

1）拥有从概念设计到制造交付的管理产品发布的成功经验。

2）拥有构建和管理项目进程的经验。

3）能够熟练掌握项目管理中存在的问题和相应对策。

4）能够发现并让团队成员集中精力到重要任务上以顺利完成项目的能力。

5）能够充分理解并活用基本的项目管理规定，包括关键路径、限额设计、价值分析、并行工程以及风险管理。

6）拥有关于车辆产品开发和制造操作的经验。

7）拥有在产品项目中对于实施品质管理系统和风险管理的经验。

8）在工作层面拥有对于基本的企业管理规定的理解。例如财务、统计学、经济学、市场营销和商业战略。

12.3 项目与项目管理

一个复杂产品的生命周期可以作为一个项目进行管理。项目主要涉及正确设计产品、制造并提供产品直至周期结束，最后关闭生产线并废弃或回收剩余产品。整个项目通常被分为若干可控的小项目，例如①开发产品；②建造所需工具和生产设备；③建造厂房并安装设备以准备投入生产；④招聘人员并对如何管理装配车间进行培训；⑤指定市场营销方案并就如何销售产品和提供服务对经销商进行培训；⑥按照规定产量制造产品。

一个大项目通常包含若干小项目。小项目的输出用来创建大项目的成果。因此，一个项目既可以是大规模的项目，也可以看成是若干小项目的集合。每个小项目可以设置一名经理，其职责是确保项目的成功。从另一方面来说，大项目经理可能不会在管理独立小项目上耗费太多精力，但他们十分关心项目的总体结果或最终状态。

举例而言，在一家汽车企业中，一个大项目可能包含两个小项目，一个是在发展中国家的新兴市场推出新产品，另一个则是避免在发展中国家的低迷市场销售下滑。尽管这些小项目在成功状态上截然不同，但它们可以在同一个大项目中有效地共存配合。

因此，大项目管理处于小项目管理的上层，致力于挑选最佳的小项目集合并且根据各自的目标进行定义，同时为小项目的顺利运转提供良好的环境。大项目管理还强调各个小项目之间的资源协调与优先划分，对不同小组之间的接口、整体预算以及项目风险进行管理。大项目经理应避免对于小项目的微观管理，给予小项目经理充分的执行权，从而更多地关注项目整体的成功与否。Brown（2008）提供了关于此问题的补充信息。

12.3.1 项目管理职能

项目管理职能通常包含以下内容：

1）项目管理：①以主要计划的管理为依照协调各个小项目；②汇报进度；③问题管理；④资源管理。

2）业绩管理：①成本计算；②收益计算；③商业数据分析。

3）变更管理：①促进变化；②促进交流；③员工培训与职场变更。

4）知识储备管理：①记录和分享从过去的项目中学到的经验教训；②标准化管理和最佳实践；③产品与流程对标；④客户投诉与反馈的收集。

项目经理与其他部门协调合作以确保具备专业技能的员工可以在被分配的部门系统中充分发挥应有职责。项目经理也需要理解具有矩阵管理体制的企业组织架构，并且与其他职能部门（或核心部门）合作以确保被分配至相关项目的专业人员能够充分使用相关专业知识。

12.3.2 详细项目计划的开发

项目开发活动需要许多利益相关者的投入、项目有关的活动，以及可能影响项目活动的一些问题。收集的这些信息用来制订项目计划。关键的项目开发活动包括以下内容：

1）收集所有利益相关者的输入。

2)对所有项目的共识。

3)准备技术计划、管理计划和系统工程管理计划的文件资料(SEMP)(详见本章后面有关的章节,图 12.3)。

4)支持系统工程(SE)过程的实施和管理,包括需求开发,功能分析和系统需求分配,界面分析,产品设计的权衡,详细设计,设计和建造工具及制造设施,进行验证和认证测试,销售、营销和服务,最后是产品报废和设施处置。

12.3.3 项目管理

项目管理需要建立关于计划、组织、确保和管理资源的准则,以保证特定的项目目标的成功完成。

传统的分阶段方法需要具体完成以下 6 个阶段:

1)项目提案和前期准备。
2)项目启动。
3)项目计划和设计。
4)项目执行和施工。
5)项目追踪和管控机制。
6)项目结束/终止。

图 12.1 是关于一个项目的流程图。该项目涉及一系列需要完成的任务。明确地理解项目工作十分重要,例如所有任务的详情、任务顺序、必要的资源(人员、

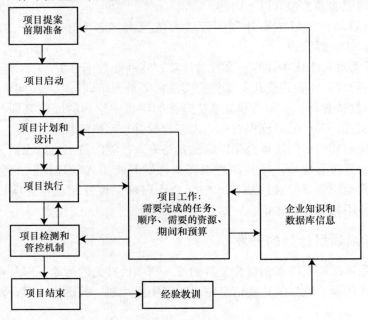

图 12.1 项目管理活动

设备及资金），以及所需的时间。完成各项任务的职责通常根据任务所需的专业职能，被分配给一个或多个工程部门。此外，企业组织中的各职能部门通常储备相关企业知识和数据库信息。

并非所有项目都经历各个阶段，因为有些项目可能在中途就被迫终止。有些项目可能不严格遵循预先制订的计划或监管环节。还有一些项目会重复整个流程3~5次。许多行业均灵活应用上述项目阶段。

12.3.4 项目计划的具体步骤

关于规划一个项目的基本步骤包括：

1）通过列明所有活动的具体任务以开发所有活动的工作分解（WBS）（参见下一小节）。每个任务被定义为完成任务的所有步骤或行动的集合。

2）识别任务输入、输出及交付成果。

3）建立任务的先后次序关系。

4）决定每个任务的开始/完成时间。

5）评估完成任务所需的持续期间和资源。资源需求包括按学科/职位类别划分的人员需求（例如设计师数量、工程师数量、技术人员数量等）、完成任务所需的预算以及特殊资源（例如软件程序、培训和产品测试设备）。

6）展示时间表（例如甘特图，参见下一小节）。决定关键路径（直到项目完成所需的最长活动路径。关于关键路径法，请参看下一小节）。

7）评估项目预算和现金流量（随时间变化的经费和收入）（请浏览第19章查看详细信息）。

12.4 项目计划中使用的工具

12.4.1 甘特图

甘特图是一种柱状图（以时间为基准的水平柱）。它可以描述项目计划的具体活动。图12.2表述了一个项目的甘特图。它提供了以时间为基准的、关于项目中所有活动的可视化图表。甘特图描述了项目中所有元素或活动的开始/完成日期。一些甘特图显示了各项活动间的从属关系（例如优先顺序）。还可以在甘特图中使用不同粗细或颜色的图案，以百分比的形式显示当前的计划进程。

12.4.2 关键路径法

关键路径法（CPM）被用于安排一系列项目活动。使用CPM的关键技巧是构建项目模型，其包括：

1）完成项目所需的所有活动的列表（通常在工作分解框架中被归类）。

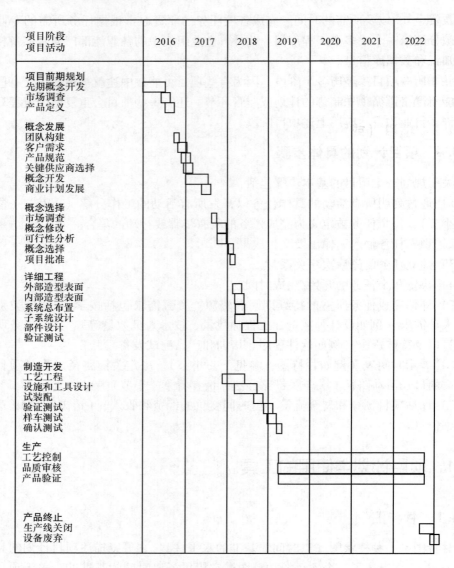

图 12.2　产品项目的甘特图

2）各项活动的时间（持续期间）。

3）各项活动之间的从属关系（或完成的先后顺序）。

4）项目开始和完成日期。

CPM 可以使用上述数据计算直到项目结束的活动中最长路径，此外还可以计算各项活动可以开始/结束的最早及最晚时间，这将避免项目的拖延。此过程决定哪些是"关键"活动（例如在关键路径上的活动），哪些是"浮动"（例如即便延误也不会影响整体项目进度的活动）。在项目管理中，关键路径是一系列项目计划网络活动,它们的合计即项目最长的持续期间。这决定了能够完成任务的最短可能时间。在关键路径中一旦出现任何活动延误,将直接影响项目的预期完成日期(例如出现在关键路径中没有浮动)。一个项目中可以存在若干平行的近临界路径。一个存在于整个项目网络的额外平行路径,且其总持续时间少于关键路径,我们称其为次临界或非临界路径。

12.4.3 项目（或小项目）评估与审核技术

大项目（或小项目）评估与审核技术（PERT）是一种项目管理模型,其旨在分析和呈现关于完成某项小项目的任务且通常和CPM一起使用。PERT是一种分析关于完成某项小项目,特别是完成各项任务所需时间的方法。此外还涉及识别完成整体大项目所需的最短时间。PERT主要被开发用于简化大型和复杂项目的规划。即使在无法准确了解项目活动的所有细节和持续时间的情况下,也可以使用该技术规划项目且包含所有不确定性。

通过评估各个项目活动的乐观时间、最可能时间和悲观时间,进而考虑每个活动完成时间的不确定性。各个活动的预期时间和时间差异可以通过以下公式计算：

$$ET_i = (OT_i + 4MT_i + PS_i)/6$$

$$\sigma_i^2 = ((PS_i - OT_i)/6)^2$$

式中 ET_i——关键路径中项目活动的预期时间；

OT_i——完成关键路径中的活动所需的乐观时间；

MT_i——完成关键路径中的活动所需的悲观时间；

PS_i——完成关键路径中的活动所需的预估时间；

σ_i^2——完成关键路径中的活动的时间差异。

在某个日期 k 之前未完成一个项目的可能性（$T \leq k$）,即从项目开始的第 k 天,它可以通过假设关键路径的总时间 T 存在一个与所有活动（μ_T）的预期时间和总时间（σ_T^2）差异的正态分布,它等同于关键路径中所有活动的完成任务时间的差异之和,即

$$P(T \leq k) = (1/\sigma_T \sqrt{2\pi}) \int_{-\infty}^{k} e^{-Y} dT$$

其中

$$Y = (T - \mu_T)^2 / 2\sigma_T^2$$

$$\mu_T = \sum_i ET_i$$

$$\sigma_T^2 = \sum_i \sigma_i^2$$

如果项目中存在多个关键路径,那么即可计算在某个日期前完成各个路径的可能性。可以通过增加某个日期前完成所有关键路径的可能性,以计算完成项目的可能性（如果各个路径相互独立）。

PERT 不以开始和完成为导向，而以事件为导向。而且它多被使用于以成本而不是时间为主要考量因素的项目中。同时它还多被应用于大型的、一次性的、复杂且非常规的基础设施、调查和项目开发中。

12.4.4　工作分解框架

工作分解框架（WBS）是一种定义和归纳一个项目中存在的分散性工作要素的工具，它帮助组织和定义项目的整体工作范围。一个 WBS 元素可能涉及一项任务（或完成一项职能），任务内容为产品设计、生产、数据处理、服务提供或任意的任务组合。WBS 还提供用于具体的成本估算与掌控，以及为时间表开发和掌控提供指导的必要框架。此外，WBS 是一种动态工具，它可以根据项目经理的具体需要进行修正和更新。

通常情况下 WBS 的输出通过流程图和树状结构的形式，以一系列的方框图加以呈现（例如图 2.5 所示的类似于分解树图的层级结构）。每个方框代表一个任务并且提供许多任务细节与参数（例如所需时间、日期、成本及分配）。WBS 通常显示：①项目中的多样化元素；②不同项目任务中各个工作元素的分配（或数量）；③各个项目元素之间的成本或预算金额的分配；④将大工作元素细分为小元素。一些版本的 WBS 可能不会考虑执行任务的时机或顺序（然而许多被用于 WBS 分析的项目管理软件可以创建甘特图并执行 CPM 和 PERT 分析）。

12.4.5　项目管理软件

目前有多种项目管理软件系统可供选择（例如，Oracle 及由微软公司开发销售的 Microsoft Project 和 Project Standard 2010）。软件程序被设计用于协助项目经理开发计划、分配任务资源、跟踪进度、管理预算以及分析工作量。Microsoft Project 可以使用重要时间点、任务、阶段、相关人员来创建色彩增强的时间表。它还可以与其他软件（例如 Microsoft Excel）共享数据库。许多软件包允许在多名项目经理、程序经理及团队队长之间通过网络分享数据。因此，所有团队成员可以直接浏览项目数据和众多功能，例如输入更改、分配任务、创建个性化项目显示板、浏览日历、准备报告、追踪项目问题、创建自定义表格和图表以及分配任务。

12.4.6　其他工具

除上述软件外，还有其他多种工具可用于专业分析，例如投资分析、收益分析、专家调查、模拟模型和预测、风险档案分析、附加费用计算、转折点趋势分析、目标与实际日期对比、耗费时间、产生成本以及人员数量。这些分析可以促进对于项目状态的沟通交流，并且提高项目经理的工作效率与能力，特别是出于比较的目的，将这些工具与网络连接并且接入储存当前和曾经的类似项目的数据库时。这些工具还允许项目经理创建不同种类的项目时间管理、预算和进度报告，用以沟通交流并掌控项目时间表、现金流量和涉及不同种类风险的相关问题。

12.5 系统工程管理计划（SEMP）

SEMP 是一种较高层次（非细节）的计划，旨在管理系统工程（SE）使其从初始的需求生产出最终的可操作产品（或系统）。类似于一个项目计划定义如何执行整体项目，SEMP 定义了如何执行和管控项目工程部分。SEMP 描述了在产品的全生命周期中，如何集成、监视和控制系统设计师、测试工程师以及其他工程和技术学科的工作。换言之，SEMP 描述了每个团队（或部门）应该做的事及何时达成车辆项目目标。

图 12.3 是描述 SEMP 与项目工作以及项目管理之间的关系的流程图。SEMP 使用关于项目工作的信息并且指定所有主要工程活动的各项细节，例如执行内容、如何执行及何时执行。

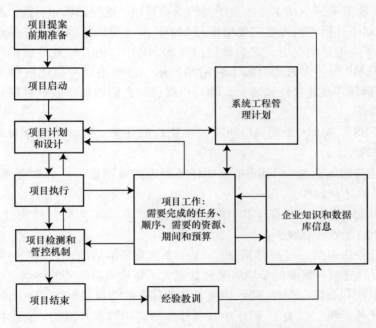

图 12.3 系统工程管理计划（SEMP）与项目工作以及项目管理的关系

对于小型项目而言，SEMP 可能是项目计划文档中的一部分。然而对于任何稍大规模或复杂的项目而言，通常建议使用独立的文档进行管理。SEMP 提供了建立在项目管理团队和技术团队之间的沟通桥梁。它同时帮助协调各技术团队及其内部的各项工作。它建立了实现适当的工作（或需要执行的任务）的框架，其符合项目阶段的进入与成功准则。SEMP 为企业管理层提供了做出 SE 决策时所必需的信息。它侧重于要求、从产品等级要求到低等级实体的连锁效应、设计、开发（详细工程设计）、测试和评估。因此，它强调对于项目参与人要求的可追踪性，并提供了确保在项目整体中开发正确产品（或系统）的计划。

12.5.1 SEMP的具体内容

本节的目的是对在项目SE活动中起控制作用的活动与计划进行描述。举例而言，本节定义了各项SE活动的产出，例如文档、会议和审核。这些所需的产出将控制团队的活动，因此要确保活动的圆满完成。有些计划可能在SEMP中被完整地定义（在框架或完整版本中）。对于其他计划，SEMP可能仅针对某项特定的计划定义其要求。计划本身将作为将来的SE活动的一项进行筹备，例如可能是一项验证计划或认证计划。本章所描述的几乎所有的计划可能属于任一类别。划分标准取决于特定的小项目（或大项目）的复杂程度，以及准备SEMP时前期SE的数量。

第一套所需要的活动主要涉及项目的成功管理。这些活动很可能已经包括在项目/项目计划中，但它们可能需要增加到SEMP中（美国运输部联邦高速公路管理局，2007）。在通常情况下，它们被包括在SEMP中，但有时或许被扩展为单独的文件。在SEMP中包含的项目如下列清单所示。这些项目和描述均由美国交通部（美国运输部联邦高速公路管理局，2007）提供，它们被加以改进以满足复杂的产品开发的需要。

1）"WBS"包含一个项目中所有需要执行的任务。通常被细分为不同等级的独立的预算项。

2）"任务输入"是在WBS中每项任务所需的全部输入，例如资源要求文件、图样、界面描述和标准。

3）"可交付任务"是在WBS中每项任务所需的全部可交付产物（产出），包括文件、产品配置和软硬件。

4）"任务决策节点（或转折点）"是一系列重要的活动，它们在一项任务结束前必须要圆满完成。重要的节点时间通常定义了每项重要活动的终点。

5）"审核和会议"是在WBS中关于各项任务的会议和审核。

6）"任务资源"是关于WBS中各项任务所需的资源。例如，它包括人员、设施和支援设备。

7）"任务采购计划"是一系列涉及WBS各项任务的采购活动。它包括硬件和软件采购，以及所有合同服务和供应商服务（例如SE服务或开发服务）。

8）"重要技术目标"是关于达成所有重要技术目标的计划总结，其需要特殊的SE活动。它可能是一种需要开发全新的软件算法，其效能在使用前已得到证实；它可能是开发某种对用户友好的操作界面时所需的原型开发；它亦可能是许多在供应商选择和装配任务开始前需要被评估的实时操作系统。

9）"系统工程时间表"是关于 SE 活动的时间表，它显示了这些活动的先后顺序和持续时间。时间表应该显示任务（至少达到 WBS 的水平）、可交付成果、重要会议和审核，以及掌控指导项目所需的其他细节（例如需要满足的实际和要求）。SE 时间表是一项重要的管理工具，它被用于衡量各项团队工作并且强调了需要管理层介入的工作区域。

10）"配置管理计划"描述了开发团队在产品和相关流程中管理系统配置的方法和途径。它同时描述了变更控制程序和在系统基准演变的管理。

11）"数据管理计划"描述了如何管控数据及管控什么样的数据、文档记录方式以及这些过程的责任归属。数据应该包括产品设计（例如 CAD 模型或数据）、不同事件的时间表（例如审核及测试）、测试结果、成本、交流通信等。

12）"验证计划"是不可或缺的。该计划与技术要求规范一同拟定。然而设计需要完成测试的部分可以事前拟定（例如包含于系统设计标准中）。验证程序通常由核心工程专家开发，他们为执行验证计划定义了详细的步骤流程。

13）"认证计划"是必需的。它保证了被设计的产品是正确的，并且满足所有客户的需要。

设计第二套计划可以强调 SE 活动的特定区域。它们可能全部包含于 SEMP 之中，或者由 SEMP 提供以单独文件形式准备时的指导。包含在上述第一套活动中的计划通常可应用于任何一个项目。另一方面，包含在第二套计划中的某些计划是否需要则视具体需求而定。对于诸如汽车之类的复杂产品而言，第二套计划中有许多都是必需项目，以下清单对这些项目进行了描述。项目和相关描述均来自于美国运输部联邦高速公路管理局（2007），它们被加以改进以满足复杂的产品开发的需要。

1）"软件开发计划"描述了组织架构、设施、工具以及在生产项目所需软件时所使用的流程。它同时描述了生产定制软件和采购商业软件产品的计划。

2）"硬件开发计划"描述了组织架构、设施、工具以及在生产项目所需硬件时所使用的流程。它同时描述了生产定制硬件和采购商业硬件产品的计划。

3）"技术计划"描述了应用全新科技的技术与管理流程。一般而言，它强调性能指标、对多重技术解决方案的评估以及现有技术的后备方案。

4）"界面控制计划"确定了所有存在于系统内部或系统间的重要界面（在产品内部或外部）。并且确定了在界面双方的组织责任。

5）"技术审核计划"确定了项目中所有技术审核的目的、时间、地点、演讲人和出席人员、主题、进出标准（所有行动项目的决议）。

6）"系统整合计划"定义了活动的先后顺序，这些活动将集成各种相关的组件（软件和硬件）、子系统以及产品系统的产品块。当存在由不同企业组织（例如供应商）的不同开发团队设计或制造若干子系统和主系统时，该计划则变得尤为重要。

7)"装配计划或部署计划"描述了产品部件被装配（部署）的先后顺序。该计划在多个地点进行多个安装时尤为重要。

8)"产品运转和维护计划"定义了确保产品在预期的生命周期中维持运转所需的行动。它定义了维护机构和各位参与人的职责。该计划必须覆盖硬件和软件维护两个方面。

9)"培训计划"描述了产品维护与运转所需提供的培训。

10)"危机管理计划"强调识别、评估、减缓和追踪在一个项目的生命周期中可预期或偶然发生的风险。它确定了在风险管理中所有参与组织的作用和责任。

11)"其他计划"可能存在于一个安全计划、安保计划或资源管理计划之中。

这份列表范围很广且绝不是完备的。这些计划应该在它们被明确需要的时候进行准备。通常情况下，当项目利益相关者和系统增加时，这些计划的制订则变得尤为重要。

SEMP 必须与项目计划同步编写，且应当避免项目计划和 SEMP 在内容上的不必要的重复。然而，即使在项目计划中已经对 SE 进行了进一步的描述，通常也有必要将 SE 的工作进一步扩展到 SEMP 中。

12.5.2 重要信息清单

美国运输部联邦高速公路管理局（2007）指导并提供了一份清单以确保 SEMP 包括以下内容：

1）项目的技术挑战。

2）对在要求分析中所需流程的描述。

3）对在优化设计中所需的设计流程与设计分析步骤进行描述。

4）对于一切所需的支援技术计划的识别与文档化，例如一项验证、一项整合或一项认证计划。

5）对于涉及的人员的描述。

6）对于一切所需的技术人员和开发团队，以及分别由系统所有者、项目人员、利益相关者和开发团队扮演的技术角色的识别。

7）对于存在于各开发团队的界面（或相互作用）的描述。

12.5.3 系统工程师的作用

关于被指派到项目中的系统工程师的作用，从本质上讲是承担执行 SE 流程所需的各项工作。一个详细开发的 SEMP 可以为系统工程师提供清晰的路线图。他们应当与其他担当技术与项目规划的团队成员紧密配合，以确保遵循所有基本的 SE 步骤（参见图 2.1 和图 2.3）。

系统工程师通常在以下方面扮演关键角色：领导产品与系统架构、定义和分配要求、评估设计权衡、平衡系统间的技术风险、定义和评估界面，以及追踪验证和认证活动。系统工程师还通常对开发以下文件负主要责任：SEMP、技术要求/规范文件、验证和认证文件、认证及其他技术文件（NASA，2007）。

SE 重视权衡和妥协，他们是多面手而不是专家。他们需要有长远的眼光并且确保拥有设计权（满足要求）和正确的设计。因此，一名系统工程师需要执行以下任务：

1）理解客户和项目需求。
2）获取所需数据。
3）开发 SEMP。
4）向项目团队传达 SEMP。
5）向项目团队提供关于 SE 任务的建议。
6）协助团队完成所需的权衡分析。
7）保持与项目团队沟通交流以执行上述任务。

12.5.4 系统工程管理计划的价值

精心开发并能很好执行 SEMP，将使 SE 在项目中正确地执行任务。即意味着从获取客户需求到产品开发阶段的产品验证中的所有 SE 步骤，以及在产品运行和废弃处理阶段中的后续步骤，都将由项目团队及时完成。

SEMP 拥有的价值可以概括如下：

1）它将助于降低进度超期和成本超支的风险，并且增加 SE 实现满足用户需求的可能性。
2）它将在合适的时间调派合适的专家（因为他们了解需要做什么），并且确保设计团队成员执行正确的任务（例如分析或测试）。其结果是改善利益相关者的参与度。
3）产品团队将变得更具适应能力，并且已开发产品和系统将变得更具弹性且满足客户需求。
4）产品内的所有实体都将被验证其功能性，因此可以减少产品缺陷。
5）在执行 SEMP 中总结的经验教训可以在下一个项目中用来建立改进的 SEMP 文档。

12.6 系统工程管理计划实例

表 12.1 展现了一个车辆产品项目的高等级 SEMP。制订 SEMP 计划包括 19 个步骤。图中第 2 列对每一个步骤进行简单的描述。第 3 和第 4 列显示了每个步骤从作业#1 开始和结束的时间。第 5 列说明了需要执行的分析和每个步骤所使用的工具和方法，最后一列说明了执行每个步骤中的任务负责团队和部门。SEMP 详细确定了实施内容、时间、使用何种分析方法以及执行每个步骤负责的组织部门。假定

表 12.1 一种汽车产品的系统工程管理计划实例

步骤	描述	从工作#开始的月份 开始	结束	使用的分析、工具和方法	对分析和工具应用负责的团队/部门
				项目启动	
1	标杆管理、市场研究和客户调查：以既存的市场领先者的产品为标杆，以研究它们的特点。市场调查针对在细分市场的领先车型的顾客进行。此外还需研究业务需求和政府要求	−45	−40	标杆分析、计算、专家审核和拍照 通过采访客户决定客户需求 通过 Pugh 图比较公司既存车辆与竞争对手产品的早期概念 对手产品的早期概念 浏览汽车杂志并研究客户投诉数据保修数据 研究业务需要与政府要求	设计和工程团队 市场调查部门和设计工程团队 产品规划和汽车特征工程师 设计和工程团队 设计和工程团队 产品规划与工程设计
2	车辆规范、商业计划、技术计划和概念设计：开发车辆规范和特征要求。通过商业计划书实现概念开发并定稿汽车项目从而进去下一阶段	−39	−36	车辆规范和车辆特征要求分析 车辆概念图、基于 CAD 模型的备选车辆概念 项目生命周期内的现金流动分析 商业计划	设计和工程团队、车辆特征工程设计 设计和工程团队 财务、规划和工程团队 项目管理层、工程和项目管理层
3	供应商选择和团队建立 评估供应商实力并挑选不同车辆实体的供应商。供应商人员被整合进入不同车辆工程与设计团队	−40	−37	技术计划 制造可行性和成本分析 供应商评估 供应商选择 供应商整合	所有负责工程职能的部门和车辆设计团队 制造、工程、产品规划和采购团队 供应商选择和采购团队 供应商选择工程师、车辆设计与工程团队 供应商选择和采购团队

序号	任务		详细任务	负责部门
4	外饰/内饰表面开发与车体设计：设计外饰和内饰表面以满足所有车辆特征要求	-39	-29 进行市场调查以获得外饰和内饰设计的批准	市场调查部门和设计团队
			CAD模型开发。使用布置工具进行座椅布置的设计（SAE座椅布置标准）	车辆布置和人机工程学特征设计、设计和工程团队
			全尺寸粘土模型开发	空气动力学特征设计
			CFD分析和风洞测试	空气动力学工程部门
			外饰与内饰	制造部门
			准备内饰与外饰供应管理层和客户审核	设计和工程团队
5	车辆底盘和悬架设计、验证和批准：同步设计与车架以及悬架	-32	-23 CAE、DFMA和FMEA分析	车体和底盘工程、设计和工程团队
			车体和底盘测试设备（例如对强度、刚度、碰撞/偏移、振动进行计算）	车体和底盘工程
6	座椅布置、人机工程学和内饰设计与批准：进行座椅布置设计以在车内舒适地容纳用户。此外还需进行人机工程学分析和评估	-30	-26 座椅布置工具设计指南与工具、人机工程学设计。驾驶员视野分析、进出人point评估	内饰总布置/空气动力学团队
			总布置、可编程车辆模型（PVM）、总布置评估调查	内饰总布置/空气动力学团队

(续)

步骤	描述	从工作#1开始的月份 开始	从工作#1开始的月份 结束	使用的分析、工具和方法	对分析和工具应用负责的团队/部门
			细节设计阶段—子系统和元素等级		
7	动力总成优化和整合：车辆传动系统被设计并布置至车身内部的可用空间内	-36	-26	CAD分析、传动系统布置 CAFÉ规则和EPA标准 发动机测功机、排放测试实验室以及驾驶评估	车辆总布置工程、车身/底盘以及动力系统设计团队、计团队 动力系统设计团队 排放和燃油经济性特征工程、动力总成工程
8	电气系统构筑和设计：不同车辆的电气系统被设计并布置	-37	-26	CAD分析 对电气和电子系统进行CAE分析、模拟软件（例如MATlab和Simulink）	电气工程、车身工程 电气和电子工程、所有负责车辆特征工程的部门
9	气候控制系统设计：分析因外部环境、动力总成和核心电池组产生的热负载，以设计冷却、加热和通风系统	-38	-26	CAD、CAE、FMEA和DFMA分析 气候风洞测试、使用机械样车和车辆早期样车进行驾驶评估	热量、空气动力学和气候控制系统工程、车身、电气和气候工程 车辆特征工程
			设计验证和车辆级别的确认和审核		
10	子系统装配、验证、认证和批准：不同的子系统被装配在一起并进行测试以验证其功能性。进行车辆级别的认证测试以确认开发车辆特性	-35	-28	FMFA和界面测试 在实验室装配元素装配、子系统装配、主系统装配和车辆级别装配，并进行道路测试以确保它们符合所有要求	车辆特征工程、车辆整合工程
11	模具设计、优化和验证：开发模具以确认符合所有系统设计和制造要求	-32	-25	CAD和CAE分析、DFMA和FMFA	生产流程、工装和装配工程、车辆整合特征工程 品质工程

试生产和装配以及原型车评估

序号	描述				参与方
12	原型车制造和测试：测试早期原型车以验证在现实条件中的性能	-25	试验场 风洞—空气动力、热能和气候评估（例如阻力、空气、热能和漏水） 振动测试机 NVH和降噪测试设备 碰撞试验（例如正面/偏置、侧面、后部及顶部碰撞、燃油外溢/完整性）	-16	配有工程团队
13	试生产：小批量试生产最终原型车以检查模具和装配便利性	-18	生产改进手法，例如JIT、Jidoka和平衡生产线	-10	制造流程、装配、工业和车间工程
14	装配工厂、工装和优化：最终装配车间将根据对工厂、工装和工作流程的优化加以改进	-12	工作站设计与人机工程学方针/评估 生产改进手法，例如JIT、Jidoka和平衡生产线	-4	制造流程、装配、工业和车间工程
15	车辆确定和批准：由客户和管理层对车辆建造和驾驶进行评估。最终的法规要求符合测试和批准	-10	试验场、市场调查和驾驶评估	-5	市场调查部门、工程和项目管理层

产品发布、生产、改良/更新和退役

序号	描述				参与方
16	市场和产品发布：实施并追踪市场、销售、代理商培训和产品促销活动	-3	宣传：产品宣传册、网站、车展和试驾	0	市场和销售部门、品质工程财务、工程和项目管理层

(续)

步骤	描述	从工作#1 开始的月份		使用的分析、工具和方法	对分析和工具应用负责的团队/部门
		开始	结束		
17	产能提升/下降：最终产能根据供求关系提升或下降	0	56	产品发布、生产、改良/更新退役车辆销售追踪工具，用户和经销售回馈，保修率等	市场和销售、品质工程
18	车型变更、改良和小改款：根据需要对车型进行更新以维持竞争力	12	24	设计和技术趋势，用户评论、标杆竞争对手的产品，销售和预测	市场和销售、产品规划
19	产品退役：如果销售严重下滑，产品将被迫退役	56	60	设计和技术趋势，用户评论、标杆竞争对手的产品，销售和预测	市场和销售、产品规划

注：CAE—计算机辅助工程；CAFE—企业平均燃油经济；CFD—计算流体力学；DFMA—制造和装配设计；EPA—环境保护局；FMEA—失效模式及失效分析；JIT—及时；NVH—噪声、振动和舒适性；PVM—可编程车辆模型；SAE—汽车工程师学会。

负责执行每个步骤的专业人员是专家并且比准备 SEMP 的系统工程师知晓更多知识。SEMP 协助完成重要的任务，以保证由正确的专家在项目中正确的时间，使用正确的工具以互相协调的方式完成正确的分析。在正确的时间协调正确的专家搭配十分重要。否则，每个组织单位在进行分析时（例如分析和设计他们负责的系统），可能忽视协调和连接关于不同界面系统的设计活动。协调通常发生在不同设计团队之间的正式或非正式会议上，用以审核进程、解决问题（例如对不同特征和系统功能之间的权衡，以及不同车辆系统之间的干涉）、在车辆计划时间表中的某些预选事件和节点处，审查设计并获取高级管理层的批准。

12.7 项目管理的复杂性

相对于由负责产品开发的技术人员管理的简单项目，那些需要独立的项目管理职能、流程和管理人员的项目一般更加复杂。管理简单的项目时不需要额外的流程或人员（管理任务的数量通常较少，而且小团队的责任由彼此共享）。

因此，对于复杂产品的管理而言，项目管理层需要负责以下内容：

1）将复杂产品分成若干可管理的"小块"（需要注意一个小块可以包含一个或多个产品系统）。

2）通过多个团队建立组织架构（为不同系统或产品块），以管理负责的产品项目。

3）根据每个人的专业和特长选择团队成员，以理解"大局"，即关于整体产品功能和各产品块界面的技术问题。

4）培训团队成员选择和应用工具（本书涵盖的内容以及在不同专业学科中的其他工具）。

5）要求每支团队根据产品规划活动拟定的用户需求和用户特征，建立所属的产品块的相关要求。

6）要求每支团队向项目控制团队提供基于 WBS 的可交付成果的达成情况。

7）要求每支团队在产品开发阶段选择和应用必要的工具（在第 12~16 章涉及），并且在设计审核与项目管理会议上向上级团队汇报结果。

12.7.1 关于项目管理的时间管理

为了确保已计划活动的按时完成，项目管理需要包含：

1）项目时间表（参见图 2.4 和图 2.1）的节点/里程碑（及时且有针对性的决策点）。

2）由不同的专业领域进行审核（通过特征、专业设计、用户群（例如技术专家、用户、服务人员和维护人员）、同行审核、子系统审核等）。

3）定义需要在每个里程碑完成的工作。

4)正式批准进入下一个阶段的计划。

5)处理反对意见或尚未解决的问题时的计划,它们涉及返工、延迟和平衡工作量(超时成本或项目延误)。

6)对于项目时间表进行情况(提前、准时或延误)和未解决问题的良好沟通。

12.7.2 关于项目管理的成本管理

项目管理应当准备成本和时间表以进行成本和进度的控制和沟通交流。可以使用不同形式与格式的图表来控制和显示关于预算等级的信息,以及预算成本、产生成本和预计成本之间的比较(尤其是成本超支)。图12.4给出了一个时间表示例,将累计预算的现金流量与实际支出进行了比较。

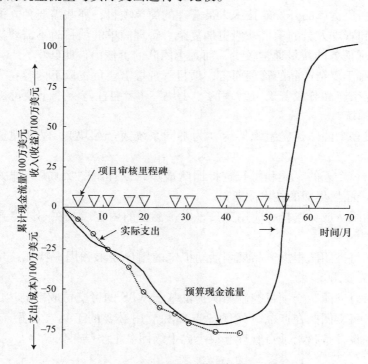

图12.4 实际支出与预算现金流量比较

12.7.3 项目管理面临的挑战

忙碌的节奏和始终避免发生所有外部与内部问题的状态,可能导致项目管理层必须面对源源不断的挑战。内部因素的实例主要涉及无法满足验证测试要求、重要测试设备故障、人事变动、恶劣天气、断电等。外部因素主要涉及因供应商方面的问题导致的延误、经济状况的变化、预算调整、可能改变计划目标的新技术发展,以及项目受国家的政治问题等影响而造成的延误。

因此，项目管理人员必须能够同时处理多个问题；与低层或高层团队组织保持不间断的交流；预见问题并且为应对各种可能做好万全的准备。一般而言，拥有技术背景并且熟悉技术层面问题的项目经理，能够比非技术出身的项目经理更加快速地处理和预见可能出现的开发问题。

出现在设计阶段和一些验证测试中部件级别的问题可能在更高的产品级别中影响工作进度（例如无法交付子系统和系统，以及为验证和认证准备的产品，重新设计、返工和重新测试等对成本造成的影响）。因此，技术问题和成本问题需要直接通过更高级别的管理层进行追踪和交流，以确保采取正确或预防性措施减少项目风险。此外，还需要通过适当的报告机制随时更新关于技术问题、时间和成本的进度表。

12.8 结束语

项目管理涉及一系列挑战，即便通往预期可交付产物的路径是清晰可见的。种种困难也往往会产生于人员、技术和竞争的频繁变动。一些突发变动的例子如：①项目可能在一位关键团队成员突然离职前都进行得非常顺利；②革命性的新产品即将被引入市场；③一个主要的竞争对手发布了与公司产品几乎相同的产品。这些情况将迫使项目发生改变。当技术创新日益增加时，项目的复杂性也随之增加。此外，组织文化、工作环境和经济形势的变化与资源短缺也将对控制和成功完成项目构成巨大的挑战。

参 考 文 献

Brown, J. T. 2008. *The Handbook of Program Management: How to Facilitate Project Success with Optimal Program Management*. New York, NY: McGraw-Hill.

Microsoft Corporation. 2012. Project 2010. Website: www.microsoft.com/project/en-us/demos.aspx (Accessed: May 19, 2016).

NASA (National Aeronautics and Space Administration). 2007. *NASA Systems Engineering Handbook*. Website: http://www.acq.osd.mil/se/docs/NASA-SP-2007-6105-Rev-1-Final-31Dec2007.pdf (Accessed: November 18, 2016).

USDOT Federal Highway Administration. 2007. *Systems Engineering for Intelligent Transportation Systems*. Report no. FHWA-HOP-07-069.

Womack, J. P., D. T. Jones, and D. Roos. 1990. *The Machine That Changed the World*. New York, NY: Macmillan.

第13章 计算机辅助技术

13.1 引言

计算机几乎应用于汽车工业中的所有过程,产生了深刻的革新和提升。在本章中,我们将通过三维(3D)产品设计、仿真、协作、可视化、数字样机设计、车辆分解到组件级别的数据库、要求以及表格和电子报告的准备等领域的应用,回顾一下计算机化是如何影响汽车产品的开发。这些变化有助于减少错误、缩短开发时间和降低开发成本,帮助设计出更好的产品。一些应用领域包括建模和可视化中的三维计算机辅助设计(CAD)、尺寸测量、扫描和铣削以创建车辆模型、工程学分析中的计算机辅助工程(CAE),以及各种制造和装配过程中的机器人和计算机控制的机器设备。

13.2 计算机辅助技术

计算机辅助技术用于进行各种产品规划、设计、工程、制造和数据管理任务。此处列举了在行业中使用的技术和首字母缩略词:

1) 计算机辅助设计(CAD)。
2) 计算机辅助建筑设计(CAAD)。
3) 计算机辅助设计和绘图(CADD)。
4) 计算机辅助工程(CAE)。
5) 计算机辅助制造(CAM)。
6) 计算机辅助工艺规划(CAPP)。
7) 计算机辅助质量保证(CAQ)。
8) 计算机辅助报告(CAR)。
9) 计算机辅助需求捕获(CAR)。
10) 计算机辅助规则定义(CARD)。
11) 计算机辅助规则执行(CARE)。

12）计算机辅助软件工程（CASE）。
13）计算机信息系统（CIS）。
14）计算机集成制造（CIM）。
15）计算机数控（CNC）。
16）计算流体动力学（CFD）。
17）电子设计自动化（EDA）。
18）企业资源规划（ERP）。
19）有限元分析（FEA）。
20）知识工程（KBE）。
21）制造过程管理（MPM）。
22）制造工艺规划（MPP）。
23）物料需求计划（MRP）。
24）制造资源规划（MRP II）。
25）产品数据管理（PDM）。
26）产品生命周期管理（PLM）。

计算机辅助技术的优点和缺点

自 20 世纪 70 年代以来，计算机辅助技术在汽车工业中稳步普及。在 20 世纪 70 年代早期，大型 $X-Y$ 绘图仪与大型计算机一起用于车辆的全尺寸绘图。现在的车辆三维模型由设计师和总布置工程师在早期的车辆概念化阶段开发完成。会议期间，这些模型的放大（全尺寸）图像投影在大屏幕上，便于进行设计审查。这些模型及其数据以电子方式传送并与汽车公司及其供应商的多方设计团队共享。团队使用这些模型和公共数据库来执行各种工程分析，通过不断深入地进行车辆系统模型和数据的详细设计直至整车设计完成。计算机技术极大地提高了车辆开发项目的生产率、质量（例如，减少了数据传输错误）、成本和时间。所说的计算机化的好处有：

1）轻松快速地进行复杂形状建模（例如，自由形状和参数化对象）；使用大量函数和子程序，如复制、粘贴、反射和拉伸来绘制复杂对象（Cozzens，2007）。
2）复杂三维表面的扫描、数字化和建模。
3）精确地操纵几何（例如，通过改变具有不同输入和数据库的参数数据）。
4）重复使用工程数据来创建设计变体（例如，复制、粘贴和修改）。
5）使用数据库中的标准组件、子系统和系统来布置及组装。
6）快速轻松地更改产品设计。
7）更新设计以自动反映更改。
8）集成电气、机械、热和空气动力学设计和分析。
9）使用 3D 打印机创建三维样车零件。
10）通过导入电气原理图创建三维布线布局。

11）在 3D 环境中自动化线束设计。

12）从示意图/草图创建三维产品设计模型。

13）通过减少返工、重用数据和促进数据共享和协作（使用通用数据库）来更快地进入市场。

14）提高产品设计质量和客户满意度（减少设计和制造缺陷）。

15）减少保修索赔（节省维修费用）。

16）针对预期的环境来优化产品性能。

17）降低制造成本。

18）创建准确的设计文档。

19）评估产品可制造性。

20）降低产品设计过程中的成本。

21）创造创新产品（例如，使用迭代设计）。

22）减少物理样车以节省资金（例如，使用计算机模拟和样车设计）。

23）减少产品的过度设计（例如，减少安全因素，优化材料和重量）。

24）通过基于云的自动化模拟节省时间。

25）制造可持续和经济的产品。

26）探索替代制造工艺以降低成本。

27）为碰撞性能（耐撞性）、重量和成本进行材料优化选择。

28）识别有害物质的使用（减少接触有毒和致癌物质）。

计算机化的缺点很少，但它们包括：

1）增加购买和维护计算机和外围设备的成本。

2）软件采购、开发、接口（即使用一个计算机应用程序的输出作为另一台计算机应用程序的输入，无须人工处理数据）和维护成本。

3）增加了用于信息技术人员不断支持计算机系统的成本（例如，用于软件安装、升级、故障排除、用户支持、培训、项目规划和硬件配置）。

4）计算机系统安全和保护的成本（例如，避免数据黑客/盗窃和系统故障）。

5）对应用软件所做的假设（即软件应用程序的不当使用）理解不足。

6）分析过程中未考虑的软件应用程序的限制。

7）未经训练的用户对结果给出错误的解释（即，当升级计算机系统和/或软件应用程序时需要提供额外的训练）。

8）必须使用最新的可用信息/版本不断更新数据库和软件应用程序，否则，基于过时的、不完整的和缺失的信息和/或模型所做出的决策可能导致设计无竞争力。

13.3 计算机辅助设计、工程和制造业

CAD、CAE 和 CAM 是相互依赖的工业计算机应用技术，它们极大地影响了产品的初始设计和最终实现之间的过程链。相对于非计算机或传统的设计方法，CAD/CAE/CAM 系统的持续改进不断为汽车制造商节省成本、时间和资源。因此，CAD、CAE 和 CAM 技术有助于提高生产率和质量，特别是自 20 世纪 80 年代以来。CAD 和 CAM 方法可以单独使用或顺序使用，通常，CAD 比 CAM 应用更普遍。

CAD 主要涉及创建由几何参数定义的计算机模型。这些模型通常将部分或部分系统的三维图像呈现在计算机显示器上，通过改变相关参数可以轻松地改变这些模型。CAD 系统使设计人员能够查看各种表示形式的对象，并通过模拟现实情况（例如，在操作情况下的组件移动）来测试这些对象。

CAM 接着 CAD 之后，通过使用几何设计数据来控制自动化制造机械。CAM 系统与 CNC 或直接数字控制（DNC）系统相关联。这些系统与旧式数控（NC）的不同之处在于几何数据是机械编码的。由于 CAD 和 CAM 都使用基于计算机的方法来编码几何数据，因此设计和制造过程可以高度集成。有关此主题的更多信息可以从 Encyclopedia of Business（2015）和 Groover（2008）获得。

13.3.1 计算机辅助工程（CAE）方法和可视化

CAE 方法是使用 CAE 软件应用程序，解决专门的工程分析，例如结构分析（例如，对应力、偏转、运动、断裂/失效、部件强度和重量的优化建模），噪声和振动分析，传热/热应力分析，流体流动和空气动力学，视觉反射和眩光分析的光学跟踪，以及电磁场绘图。通过创建系统的状态的图形、颜色编码和/或动画视图，使这些分析实现可视化输出以用来评估。例如，负载下的偏转/变形可以通过组件内的物理运动来说明，振动可以通过振动组件内的循环模式的运动来显示，应力水平可以通过使用颜色代码来显示，空气动力/流体流可以是以彩色编码的流动轮廓显示（Peddiraju 等，2009）。可视化技术有助于在设计过程中更好地理解工程问题及其数值的大小。

13.3.2 产品可视化工具

在设计汽车产品时，设计师和工程师必须非常了解可用于创建产品的 3D 空间。当车辆的物理模型（或实物模型）以及各种系统和组件可用时，可以更好地理解不同车辆尺寸、面积、空间、比例和相对尺寸的大小、部件之间的间隙以及导致装配和操作问题的部件之间的干扰。

当前使用的大多数 CAD 工具（例如，CATIA）可以生成从各种观看位置（即眼点）观看的 3D 模型。许多模型可以产生各种车辆系统运动时的动态动画（例

如，门的打开和关闭，车辆悬架中运动部件的运动，以及传动系（发动机、变速器、驱动轴和最终驱动））。此外，许多虚拟现实模拟器，如计算机辅助虚拟现实环境（CAVE）、3D 护目镜和屏幕，为 CAD 模型以及环境（例如，道路、交通中的车辆、展示厅中的车辆）和人类（例如，与车辆的 CAD 模型交互的 3D 驾驶员或用户/乘员人体模型）的计算机模拟提供了更加真实的空间感知。这些模型可用于各种目的，例如工程期间分析设计，公司管理层设计审查，以及在市场调研机构向潜在客户展示车辆设计。

13.4 专业工程活动中使用的设计工具

13.4.1 概念设计

目前在汽车工业中，许多不同的 CAD 软件应用程序用于更快地创建、可视化和修改车辆概念，并减少所需的物理油泥模型（例如，使用快速和虚拟油泥建模）。这些应用程序还能够①在车辆设计过程的早期阶段，通过开发的二维（2D）草图和 3D 虚拟模型更好地交流和审查想法和概念；②通过实时可视化和审查三维设计，促进设计团队之间的协同合作，加快决策速度；③使用二维草图或三维动画工具，提高开发概念和草图、设计曲面和可视化概念时的设计过程效率；④减少或消除构建昂贵的物理模型（例如，实体模型、模型和样车）。

由于 CAD 模型可立即用于设计评审，因此随着建模工作的进展，可以检查发现设计中的错误。所有团队和供应商都可以访问 CAD 模型，以便他们立即获得最新信息，并可以开始进一步设计并完成他们负责开发的以及与其他实体相连接的实体设计。因此，通过高效的表面设计、可视化和 3D 概念开发，可加速从建模到决策制定的概念开发过程。

行业中使用的一些 CAD 应用程序（参见 Car Body Design，2015）：

1）Alias Automotive（概念设计和表面建模的工业设计工具）（Autodesk，2015a）。

2）AutoCAD（Autodesk，2015b）。

3）CATIA（计算机辅助三维交互式应用程序）是由 Dassault Systemes 开发的多平台 CAD / CAM / CAE 商业软件套件。最新版本是 CATIA V5 和 CATIA V6（Dassault Systemes，2015）。

4）NX 是 Siemens PLM Software 开发的 CAD / CAM / CAE PLM 软件套件。NX 是基于参数化实体/曲面特征的建模器，基于 Parasolid 几何建模内核（Siemens，2015）。

5）Pro / ENGINEER 是针对 3D 产品设计的软件，提供集成的参数化 3D CAD/CAM/CAE 解决方案（PTC creo，2015）。

6) IronCAD（IronCAD，2015）。

13.4.2　CAE 与物理测试和样车制作

制造物理产品或产品的一部分（例如，系统、子系统或组件）并让它们经受实际的实验室或场地测试，这样所提供的结果通常比只进行一个或多个 CAE 更有效（例如，实际产品代表）。使用 CAE 测试的优点是它们减少了构建物理测试样车、准备测试设备和进行所需测试的时间和成本。汽车工程测试的趋势是首先进行广泛的 CAE 分析以缩减评估备选方案（即，定义产品设计所涉及的测试或独立变量的组合），然后在样车组件、系统或者车辆可用于物理测试验证的时候进行有限的物理测试验证。

13.4.3　设计审查会议

设计评审会议应始终使用一个或多个产品可视化方法（如草图、绘图、CAD 模型或物理模型），以确保所有审阅者都了解产品配置和正在审核的问题的详细信息。如果没有可视化工具，不同的审阅者可能会对产品和正在审核的问题有不同的看法。因此，在产品设计审查会议期间使用产品可视化方法非常有帮助。

13.4.4　验证测试

验证测试是用来验证设计的实体是否执行并满足其要求。使用 CAE 方法进行的测试不使用实际（物理）实体，但 CAE 测试通过许多不同的变化或条件进行组合并模拟，以确定任何给定实体在不同可能的变化下的表现情况。CAE 测试的优势在于可以在短时间内进行大量验证测试，而无须建造测试实体、测试设置和测试设备。

13.4.5　认证测试

认证通常是作业#1 之前的最后一个测试阶段，进行认证以确保为客户构建正确的产品。因此，应该让客户进行认证测试。此外，由于实际产品是可用的（即样车在作业#1 之前几个月可用），因此在该阶段很少使用 CAD 方法。

13.5　CAD 的优势

与使用标尺、正方尺和圆规的传统绘图方法相比，使用 CAD 系统建模提供了许多优势。可以在不擦除和重绘的情况下进行更改设计。CAD 系统提供"变焦"功能，类似于相机镜头，因此设计师可以放大模型的某些部件以便于检查。计算机模型通常是 3D 的，它可以围绕任何轴旋转，就像可以旋转实际的 3D 模型一样，这使设计师能够更全面地了解物体。CAD 系统还适用于对剖面图（剖视图）进行建模，显示部件的内部形状，并说明部件系统之间的空间关系。CAD 模型还可以提供分解视图，这些视图显示装配中涉及的各种组件或子系统。

要了解 CAD，了解其局限性是非常重要的。CAD 系统并不明白其在现实世界的意义，例如被设计对象的性质或对象所服务的功能。CAD 系统的功能是编纂几何概念。因此，使用 CAD 的设计过程涉及将设计师的想法转化为正式的几何模型。从这个意义上说，一个存在的 CAD 系统实际上并没有设计任何东西，但它可以为设计人员提供工具、快捷方式和一个灵活的环境。

专家系统领域的研究和开发正在解决 CAD 的其他局限性。该领域源于对人工智能的研究。专家系统的一个示例提到的将材料特性的信息（例如，它们的重量、拉伸强度和挠性）融合到 CAD 软件中。当 CAD 系统包含了这些信息和其他信息时，CAD 系统就可以"知道"在创建设计时专家工程师的想法。然后系统可以模仿工程师的思维模式，实际上"创造"一个设计。专家系统还可以涉及更加抽象原则的实施，例如重力和摩擦的性质或常用部件的功能和关系，例如杠杆或螺母和螺栓。专家系统还可能改变 CAD／CAM 系统中数据的存储和检索方式，取代之前的分层系统，使其具有更大的灵活性。

CAD 技术的另一个关键发展领域是性能模拟。最常见的模拟类型包括测试对压力的响应和建模零件的制造过程或零件系统之间的动态关系。在压力测试中，模型表面由格子或网格显示，当部件受到模拟的物理或热应力时这些格子或网格会扭曲。动态 CAD／CAE 测试可作为构建工作样车的补充或替代。建模实体的特征可以更容易地改变，这有助于促进开发出功能和制造中的最佳动态效率。通过在电路中创建模拟电流并观察电气系统的行为，仿真还用于电气/电子设计任务。

从某种意义上来说，设计与制造的过程在概念上是相互独立的。然而，设计过程必然涵盖对制造过程本质的理解。例如，设计者必须了解零件材料的属性、零件塑性的多种技术以及生产规模的经济可行性。设计与生产在概念上的重叠展现了 CAD 与 CAM 技术的潜在优势，也解释了为何这两种技术通常被纳入一个系统中。

13.6　结束语

由于计算机辅助技术的主要优点，行业中以前大量人工设计和物理测试的工作方式已经被彻底取而代之了。为了确保这些新技术的正确使用，我们还要注意必须了解它们的局限性。

参 考 文 献

Autodesk. 2015a. Industrial design and class-A surfacing software. Website: www.autodesk.com/products/alias-products/overview (Accessed: July 4, 2015).

Autodesk. 2015b. Autodesk website. Website: www.autodesk.com/suites/product-design-suite/overview (Accessed: July 4, 2015).

Car Body Design. 2015. CAD Software. Website: www.carbodydesign.com/directory/design-software/cad-software/ (Accessed: July 4, 2015).

Chang, T.-C., R. A. Wysk, and H.-P. Wang. 1998. *Computer-Aided Manufacturing*, 2nd edn. Upper Saddle River, NJ: Prentice-Hall. ISBN 0-13-754524-X.

Cozzens, R. 2007. *CATIA V5 Workbook*. Release 17. Mission, KA: Schroff Development Corporation. ISBN: 978-58503-399-7.

Dassault Systemes. (2015). CATIA website. Website: www.3ds.com/products/catia (Accessed: July 4, 2015)

Encyclopedia of Business. 2015. Computer-Aided Design (CAD) and Computer-Aided Manufacturing (CAM), 2nd edn. Website: www.referenceforbusiness.com/encyclopedia/Clo-Con/Computer-Aided-Design-CAD-and-Computer-Aided-Manufacturing-CAM.html#ixzz37yVAcmU8 (Accessed: July 4, 2015).

Groover, M. P. 2008. *Automation, Production Systems, and Computer-Integrated Manufacturing*, 3rd edn. Upper Saddle River, NJ: Prentice Hall. ISBN 0-13-239321-2.

IronCAD. 2015. IronCAD company website. Website: www.ironcad.com/index.php/industry/automotive-a-transportation (Accessed: July 4, 2015).

Peddiraju, P., A. Papadopoulous, and R. Singh. 2009. CAE Frame Work for Aerodynamic Design Development of Automotive Vehicles. 3rd ANSA & μETA International Conference held on September 9–11, 2009 at Olympic Convention Centre, Porto Carras Grand Resort Hotel, Halkidiki, Greece.

PTC creo. 2015. Pro-Engineer website. Website: www.3hti.com/Creo_Greenfield_Video/index.html?gclid=CJ_ymcSEwsYCFQQHaQodplsBFA (Accessed: July 4, 2015).

Siemens. 2015. NX CAD, CAM and CAE. Website: www.plm.automation.siemens.com/en_us/products/nx/index.shtml (Accessed: July 4, 2015).

第14章 车辆认证

14.1 引言

认证计划描述了为确定车辆是否满足客户的需求并被客户接受而应进行的评估测试。认证测试在车辆层面进行,也就是说,整车及其所有系统都要经过测试。测试通常在客户质检中进行,即邀请有代表性的客户,并要求他们在不同的使用条件下(即在不同情况下驾驶及操作使用不同车辆功能)对车辆进行评估。一些认证测试也邀请不同的技术专家和关键管理人员作为评估人员,并假设他们代表最关键的客户。

认证计划的主要目标是测试车辆,以评估其是否满足客户的所有需求。满足客户的需求和获得客户的认可是每一个汽车项目的关键结果,因为客户是那些愿意投资购买汽车的人。如果顾客发现车辆不符合他们的需要,他们很可能会购买另一家公司生产的车辆(例如,从竞争对手那里)。因此,公司管理层希望对认证测试结果进行评审,以确保所生产的车辆能够被客户接受。认证过程还从本质上判断所有产品开发和管理团队在创建正确产品方面的有效性,并且还提供了在正式投产之前对车辆进行局部更改的机会。

14.2 认证测试范围

14.2.1 何时执行认证

认证测试通常在作业1之前几个月进行(注:作业1完成后,组装好的生产车辆将运往经销商销售)。在此认证阶段之前,所有的工程测试都要认证车辆内的各种组件、子系统和系统(例如,在车辆实体的各个较低层次上的认证测试)均已完成,并确保认证结果显示所有适用的属性要求都得到了满足。因此,认证测试不应该在认证阶段重复,除非需要额外的认证,例如由于后期更改。

认证测试就是为确定整个车辆的所有组装系统和组件是否满足客户需求而进行

的最终测试。装配工厂制造的最新样车通常用于认证测试。另外还有许多样车用于如最终耐久性、性能和检验等其他测试。

在这里，管理层希望确保车辆能够满足客户的所有需求，并且在最终批准将车辆交付给经销商之前，客户会非常满意。通常有6辆或更多的生产样车用于认证测试。认证测试的结果用于对车辆（通常在装配厂）进行微小的更改。该结果还有助于营销和销售人员调整他们的营销计划，并准备经销商信息，以便在客户交付之前检查和修复任何发现的车辆问题。

14.2.2 整车测试

认证测试应包括客观检验和主观检验。客观测试通常使用物理测量设备执行（如加速度计、计时器、距离测量装置、力传感器、温度传感器和声级计）和机载数据记录器；相比之下，主观测试是判断评价者（通常情况下，客户和/或专家）使用各种心理物理测量方法（如评级分类评价：接受/不可接受，喜欢/不喜欢）和成对比较评价（例如，与给定的参考相同，比参考更好或更差）。

客观测试和主观测试的类型以及测试的目的如下。

（1）客观测试

1）动态破坏性试验。为证明符合联邦机动车安全标准（FMVSS）200系列要求（前、侧、后碰撞和侧翻）和FMVSS 300系列（燃料完整性）要求而进行的碰撞试验（NHTSA，2015）。

2）动态无损测试。①动力系统性能（功率、加速度、声音和热评估）；②燃油经济性和排放测试；③在不同道路不同速度下测试噪声和振动的动态评价测试；④制动和控制；⑤空气动力阻力测试；⑥气候控制功能；⑦驾驶、操作控制和使用显示（例如：执行任务的时间）过程中的驾驶员驾驶行为观察。

3）静态试验。①整车在检测计上的燃油经济性和排放试验；②风洞气动阻力和空气/水泄漏试验；③电磁干扰试验。

（2）主观测试

1）动态测试。在这些测试中，需要客户、专家和管理人员驾驶车辆，并对以下车辆特征给出反馈（例如，评级和判断）：①性能，包括对加速度的感知和达到给定值的时间；操纵，感知道路上的车辆如何处理不同动作，如变道、蛇形道曲线，包括转向感觉；制动（包括制动感觉）和乘员舒适度（即驾驶体验）。②噪声、振动、舒适性（NVH）、吱吱声和轧轧声，如车辆在行驶过程中发出的。③布置和人机工程学评价，专家和客户对各种汽车布置的判断和与汽车使用有关的考虑因素，如驾驶过程中难易评级。④车辆能见度和照明，如视野、视觉障碍、能见度距离、用户使用前照明灯光束模式感知研究。⑤总体印象等特点，如"驾驶乐趣""比竞争对手X好得多"或"我想把它推荐给朋友"（使用客户）。

2）客户感知的静态评估，如①造型和外观（外部和内部）；②工艺配合、光洁度、颜色/纹理和谐、声音和触感、对内部材料的感知；③内部组件的功能；④易于服务和维护的考虑。

进行测试时，以下问题纳入重点考量：①测量什么以及如何测量（设备和过程）；②谁来评估，如一个选定的样本客户、一个平均客户、一个非常苛刻的客户、车辆动力学或人机工程学等专业领域的专家。这些考量通常与车辆项目经理和/或公司高级管理人员讨论，并在认证测试项目启动前获得他们的批准。另外，是否需要增加与竞争对手最新款车型进行对比，也由项目经理决定。

同样重要的是，要认识到计算机辅助工程（CAE）方法不是认证测试的一部分，因为它们是基于使用车辆计算机模型的测试。使用CAE方法进行认证测试是因为早期工程阶段没有物理硬件和完整的车辆（早期样车或生产车辆）。在作业1之前生产的实际生产车辆应该用于认证测试。

14.3 评估方法

认证评估中常用的所有方法见表14.1。所使用的方法取决于认证计划中包含的车辆属性及其子属性。表14.1包括所有车辆属性及其主要子属性。认证评估方法基于客户响应、尺寸测量、专家评审、现场测试、碰撞测试、工程要求（使用汽车公司工程标准、FMVSS、汽车工程师协会（SAE）标准中指定的方法）等。

下面的小节将简要描述和解释认证评估中使用的诸多重要方法。

表14.1 用于认证属性的方法类型

车辆属性	亚属性	属性要求/来源	评估方法
布置	座位布置（驾驶员和乘客）	舱内百分位数和内部尺寸 SAE J1516，J1517，J4004	内部坐标测量 布置尺寸的客户评级
	出入性	头部/躯干，膝盖，大腿，足部空间要求。与SGRP的距离	内部坐标测量 上下车出入，客户评级为容易
	行李/货物系统	行李舱容量要求 地板到地面高度	内部坐标测量 客户对存储空间评级
	视野可见性	刮水器/除霜器区域，镜子，柱子遮挡	内部坐标测量 客户对直接和间接视野和障碍的评级
	动力总成	发动机，变速器，传动系统	内部坐标测量 区间驾驶试验
	悬架和轮胎布置	悬架和轮胎布置	内部坐标测量 区间驾驶试验

（续）

车辆属性	亚属性	属性要求/来源	评估方法
布置	其他机械布置	燃料箱，电器，照明，气候控制系统等的空间要求 FMVSS 108 要求	内部坐标测量
人机工程学	位置——控件，显示，控制柄，服务点等的布局	SAE J1138 人机工程学要求	内部坐标测量 在操作时的可触及抓握性
	手脚的可触及性	SAE J287，J1516 和 J4004	内部坐标测量 驾驶调研时的客户评级
	可见性和障碍	FMVSS111，SAE J1050，J902，903.	内部坐标测量。驾驶调研时的客户评级
	可操作性	符合人机工程学的设计指南，SAE J1139	基于人机工程学工程师和客户的驾驶调研的人机工程学记分卡
安全性	正面碰撞	FMVSS 204，208，212 和 219 要求	使用碰撞假人的碰撞测试
	侧面碰撞	FMVSS 214 要求	
	后部撞击	FMVSS 301 和 303 要求	
	车顶抗压	形变要求	实验室检查
	传感器，安全带和安全气囊	固定点和仿真测试	实验室评估和测量 客户舒适度评估
	其他安全特性	FMVSS 108，SAE 照明标准	光度和耐久性测试
造型/外观	外饰——造型，比例等	外观设计指南	外表面测量 客户评级
	内饰——I/P（仪表板），控制台，饰板等	室内设计指南	内表面测量 市场研究测试中的客户评级
	行李/货物/存储	客户要求	客户评级
	发动机舱盖下外观	设计导则	
	颜色/纹理匹配	颜色和纹理大师	匹配颜色和表面处理的专家判断 客户对工艺的评级
	手工艺	工艺指南	专家和客户评级 配合边缘，表面和表面光洁度的测量

(续)

车辆属性	亚属性	属性要求/来源	评估方法
热管理和空气动力学	空气动力学	气动阻力，气动阻力系数和气动噪声要求	风洞和场地测试
	热管理	温度设计指南	静态和驾驶测试
	水管理	泄漏测试要求	水和空气泄漏测试
性能和驾驶性能	性能感觉	0—60mile/h 加速时间工程要求	专家和客户评级
	燃油经济性	EPA/NHTSA 要求	EPA 测试流程
	长距离驾驶能力	工程要求	场地测试
	驾驶性能		场地测试
	手动换档		专家和客户评级
车辆动态	行驶	工程要求	专家和客户评级
	转向和操控		
	制动	FMVSS 105 要求	场地测试
NVH	道路 NVH	工程要求	声音测量。场地测试
	动力总成 NVH		声音测量。场地测试
	风噪		声音测量。场地测试
	电器/机械		场地测试
	制动 NVH		使用专家进行场地测试
	尖叫声，嘎嘎声		使用专家进行场地测试客户评级
	噪声传递		声音测量。场地测试
室内气候舒适	加热器性能	工程要求	场地测试。客户评级
	空调性能		场地测试。客户评级
	水密封		场地测试
重量	车身	设计假设	重量测量
	底盘		
	动力总成		
	气候控制		
	电器		
安全	车辆防盗	工程要求	专家评价
	车内物/组件盗窃		
	人员安全		

(续)

车辆属性	亚属性	属性要求/来源	评估方法
排放	尾气排放	EPA 要求	测功机和场地测试
	蒸气排放		
	车载诊断		
通信和娱乐	与外部资讯通信	传输要求	数据传输测试
	车内通信		
	娱乐		
成本	对于客户的成本	产品规划假设	成本预测计划
	对于公司的成本		
客户生命周期	购买和服务经验	营销假设	历史数据和客户反馈
	运营经验		客户的反馈意见
	生命阶段的变化		客户的反馈意见
	系统升级		客户的反馈意见
	处理/循环利用	回收要求	物料跟踪
产品/工艺兼容性	可重用性	可重用性要求	工厂零件数据库分析
	共用	共用准则	
	沿用	工装预算	
	组合	制造预算	
	工具/工厂生命周期	制造策略和预算	

14.3.1 客户评级

总体而言,约 80~150 名受试者,在每个市场调研测试点被要求对车辆进行评级,并就与车辆属性相关的若干与竞争对手的预选车辆特征进行比较,见表 14.1。车辆可进行静态评价,如内外饰评价、内部布置和空间评价,以及现场驾驶试验。现场测试通常用于对各种系统,如音频、导航、气候控制和前照灯光束模式的平顺性、舒适性、操控性、加速、制动和人机工程学评估。

14.3.2 专家审查

通常,要求客户对认证评估的车辆进行评判。然而,客户不太善于发现汽车的小故障。因此,需要训练有素的专家检测一系列不容易被客户发现的车辆故障(从"几乎检测不到"到"非常明显")。专家通常非常了解客户想要什么,而且他们还可以很容易地检测与他们专业领域相关的车辆中的问题。例如,噪声和振动专家可以很容易地发现悬架部件的振动,而大多数客户在短时间的试驾中不会注意到这些振动。此外,客户可能会有很大的偏见,可能只会根据他们之前的经验来发现车辆的缺陷，而专家可以涵盖他们专业领域内的一系列问题。因此，需邀请专家来评估以下领域的问题：

1）可驾驶性，即加速、行驶、转向、操纵和制动。
2）换档时的感觉和颠簸。
3）各种车辆系统中可能出现的噪声和振动。
4）燃油经济性和尾气排放。
5）工艺，即部件的颜色和纹理的配合、完成、和谐或匹配。

14.3.3 公司员工和管理人员

公司员工和管理人员也被邀请对车辆进行评估。公司员工由于对现有产品有丰富的经验，参与主观评价可以提供有用的信息。然而，他们可能持有偏见，因为他们在评估时可能过于苛刻或宽容。可以从与车辆项目无关的员工中选择评估人员。此外，在很多情况下，新车型推出之前只让公司员工参加车辆评估演习是有益的，这样可以保护即将推出的产品信息不让公众看到。

14.3.4 实验室和控制现场测试

这是不用受试者（客户和专家）进行测试的整车试验，是在实验室或特殊试验装置中进行的静态和动态条件下的试验，目的如下：

1）用于认证乘坐高度和地面的空间、接近角、离去角和通过角、货运量等的尺寸测量。
2）使用测功机测试动力系统和燃油经济性。
3）碰撞测试检测车辆正面、侧面和后方的抗冲击性，以及顶部抗压性，以及和燃料的完整性（不泄漏）。
4）视野测量，如日光开口测量、后视镜视野测量、盲区传感器检测。

14.4 一些认证测试和测试细节的例子

本节提供了一些详细的认证测试，有关评估车辆及其系统的下列 7 个车辆属性：①车辆性能；②舒适性；③噪声、振动和舒适性；④碰撞安全性；⑤造型和外观；⑥布置和人机工程学；⑦电气和电子。需要注意的是，实际进行的认证测试程序在不同的制造商之间以及在同一制造商的不同车辆项目之间都有很大的差异。本节提供这些详细信息旨在提供一个简要概述，仅涵盖所选的 7 个属性中的几个重要领域。

14.4.1 汽车的性能

1）车辆动力学和操纵性。车辆动力学和操纵性的车辆级认证通常涉及驾驶试验。在涉及不同半径曲线、快速变道等路线的操纵过程中，专家驾驶员进行了最大横向加速度的各种加速、减速和转向操纵的车体运动相关的多项测试。客观测量并记录停车距离，如制动从60mile/h 到0，以及时间轨迹的速度、加速度（横向和纵向）、航向角和车辆的位置。客户也被要求驾驶车辆在测试过程中完成一些演习。在每次测试结束时，要求顾客完成一份10分制评级表的问卷，评估他们对各种车辆操纵考量因素的感知。例如：悬架加速度、刚度车身运动，如转弯稳定性、侧倾控制、急停（制动间距）；可操作性，如在停车、转弯和转弯制动时。

2）动力总成性能。发动机性能的认证包括发动机输出功率的测量。例如，使用一系列标准程序（如SAE J1349 和J2723为汽车制造商认证生产发动机的净功率和转矩的评级时指定要使用的测试程序，SAE 2015测试不同发动机转速（r/min）下的功率和转矩）。这些认证程序是客观的，客户不参与评估。但是，性能感知是一个重要的客户期望属性，因此将进行基于客户的额外测试来认证发动机和动力系统的性能。许多受试者被邀请在预先确定的测试路线上试驾车辆，该测试路线包括选定的道路和交通条件。受试者被要求填写一份关于车辆性能、发动机响应和传动系统性能的问卷。评级程序通常包括使用一组预先选定的评级表来评估车辆在不同城市道路和高速公路的行驶情况下的性能，包括加速和减速操作（例如，通过道路、并线、交叉路口减速、爬山和拖车牵引）。专业驾驶员也参与整车加速（例如，加速踏板踏到底0—6mile/h加速时间）、噪声和换档感觉特征等评估。

3）燃油经济性。燃油经济性是一个重要的属性，因为它经常影响着燃油费用和政府法规。该认证计划包括用测功机在室内实验室进行测试，以及对一些测试车辆进行道路测试，这些测试车辆使用不同的驾驶员来评估车辆的实际燃油经济性。这种属性的认证还涉及独立的政府机构，例如环境保护局（EPA）。

为了测试燃油经济性，将测试车辆放置在一个测功机中，由训练有素的操作员操作。在测功机上，车辆将使用预先选择的速度—距离配置文件来模拟城市和公路驾驶。这些配置文件包括设置的距离、速度、起动和停止（用于城市驾驶）。在测试过程中，每个测试车辆都要接受相同的配置。在测试过程中，一根软管连接到排气管，以捕获和测量整个测试过程中产生的物质（排放）的总量。然后将测试数据与其他基准车辆获得的类似数据进行比较。

14.4.2 舒适性

舒适性属性的下列子属性可以进行以下评估：

1）内部舒适度。邀请一组将成为车辆潜在用户的受试者参加车辆评估测试。受试者在预先选定的路线上驾驶测试车辆，并按照已设定的任务和确定的测试路线执行精确的指令。此外，要求受试者用相同的程序以随机顺序驾驶其他基准车辆。在测试过程中，所有的车辆识别标志、标识和徽章都应该被移除（或覆盖），以避免对不同品牌和车型的偏见。受试者将收到一份问卷，其中包括与室内舒适度有关的各种问题，包括座椅舒适度。受试者使用特定评级量表对问卷的每个问题进行评分。对收集到的数据进行分析，并利用性能指标的计算值对车辆进行比较。下面是一些室内舒适度评估问题的例子：

① 驾驶座椅是否舒服？使用 10 分制提供一个整体的舒适度评分，10 分表示非常舒服，1 分表示非常不舒服。

② 座椅提供的大腿支撑是否舒适？使用 10 分制提供舒适度评分。

③ 以乘客身份乘坐时，使用 10 分制对后排乘客座椅进行整体舒适度评分。

2）室内气候/环境舒适度。首先要求受试者在预先选定的路线上驾驶测试车辆，然后要求受试者对室内气候提供的总体舒适度进行评分。以下问题可以包括在评估中：

① 对气候控制单元的制冷（或加热）能力进行 10 分制评分，其中 10 分表示非常舒适，1 分表示非常不舒适。

② 对控制空气流量的能力进行 10 分制评分。

③ 以当前预选的速度（例如，70mile/h）对内部噪声等级进行 10 分制评分，其中 10 分表示非常低的噪声等级，1 分表示非常高的、令人不安的噪声等级。

3）乘坐舒适性。在本评估中，测试对象以驾驶员和/或乘客的身份在指定的座位上乘坐测试车辆，对行驶中预定道路（路面粗糙度不同）以及预定地点中不同速度的乘坐舒适性评分。问题举例：

① 对乘坐本车的整体舒适度进行 10 分制评分，10 分表示乘坐非常舒适，1 分表示乘坐非常不舒适。

② 驾驶感觉很顺畅，还是合适，还是困难？

③ 在这段道路上行驶时，路面的颠簸的明显程度——完全不明显、有点明显还是非常明显？

14.4.3 噪声、振动和舒适性（NVH）

NVH 的三个子属性通常在认证阶段进行评估：

1）BIW NVH：车辆的白车身（BIW）应在行驶过程中测试预期的频率范围。BIW 在受到外部激励的试验机上进行测试，并从不同的座位位置测量其 NVH 水平。

2）动力总成 NVH：由动力总成产生的噪声和振动，以及由外力在动力总成内部产生的振动，由试验机进行测量。试验机内的模拟器模拟车辆底盘受到来自不同来源（如路面粗糙度）的外力，测试设备测量发动机和传动系统部件的 NVH 水平。NVH 级别应该低于车辆属性需求设置的目标值。

3）NVH 的其他来源：一般来说，车辆中有许多部件是用螺栓连接、焊接，甚至是用卡扣配合连接的。这些部件在整个车辆运行过程中不应产生任何"吱吱"声（通常由相邻运动部件摩擦产生）或任何"咔嗒"声（通常由松动或运动部件产生）。这些 NVH 源使用标准公司程序（在与路面、阵风、动力系统、制动系统运行等相关的预定义输入条件下）进行测试。车辆测试的 NVH 结果必须满足子属性要求，这些要求通常基于客户对 NVH 相关问题所引起的烦恼和/或不适的感知和接受程度。

客户驾驶测试包括对以下内容的评级：在不同道路和以不同速度行驶时，驾驶员与乘客通过车辆悬架、车身结构、动力系统、座椅、转向系统和转向盘、踏板、制动系统（例如，制动踏板上的制动粗糙度感觉）所感知的振动与噪声的可接受度。用于测量舒适性（缺少 NVH）的 10 分制量表可以定义为 10 分表示无明显 NVH，1 分表示非常烦人的 NVH。

14.4.4 碰撞安全

安全要求在 FMVSS 中有明确规定，因此必须遵守相应的 FMVSS（NHTSA，2015）。该属性可分为以下子属性：

1）正面碰撞：车辆应通过 FMVSS 208（NHTSA，2015）规定的正面碰撞测试。全正面固定屏障碰撞试验是标准中提到的一个试验例子，也被称为刚性屏障试验。它代表了一辆车对一辆车的全正面碰撞，每辆车以相同的碰撞速度运动。该测试使车辆在垂直碰撞方向上正面全面接触碰撞，旨在代表大多数真实世界的碰撞（车辆对车辆和车辆对固定物体）。对于 FMVSS 208 来说，碰撞速度为 0—48km/h（0—30mile/h），而障壁回弹速度虽然在不同车辆之间有所不同，但当速度变化为 53km/h 时，其范围通常为碰撞速度的 10%。满足正面碰撞试验的头部损伤冲击（HIC）为 1000。乘员胸部减速度要求为 60g，胸部变形应小于 76mm（3in）。此外，不应有任何可能对使用者构成危险甚至致命的突出物或尖锐的破损部件。FMVSS 212 要求在正面碰撞时，至少要保留风窗玻璃周长的 50%。FMVSS 204 中规定的转向柱后向位移小于 127mm（5in）。其他测试包括斜冲击试验（与碰撞物成 30°撞击），FMVSS 301 燃料系统（燃料完整性/溢出）需求和 FMVSS 208 通用雪橇测试。

2）侧面碰撞：此测试评估两辆车在垂直方向碰撞的结果。在侧面碰撞试验中，1000kg 的质量以 53km/h 的速度与车辆侧面相撞。通过的标准是，不得对乘客的关键身体部位造成任何重大伤害。FMVSS 214 要求满足胸部创伤指数（TTI）、骨盆加速度、结构完整性、开门、挤压位移和阻力等诸多要求（NHTSA，2015）。

3）后侧碰撞：所有的后面碰撞试验都是发生在汽车的车身后部的。满足 FMVSS 223 和 FMVSS 224 的要求（NHTSA，2015）。此外，必须满足 FMVSS301 燃料完整性要求。

4）车顶抗压：此项是对车辆进行车辆侧翻时的安全性进行测试。①测试车辆的支柱支撑车顶的能力，即车顶侵入变形在规定极限内以保持所需的头部空间（生存空间）；②检测在动态冲击中支撑自身的能力。FMVSS 216 要求车辆的车顶结构必须在规定的试验中承受从车辆空载重量的 1.5 倍到车辆空载重量的 3.0 倍载荷。必须能满足 FMVSS 201、208 和 216 的要求（NHTSA，2015）。

14.4.5 造型和外观

对车辆造型的评价应考虑以下外饰和内饰的外观子属性：

1）外饰造型：邀请一组受试者（代表客户特征）为目标车辆与竞争车辆评分。要求从不同的角度（如侧面、前部和后部）评价车辆。第 11 章描述了评估的设置和过程。

2）内饰造型：对于内饰评估，测试对象由面试官单独引导，坐在不同的座位位置，并对诸如汽车内饰的整体造型、形状、外观、内饰板的完成和触摸感觉、内饰材料的颜色和纹理等特征进行评分。

14.4.6 总布置和人机工程学

对车辆总布置和人机工程学属性的评估可以从以下几方面考量：

1）乘员空间：邀请一组有代表性的受试者对汽车内饰进行评价，并给出他们对内饰空间宽敞程度的评价。宽敞的感觉可以通过询问乘员与空间相关的问题来评估，比如头部空间、肩部空间、臀部空间、腿部空间，以及上下车的空间。受试者通过填写问卷调查的方式，回答有关不同空间的若干问题（见表 22.4 及第 11 章和第 22 章）。

2）视野：通过让受试者在不同的道路和交通条件下驾驶车辆，可以更好地评估视野问题。对从车窗开口和内、外后视镜观察时的由于车身立柱引起的视野障碍的位置和尺寸进行评估。以下为人机工程学评估问题举例，使用 10 分制评分量表：

① 评估左侧 A 柱和左侧外后视镜造成的视觉障碍的大小，其中 10 分表示非常（小）可接受的模糊，1 分表示非常大且不可接受的模糊。

② 评估左外后视镜提供的视野大小，其中 10 分表示非常可接受的视场，1 分表示非常不可接受的视场。

③ 评估内后视镜提供的视野大小，其中 10 分表示非常可接受的视场，1 分表示非常不可接受的视场。

3）存储和货舱空间：行李舱中的货舱空间可以使用来自日常生活场景的标准测试来测量，比如可以容纳的袋子或盒子数量（某些尺寸）。为了进行适当的工程评价，货舱容积可以用三坐标测量机测量，单位为 L 或 m^3。像杯子、硬币、手机和太阳镜等物品的内部存储区域可以让受试者来存储物品并对它们的大小和存储方便程度进行评估。存储空间也可以由受试者使用方向性的幅值等分级量表从以下方面进行评估：

① 杂物箱的存储空间是否宽敞，是足够大还是不够？

② 仪表板架上的储物空间是否宽敞，是足够大还是不够？

③ 前排座位上可以接触到的杯托数量是否是被需要的？比需要的要多还是

太少？

4）进出方便：要求受试者上下车辆，并提供对门、座椅参考点（SgRP）位置、脚踏板、座椅、转向盘（详见第 20 章）等位置与大小的评分。此外，还可以选择一组具有不同人机测量学特征的特殊人群进行评价，如高个男性、矮个女性、肥胖和成熟的人群。在上下车过程中也可以观察受试者，判断上下车过程中遇到的问题，如头部撞到车顶边框上、脚撞到边梁板上、驾驶员右大腿在转向盘下移动困难。在评估过程中可以提出的一些问题如下：

① 进入车辆难易程度？进行 10 分制评分，其中 10 分表示非常容易，1 分表示非常难进入车辆。

② 进入车辆时，膝关节的空间是否足够？进行 10 分制评分，10 分表示膝关节空间较大，1 分表示膝关节空间过小。

③ 边梁顶部的高度如何？是过高，适合，还是过低？

④ 是否可以轻易触及内门把手并把门关上？进行 10 分制评分，10 分表示非常可以接受的位置，1 分表示非常不可以接受的位置。

5）主要控件的位置：车辆内的控制和显示器的设计参考了人机工程学设计准则。人机工程学工程师使用的指导方针由 Bhise（2012）详细描述。在认证过程中，可以要求受试者在驾驶时使用控件和显示器。在每次使用控件或显示器之后，可以要求其对易用性进行评分。此外，还可以要求受试者报告在使用过程中遇到的任何问题，如难以阅读标签或理解如何操作控件。以下为人机工程学评估问题样例：

① 这些控件容易使用吗？进行 10 分制评分，10 分表示很容易使用，1 分表示很难使用。

② 这些显示器容易阅读和使用吗？进行 10 分制评分，其中 10 分表示非常容易阅读，1 分表示非常难阅读。

③ 转向盘和座椅可以调整到您喜欢的驾驶位置吗？"是"或"否"。

14.4.7 电气和电子产品

进行电气系统测试的目的是，确保在不同道路及环境驾驶条件下，不同车辆系统的电力负荷组合下，所有电气装置均能正常工作。此外，测试车辆上还安装了数据记录仪，记录电路运行数据和故障/错误检测数据，以监控所有电气和电子设备在所有驾驶条件下的运行情况。若使用已建立的测量和校准协议，内部电子控制单元（ECU）信号也可以被记录。根据车辆制造商制定的标准和程序，记录周期可能从几个小时到几天不等。

14.5 结束语

认证是向客户销售车辆之前的最后一个重要阶段。必须仔细计划车辆认证测试，以确保它们在满足客户车辆使用需求的重要领域对车辆进行评估。不同的使用者在不同的驾驶和环境条件下使用这些车辆进行不同的旅行。因此，车辆认证程序必须涵盖所有可预见的车辆使用情况和条件下，客户的所有重要需求，以确保客户满意。车辆认证评估的结果提供了客户对产品感知的信息。这些信息用于进一步提高产品的可接受性，建议对以下方面进行改进：①车辆设计问题（在这样的后期阶段只能考虑对产品进行微小的更改）；②车辆组装流程和程序；③经销商培训；④营销和销售计划。

参 考 文 献

Bhise, V. D. 2012. *Ergonomics in the Automotive Design Process*. Boca Raton, FL: CRC Press. 978-1-4398-4210-2.

NHTSA. 2015. Federal Motor Vehicle Safety Standards. Website: www.nhtsa.gov/cars/rules/import/FMVSS/ (Accessed: July 5, 2015).

Society of Automotive Engineers, Inc. 2015. *The SAE Standards/Handbook*. Warrendale, PA: The SAE International. Website: https://global.ihs.com/standards.cfm?publisher=SAE&RID=Z56&MID=~SAE&gclid=CKSyxa7TqM0CFY-DaQodOykHUQ (Accessed: June 14, 2016).

第 15 章　为车辆创建网站和手册

15.1　引言

车辆手册是一本 10~15 页的纸质手册，消费者在任意一个车辆代理商或者车展中拿到手册便可以回到家悠闲地了解车辆的特征。车辆手册同样可以在大多数制造商网站上浏览并下载。手册的主要功能是为潜在消费者提供必要的产品信息，帮助他们未来将要买车时做出决定。

车辆制造商的网站通常包括所有车辆信息和现在他们正在销售的全部车型。因此，网站就像一个虚拟现实的展厅，在这里可以对比不同的车型和配置参数（技术信息、操作信息、颜色和售价）并查看有关可用性和功能组合方式等信息。网站应该提供比手册更深层次的信息浏览功能。网站应该利用动画来提供更真实的视觉和听觉感受，例如配音、发动机的轰鸣声、背景音乐，使信息更生动。

如果在概念研发阶段建立这个手册，它就能作为一个重要的工具帮助车辆设计者和产品开发工程师去了解即将推出车型的不同特征的重要性。

15.2　为何创建车辆手册

建立车辆手册的目的在于让制造商为潜在消费者提供更多的不同车型的信息。手册需要包含以下信息：

1）车辆内饰和外饰的照片、车辆主要特征以及车型重要性能的说明。
2）可出售的车型和每种车型的标准特性。
3）车型特征描述和其在不同车型上配置的可行性。
4）车辆内部和外部尺寸。
5）功能和指标，例如载重、加速和制动能力、发动机类型、尺寸和排量、油耗。
6）内部和外部的颜色，可提供的内饰材料。
7）车辆卖点或者吸引消费者的车辆特征。

8)每种车型的选装和可选配置。

9)技术领先考虑因素,例如主要工程成就、与销量高的车型相比有什么不同、发动机、变速器、悬架特征、车身构造以及材料。

车辆手册中的数据也都显示在制造商网站中的车辆网页上。网站提供手册的下载文件并且提供影像说明,对车辆进行多角度展示。

在车辆研发早期为即将推出的车型建立车辆手册对车辆开发团队来说也十分有用。它能促使团队成员去思考车辆应该包含的特性和配置,这也促使市场、设计者和工程师团队共同进行头脑风暴,并思考如何满足消费者的喜好。

15.3 车辆网站 VS 车辆手册

由于网络的发达,多数消费者发现通过制造商网站能更快获得车辆信息。与传统的手册相比,网站具有更多的优点:

1)网站包含在售车辆和车型的所有信息,相比之下,手册仅提供所选车辆和车型的信息。

2)网站可以提供大量已选车型的同类横向比较。

3)网站可以为消费者选定颜色的车辆提供360°可调节视角的内饰和外饰视图。

4)网站可以通过视频影音更生动地提供车辆信息。

5)通过交互菜单,网站可以根据要求提供车辆特性和更多细节信息。

6)网站提供的信息与手册相比可及时更新并节省成本。

7)网站展示的信息可以通过发送网址实现共享。

8)与分发手册相比,网站信息成本非常低。

9)车辆手册可以在网站上下载。

10)消费者可以在网站上根据车型、布置和特征创建选择车辆并且获得价格信息(每月还的贷款或者其他降价的消费手段和还贷选项)。

11)大部分制造商网站允许消费者根据提供的邮编信息给出附近经销商车辆的库存信息。

车辆手册的优势:

1)车辆手册可以在没有网络和网络设备的情况下使用,例如没有计算机、智能手机或者平板电脑。

2)手册可随身携带,在室内或室外大多数灯光条件下均可以使用。

3)手册可以印刷成不同的规格、风格、颜色、尺寸等,具有高级感,而网站只是传递车辆的图像,并且会受到显示器的限制,如分辨率、颜色和亮度。

15.4　手册的内容

15.4.1　车型、配置和特征

1. 车型和可选配置

手册应提供所有的可选车型、配置和选项信息。一款车根据市场需求提供不同的车型。车型需要在车身造型上加以区分，例如双门轿车、四门轿车、五门的两厢车，并且结合多样的动力组合，例如一个基本的发动机配合手动变速器或者自动变速器，或者一个高功率发动机配合手动或者自动变速器。更高级（豪华）的配置可以附加更先进的技术和更高级的选项。车辆因此需要设计成多种不同的车型，并有可选布置和可选特征的不同配置。

2. 车型

制造商需要制造不同的车型，例如福特车的 S、SE、SEL、Titanium、Limited 和 Platinum；本田的 LX、Sport、EX、EX–L 和 Touring。每种车型都具有一组指定的标准功能和可选功能配置。车辆手册和网站需要提供表格（可以是表格或者等效的表格形式）来展示每种车型的标准特征、可选的布置和可选的特征。

3. 标准特性

标准特性是车型中已规定包括的特性。标准特性的车型是配置最少的车型。标准特性可分成以下几类：机械、外饰、内饰和安全等。其他由原汽车制造商附加的是可选特征。许多可选特征可被打包在一起，叫作可选配置包。可选配置包根据制造商和车型有许多不同的形式。

4. 可选特征

这些可选特征在标准配置基础上通过增加售价来增配到车辆上。可选特征由车辆品牌和车型决定。一些可选特征有发动机、变速器形式（手动还是自动）、普通天窗/全景天窗、导航系统等。

许多制造商在车辆上已经绑定这些特征来减少不同选项的组合数。例如，可选配置组有一般组、技术组、方便组、舒适组和驾驶辅助组。因此，车辆手册必须包含组合的车型、布置和可选配置的信息，并且可选配置是可以定制的，包括订购代码。

5. 车辆配置包

车辆配置为了方便应组合成不同选项的车辆配置包。配置包的概念就是应该减少消费者订购时的复杂配置的组合。例如：

1）超值配置组合：包括空调、电动后视镜、电动门锁和门窗、无钥匙进入。

2）高级配置组合：真皮座椅、前排座椅加热、转向盘加热、分区域温度独立控制、遥控起动和通用的车库门开关。

3）流行配置组合：包括真皮包裹转向盘、车速控制、转向盘上的声音控制、前排座椅记忆、遥控起动、顶篷控制面板、遮阳板镜子照明、前座椅背口袋、12V 电压输出、前排照明杯托、车辆电子信息中心、里程计算机及胎压监测和显示。

4）科技配置组合：包括无钥匙进入、无钥匙起动、远程遥控、盲点探测系统、后倒车雷达、自动刮水器、停车辅助系统和防盗系统。

5）高级音响组合：包括高质量多扬声器音响系统、触屏控制、倒车影像、USB、SD 卡槽。

6. 车辆外饰和内饰颜色及用料

每种车型有多种配色可选（某些车型有两种配色，即可从两种配色中做出选择）。内饰颜色和材料（座椅、仪表板和装饰件）可以根据汽车的颜色确定。车辆手册中还应提供有关可以订购哪种颜色和材料，以哪种型号和组合配置包的信息。

每种车都应有单独的配置组合信息，包括车型、配置选项、可选配色、内饰颜色和内饰用料。组合的数量可以很大，这样可以减少制造商在面临不同订单组合时的复杂性。

15.4.2 图片集

车辆外饰、内饰和车辆配置的图片会在车辆手册和网站上展示。同时展示可供选择的内饰和外饰颜色、座椅材料、仪表板及装饰件。网站同时还需要提供动态展示，并配上有声和无声的短片，并提供360°全景全区域特征展示。

15.4.3 车辆价格

车辆手册通常不包含价格信息。大多数制造商在网站上提供基本配置的车辆价格，因为车辆价格在网站上容易调整。现今，许多网站上允许浏览者直接根据车型年代、车辆名称、邮编号码，读取不同地方的车辆库存信息。供应商库存信息需要提供标准配置和可选配置的详细信息，同时应该有车辆图片和相应价格。

15.5 车辆手册内容举例

为了更好地看出车辆手册在车辆开发初期的有效性，作者邀请参与 AE500 课程的研究生（汽车：一个综合系统）为一个目标车型建立车型手册。这款车型是 2020 年车型（参见附录 E），他们将为这款车型开发信息。这款车定义为 2020 年车型的中型 SUV，本节对这个项目的输出做以下说明。

15.5.1 车辆尺寸：外部尺寸和内部尺寸

一个车辆手册应该提供一些重要的车辆内部和外部尺寸信息。车辆尺寸信息给出了关键的车辆内部和外部的尺寸，使商户能更好地了解车辆的尺寸。客户可以利用这些尺寸信息与其他车辆进行比较。

表 15.1 给出了中型 SUV 内部和外部的重要尺寸的例子。

表 15.1 中型 SUV 内部和外部尺寸

尺寸名称	SUV 目标尺寸
外部尺寸	
车长/in	179.2
车宽（不包括外后视镜）/in	73.4
车宽（包括外后视镜）/in	84.1
车高/in	65.2
轴距/in	105.9
前轮距/in	62.4
后轮距/in	62.5
内部尺寸	
头部空间——前/in	39.6
头部空间——后/in	38.7
腿部空间——前/in	42.8
腿部空间——后/in	36.8
臀部空间——前/in	54.4
臀部空间——后/in	52.8
肩部空间——前/in	56.0
肩部空间——后/in	55.3
整备质量/lb	3791

注：1in = 25.4mm；1lb = 0.45kg。

15.5.2 传动系统和燃油经济性

手册中应包含发动机和传动系统组合的信息。建议采用以下三种动力组合：

1）2.0L 4 缸发动机配备 6 速自动变速器（标准动力组合）。

2）2.7L V6 发动机配备 8 速自动变速器（可选动力组合）。

3）3.5L V8 发动机配备 5 速手动变速器（可选动力组合）。

根据美国环境保护局（EPA）要求，需要在城市路况、高速公路以及城市与高速结合的路况下给出每种动力总成组合和每种车型的燃油经济性以及每千米 CO_2 排放当量。

15.5.3 车辆的重要属性

车辆重要属性是指消费者最看重的车辆属性，而消费者会根据这些特点购买车辆。这些重要的属性为车辆在市场上的划分提供基准：车身风格、尺寸、级别、性能和豪华等级。

例如，运动款的车必须是两门的，车身高度非常低，具有高性能的发动机、精确性和刚性更好的悬架。另一方面，SUV必须具备指挥式的座椅位置（提供发动机舱盖前方和两侧足够宽阔的视野）、高的座椅参考点（方便进出车门）、两排或者三排座椅、后部有相当大的储存空间和较高的门槛（身高较矮的女性消费者的膝盖稍矮一点）。

车辆手册需要重点突出这些车辆的重要属性。

15.5.4 安全特征

安全是车辆的重要属性。消费者希望在所有可能的可预见情况和环境下，车辆都可以安全地使用。车辆手册需要强调这样一个属性：车辆可以在发生事故时避免人员卷入事故（避祸能力），同时在碰撞时能减轻成员伤害（碰撞安全）。

安全特征可以分为主动安全和被动安全。被动安全是指车辆本身（或者机械）减少驾驶员卷入事故的概率，在危险情况时驾驶员没有做任何操作时减轻事故的严重性。这个情况下我们认为驾驶员是被动的。主动安全是指驾驶员会在即将到来的安全问题上受到警示，驾驶员通常在这种情况下必须做出决定以避免车辆进入危险情况。典型的被动安全有安全气囊和自动制动系统。盲区探测、后视镜摄像头、轨道偏离预警是典型的主动安全配置。

15.5.5 特殊特征分类

产品开发团队需要准备典型的详细的工程参数清单，例如相关车辆尺寸和车辆能有的配置，来帮助公司的市场部门为消费者准备车辆手册。

例如，为了解车辆特征对消费者的重要性，在这个工程课题计划中，要求学生准备三份独立的他们想要设计的车型特征清单。三份清单如下定义和分类：①给潜在消费者以兴奋惊喜的感觉，例如在车辆市场中消费者没有见过的项目；②消费者必须考虑且非常重要的项目，例如消费者买时必须有的；③消费者觉得如果有会感觉很好的项目。也就是这三种类型的配置分别典型地称为使消费者"兴奋""不满意"（如果不提供）和"满意"（如果能提供更多），这包括Kano的质量模型（Yang and El – Haik, 2003）。

表15.2展示的是包括了学生研究项目的特征清单的实例。

1. "兴奋"配置

这些配置在车辆的细分市场和分级市场中没有要求，但是会使看到车的人感到惊喜。这些配置是前沿的，并配置在高端车辆上。

2. "必须有"配置

这些配置是消费者认为必备和有用的。如果这些配置在车辆上没有的话，消费者很可能不会买这样的车，而去买其他拥有这些配置的竞争车。

表 15.2　2020 年度车型期待的三类典型配置

细分市场	"兴奋"配置	"必须有"配置	"有会很好"配置
中型 SUV	高效燃油经济性（29/38mile/USgal 城市工况/高速公路）	倒车影像显示	8 速变速器
	超长满箱油续驶（600mile 以上）	后排可放倒	车道偏离警告和辅助系统
	超宽内部空间（大的头部空间、肩部空间和腿部空间）	电动尾门	ACC
	超大行李舱空间（36ft^3 以上）	稳定性和牵引力控制	全景天窗
	先进前照灯系统（自调平，双氙气前照灯）	USB 和 AUX 音品输入	运动的操控感
入门级中型轿车	自适应悬架和优良的操控性	座椅记忆功能	大的储存空间
	带天气预报和交通情况的导航系统	主动安全配置，例如，轨道偏离辅助系统	全景天窗
	自动驾驶舒适性可配置座椅	冰雪路面的牵引力控制系统	360°全息影像
	可定制的车身造型配件	紧急求助系统	通信座椅
	通过 GPS 控制的智能前照灯	高级的工艺、舒适的皮质和木质装饰	互联网通信和自动的路线建议
全尺寸皮卡	10 速变速器	15 万 mile 耐久性	舒适的座椅和乘坐舒适性
	4.1L V6 柴油直喷，双涡轮和闭缸功能	五星安全	大的存储空间
	自动驾驶能力	宽敞的内部空间——大的头部空间、肩部空间和腿部空间	大后视镜
	生活方式集成配置	优秀的非铺装路面行驶性能	较长的保养里程（12000mile）
	一流的燃油经济性（21/29mile/USgal）	智能手机/设备娱乐系统集成	上下车方便性

注：1mile≈1.6km；1ft≈0.3m；1Usgal≈3.8L。

3. "有会很好"配置

这些配置是消费者渴望的但是在他们决定买车时不是必需的。这些配置的增加会增加车辆的吸引力。

15.6 结束语

车辆手册和网站是联系新产品和消费者非常重要的工具。为消费者在车辆设计、风格、豪华程度、可选配置和车辆性能上提供一个综合印象。在车辆产品项目开发早期创建车辆手册和网站对设计团队来说也是很好的安排,这能帮助他们了解市场上对车辆车型和配置的需求。

参 考 文 献

Yang, K. and B. El-Haik. 2003. *Design for Six Sigma*. New York: McGraw-Hill. ISBN 0071412085.

第二部分　汽车设计过程中使用的工具

第 16 章　车辆产品开发工具箱

16.1　引言

本章主要介绍汽车在开发的不同阶段相应的一些汽车产品开发工具，这些工具提供的信息是以数据或可视化的形式来表达设计开发情况。工具中输入的通常是先前收集的数据、假设或工具内部先前分析所获得的数据。主要是通过分析数据以确定某些独立变量之间的关系，或预测某些变量对用于做出决策的相关（或响应）变量的影响（详见第 17 章）。

这些工具（技术或方法）可以根据许多不同的方式分类，如可分为通用工具和专用工具。通用工具提供了一些基本功能，用于对常见或类似过程进行分析，而有许多专门工具用于分析特殊的问题。

通用工具包括用于收集、组织、记录/存储、显示和数据处理等软件应用程序，诸如电子表格、数据库管理、数据绘图工具、项目管理等工具，以及用于产品和流程可视化的计算机辅助设计（CAD）工具。这些工具供工程师、设计师和专家使用，应用于多个学科。

许多专业工程学科或应用领域需要专用工具，如计算机辅助工程（CAE）工具，可以进一步分为诸如用于空气动力学和流体流动分析的计算流体动力学（CFD）工具、用于传热分析的热力学工具、用于电气架构设计的功率负荷评估以及用于结构设计的有限元分析。

主要用于实体（即，车辆系统及其次级子系统直到组件级别）的工程验证实验的测量和测试设备也涉及许多专用工具。例如，许多测量和记录工具需要专门的硬件，即坐标（或尺寸）测量机（CMM）和传感器；用于将物理特性的变化转换为模拟或数字信号，例如光电池、运动传感器、加速度计、温度传感器和压力传感器。其他的在专业实验室或场地测试中使用的专用工具或测试设备，有发动机测功机、振动测试机、气体排放分析仪、碰撞测试假人、碰撞测试滑道和风洞。

由于本章的重点是与系统工程"V"模型左侧相关的前期工程阶段使用的工具

(图2.2），因此不在这里介绍制造和装配操作中使用的专业设备工具。系统工程管理计划（SEMP）通常包括要执行的任务的时间表和用于满足车辆项目目标以及车辆开发要求的工具。第12章介绍了SEMP。

16.2 车辆开发阶段使用的工具

本节概述了车辆开发过程中使用的重要工具，这些工具将按照汽车开发过中的应用顺序来介绍。

16.2.1 电子表格

电子表格（例如由Microsoft Excel创建的电子表格）应该是最常用的工具，用于显示和汇总表格或矩阵格式的数据。所有产品计划、日程、工程和财务活动都使用电子表格。电子表格允许以列和行的形式处理数据，并能够计算许多数学和统计函数。数据绘图功能进一步使用各种类型的图表显示数据：散点图、折线图、条形图、饼图、三维图表、蜘蛛图等。通过使用电子表格可以轻松实现本章中介绍的许多工具。电子表格的一些应用领域示例是对标研究表（表4.1）、技术要求表（表9.1）、界面矩阵（表8.1）、失效模式和影响分析（表18.6）、决策分析表（表17.4）、Pugh图（表17.5）和财务分析（表19.2）。

16.2.2 设计标准和指南

参与设计车辆及其系统的团队必须收集并熟悉所有可用的设计标准以及车辆属性和相关车辆系统的设计要求与设计指南。大多数系统设计标准和指南通常由车辆制造商的车辆属性和工程功能办公室编写和修订。这些标准通常参考其他相应标准，例如由政府机构、专业协会［例如汽车工程师协会（SAE）标准和经验推荐（SAE，2009）］、汽车供应商和相关行业开发的标准。标准包括配比、背景信息、术语、设计和性能要求、测试程序以及达到要求水平的指南（用于设计和/或安装）。这些标准也参考了以往经验，包含了避免错误操作的提示。联邦机动车辆安全标准（FMVSS）可从美国国家公路交通安全管理局（NHTSA 2015）获得。燃料经济性和排放要求可从环境保护局（EPA）和NHTSA（2012）获得，SAE标准可在SAE（2009）中获得（详见第3章）。

16.2.3 产品规划工具

在产品规划的前期阶段使用的重要工具包括对标和突破、Pugh图质量功能部署、失效模式及影响分析，以及其他产品开发工具，比如商业计划、项目开发计状态图和 CAD。

1. 对标研究

对标研究应该是掌握各种汽车系统中设计和构造问题最常用和通用的工具。在任何系统及其子系统设计的早期阶段，对标研究通常用于研究和比较许多现有车辆中使用的类似系统，包括由领先竞争者生产的系统。对标研究可以更快地掌握不同设计的优点和缺点，并有助于识别应包含和改进的良好设计特性以及应避免的不良设计特性和错误，例如特别是与 Pugh 图一起联合使用时。第 4 章更详细地介绍了对标技术。

2. Pugh 图

Pugh 图是一种表格形式工具，由产品属性（或特征）矩阵和可选产品概念以及被称为基准数据的对标（参考）产品组成。该图有助于进行结构化的概念选择，通常由多学科团队创建融合卓越的产品理念。该过程包括通过所有团队成员的输入创建矩阵。矩阵的行由基于客户需求的产品属性组成，列代表不同的替代产品概念。

对每个产品的每个指标（属性）的评估是根据数据做出的。该方法使用的分类指标为"与数据持平"（S）、"比基准好"（+）、"比基准差"（-）。通过简单地在每列中添加加号和减号的数量来获得每个产品概念的分数。具有最高净得分的产品概念（"加号的总和"减去"减号的总和"）被认为是优选的产品概念。通过在每个属性上结合高度排名概念的最佳特征，直到出现优越概念并成为新的基准，多次迭代被用于提高产品优势。第 4 章介绍了更多 Pugh 图的信息和示例。

3. 质量功能部署

质量功能部署（QFD）是一种用于了解客户需求（客户声音）并将客户需求转换成产品的工程特性或功能、设计需求的过程。它将"什么"（客户需求什么）与"如何"（工程师如何满足客户需求）和"多少"（设计变量的大小，即其目标值）联系起来，并在一个图中提供对标研究所有信息。QFD 最初由日本的 Yoji Akao 博士于 1966 年开发（Akao，1991）。QFD 被广泛地应用，是六西格玛（DFSS）工艺设计的关键工具。由于在 QFD 矩阵图的顶部绘制了如同屋顶的相关矩阵，也被称为"质量屋"。第 18 章介绍了 QFD 的更多细节和示例。

4. 失效模式和影响分析

失效模式和影响分析（FMEA）方法作为系统安全分析工具在 20 世纪 60 年代被开发。它曾被用于国防和航空航天系统设计的早期阶段，以确保产品（例如飞机、宇宙飞船或导弹）的设计能够最大限度地减少所有故障的可能性。通过头脑风暴和评估导致故障发生的所有可能原因来发现故障。优先制定故障列表，并开发纠正措施。几十年来，工程师一直将该方法用于产品设计和工艺设计，以降低许多行业（例如汽车、航空、公用事业和建筑）中各种系统的生产、运行和维护中使用的产品和工艺设计失败的风险。产品设计工程师使用的 FMEA 通常简称 DFMEA，其中 D 代表设计；工艺设计工程师使用的 FMEA 通常简称 PFMEA，其中 P 代表工艺。

FMEA 是质量、安全和产品/工艺工程师使用的主动和定性分析工具，用于提高可靠性，消除故障，从而提高质量和客户满意度。FMEA 的开发涉及以下基本任务：①确定可能的故障模式和故障机理；②确定故障可能对产品和/或过程性能产生的影响或后果；③确定方法检测已识别的故障模式；④确定可能的预防方法；⑤制订行动计划以降低由于已识别的故障而导致的风险。当经验丰富的跨学科团队成员做团队检测时，在产品或流程开发的前期阶段执行非常有效。第 18 章介绍了有关 FMEA 的更多细节和示例。

16.2.4 计算机辅助设计和工具包

计算机图形工具在造型设计中用于 3D 建模（例如，表面呈现）和可视化（有关 CAD 工具和应用程序的更多信息，请参见第 10 章和第 13 章）。造型的输出可通过表面扫描、数字化机器、绘图设备和铣床来制作物理模型或座舱（即，用于铣削油泥或木材）。

车型总布置工程和分析工作还包括使用 CAD 工具以及其他工具，例如使用数字车辆模型（即，虚拟车辆构建）和数字人体模型（例如，杰克模型）进行虚拟现实（VR）模拟。人体模拟系统最初于 20 世纪 80 年代和 90 年代在宾夕法尼亚大学开发。VR 工具还用于诸如评估车辆装配问题（例如干涉、间隙不足）和其他人机工程学考虑因素的应用，例如手臂可伸及距离、可允许提升和移动部件的重量，以及装配任务所需的步骤。此外，驾驶模拟器和可编程车辆用于人机工程学评估（Bhise，2012）。

16.2.5 工程分析工具

许多 CAE 工具被用于汽车行业的大量设计、工程和制造领域。这些工具的应用使汽车制造商能够降低产品开发成本和时间，同时提高车辆的安全性、舒适性和耐用性，并减轻重量。此类应用的例子包括：用于结构分析的有限元分析（FEA）；乘员碰撞分析；车辆动力学和悬架系统分析；空气动力学和热力学分析；电气负荷和电子数据传输分析；视野和能见度分析；光学分析例如前照灯光束模式设计和夜间能见度分析。此外，系统工程师使用数据库和管理工具进行属性管理验证及需求管理验证，例如可追溯性、功能分配、系统接口和级联。

CAE 工具的预测能力已经发展到通过使用计算机模拟代替样车测试来完成大部分设计验证。然而，实车测试仍然需要，尤其是在车辆及其子系统的最终验证和整车认证中，因为 CAE 工具无法预测复杂装配中所有变量的影响，例如由于制造产生的变化；不可预测的翘曲、拉伸和材料的变薄。第 13 章介绍了有关 CAE 工具的更多信息。

16.2.6　质量工具

全面质量管理（TQM）领域的基本质量工具包含 7 种传统工具和 7 种新工具。7 种传统工具是①帕累托图；②因果图；③检查表；④直方图；⑤散点图；⑥分层图；⑦控制图。7 个新工具是①关系图；②亲和图；③系统图；④矩阵图；⑤矩阵数据分析；⑥过程决策程序图（PDPC）；⑦箭头图。上述工具以及实验设计用于六西格玛项目，以解决汽车行业的质量问题（有关这些工具的更多信息和示例，请参阅 Bhise（2014））。

16.2.7　人因和人机工程学工具

人因工程工程师在车辆开发过程中使用了许多工具。这些工具用于以下目的：①获取有关用户群体的特征、能力和边界的信息；②应用收集的信息来设计产品；③在不同时间评估产品和产品计划的各个阶段。人因工程的目标是确保产品的设计使其预期用户群中的大多数人能够轻松、舒适、安全地使用该产品。

人因方法可分为以下几类：
1) 关于人类特征和能力的数据库。
2) 人体测量和人体生物力学模型。
3) 清单和记分卡。
4) 任务分析。
5) 人员绩效评估模型。
6) 实验室、模拟器和实地研究。
7) 人类行为测量方法。

Bhise（2012）提供了有关这些工具的更多信息和示例。

16.2.8　安全工程工具

安全工程师使用各种工具来解决各种安全问题，从识别产品中固有的危险到分析产品使用过程中发生的事故以及监控产品生命周期中的安全性能。有相应的工具用于识别危害和减少风险，如危害分析、FMEA 和故障树分析。这些工具有助于减少产品使用过程中可能发生的事故。Bhise（2014）提供了有关这些工具的更多信息和示例。

16.2.9 测量工具

CMM 用于检查和验证在产品开发过程中使用的物理属性中的各种组件的尺寸和位置，例如模型、样车和其他竞争车型，也包括对标车型。扫描仪扫描最初研发阶段的油泥模型，使其模型表面数字化。数字化数据可用于制造中钣金冲压、液压成形、压铸、锻造和铸造工艺生产零件的模具。

16.2.10 项目/计划管理工具

许多工具用于项目管理。第 12 章描述了用于执行项目管理功能的以下工具：①甘特图；②关键路径方法（CPM）；③程序（或项目）评估和审查技术（PERT）；④工作分解结构（WBS）；⑤项目管理软件，例如 Oracle、Microsoft Project 和 Project Pro for Office 365，由 Microsoft Corporation（Microsoft，2016）开发和销售。另外许多其他的工具可用于专业分析，例如投资分析、成本效益分析、专家调查、模拟模型和预测、风险概况分析、附加费计算、里程碑趋势分析、成本趋势分析、目标与实际日期比较、时间使用、产生的费用和人数。

16.2.11 财务分析工具

许多不同的软件应用程序可用于执行产品生命周期成本计算并创建各种报告，例如通过系统、项目阶段和月份；与预算成本的比较。许多应用程序都集成了其他功能，如管理信息系统、产品规划、供应链管理。软件系统用于生产调度、零部件订购、库存控制、产品控制、车间管理、成本核算等。这种软件系统的一些示例有制造资源规划（MRP）和企业资源规划（ERP）。软件系统可从许多开发者处获得例如 SAP、Oracle、Microsoft、EPICOR 和 Sage。第 19 章提供了有关财务分析的其他信息并提供了示例。

16.2.12 市场研究工具

市场研究部门使用的工具包括个人访谈、焦点小组会议、邮件和电话调查等，用以获取相关客户的需求、产品评估、投诉和满意度数据。这些工具在第 11 章和 Zikmund 和 Babin（2009）中有所介绍。

16.3 结束语

在车辆开发过程中，许多专用工具被用于必要的分析。必须在正确的时间使用这些工具，并应在各种设计和项目审查会议上审查和讨论分析的结果，以确保在不同属性之间进行适当的权衡以满足车辆要求。SEMP 中详细说明了分析和评估过程的时间表和细节（详见第 12 章）。

参 考 文 献

Akao, Y. 1991. Development History of Quality Function Deployment. In: Mizuno, S., Akao, Y., and Ishihara, K. *The Customer Driven Approach to Quality Planning and Deployment*. Minato, Tokyo 107, Japan: Asian Productivity Organization.

Badler, N. I., C. B. Phillips, and B. L. Webber. 1993. *Simulating Humans: Computer Graphics, Animation, and Control*. UK: Oxford University Press.

Bhise, V. D. 2012. *Ergonomics in the Automotive Design Process*. Boca Raton, FL: CRC.

Bhise, V. D. 2014. *Designing Complex Products with Systems Engineering Processes and Techniques*. Boca Raton, FL: CRC.

EPA and NHTSA. (2012). 2017 and Later Model Year Light-Duty Vehicle Greenhouse Gas Emissions and Corporate Average Fuel Economy Standards. *Federal Register*, 77.199: 62623–63200. Environmental Protection Agency, 40 CFR Parts 85, 86, and 600.

Department of Transportation National Highway Traffic Safety Administration, 49 CFR Parts 523, 531, 533, 536, and 537. [EPA–HQ–OAR–2010–0799; FRL–9706–5; NHTSA–2010–0131]. RIN 2060–AQ54; RIN 2127–AK79.

Microsoft Corporation. 2016. Project Pro and Office 365. Website: www.microsoft.com/project/en-us/demos.aspx (Accessed: June 15, 2016).

NHTSA. (2015). Federal Motor Vehicle Safety Standards and Regulations, U.S. Department of Transportation. Website: www.nhtsa.gov/cars/rules/import/FMVSS/(Accessed: June 14, 2015).

SAE. 2009. *SAE Handbook*. Warrendale, PA: Society of Automotive Engineers.

Zikmund, W. G. and B. J. Babin. 2009. *Exploring Market Research*. 9th edn. Publisher: Cengage Learning.

第17章 决策工具

17.1 引言

决策贯穿于整个汽车研发周期当中。管理层需要在车辆开发项目的每个阶段和每个里程碑做出决策，决定是否进入下一阶段，对设计中的车辆进行更改，甚至停止项目。前期决策涉及要设计的车辆类型，为车辆选择要求及其特性（例如，0—60mile/h加速时间）。之后，决策涉及车辆中的系统数量、功能以及车辆空间内的配置和布置。早期决策会对项目的总体成本和时间产生重大影响，因为后面的决定取决于早期选择的特定设计参数及数值。例如，动力总成类型、尺寸、其在车辆空间中的位置（前轮驱动或后轮驱动），新动力系中实施的技术将影响其他相关系统的设计决策（燃料系统、冷却系统、可用于布置悬架的空间）。

车辆进入市场后，收到客户反馈。了解客户不满意的原因后，制造商需要决定是否进行任何更改。在某些情况下，决定可能涉及召回车辆并进一步决定如何以及何时修复车辆中的缺陷。在车辆上市销售一段时间后，需要做出更多决定，如修改哪些车辆特性、如何修改它们以及何时修改它们。

决策就是在候选方案中选择最适合的方案。选定的方案应该降低风险并增加收益。一个或多个备选方案的选择可以使用许多不同的标准。系统工程涉及决策，例如需要做什么、何时做、如何做以及做多少，并且还要考虑设计所需要考虑的因素之间的权衡。

决策时，决策者，如工程师、设计师或项目经理，需从几种可用备选方案中挑选出可接受的备选方案。决策者还需要考虑可能的结果（即将来会发生什么）以及方案与方案之间相互关联作用后的成本和收益（称为支付）。此外，还需考虑每种可能的结果发生的概率。

所有的决策都存在风险。例如，添加比客户想要的更多功能（或能力）、过度设计将浪费资源。相反，所有未能满足客户需求的重大变更和设计不足，将导致销售损失甚至降低制造商的声誉及其在市场中的品牌形象。

本章涵盖各种决策方法和模型，并提供对风险分析和对风险分析方法的理解。

17.2 汽车制造商的决策实例

让我们假设一家大型汽车制造商目前每年生产大约 100 万辆不同尺寸和车身造型的汽车。汽车制造商需要决定哪一类汽车项目可以保持盈利。表 17.1 列出了供制造商考虑的 12 种备选方案，以取代现有汽车产品。如表 17.1 第一行中显示的第一个替代方案是车辆项目 P1，包含制造小型 B 尺寸汽车（如福特 Fiesta），售价约为 17000 美元，预计在未来 5 年内销售 25 万辆汽车，可获得约 42.5 亿美元的收入，并获得 7500 万美元的利润。其他考虑的备选方案是具有不同形态的方案 P2~P12。

表 17.1 决策中考虑的替代车辆计划

车辆开发项目	汽车类型	价格	每辆车的利润	年销量	5年内销量	总利润	总收入	利润占收入的百分比
P1	小型 B	$17000	$300	50000	250000	$75000000	$4250000000	1.8
P2	小型 C	$19000	$450	120000	600000	$270000000	$11400000000	2.4
P3	中型 C/D	$22000	$1500	120000	600000	$900000000	$13200000000	6.8
P4	大型 D	$26000	$2000	60000	300000	$600000000	$7800000000	7.7
P5	小型 C SUV 尺寸	$21000	$700	70000	350000	$245000000	$7350000000	3.3
P6	中型 SUV	$32000	$3000	100000	500000	$1500000000	$16000000000	9.4
P7	大型 SUV	$50000	$8000	25000	125000	$1000000000	$6250000000	16.0
P8	小型皮卡	$20000	$1000	60000	300000	$300000000	$6000000000	5.0
P9	大型皮卡	$28000	$5000	150000	750000	$3750000000	$21000000000	17.9
P10	中型豪华轿车	$30000	$9000	35000	175000	$1575000000	$5250000000	30.0
P11	大型豪华轿车	$45000	$14000	20000	100000	$1400000000	$4500000000	31.1
P12	高性能跑车	$80000	$30000	2000	10000	$300000000	$800000000	37.5
			总计→	812000	4060000	$11915000000	$103800000000	11.5

选择汽车项目需要考虑很多问题。如果公司的目标是利润最大化，那么总利润列显示计划 P9 在 5 年内生产 750000 辆大型皮卡，有可能产生 37.5 亿美元的最大利润。37.5 亿美元的利润占该计划总收入的 17.9%。另一方面，如果目标是将车辆项目的利润占总收入的百分比最大化，那么计划 P12 生产高性能跑车是最好的选择，因为它的利润达到了该计划产生的收入的 37.5%。每辆车的利润也值得关注，因为它表明每辆高性能跑车可以产生 30000 美元的净利润，相比之下，P1 计划中 B 型车只有 300 美元的利润。此外，需要对所需的销售量（总的 5 年销售量）进行可靠的估计以获得表中所示的利润。在这里，我们可以假设销售价格减去每辆车的利润代表每辆车的成本，其应包括产品开发、从供应商采购零件、汽车制造商的制

造和装配操作的每辆车成本，以及汽车营销。这些成本估算问题将在第19章中介绍。

方案选择的决策还取决于当前产品的销售率、其他车辆制造商在每个细分市场上推出的新产品、未来设计趋势、技术和政府法规等。市场中不断变化的经济和政治条件也会影响未来的销量，并增加创收的不确定性和风险。

此示例体现了选择和执行汽车项目的复杂性，预计新车辆销售量的能力，以及与建立客户想要的成功产品相关的风险。

17.3 产品设计决策

17.3.1 产品生命周期中的关键决策

产品项目中的一些关键决策通常涉及以下内容：

1) 项目启动。最高管理层决定应开发的新产品（或对现有产品的修改），并启动这个产品开发项目。

2) 项目认证。最高管理层为进一步工程细节开发选择产品概念的决策依据包括：①从设计团队对所创建的产品概念的介绍中获得的额外的信息；②市场研究结果；③新技术和设计最新趋势再评审；④竞争对手的能力。附加决策需决定预算和产品进入选定的市场日期。

3) 产品概念冻结。管理层决定所选产品概念已成熟，即所有设计和工程管理人员确信产品在规定的预算和时间表内可以生产出来（即可行）。因此，该概念将被冻结，即不会做出重大改变，并将继续进行后续的策划工作。

4) 签字认证。工程当中的所有关键管理人员需要签署一份文件，证明该"设计"产品将高概率（例如90%）地满足要求。

5) 生产发布。所有产品测试（验证和验证测试）都已完成，产品已确定为投入市场做好准备。该产品已开始生产，即工厂开始生产销售车辆。

6) 定期审查。定期（月度、季度或年度）对产品销售额、客户满意度以及与竞争对手产品数据的比较进行审核，以确定是否需要对产品数量或产品特性进行任何更改。

7) 产品的停产和换代。根据市场数据和客户反馈，管理层决定在特定日期终止产品生产，并要求营销部门规划未来的产品或型号以进行更换。

17.3.2 设计阶段的权衡

设计团队需要在一系列相互冲突的设计考虑因素间权衡，例如产品特性和属性。

1) 车辆系统空间与乘客空间。不同汽车系统和组件会占用车辆空间，同时乘员舱要乘坐乘客，行李舱（货舱）需要容纳其他物品。为了给乘员（乘员舱内部空间）提供更多空间，需要减少车辆系统，如车身结构部分、发动机、底盘和悬架部件以及燃料箱占据的空间。因此，车辆设计者可以通过设计更紧凑的车辆系统来进行权衡，以为乘员提供更多空间。这种权衡在汽车工业中通常被称为"机器最小化和人员最大化"，即最小化机械部件的空间并最大化乘员的空间。

2）车辆动力性能与燃油经济性。车辆的加速能力，通常用 0—60mile/h 加速所需的最短时间来衡量（称为以秒计的 0 到 60 的时间）。高性能的车辆需要更高的发动机功率，选择更高的发动机功率则降低了燃料经济性（以 mile/USgal 计算）。

3）车辆动力性能与车辆重量。通常是通过功率与重量比来进行权衡。任何车辆重量的增加都将降低具有相同发动机功率的车辆的加速能力。

4）乘坐舒适性与操控性。乘坐舒适性更好的汽车需要更柔软的悬架，这通常会降低车辆的操纵（操控）性能。

5）轻质材料与成本。轻质材料，如铝、镁、高强度钢和碳纤维材料可以减轻车辆重量，然而这些轻质材料比通常使用的钢板（低碳钢）材料更昂贵。

6）高速防风罩高级别前风窗玻璃与成本。具有更高前角的前风窗玻璃（更倾斜的前风窗玻璃，图 17.1）可以减小气动阻力，提高燃油经济性，并提供比具有更直立前风窗玻璃的传统风格车辆更光滑、更符合空气动力学的外观。高倾斜前风窗玻璃比传统的低倾斜前风窗玻璃更长（图 17.1，其中 $L_1 > L_0$），较长的长度（L_1）还需要更大的前风窗玻璃和更厚的玻璃、更长的刮水器、更强大的刮水电动机、更高容量的前风窗玻璃除霜器和更高容量的空调（由于更高的热/太阳照射负荷作用在前风窗玻璃）。较厚的玻璃还会降低前风窗玻璃的透光率，从而降低驾驶员的能见度。较厚的玻璃也会增加车辆重量，从而降低燃油经济性。高质量的前风窗玻璃会增加车辆成本。

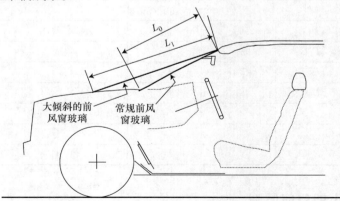

图 17.1　传统的与高倾斜的前风窗玻璃的比较
L_0—传统的前风窗玻璃长度　L_1—高倾斜的前风窗玻璃长度

17.4 什么影响决策

17.4.1 备选方案、效果、收益和风险

系统工程涉及决策,例如需要做什么、何时做、如何做以及做多少,并在可行的设计之间权衡。决策时,决策者,如工程师、设计师或项目经理需从几种可用备选方案中挑选出可接受的备选方案。决策者还需要考虑可能的结果(即将来会发生什么)以及方案与方案之间相互关联作用后的成本和收益(称为支付)。此外,还需考虑每种可能的结果发生的概率。确定理想的或可接受的方案有许多不同的决策原则(Blanchard 和 Fabrycky,2011)。现将决策问题和可应用的原理做如下描述。

让我们作如下的假设:
A_i—第 i 个备选方案,$i=1, 2, \cdots, m$;
O_j—表示第 j 个结果,$j=1, 2, \cdots, n$;
P_j—第 j 个结果将发生的概率,$j=1, 2, \cdots, n$;
E_{ij}—与第 i 个备选方案和第 j 个结果相关的价值估算利益(利润)为正,成本(损耗)为负。

与此问题相关的决策评估矩阵见表 17.2。许多原则可用于选择所需的方案。这些原则在以下小节中描述。

表 17.2 决策评估矩阵

决策	结果的发生概率					
	P_1	P_2	P_3	·	·	P_n
	结果					
	O_1	O_2	O_3	·	·	O_n
A_1	E_{11}	E_{12}	E_{13}	·	·	E_{1n}
A_2	E_{21}	E_{22}	E_{23}	·	·	E_{2n}
A_3	E_{31}	E_{32}	E_{33}	·	·	E_{3n}
·	·	·	·			·
A_m	E_{m1}	E_{m2}	E_{m3}	·	·	E_{mn}

17.4.2 最大期望值原则

挑选可选方案的一个常用原则是基于最大期望值。第 i 个备选方案的期望值 $A_i = \{E_i,\}$

计算公式为 $A_i = \sum_j (P_j \times E_{ij})$。

如果预期值为负值，即亏损，则可将其视为有风险。在决策过程中考虑风险很重要。一般而言，谨慎的决策者将努力降低在备选方案的选择中和项目运行期间的风险。风险相关问题将在本章的后面部分介绍（参见图 17.5）。

在该原则下，决策者将选择具有最大期望值的方案，其被定义为 $\max\{E_i\}$，$i = 1, 2, \cdots, m$。最大预期值等于最小风险值/项。

以下示例说明了替代方案的选择和上述原理的应用。

让我们假设汽车制造商想为其新型小型车辆选择动力总成。制造商正在考虑以下 5 种选择：

A_1 = 设计一款新型小型车，使用最先进的汽油动力总成。
A_2 = 不要设计新的小型车，继续使用现有车型进行最少的修改。
A_3 = 设计一款带电动动力总成的新型小型车。
A_4 = 设计一款带涡轮增压柴油动力总成的新型小型车。
A_5 = 设计一款配备所有三种（汽油、柴油和电动）动力总成选项的小型车。

制造商假设的 6 种可能结果如下：

O_1 = 市场经济情况不变，油价保持低位，电池技术没有改善。
O_2 = 市场经济情况改善 5%，油价保持低位，电池技术没有改善。
O_3 = 市场经济情况下降 5%，油价上涨 30%，电池技术没有改善。
O_4 = 市场经济情况不变，油价保持低位，电池技术提高 50%。
O_5 = 市场经济情况改善 5%，油价保持低位，电池技术提高 50%。
O_6 = 市场经济情况下降 5%，油价上涨 30%，电池技术提高 50%。

表 17.3 提供了与 5 种备选方案和 6 种结果的组合相关的评估指标（估计 5 年销售净利润总额，以美元计）。该表还提供了制造商假设的每种结果的发生概率。

表 17.3　动力系统决策数据

决策	结果发生的概率					
	0.2	0.15	0.1	0.2	0.3	0.05
	结果					
	O_1	O_2	O_3	O_4	O_5	O_6
A_1	$4000000000	$5000000000	$2000000000	$3000000000	$4500000000	$1750000000
A_2	$2000000000	$2500000000	$1500000000	$1750000000	$2000000000	$1200000000
A_3	-$50000000	$300000000	$25000000	$100000000	$400000000	$600000000
A_4	$200000000	$250000000	$150000000	$200000000	-$100000000	-$250000000
A_5	$3500000000	$4500000000	$2250000000	$3750000000	$5500000000	$2000000000

以下说明了 A_1 的预期值的计算公式：

期望值 $A_1 = \{E_1\} = (0.2 \times 4000000000) + (0.15 \times 5000000000)$
$\qquad\qquad\quad + (0.1 \times 2000000000) + (0.2 \times 3000000000)$
$\qquad\qquad\quad + (0.3 \times 4500000000) + (0.05 \times 1750000000)$
$\qquad\qquad\quad = 3787500000$

A_2、A_3、A_4 和 A_5 的期望值分别是 \$1935000000，\$207500000，\$90000000 和 \$4100000000，因此，备选方案 A_5 在 5 个备选方案中的期望值最大，为 4100000000 美元，并将根据最大期望值原则进行选择（参见表 17.4 中"期望值原理"一栏）。

17.4.3 可选方案决策的其他原则

本节描述了可用于挑选可选方案的 6 个附加原则。

1）期望值原理：期望值原理是基于决策者需要满足某个期望水平的假设，例如最低可接受利润水平或最大可容忍损失金额。如果我们假设这个例子中的决策者（表 17.3）想要赚取至少 4000000000 美元的利润，那么他或她会考虑备选方案 A_1 和 A_5，因为这两种选择可以得到 4000000000 美元的利润或更多。另一方面，如果决策者不想承担任何损失，他或她不会考虑方案 A_3 和 A_4 这两种选择可能导致损失。

2）最可能的结果：决策者可以基于结果发生的概率（具有最高发生概率）来决定。在我们的例子中（表 17.3），结果 O_5 的发生概率最高（0.3）。在这种情况下（结果 O_5），备选方案 A_5 的选择将产生 5500000000 美元的最大利润。

3）拉普拉斯原理：拉普拉斯原理假设决策者没有任何的结果发生概率信息，因此，他或她假设所有结果都是同等可能的。在我们的例子中，根据这个原则，所有结果出现概率将等于 1/6。因此，决策者可以简单地取每个备选方案的所有 E_{ij} 的平均值（即，在每个 i 上），并选择具有最大利润的备选方案。在上面的例子中，根据这一原则，决策者将选择方案 A_5，最大平均利润为 3583333333 美元见表 17.4 中"拉普拉斯原理"栏。

4）极大极小原理：这个原理是基于决策者的"极度悲观主义观点"，即最差的情况。因此，决策者要在每个决策的价值 E_{ij} 中选择最小值，并在最小值的数组当中选择最大化利润的方案，即决策者通过选择损失最小的（或选择结果价值最小值中利润最高的方案）来减少损失。第 i 个候选方案的利润定义为（R_i）：

$$R_i = \max_i \{\min_j E_{ij}\}$$

表 17.4 显示，根据这一原理，决策者将选择备选方案 A_5，在所有备选方案中评估的最低值中具有最高值（2000000000 美元），见表 17.4 中"极大极小原理"栏。

5）最大原理：这个原理基于决策者的"乐观主义"（最好的情况）。决策者要在每个决策的价值 E_{ij} 中选择最大值，并在最大值的数组当中选择最大化利润的方案。第 i 个候选方案的利润定义为（R_i）：

表17.4 5项原理选择的备选方案

方案	结果发生的概率						结果						期望值原理	拉普拉斯原理（平均值）	极大极小原理（最小值）	最大原理	赫维茨原理（α=0.5）
	0.2	0.15	0.1	0.2	0.3	0.05	O_1	O_2	O_3	O_4	O_5	O_6					
A_1	$4000000000	$5000000000	$2000000000	$3000000000	$4500000000	$1750000000							$3787500000	$3375000000	$1750000000	$5000000000	$3375000000
A_2	$2000000000	$2500000000	$1500000000	$1750000000	$2000000000	$1200000000							$1935000000	$1825000000	$1200000000	$2500000000	$1850000000
A_3	-$50000000	$300000000	$25000000	$100000000	$400000000	$600000000							$207500000	$229166667	-$50000000	$600000000	$275000000
A_4	$200000000	$250000000	$150000000	$200000000	-$100000000	-$250000000							$90000000	$75000000	-$250000000	$250000000	$0
A_5	$3500000000	$4500000000	$2250000000	$3750000000	$5500000000	$2000000000							$4100000000	$3583333333	$2000000000	$5500000000	$3750000000

注：选定的替代方案显示在此表的最后5列的带下划线的单元格中。

$$R_i = \max_i \{\max_j E_{ij}\}$$

表 17.4 显示，根据这一原理，决策者将选择备选方案 A_5，其中所有备选方案中评估指标的最高结果价值中具有最高值（5500000000 美元），见表 17.4 中"最大原理"栏。

6）赫维茨原理：这一原理就是乐观主义（最大原理）和悲观主义（极大极小原理）之间的折中。第 i 个备选方案中的利润（R_i）基于乐观指数（α）的值的选择来计算如下：

$$R_i = \alpha[\max_i(\max_j E_{ij})] + (1-\alpha)[\max_i(\min_j E_{ij})]$$

式中，α 是乐观指数，其范围为 $0 \leq \alpha \leq 1$。注意：$\alpha = 1$ 表示决策者是极度乐观；$\alpha = 0$ 表示决策者极度悲观。应使用此公式计算每个备选方案的 R_i 值，并选择 R_i 值最大的方案。表 17.4 的最后一列说明，对于 $\alpha = 0.5$，将选择替代 A_5，因为当使用此表达式计算 R_i 时，它在最后一列中具有最高值（3750000000 美元）。

纵观所有原理中选择的方案，方案 A_5 是最佳方案，因为它是在所有原理下选择的方案。

在实际情况中，可能按照不同的原理选择不同的方案。在这种情况下，决策者需要参考所有结果来指导其决策过程，并根据决策者认为（可能来自直觉）的几个关键原理做出最终决定，使其最适合当前的情况。

17.4.4 用于决策的数据收集

决策者需要信息来帮助确定每一个决策的基本参数值，例如上一节中提到的变量：备选方案的数量、可能的结果、结果的概率以及与每个方案相关的成本或收益。如果没有可靠的信息，决策者做出的决定可能不是很有用，甚至可能会误导决策者。此外，决策者的选择也必须慎重，以确保决策者没有偏见，没有任何误解或与之相关的产品先入为主的观念、技术、客户期望等。

许多技术可用于收集信息并以有助于决策者理解问题的方式来显示信息。Bhise（2014）提供了这些工具的概述。

17.4.5 及时决策的重要性

在实际决策情况下，表 17.3 中所示数字的估计值将随时间变化。因此，不同的可选方案可能会在不同的时间点被优化。然而，由于车辆开发是一个漫长而复杂的过程，一旦做出关于基本产品配置的决定。例如，为了使车辆成为前轮驱动车，所有其他后续决策将基于这个前期决策。如果在程序的稍后阶段改变该前期决策（例如使其成为后轮驱动车），则可能需要修改许多设计工作。对车辆开发流程的修改是耗时且昂贵的。因此，决策者要慎重，并在做出前期决策时考虑许多可能的情况（备选方案）和结果，以避免在车辆计划的后期阶段进行代价高昂的变更。

17.4.6 通过敏感性分析进行稳健性评估

决策中的另一个重要考虑因素是确保所选择的决策是稳妥的；也就是说，它对输入假设的变化（例如表 17.2 中的假设值）相对不敏感。一个好的决策者应该通过在不同的可能组合下改变不同输入的值（例如，±10% 或 20%）来进行敏感性分析，并重新计算以确定所选择的决策是否稳健（即它不会改变）。蒙特卡罗模拟方法（其中模拟迭代由其输入分布的随机参数值定义）可用于确定所选决策不变的模拟百分比。

17.5 多属性决策模型

多属性决策情况包括考虑许多（或多个）属性及级别。因此，在选择替代方案时，必须考虑所有属性及其级别的组合。（Pugh 图、加权属性评级和层次分析方法）三种技术允许考虑多个属性。本节将介绍这三种技术。

17.5.1 Pugh 图

Pugh 图是一个简单但有效的工具，用于在进行比较不同产品（或产品概念）时来了解可使用多少属性来研究，以选择最佳产品。该工具还可以在额外的比较迭代中帮助改进所选产品（注意，Pugh 图是在表 4.4 和第 16 章的前部介绍的）。

Pugh 图是一个表格形式工具，由产品属性（或特征）矩阵和备用产品概念以及称为对标的数据组成。该图有助于进行结构化的概念选择过程，通常由多学科团队创建融合卓越的产品理念。该过程涉及通过所有团队成员的输入创建矩阵。矩阵的行由产品基于客户需求的属性组成，列代表不同的替代产品概念。

对每个产品的每个指标（属性）的评估是根据基准数据做出的。该方法使用"与数据相同"（S）、"比数据更好"（+）或"比数据更坏"（-）的分类指标。通过简单地在每列中添加加号和减号的数量来获得每个产品概念的分数。具有最高净得分的产品概念（"加号的总和"减去"减号的总和"）被认为是优选的产品概念。通过在每个属性上结合排名靠前概念的最佳特征，多次迭代提高产品优势，直到出现优概念并成为新的基准。

表 17.5 给出了一个 Pugh 图，用于为 2015 款吉普切诺基中型运动型多功能车（SUV）开发一种 2020 款新概念车（目标车辆），与三款 2015 款 SUV 车型进行比较。该表显示了每辆车如何与 2015 款吉普切诺基车辆（用作每个车辆属性的基准）进行比较。注意，符号 +、S、- 分别表示列中的车辆比基准更好、相同更差。加号的总数减去减号的总数就是衡量每辆车相对对标车辆的改进程度。因此，2020 Jeep Cherokee 获得的总分为 5 分。这高于其他两种车辆的分数。

应该注意的是，这个 Pugh 图是在假设所有车辆属性对客户同等重要的情况下创建的。因此，通过加号减号的数量的简单运算就可以得出分数。然而，在现实情况下，一些属性对于客户来讲更加重要。因此，这个分析方法可以做进一步的完善，就是将每个属性加上权重，加权 Pugh 分析将在下一小节中介绍。

表 17.5 评估一个新的中型 SUV 概念的 Pugh 图

车辆属性	2020 吉普切诺基（目标）	2015 吉普切诺基（Trailhawk）（基准）	2015 福特 Escape（4WD Titanium）	2015 本田 CRV（Touring AWD）
耐久性	+		S	+
越野能力	+		-	-
燃油经济性	+		+	+
噪声振动及舒适性	S		+	+
操控和动态性能	+		S	+
牵引能力	+		S	-
乘坐舒适性（在路上）	-		S	S
易于维护和修理	+		S	S
成本	S		-	-
重量	+		+	+
安全	S		S	+
外形	+		S	S
空气动力学和热力学	S		+	+
总和 +	6		3	7
总和 -	1		2	3
总和 S	6		8	3
总计	5		1	4

17.5.2 加权 pugh 分析法

有许多不同的方法可以为每个属性确定权重值。表 17.6 显示了在此问题基础上更改的 Pugh 图。在这里，Pugh 图中包含了一个权重的附加列。重要性加权基于 10 分制，其中评级 10 分表示最重要，评级 1 分表示最不重要。每列中的符号 +、S、-（对标基准值除外）分别用 1、0、-1 权重代表。车辆的每个属性值乘以相应加权后再求和就是这个权重总和。三辆车的加权和值比较显示，2020 吉普切诺基获得了 37 分的最高分，而 2015 款福特 Escape 获得了 10 分的最低分。设计团队将研究这些数字并找到进一步改善新车加权分数的机会。

表 17.6　Pugh 权重表

汽车属性	重要性评级	2020 吉普切诺基（目标）	2015 吉普切诺基（Trailhawk）（基准）	2015 福特 Escape（4WD Titanium）	2015 本田 CRV（Touring AWD）
耐久性	10	1		0	1
越野能力	7	1	1	-1	-1
燃油经济性	8	1		1	1
NVH	8	0		1	1
操控和动态性能	8	0		0	1
牵引能力	3	0		0	-1
乘坐舒适性	6	-1		0	0
易于维护和修理	6	1		0	0
成本	8	0		-1	-1
重量	5	1		1	1
安全	9				
外观	7	1		0	0
空气和热力动力学	4	0		1	1
总权重		37		10	34

17.5.3　概念选择的加权总分

在产品开发过程中，决策者，通常是高层管理人员，面临着选择车型概念、细节设计和工程开发工作的决策。选择很复杂，因为需要通过考虑产品的许多属性来评估产品概念。这些属性通常是根据客户需求开发的，通过与客户的广泛互动获得，如通过进行市场调查或客户反馈。还可以要求客户为每个属性提供重要性（或权重）评价。权重也可以通过使用层次分析法来开发，下一节将对此做介绍。客户（或设计团队成员）也可以被要求对每个属性的每个产品概念进行评级。然后，所有这些信息可用于确定每个产品概念的总加权分数。可以基于总加权分数来比较产品概念，并且可以选择具有最高总分的概念。第 j 个产品概念的总加权分数（T_j）的计算由以下数学表达式描述：

$$T_j = \sum_{i=1}^{n} w_i R_{ij}$$

式中　T_j——n 个属性的第 j 个产品概念的总的加权分数，$i=1,2,\cdots,n$；

w_i——第 i 个产品属性的权重；

R_{ij}——第 i 个产品的第 C_j 个产品概念。

表 17.7 提供了此加权方案的示例。每个产品概念定义为 C_j，其中 $j = 1 \sim 4$，并且每个产品属性定义为 A_i，其中 $i = 1 \sim 5$。评级（R_{ij}）使用 10 分制，其中 1 分表示差，10 分表示优秀。属性权重（w_i）是通过使用 5 分制获得的，其中 1 分表示不重要，5 分表示非常重要。概念 C_1 的总权重分数（$T_1 = 119$）最高，概念 C_3（$T_3 = 92$）得分最低。因此，可以选择产品概念 C_1 用于进一步开发，或者可以使用评级数据来提出产品概念的进一步修改。在修改之后可以获得新的评级然后再重复上述过程，直到实现可接受的产品概念。

表 17.7 基于属性权重和产品概念的评级的产品概念的加权总得分的实例

属性	属性权重（w_i）	产品概念			
		C_1	C_2	C_3	C_4
A_1	5	10	8	5	7
A_2	3	5	8	9	4
A_3	5	7	4	5	7
A_4	1	5	8	3	6
A_5	2	7	9	6	8
总权重值		T_1	T_2	T_3	T_4
		119	110	92	104

该方法用于质量功能部署（QFD）（用于计算功能规范的绝对重要性分数），并且可以将其视为 Pugh 图的修改评分方法。QFD 工具在第 18 章中描述。以下部分描述了应用称为层次分析方法的技术的过程。该技术用于提取决策中专家的判断。

17.5.4 层次分析法

层次分析法也称为分析层次结构过程（AHP），是确定对不同备选方案的相对偏好（或相对重要性）的一种方法。它基于一个或多个决策者做出的主观判断。每个决策者都被认为是问题领域的专家，没有任何偏见。该方法由 Satty（1980）和 Bhise（2012）描述。

通过配对比较候选方案，进一步简化了决策者的工作。例如，如果有 n 个可能的候选方案，那么将有 $n(n-1)/2$ 个可能的替代方案。分别给出决策者（或显示）每一对方案，并要求选择两个备选方案中更好（或更优选或更重要）的方案，并根据预先选定的标准为所选备选方案分配相对重要性评级（权重）（或产品属性）。然后使用偏好等级来计算每个候选方案的相对权重。选择具有最高权重的方案作为最优选的方案。

在该方法中，产品（或候选方案）成对比较。每对中产品也根据其所具有的属性（用于评估）的强度与该对中的另一产品中的相同属性的强度进行比较评级。使用比例值来表示属性的强度。比例（或权重）值 1 用于表示该对中两个产品中属性是相等强度，比例值9用于表示更好产品中属性具有极端或绝对强度。具有较弱强度的产品被指定为较好产品的比例值的倒数。以下示例将说明此评级过程。

让我们假设一对中有两个产品 M 和 L，并且比较产品的属性是"外部造型"。分配给产品的比例值如下：

1）如果产品 M 相对产品 L 有"绝对偏好的外形属性外部造型"，那么产品 M 相对于产品 L 的权重值为9，相对的产品 L 相对于产品 M 的权重值为1/9。

2）如果产品 M 相对产品 L 有"非常偏好的外形属性"，那么产品 M 相对于产品 L 的权重值为7，相对的产品 L 相对于产品 M 的权重值为1/7。

3）如果产品 M 相对产品 L 有"强烈偏好的外形属性"，那么产品 M 相对于产品 L 的权重值为5，相对的产品 L 相对于产品 M 的权重值为1/5。

4）如果产品 M 相对产品 L 有"中等偏好的外形属性"，那么产品 M 相对于产品 L 的权重值为3，相对的产品 L 相对于产品 M 的权重值为1/3。

5）如果产品 M 相对产品 L 有"同等偏好的外形属性"，那么产品 M 相对于产品 L 的权重值为1，相对的产品 L 相对于产品 M 的权重值为1。

Saaty（1980）用以下形容词描述了9点量表，以表明比较每对中两个项目的偏好程度（或重要性）：

1—同等偏好

2—弱偏好

3—中等偏好

4—中等加偏好

5—强烈偏好

6—强烈加偏好

7—非常强烈或表现出偏好

8—非常非常强烈的偏好

9—极端或绝对偏好

为了让比例更容易理解和应用，通常仅描述奇数编号的比例值（在列表中以粗体显示）。为了让受试者决定权重，作者发现图17.2所示的比例非常有效。如果产品 M 优于产品 L，则要求受试者在左侧的刻度上标记"X"。刻度上的较高数字表示较高的偏好。如果两种产品同样优先，则要求受试者在标尺的中点标记"X"，其值等于1。如果产品 L 优于产品 M，则受试者将使用右侧一边。

图17.2　比较两种产品（M 和 L）时用于表示偏好强度的比例

假设我们要使用层次分析方法比较6种产品，M、P、W、J、L 和 T。要求受试者成对比较产品。6 种产品中的可能的 15 对将以随机顺序呈现给受试者，一次一对（$n=6, n(n-1)/2=51$）。对象将被赋予预选属性（例如，外部样式）并被要求提供每对的优选产品的偏好等级的强度。15 对使用如图 17.2 所示的比例。然后将从 15 对获得的数据转换成成对比较响应的矩阵，见表 17.8。矩阵的每个单元格表示行中产品与对应的列中的产品的优先权重，即比率。因此，第一列和第二列中 1/3 的比率表明产品 P 相对产品 M 是"适度优选的"，即被认为具有适度更好的外部造型，权重为 3。

表 17.8 评估者的配对比较响应矩阵

	M	P	W	J	L	T
M	1	1/3	3/1	1/9	1/3	1/1
P	3/1	1	3/1	1/5	1/3	2/1
W	1/3	1/3	1	1/7	1/3	2/1
J	9/1	5/1	7/1	1	3/1	7/1
L	3/1	3/1	3/1	1/3	1	3/1
T	1/1	1/2	1/2	1/7	1/3	1

注：单元格中的值表示将行中的产品与对应于该单元的列中的产品进行比较的优选比率。

要计算产品偏好的相对权重，表 17.8 中的小数值首先转换为十进制数，如表 17.9 中的左侧矩阵所示。然后将每行中的所有 6 个值相乘，并输入表 17.9 中"行产品"列。计算每行产品的几何平均值。应该注意的是，n 个数字的产品的几何平均值是产品的（$1/n$）个根（例如，0.03703 的 1/6 根是 0.57734。$0.57734^6 = 0.03703$）。然后将"几何平均值"列中的所有 6 个几何平均值相加。如表 17.9 所示，总和为 8.6192。然后将每个几何平均值除以它们的总和（8.6192）以获得产品的标准化权重（表 17.9 最右栏）。应当注意，由于归一化，所有产品的标准化权重之和为 1.0。

表 17.9 产品归一化权重的计算

	M	P	W	J	L	T	行产品	几何平均数	标准化权重
M	1.0000	0.3333	3.0000	0.1111	0.3333	1.0000	0.03703	0.57734	0.06698
P	3.0000	1.0000	3.0000	0.2000	0.3333	2.0000	1.19988	1.03084	0.11960
W	0.3333	0.3333	1.0000	0.1429	0.3333	2.0000	0.01058	0.46853	0.05436
J	9.0000	5.0000	7.0000	1.0000	3.0000	7.0000	6615.00000	4.33266	0.50267
L	3.0000	3.0000	3.0000	0.3333	1.0000	3.0000	26.99730	1.73202	0.20095
T	1.0000	0.5000	0.5000	0.1429	0.3333	1.0000	0.01190	0.47784	0.05544

总和----->8.619231538   1.00000

标准化偏好值如图 17.3 所示。该图显示最优选的产品（基于属性"外部造型"）是 J，其标准化权重为 0.50267，最不优选的产品是 W，其标准化权重为 0.05436。

该示例基于从一个主题即"外部造型"获得的数据。如果有更多的主题，则可以通过使用相同的程序获得每个主题的标准化权重，并且可以通过对每个产品的所有主题的标准化权重的平均值来获得每个产品的平均权重。

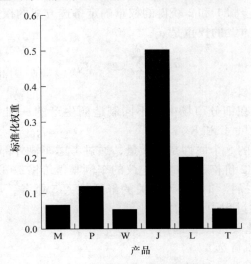

图 17.3　6 个产品的标准化权重

17.6　AHP 多属性决策的应用

当使用多个属性来选择备选方案时，也可以应用 AHP。选择备选方案的分三步：

1）使用 AHP 获得每个属性的权重。
2）使用 AHP 获得每个备选方案中每个属性的权重。
3）从上述两个获得的权重的步骤中获得备选方案的权重。

本节描述了该过程。备选方案和属性首先定义如下：

备选方案 $\{A_i\} = A_1, A_2, \cdots, A_n, i$ 的取值范围为 $1 \sim n$；属性 $\{T_j\} = T_1, T_2, \cdots, T_m, j$ 的取值范围为 $1 \sim m$。

步骤 1：属性权重

在这一步中，每个属性权重（T_j）的确定都是基于 AHP 方法。其中假设 w_1、w_2，$\cdots$，w_m 是属性权重 $0 \leqslant w_j \leqslant 1$ 并且

$$\sum_{j=1}^{m} w_j = 1$$

步骤 2：获得每个备选方案中每个属性的权重

假设 v_{ij} 是第 i 个方案的第 j 个属性，有

$$\sum_{i=1}^{n} v_{ij} = 1$$

第 i 个方案中每个属性都满足 $0 \leqslant v_{ij} \leqslant 1$。

v_{ij} 值通过分别应用 AHP 方法（即分别针对每个属性）来确定。

步骤 3：根据从步骤 1 和 2 获得的权重确定备选方案的权重

假设第 i 个备选方案的权重是 a_i

$$a_i = \sum_{j=1}^{m}(w_j \times v_{ij})$$

示例：多属性加权

假设决策者想要在细分市场中由不同制造商生产的一组 4 辆车中选择最佳车辆。车辆分别为 H、T、E 和 R。

在选择中要考虑的 5 个属性是①质量，通过考虑车辆外部和内部表面特征和规格来确定总体质量；②价格，制造商建议的车辆零售价格；③外形车辆的造型和外观；④舒适性，座椅操控和内饰等相关的舒适性；⑤服务，经销商提供的服务体验。AHP 方法在评估过程中使用以下比例：

9—极端或绝对重要（或首选）

7—非常重要（或首选）

5—很重要（或首选）

3—中等重要（或首选）

1—同样重要（或首选）

步骤 1：要求决策者在 5 个属性之间进行配对比较，比较这 5 个属性以获得其重要性权重。得到的矩阵见表 17.10。表 17.11 显示了 5 个属性的数值和权重。

表 17.10　5 种属性的配对比较等级矩阵

	质量	价格	外形	舒适性	服务
质量	1/1	1/1	5/1	5/1	1/1
价格	1/1	1/1	2/1	2/1	5/1
外形	1/5	1/2	1/1	3/1	1/1
舒适性	1/5	1/2	1/3	1/1	2/1
服务	1/1	1/5	1/1	1/2	1/1

表 17.11　5 个属性的权重

	质量	价格	外形	舒适性	服务	行产品	几何平均数	归一权重
质量	1.000	1.000	5.000	5.000	1.000	25.0000	1.9037	0.3326
价格	1.000	1.000	2.000	2.000	5.000	20.0000	1.8206	0.3181
外形	0.200	0.500	1.000	3.000	1.000	0.3000	0.7860	0.1373
舒适性	0.200	0.500	0.333	1.000	2.000	0.0666	0.5817	0.1016
服务	1.000	0.200	1.000	0.500	1.000	0.1000	0.6310	0.1103
总和-->							5.7229	1.000

步骤 2：首先分别为这 4 辆车的每个属性评级。表 17.12 显示了每个车辆的连续 5 个属性的评级矩阵（左侧）和获得标准化加权（右侧）的计算。

步骤 3：最终每一个产品的权重归一值是通过每个属性的归一权重值与该产品

的属性的权重归一值相乘,然后再求和。

表 17.12 步骤 2 为每个属性获取车辆重量的计算

1 质量

行相对列的属性的重要性的比例

	H	T	E	R
H	1.000	1.000	5.000	3.000
T	1.000	1.000	5.000	3.000
E	0.200	0.200	1.000	0.500
R	0.333	0.333	2.000	1.000

行产品	几何平均数	归一权重
15.0000	1.9680	0.3937
15.0000	1.9680	0.3937
0.0200	0.3761	0.0752
0.2222	0.6866	0.1374
总和 -->	4.9986	1.0000

2 价格

行相对列的属性的重要性的比例

	H	T	E	R
H	1.000	1.000	5.000	3.000
T	1.000	1.000	5.000	3.000
E	0.200	0.200	1.000	0.500
R	0.333	0.333	2.000	1.000

行产品	几何平均数	归一权重
15.0000	1.9680	0.3937
15.0000	1.9680	0.3937
0.0200	0.3761	0.0752
0.2222	0.6866	0.1374
总和 -->	4.9986	1.0000

3 外形

行相对列的属性的重要性的比例

	H	T	E	R
H	1.000	2.000	1.000	1.000
T	0.500	1.000	2.000	3.000
E	1.000	0.200	1.000	0.500
R	1.000	0.333	2.000	1.000

行产品	几何平均数	归一权重
2.0000	1.1892	0.2995
3.0000	1.3161	0.3314
0.1000	0.5623	0.1416
0.6667	0.9036	0.2275
总和 -->	3.9712	1.0000

4 舒适性

行相对列的属性的重要性的比例

	H	T	E	R
H	1.000	1.000	0.500	1.000
T	1.000	1.000	0.500	2.000
E	2.000	2.000	1.000	2.000
R	1.000	0.500	0.500	1.000

行产品	几何平均数	归一权重
0.5000	0.8409	0.1988
1.0000	1.0000	0.2364
8.0000	1.6818	0.3976
0.2500	0.7071	0.1672
总和 -->	4.2298	1.0000

5 服务

行相对列的属性的重要性的比例

	H	T	E	R
H	1.000	1.000	5.000	8.000
T	1.000	1.000	5.000	3.000
E	0.200	0.200	1.000	0.500
R	0.125	0.333	2.000	1.000

行产品	几何平均数	归一权重
40.0000	2.5149	0.4660
15.0000	1.9680	0.3647
0.0200	0.3761	0.0697
0.0833	0.5373	0.0996
总和 -->	5.3962	1.0000

表 17.13　最终权重计算

属性 - - >		$j=1$ 质量	$j=2$ 价格	$j=3$ 外形	$j=4$ 舒适性	$j=5$ 服务	最终权重
属性归一权重 - - >		0.3326	0.3181	0.1373	0.1016	0.1103	
每个车辆中属性的归一化权重	H	0.3937	0.3937	0.2995	0.1988	0.4660	0.3689
	T	0.3937	0.3937	0.3314	0.2364	0.3647	0.3660
	E	0.0752	0.0752	0.1416	0.3976	0.0697	0.1165
	R	0.1374	0.1374	0.2275	0.1672	0.0996	0.1486
总和 - - >		1.0000	1.0000	1.0000	1.0000	1.0000	1.0000

表 17.13 显示了从步骤 3 中的计算中获得的产品的最终权重。例如，车辆 H 的最终权重计算如下：

$(0.3937 \times 0.3326) + (0.3937 \times 0.3181) +$
$(0.2995 \times 0.1373) + (0.1988 \times 0.1016) +$
$(0.4660 \times 0.1103) = 0.3689$

图 17.4 是一个条形图，显示了 4 种产品的最终权重。结果表明车辆 H 和 T 的权重值高于车辆 E 和 R。因此，考虑到 5 个属性，最终权重表明车辆 H 是最好的，车辆 T 其次，车辆 E 是最差的。

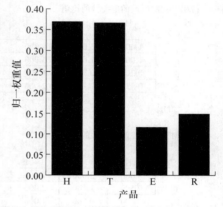

图 17.4　4 种产品的最终权重

17.7　决策中的信息需求

做出正确决策的关键是确保决策者掌握足够的信息，并充分了解备选方案、结果、权衡和支出等相关问题。因此，谨慎选择决策者并确保决策者熟悉产品及其用途是非常重要的。

在大多数产品评估情况下，要求使用类似产品（即，与他们目前拥有的产品类似）的客户对使用的产品（或决策）提供评价。另一方面，对产品非常熟悉且对产品有广泛了解的专家的意见比最熟悉的客户所提供的更有价值，并且可以提供无偏见的评估。

专家通常通过其他方法获得额外信息，例如对标其他产品、文献调查、执行可用的分析模型（例如，预测不同情况下产品性能的模型）和使用从模型输出/结果中获得的信息，以及进行实验（关于产品评估领域的更多方法和问题，见第 16 章和第 21 章）。

在各种"假设"情景（进行敏感性分析）下运用可用模型，例如产品性能评估模型和计算机辅助工程（CAE）方法，也可以提供关于性能变化（或稳健性）

的更多见解。因此可以使决策者做出更明智的决策。不同群体的设计评审和代表不同学科的专家也可以生成有关正在审核的产品（或产品概念）的优缺点信息。

17.8 产品开发和产品应用中存在的风险

产品项目涉及许多风险。商业和生活中的所有重要决策都涉及一定程度的风险。当可能发生不希望的事件，即通常导致实质性损失的事件可能以某种程度的概率发生时，风险即存在。在产品开发过程中或之后的任何时候都可能存在风险。如果决策者通过过度设计（如使用过高的安全系数）而承担太少的风险，则产品将更加昂贵，并且可能有额外成本造成浪费。另一方面，如果决策者通过设计不足，例如产品的强度不足或使用廉价的低质量材料而承担过多风险，那么产品故障导致的高成本将失去很多客户。产品故障可能导致事故，也可能由于受伤、财产损失、收入损失、工作中断或延误、产品诉讼等导致额外费用。

17.8.1 风险的定义和产品开发中的风险类型

风险通常与不期望事件的发生相关联，例如由于与产品相关的故障导致的经济损失和/或伤害。风险可以就不期望事件发生而导致的后果来评估。对由风险引起的后果评估包括以下几方面：客户不满意、由于产品缺陷或由此导致的事故而带来的损失、由于工作中断导致的损失、收入损失、声誉损失等。

通常考虑以下变量来评估风险：
1) 发生不希望的事件的可能性。
2) 不良事件的后果（或严重程度），例如损失的数量或伤害的严重程度。
3) 在发生之前或之后检测到不期望事件的可能性。
4) 可以设立控制风险的损失或伤害严重程度的部门，例如消防部门、应急响应部门和保安。

产品开发过程中的风险及种类的定义：
1) 技术风险。产品设计存在一个或多个技术问题。例如，在早期生产组件的测试期间可能发现设计缺陷。这样的问题可能会妨碍产品达到所需的技术能力或性能。为了消除技术问题或缺陷，可能需要进行额外的分析、工程变更（有或没有要实施的技术变更）以及其他测试。这些额外的任务通常会导致成本增加和计划延迟。在适当的开发工作之前采用新技术往往会导致严重的延误，例如开发碳纤维部件的问题、轻质材料的制造问题以改善汽车产品的燃料消耗。
2) 成本风险。由技术问题、管理决策的变化、供应商能力的变化、不可预见的情况导致的延迟或成本超支。风险也可能是由于假设的乐观估计或低估所需任务的时间和成本（例如，没有提供足够的返工补贴）而导致预算不足。
3) 进度风险。由于多种可能原因造成的延误而无法满足进度表。例如供应商未及时交付的零部件，由于测试中发现的故障而导致的设计变更，或计划的时间表过于乐观。

4）项目风险。此风险与产品开发计划项目，例如由于多种原因，预算超支、延迟、修改甚至取消。由于大多数复杂产品都有许多组件由不同供应商制造和供应，选择具有未经证实或技术能力低的供应商往往会导致计划延迟、质量下降和成本超支。

这四类风险通常是相互关联的。也就是说，任何一种风险也会带来其他类别的相关风险。早期工作中出现的问题可能产生蝴蝶效应，并且在后期阶段才会发现。由于诸如重新设计、返工、重新测试、延迟和成本超支等因素，这些问题会影响后续阶段的进展。

17.8.2 产品使用过程中的风险类型

产品进入市场并被最终用户使用后的风险可归类如下：

1）产品使用过程中用户信心的丧失。由于产品存在缺陷，最终用户可能害怕使用产品。该缺陷可能由设计或制造缺陷或某些可能导致不希望的事件（例如突然失控、火灾或爆炸、事故或暴露于有毒物质等"潜在危险"引起）。

2）未来销售损失。不良事件发生的可能性可能导致生产商声誉下降，从而影响未来销售。

3）附加维修或召回成本。制造商需要通过在保修期内修理或启动产品召回来解决产品问题。

4）产品诉讼费用。在法院审判之前为产品责任案件辩护的费用和与和解有关的费用，用于支付罚款等。

17.9 风险分析

风险分析可以定义为在确定潜在的不良事件并估计不良事件后果的严重程度后，确定下一步行动的决策工作。风险分析通常先于风险识别和风险评估阶段。识别不期望事件的阶段可以被称为风险识别阶段，并且由于不期望事件导致的后果的估计阶段可以被称为风险评估阶段。

此处列出了一些常用的风险识别、评估和分析方法。

1）风险识别方法。头脑风暴、专家访谈、危险分析、失败模式和影响分析（FMEA，见第 18 章）、检查表和历史数据，例如过去的产品缺陷记录、保修问题、客户投诉（见 Bhise，2014）。

2）风险评估方法。估计不良事件发生的概率（或频率）、不良事件的后果（或严重程度）的大小，以及通过头脑风暴、专家访谈、安全分析，例如检测不良事件的故障树分析（见 Bhise，2014）和 FMEA，以及历史数据，例如过去产品故障的成本。

3）风险分析方法。风险矩阵、风险优先级数（RPN）、标准图、现有设计和绩效标准以及专业风险模型（Floyd 等，2006）。

17.9.1 风险矩阵

风险矩阵包括创建一个简单的矩阵，其中包含与由于不希望的结果导致的风险程度相关的变量的组合。风险矩阵是一种简单的图形工具。它提供了一个过程，用于组合不希望事件发生的概率（通常是估计值）和如果发生不希望的事件（通常是以美元计算的成本估算）的后果。

风险（以美元计算）可以计算为

风险($) = [发生的概率] × [不期望发生事件的后果($)]

可以以矩阵格式呈现出现概率和结果大小之间的这种关系的简化形式。图17.5 给出了风险矩阵的一个例子。矩阵的单元格代表不同的风险等级，从矩阵左下角的低风险增加到矩阵右上角的高风险。因此，风险矩阵允许在发生概率之后快速评估风险水平，并且估计由于不期望事件导致的后果的大小。

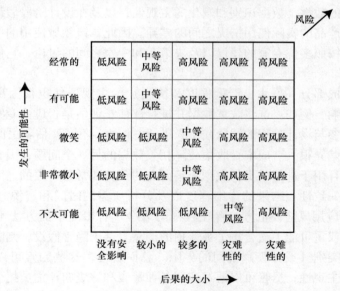

图 17.5　风险矩阵的一个例子（资料来源：联邦公路管理局重新绘制，ITS 系统工程指南，2015 年．www.fhwa.dot.gov/cadiv/segb/views/document/sections/section3/3_9_4.cfm）

17.9.2 风险优先级数

RPN 是另一种用于评估风险等级的方法。它基于 3 个等级的乘法：严重性、发生和检测。该方法用于 FMEA，见第 18 章。用于严重性、发生和检测的评定量表的例子分别列于表 18.3 ~ 表 18.5。评级量表的不同定义通常由不同的公司、行业和政府机构使用。

诺模图也被用作估计 RPN 的替代方法。Bhise（2014）提供了诺模图的一个例子。

其他方法，如建模和模拟，用于促进决策的制定。在不同假设下的模型（进行敏感性分析）可以很好地理解潜在变量及其对风险和后续决策的影响。在一系列可能性下进行分析，采用不同水平的乐观和悲观假设，对估计风险范围也很有用。专家的历史数据和判断也可以在决策中发挥重要作用。

17.9.3 风险测量中的问题

评估用户/客户的风险包括识别危险并评估潜在后果和此类后果的发生概率。当潜在客户和产品用途（即，不同的用户在不同情况下使用给定的产品）难以预测时，识别危险非常困难。由于故障数据通常非常稀缺，新技术的产品也难以评估。当产品概念尚未完全开发时，在产品开发的前期阶段预测风险尤其困难。

在风险测量中由于许多原因出现问题。大多数问题的发生是由于缺乏不同类型的危害和风险的数据、数据识别和量化的主观性，以及在设计阶段假设客户或用户的产品使用与产品的实际使用情况之间的差异。因此，该领域使用的风险评估模型并不精确，但按照多位专家的建议以及决策者和专家之间的讨论，它们可以起到指导作用。

对三个组成部分（发生、严重程度和检测）的主观评估也很困难，并且受到许多问题的影响，例如：谁将收集数据并进行评估？评估是否应由专家、产品安全顾问委员会或参与设计过程的团队或个人进行？此外，不同评估者之间对风险的理解和感悟水平差异很大。成本是收集故障相关数据的另一个问题，因为产品测试通常很昂贵，并且用于进行昂贵的数据收集研究的预算通常是有限的。

在数据的一致性、结果的详细程度以及分析所需的时间和资源（特别是人力和财力）之间应用风险评估方法存在权衡与取舍。看似简单的方法可能包含隐含的权重，这些权重可能不适合每个被评估的产品。基于隐含假设，判断可能是直观的，尤其是与类别（或评级）之间的界限。总而言之，这些因素可以在风险评估中产生高度的主观性，尽管可以通过应用各种量表和评级向评估员提供指导来减少主观性。一般而言，结果不一致的可能性将直接与风险计量过程中涉及的主观性水平相关。

17.10 产品开发中早期决策的重要性

"第一次就设计正确"非常重要，因为在后期阶段任何产品设计的重新设计是非常耗时且成本高昂的。在产品开发的早期阶段，关键决策通常取决于使用何种技术以及如何配置产品。在产品开发的后期阶段，对早期假设的任何更改都会大大增加成本，因为这些变化可能需要丢弃大部分前期设计工作成果（甚至是一些硬件开发工作成果），并使用不同的假设重做所有分析和设计要求。

来自所有关键技术领域的专家的参与是系统工程的一个重要方面，因为在融合一个或几个备选方案之前，专家的参与可以确保所有可能的技术和设计配置的可行性。后续决策取决于所选技术和设计的配置。

17.11　结束语

本章介绍了决策中的几个基本模型和问题。现实情况下的决策涉及许多问题（集团的内部和外部）、许多变量及其影响、结果发生的可能性和不能量化的相关的成本。这些成本之所以难以量化，是由于对实际情况的了解不足，对新技术的引进的不确定性，对未来的经济的发展的未知。

可以创建许多复杂模型（涉及不同级别的复杂性和使用许多自变量）来分析许多与风险相关的变量的影响。这些模型可以在不同的假设条件下进行（进行敏感性分析），以便更好地理解决策对产品性能和相关风险的影响。然而，一个好的决策者也会根据他/她的直觉或判断注入一些主观性，以做出最终的决定。决策永远不会是最终决定，一旦获得新的更可靠的信息，就可以重新审视。但是，之前在该计划中已做出的决策在后期进行更改通常会由于返工而导致成本增加。

参 考 文 献

Bhise, V. D. 2012. *Ergonomics in the Automotive Design Process*. Boca Raton, FL: CRC Press.

Bhise, V. D. 2014. *Designing Complex Products with Systems Engineering Processes and Techniques.* Boca Raton, FL: CRC Press.

Blanchard, B. S. and W. J. Fabrycky. 2011. *Systems Engineering and Analysis*. 5th edn. Upper Saddle River, NJ: Prentice Hall PTR.

Federal Highway Administration. 2015. *Systems Engineering Guidebook for ITS*. V3.0. Website: www.fhwa.dot.gov/cadiv/segb/views/document/sections/section3/3_9_4.cfm (Accessed September 7, 2015).

Floyd, P., T. A. Nwaogu, R. Salado, and C. George. 2006. Establishing a Comparative Inventory of Approaches and Methods Used by Enforcement Authorities for the Assessment of the Safety of Consumer Products Covered by Directive 2001/95/EC on General Product Safety and Identification of Best Practices. Final Report dated February 2006 prepared for DG SANCO, European Commission by Risk & Policy Analysts Limited, Farthing Green House, 1 Beccles Road, Loddon, Norfolk, NR14 6LT, UK.

Satty, T. L.1980. *The Analytic Hierarchy Process*. New York, NY: McGraw Hill.

第 18 章 产品规划工具

18.1 引言

产品规划部门的职能是规划"最佳"产品进行开发。"最佳"产品的特性必须包含在新车辆参数和功能中并进行识别和描述。应将这些信息向公司高级管理层汇报,获得他们的批准,以便实施更详尽的车辆项目计划和进行车辆概念的开发。

汽车产品规划的步骤包括①参加车展、非汽车产品展示(例如,其他消费品展示)、技术展示、展览和会议,以寻找新产品创意及新技术和概念的应用;②及时了解适用于未来车辆开发的政府法规的动态;③对近期全球主要竞争对手推出的车辆和车辆概念进行对标;④研究本公司以及主要竞争对手未来产品规划的可用信息;⑤研究市场趋势;⑥未来汽车产品的发展规划。值得注意的是,所有专业工程部门(例如车身工程、动力总成工程、电子电器工程)也不断寻找设计和技术、新功能、新材料和新制造工艺的发展趋势。将这些研究而获得的信息,在与工程、设计和营销部门负责人的高级产品规划和技术会议中进行讨论。

产品规划早期阶段涉及的主要工具包括对标和设计突破、Pugh 图、时序图和节点、质量功能部署(QFD)、失效模式及影响分析,以及其他产品开发工具,如商业计划和 CAD。

对标用于将当前可用的竞争对手的产品与制造商的当前概念产品进行比较,以了解概念产品与对标产品之间的"差距"。对标中从竞争对手那里所获得的知识可用来整合出一些最佳创意。突破式的设计方法通过超越现有产品设计和生产能力的思考来实现产品设计的大幅度改进提升。Pugh 图是通过将各种变型的产品概念的大量产品属性与基准产品数据进行比较,来选择和改进产品概念。时序图和节点则是让我们在汽车研发过程中进行规划和与所有涉及的人员进行任务沟通所需的日程表。

QFD 用于将客户需求转换为工程功能规范,并确定对客户满意度至关重要的工程产品规范。故障模式和失效分析方法用于通过将其失效模式及其对产品内其他实体的影响制表,并通过应用风险优先级编号评估方法对发现的产品问题进行优先排序管控，来提高产品的可靠性和安全性。业务商业计划和罡 AD 用于在设计、工程和项目管理活动中传达相关的项目和产品信息。

本章以下的小节将会介绍关于这些工具的实例。

18.2 对标和突破设计

对标和突破设计方法通常在产品开发项目的前期阶段使用。从对标收集数据中，设计者通过了解竞争者的产品特征和能力，与自己的概念产品比较发现差距；而突破设计方式驱动产品开发设计团队超越现有产品和技术，从而考虑开发全新的产品或功能，以实现对现有产品设计的巨大改进。

18.2.1 对标

对标是针对最具竞争力的竞争对手或公认的行业引领者公司的产品进行产品、服务或实践的分析过程，由此来寻找可以带来行业内卓越性能和最佳的产品或实践。

通常在产品开发团体中选择一个多功能团队来执行产品对标活动。对标活动通常开始于识别及确定最有竞争力的竞争对手（例如，非常成功和公认的行业引领者的品牌）以及他们的产品（模型），以使制造商推出的产品满足类似的客户。选定的竞争产品用于与目标产品进行比较。目标产品是制造商即将推出的产品（或现有模型的未来产品）。该团队收集所有重要的竞争产品和产品相关信息，并通过一系列评估将竞争对手的产品与其目标产品进行比较（例如，产品特性的测量；将产品拆分为较低级别的实体进行深入检查；和专家对竞争对手的产品的性能、能力、独特特征、材料和制造工艺进行研究，估算生产对标产品的成本等进行评估）。

收集的用于比较评估的对标车型的信息通常要非常全面具体。但是，对标中包括的评估深度可能因议题和公司而异。例如，汽车盘式制动器的对标可能涉及基于零件尺寸、重量、所用材料、表面特性、强度特性、散热特性、生产所需的工艺、生产成本估计、用户"非常喜欢"的特征、客户可能"讨厌"的功能、可能会在团队成员和潜在客户之间产生"兴奋"反应的特征、特殊性能测试（例如紧急制动力矩应用期间的部件温度）、制动"尖叫"声音等进行比较。此外，还可以拍摄数字图片和视频，以帮助对标产品及其组件的可视化。

收集的信息通常以表格形式汇总，产品特征列为行，不同的对标产品为列。第 4 章提供了有关对标的更多信息。表 4.1 ~表 4.4 给出了车辆特性对标的示例。图 4.1 给出了车辆照片对标的示例。类似的对标工作也要通过各专业工程师在系统、子系统和组件级别进行。

18.2.2 突破设计

突破设计方法涉及丢弃所有现有产品设计（和流程），通过头脑风暴开发全新设计，在性能提升、成本控制和增加客户满意度方面获得巨大的潜在收益。突破设计通常需要全新的思维维度，并引领实施新技术。因此，实施突破设计在系统集成和管理中会产生新的问题。第4章提供了突破产品设计、对标与突破设计相对比的一些例子。

18.3 Pugh 图

Pugh 图是一个表格形式工具，由产品属性（或特征）矩阵和可选产品概念相对于称为基准的产品进行对标。该图有助于进行结构化的概念选择过程，通常由多学科团队创建并融合卓越的产品理念。该过程涉及通过所有团队成员的输入创建矩阵。矩阵的行由产品基于客户需求的属性组成，列代表不同的换型的产品概念。

对每个产品的每个指标（属性）相对于基准进行评估。该方法使用的分类指标为："与基准相同"（S）、"比基准更好"（+）或"比基准更坏"（-）。通过简单地在每列中添加加号和减号的数量来获得每个产品概念的分数。具有最高净得分的产品概念（"加号的总和"减去"减号的总和"）被认为是优选的产品概念。通过结合每个属性排名最高的概念的最佳特征，经多次迭代直到出现优越概念并成为新的基准，由此提高产品优势。第4章介绍了 Pugh 图的更多信息和示例。

Pugh 图应用实例

汽车动力总成工程师希望通过采用以下三个设计概念来确定瞬态涡轮增压汽油发动机的性能是否可以通过汽油涡轮增压直喷（GTDI）方法得到改善：①概念#1：电动涡轮增压器（e-Turbo）；②概念#2：废气驱动的涡轮并联的电动混合涡轮增压器；③概念#3：仅使用电动压缩机（Black，2011）。工程师创建了此 Pugh 图，将这三种技术与 GDTI 作为基准进行比较。详见表 18.1 的 Pugh 图。相比较的这三种技术的产品属性列在自左边的第二列中。右边的四列分别代表产品概念#1、产品概念#2、产品概念#3 和基准数据。

通过消除涡轮迟滞（快速加速期间的瞬态工况），所有三个产品概念与基准数据相比改善了"性能"属性（属性#4）。这通过与属性#4 对应的行的所有三个产品概念（列）中的 + 符号来显示。然而，由于额外的成本（属性#2）、重量（属性#10）、噪声（属性#11）、电子电气（属性#9）、产品过程兼容性（属性#13）和全生命周期耐久性（属性#1）在系统中产生了相应的负面影响。

第 18 章　产品规划工具

表 18.1　Pugh 分析与评级

属性号码	基于客户产品属性	产品概念#1	产品概念#2	产品概念#3	基准
1	生命周期耐久性	−	−	−	
2	成本	−	−	−	
3	布置和人机工程学	−	+	+	
4	性能	+	+	+	
5	燃油经济性	S	+	S	
6	安全保障	−	−	−	
7	车辆动力学	+	+	+	
8	排放	+	+	+	
9	电气和电子	−	−	−	
10	重量	−	−	−	
11	噪声、振动和舒适性	−	−	−	
12	造型和外观	S	S	S	
13	产品工艺复杂性	−	−	−	
	加号之和	3	5	4	
	减号之和	8	7	7	
	总得分	−5	−2	−3	

总得分的最后一行（"加号之和"减去"减号之和"）表明三个产品概念中没有一个比基准更好，因为总得分都是负数。概念#2（混合动力涡轮增压）是负面得分最少的概念。全生命周期耐久性，成本，安全保障，电气和电子，重量及噪声、振动和舒适性（NVH）都是概念#2 与基准（传统涡轮增压（GTDI））相比的增加的问题。在此分析中，所有我们认为产品属性具有相同的权重；也就是说，只需添加加号和减号的数量即可获得总分。

第 17 章中标题为"概念选择的加权总分"的部分说明了对属性采用不同权重的方法。这种方法的使用如下所述。表 18.2 显示了对每个产品属性的使用重要性权重的问题。每个产品属性的重要性使用 10 分制评分，其中 10 = 最重要，1 = 最不重要（参见表 18.2 中标题为"重要性评级"的列）。

表 18.2　Pugh 分析与评级

基于客户的产品属性	重要性评级	重要性权重	相对于基准使用 −5 到 +5 比例的偏好评级			基准
			产品概念#1	产品概念#2	产品概念#3	
生命周期耐久性	5	0.06	−3	−3	−3	
成本	10	0.11	−3	−5	−5	
总布置和人机工程学	3	0.03	−3	3	3	
性能	10	0.11	5	5	5	
燃油经济性	10	0.11	0	5	0	
安全保障	10	0.11	−3	−3	−3	
汽车动力学	8	0.09	5	5	5	
排放	3	0.03	5	5	5	
电子和电气	3	0.06	−3	−5	−5	
重量	5	0.06	−3	−5	−5	
噪声、振动和舒适性	9	0.10	−3	−5	−5	
造型和外观	1	0.01	0	0	0	
产品工艺复杂性	10	0.11	−1	−3	−4	
加权和	89	1.00	−0.52	−0.63	−1.30	

重要性分数被转换为"重要性权重"(通过将每个属性的重要性等级除以所有重要性等级的总和)。重要性权重显示在重要性评级列右侧的列中。通过使用范围从 -5 到 +5 的这个 10 点评分表,针对每个产品概念的每个属性相对于基准进行评估(当前产品 GTDI 系统)。这里,+5 分表示指定的产品概念比基准相比好得多,而 -5 分表示产品概念远不如基准。每个产品概念的加权得分之和是通过对整个产品属性集的重要性权重和产品评级的乘积值求和得到的。三个产品概念的加权总和分别为 -0.52、-0.63 和 -1.30(参见表 13.3 的最后一行)。概念#1 具有最大的加权总和值(-0.53)。因此,概念#1(e - turbo)成为三个概念中的胜出者。但是,它仍然不及基准。如果燃油经济性在未来变得更加重要,那么这个产品概念就有可能用来实施。未来采用 42V 电气系统有助于实现该概念。

混合动力涡轮增压器的优点在于它可以实现完全独立的进气和排气,允许多种操作模式,包括可节省更多的燃料。这也有助于消除一些进气系统的布线和布置问题。经权衡其不利在于:①驱动电动压缩机的电力负荷较高;②电动压缩机的可靠性和耐用性差;③额外部件增加了复杂性;④额外硬件增加了额外费用。

第 17 章、第 23 章、第 24 章和第 25 章提供了 Pugh 图的其他示例。

18.4 时序图和节点

在要开发的车辆类型完成决策后,时序图和节点(里程碑)可能是最重要的产品规划工具。时序图提供了车辆项目各个阶段的日期和工作期间。在所有主要产品设计和工程活动的输入(执行各种任务所需的时间)纳入并行工程计划之后进行整体时序图开发,以确保多项设计和工程活动可以并行执行以减少整个计划的持续时间。图 1.2 显示了车辆项目的甘特图,图 2.4 显示了各个节点(称为里程碑或决策点。请参阅表 2.1 的有关定义)的时序图。所有主要项目阶段和节点的时间安排都会在所有主要工程活动中进行定义和评审,以确保完成每个计划阶段需要执行的所有必需任务。然后使用时序图来计划车辆开发项目的所有活动的人力需求和预算。第 12 章更详细地描述了用于管理车辆项目的各种计划管理活动和工具。项目规划和管理中使用的财务分析见第 19 章。

18.5 质量功能展开

质量功能展开(QFD)是一种用于了解客户需求(客户的声音)并将客户需求转换为产品(或工艺)的工程特征参数,也就是产品功能或设计要求的方法。它将"什么"(客户需求是什么)与"怎样"(工程师怎样满足客户需求)和"多少"(设计变量的大小,即其目标值)联系起来,QFD 最初由日本的 Yoji Akao 博士于 1966 年开发(Akao, 1991)。QFD 被广泛地应用,被认为是六西格玛

（DFSS）项目设计的关键工具。它也被称为"质量屋"，因为在 QFD 矩阵图的顶部绘制的相关矩阵就像房子的屋顶。

图 18.1 说明了 QFD 的基本结构（或区域）。QFD 的每个区域的内容在以下内容中描述。（注意：完整的 QFD 图表的示例将在图 18.3 中介绍。）

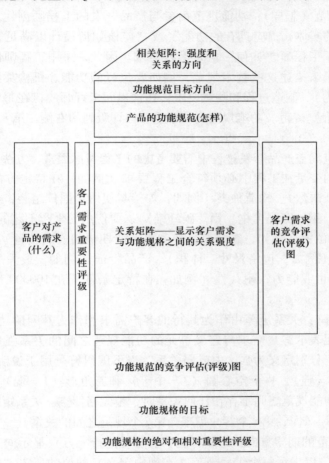

图 18.1　QFD 图的结构及其区域和内容

1) 客户需求（内容）：客户的需求，如所说的"客户在产品中想得到什么"，按顺序列在最左边区域的行中。每个客户的需求都应该用客户的话来描述（客户会用他/她自己的话来描述它，例如，给我一辆可以使用很长时间的车辆，看起来很好的车辆，使用起来无任何缺陷，高效节能，有驾驶的乐趣）。应将客户需求按不同的类别列表，并删除重复的需求（即使使用不同的措辞）。需求分类应按层次顺序组织，例如主要需求、次要需求（在每个主要需求内）和第三级需求（在每个次要需求内）。第 i 个客户需求（第三级）定义为 C_i（注：所有 QFD 变量的数学定义将在本节后面介绍）。

2）重要性评级：此列提供每个客户需求的重要性评级。重要性评级列提供在客户需求列的右侧。可以使用许多不同的加权技术（例如，评定量表，层次分析过程）来获得重要性评级（或权重）。然而，通常使用 10 分评级表，其中 10 = 非常重要，1 = 完全不重要。第 i 个客户需求的重要性评级定义为 W_i。

3）功能规范（怎样）：功能规范由参与产品开发的工程师创建，以定义产品（或准备 QFD 的实体）"应具有的功能"或"应该如何设计以满足客户的要求"。功能规范描述了工程师"如何"满足客户需求。因此，采用工程师使用和选择的技术术语和变量来描述这些技术规范，例如要执行的功能、机构类型、材料、尺寸、强度（能力）、制造过程和测试要求。在这里，工程师应该在每个列中列出每个功能（或工程）规范。功能规范列位于重要性评级列的右侧。第 j 个功能规范定义为 F_j。

功能规范应涵盖产品开发过程中需要考虑的工程考虑因素、方法或变量。一些用于功能规范的变量在工程中必须符合工程要求（例如，在特定方向上的最大力和力施加的循环次数）、构造种类（例如，焊接与使用紧固件组装，考虑制造实体的材料（例如，钢、高强度钢、铝、碳纤维））、要使用的生产工艺的类型（例如，挤压与铸造）、位置（例如，客户对操作和服务所期望的安装位置）、指定实体所需的物理空间（例如，包络尺寸、体积）、产品特征（例如，最大可实现的加速度）、实体的容量或能力、耐久性（例如，在特定条件下在 100000 次循环中无故障地工作）等。

4）关系矩阵：关系矩阵由作为其行的客户需求和作为其列的功能规范形成。矩阵的每个单元表示客户需求与定义单元的功能规范之间的关系强度。9、3 或 1 的权重通常用于分别定义为强、中或弱关系。以下编码符号用于说明关系的强度：两个同心圆（9 = 强），一个空心圆（3 = 中等）和三角形（1 = 弱）。当客户需求与定义单元的功能规范之间不存在任何关系时，单元格留空。关系矩阵的单元格中的关系定义为 R_{ij}（即，第 i 个客户需求与第 j 个规范之间的关系）。

5）功能规范的期望方向：此行（位于功能规范行上方）显示向上箭头，向下箭头或 0（零），以指示每个工程规范（在列中定义）的值的所需方向。向上箭头表示需要更高的值，向下箭头表示需要较低的值，零表示功能规范不依赖于其值的增加或减少。因此，快速可视化地浏览此行就可知道关于包括在不同列中的功能规范的期望值是否需要更大或更小或者不依赖于它们的值的图形信息。

6）相关矩阵（屋顶）：相关矩阵由矩阵的单元定义的任何两个工程规范的组合之间的关系形成。在单元中通过单元中的正数或负数（定义为 I_{jk}）指示关系的方向和强度。编码符号也用于指示关系的方向和强度。只有对角线上方一半矩阵显示在 QFD 图表的顶部（见图 18.1 中的屋顶）。

7）功能规格的绝对重要性评级：每个功能规范（定义为 A_j）的绝对重要性评级是通过对客户需求和功能规范之间的加权关系求和来计算的。关系的权重基于每个客户需求的重要性评级（W_i）和关系的强度（R_{ij}）。计算 A_j 值的公式在本节后面给出。绝对重要性评级在 QFD 图表的最后一行的正面一行显示。

8) 功能规范的相对重要性等级：每个功能规范的相对重要性评级（定义为 V_j）表示为其贡献（A_j）与所有 A_j 之和的比率的百分比。计算 V_j 值的表达式将在本节后面给出。相对重要性评级显示在 QFD 图表的最后一行。

9) 客户需求的竞争性评估：在对标中，可以确定每个涉及的产品（对于制造商的目标产品）满足客户需求的程度（C_i）。客户评级采用 5 分制（产品开发团队成员非常熟悉客户需求和产品），其中，1 = 差（产品不能满足客户需求），5 = 优秀（产品可极佳地满足客户需求）。每个产品的评级都标在关系矩阵的右侧。

10) 功能规范的竞争性评估：在对标中，可以确定每个涉及的产品（对于制造商的目标产品）其功能规范满足产品需求的程度（C_i）。技术专家和产品开发团队成员采用 5 分制评级（他们非常熟悉每个功能规范和产品），其中，1 = 差（产品不符合功能规范），5 = 优秀（产品非常好地符合功能规范）。每个产品的评级都标在关系矩阵的下面。

11) 功能规格的目标：每个功能规范的目标值（在 QFD 的列中提供）在功能规范的竞争性评估图下方提供。在对所有收集的数据进行广泛讨论后，由开发团队确定其目标值。制定的目标值要精确。有关目标值的例子如①要确定使用材料的技术规范，例如铝；②要达到的级别水平（例如，同类最佳、同类中领先、略高于同类产品中平均值或低于平均值）；③需达到的最低目标值，例如，最小发动机转矩输出在 3000r/min 时应为 300ft·lb，④达到最低级别，例如，采用 5 分制评级时，分值大于或等于 4，其中 5 = 优秀，1 = 差。

以下数学定义将阐明这些变量及其关系：

C_i——第 i 个客户需求，其中 $i = 1, 2, \cdots, m$；

F_j——第 j 个功能规范，其中 $j = 1, 2, \cdots, n$；

W_i——第 i 个客户需求的重要性评级，其中 $i = 1, 2, \cdots, m$；（重要性等级的评级可以在 1 到 10 之间，其中 10 = 非常重要，1 = 重要性微乎其微）；

R_{ij}——第 i 个客户需求和第 j 个产品功能规范之间的关系（分配给 R_{ij} 的值将分别为 9、3 或 1，以分别定义为强、中和弱关系。如果 C_i 和 F_j 之间没有关系，则关系矩阵中的第 i 个单元将无须填写（即空白））；

I_{jk}——第 j 个功能规范与第 k 个功能规范之间的关系，其中 j、$k = 1, 2, \cdots, n$ 且 $k \neq j$（因此，它是 QFD 图顶部所示的两个功能规范之间的相互关系）。

I_{jk} 值可以规定如下：

+9 = 第 j 个功能规范与第 k 个功能规范之间存在很强的正向相关关系；

+3 = 第 j 个功能规范与第 k 个功能规范之间的正向相关关系；

0 = 第 j 个功能规范与第 k 个功能规范之间没有关系；

−3 = 第 j 个功能规范与第 k 个功能规范之间的负向的相关关系；

−9 = 第 j 个功能规范与第 k 个功能规范之间存在很强的负向的相关关系。

A_j——第 j 个功能规范的绝对重要性评级,

$$A_j = \sum_i [W_i \times R_{ij}]$$

V_j——第 j 个功能规格的相对重要性评级(%),

$$V_j = 100 \times A_j / \left[\sum_j A_j\right]$$

18.5.1 QFD 图表的示例

为新车型的中型四门轿车设计驾驶员侧前门内饰板。该门内饰板全面覆盖钣金件车门内板(乘员侧)并包括诸如车门内手柄、门拉手、扶手、门内板安装开关(例如,后视镜、车窗和门锁开关)之类的物品,礼貌灯、扬声器和地图存储袋(通常存放瓶子和雨伞)(见图 18.2)。门内饰板的外观很重要,因为它应该与仪表板、其他内饰部件、座椅的颜色和材料相匹配。

制造商组成了一个由室内设计师、总布置工程师、车身工程师、电气工程师人机工程学工程师、市场研究人员和来自门内饰板、开关、扬声器和车窗玻璃升降机构供应商的工程师组成的团队来创建一个用于前门饰板 QFD 图表。

该团队采访了许多客户(他们是当前车型和团队最好的两个竞争对手的车主)并向他们询问了他们对未来车辆车门饰板的需求和期望。这些客户首先要告诉团队成员他们所期望的是要一个好的前门内饰板。团队成员将会进一步询问大量的细节性问题,例如,好的前门内饰板具体意味着什么?

你喜欢的门内饰板是什么样的?客户反馈一个好的内饰板是指:①它应该看起来很好;②它应该易于使用;③它应该具有很多功能;④它应该是安全的;⑤它应该有足够的存储容量;⑥它应该使车辆内部看起来宽敞(没有塞满小间隙,其外表面不应太靠近乘客的臀部和肩部)。这些都是考虑了客户的次要需求。然后,该团队对每个次要需求进行了更多探讨,并创建了第三级需求列表,主

2015 福特 Fusion

2015 丰田凯美瑞

2015 本田雅阁

图 18.2 三种中型四门轿车的车门内侧门饰板

要、次要和第三级需求在图 18.3 所示的 QFD 中的左侧列的"什么"（即客户想要的是什么）。

团队成员还要求客户按照 10 分的重要性等级对每个三级需求进行评级，其中 1 = 完全不重要，10 = 非常重要。重要性评级在所示的图 18.3 中客户需求列的右侧。

团队头脑风暴并创建了一个"怎样"：他们将怎样设计车门饰板？它的功能是什么？门饰板的技术描述或功能规范是什么？团队开发的功能规范在 QFD 图表中列为列标题。对工程师关于功能上的重要的问题分为以下几组：①材料和造型；②人机工程学；③部件布置；④成本。每个组下的功能注意事项列在单独的列中。功能规范的列位于图 18.3 中重要性等级的右侧。

接下来，团队讨论了客户需求和功能规范的每个组合，并使用以下标准评估了它们关系的强度：①强关系（权重 = 9）；②中等关系（权重 = 3）；③弱关系（权重 = 1）。与重要性相对应的符号在相关矩阵中的单元中（见图 18.3）。类似地，团队讨论了每对功能规范之间的关系，并且在 QFD 图表顶部显示的相互关系（相关）矩阵中放置了与非常正向和非常负向关系相对应的符号。

根据客户访谈期间收集的信息，团队成员对三辆车（他们当前的产品 A 和两个竞争车辆称为竞争对手 B 和 C）中的每一辆进行评级，并根据每个第三级客户需求和功能规格绘制评级。作为 QFD 图表最右边部分，提供了对客户需求的竞争评估图。功能规范的竞争评估图在关系矩阵（即客户需求和功能规范的矩阵）的下面提供（见图 18.3）。

该团队通过讨论他们的产品与两个竞争对手的比较及其营销目标，为每个功能规范制定了目标（即，用于设计未来仪表板的目标值或评级水平、指南和要求）。目标显示在 QFD 中功能规范的竞争性评估下方的部分中。最后，计算每个功能规范的绝对和相对重要性等级，并输入 QFD 图表的最后两行。

获得最高重要性评级的三个功能规范是：①显示清晰度（即，驾驶员使用显示屏无遮挡，显示清晰度高，有关法规的标签和图标易读易识别）；②操控性（即，如何控制配置和它们的操作运动）；③合适的伸及位置（即，控制器按键/物品放置在驾驶员的手可触及区域内）。在设计车门内饰板时，必须非常重视这三个功能规格。

18.5.2　QFD 的级联

QFD 技术可以在多个步骤中级联，以将产品的客户需求（即，来自其产品或车辆级客户需求）级联到其组件级生产规范。图 18.4 显示了级联的例子。该图显示了一系列 5 个 QFD 图表链接，使得前一个图表的输出成为下一个或后续 QFD 图表的输入。此处，第 1 个 QFD 图表的左侧将产品的客户需求（标记为 A）转换为产品的功能规范（标记为 B）。第 2 个 QFD 图表将功能规范作为输入（在行中描述

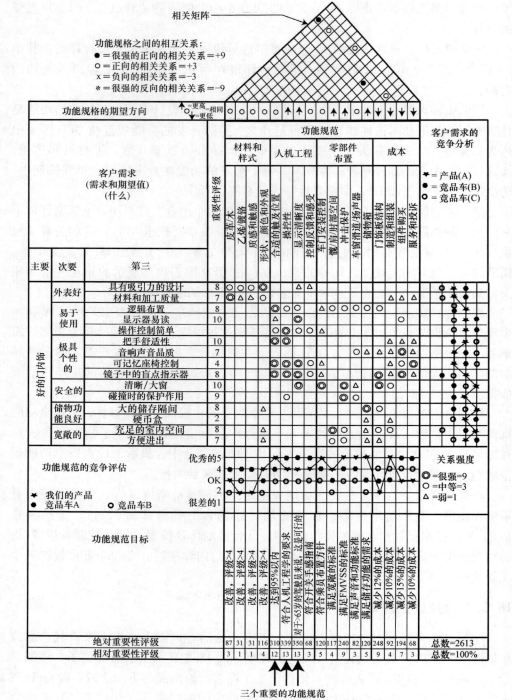

图 18.3　汽车门饰板的 QFD 图表

第 18 章 产品规划工具

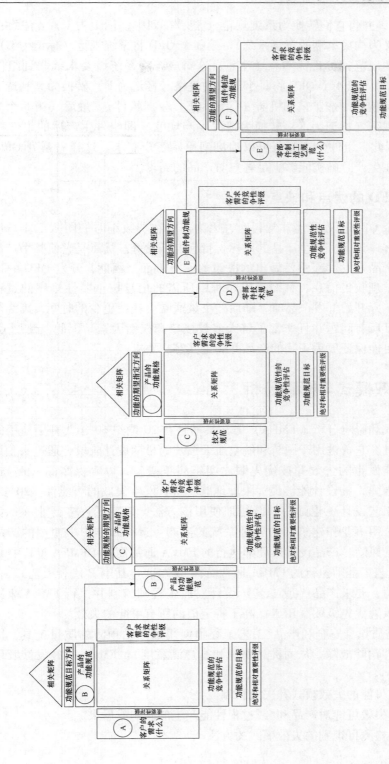

图 18.4 使用一系列 5 个 QFD 分析将产品的客户需求级联到组件制造工艺规范的示例

并标记为 B），并将它们转换为系统规范（显示在列中，标记为 C）（注意：系统可以在此定义为构成车辆的车辆系统）。第 3 个 QFD 将系统规范（标记为 C）转换为系统组件的规范（标记为 D）（注意：这对应于将系统级要求级联到组件级要求，见第 9 章）。第 4 个 QFD 将每个组件的规格（标记为 D）转换为其制造工艺规范（即，如何使用制造工艺和机器（标记为 E）生产组件）。最后（第 5 个）QFD 将制造工艺规范（标记为 E）转换为组件生产规范（即组件生产后的组件特征），标记为 F。因此，组件生产规范可以追溯到原始客户需求。这样一系列 QFD 级联确保了组件在生产时确实能够满足客户对产品的需求。

18.5.3 QFD 的优点和缺点

开发单个 QFD 图表可能非常耗时，因为需要花费数小时的团队工作，包括会议、讨论、客户访问、竞争产品的对标、目标的开发等。优点是它使整个产品设计团队了解在产品开发过程中要做出的决策的所有方面。因此，开发 QFD 的过程是培训团队、整理收集信息，并对开发过程中所需的信息按重要性排序的过程。因此，当团队实际开始开发产品时，随后的决策通常会花费更少的时间，因为团队成员已经讨论了所有问题并且非常了解大多数接口和权衡因素。因此，使用 QFD 开发的产品将更能保证成为正确的产品并满足其客户要求。

18.6 失效模式与影响分析

故障模式和影响分析（FMEA）方法最初是在 20 世纪 60 年代开始使用的系统安全分析工具。它曾被用于国防和航空航天系统的早期设计阶段，通过头脑风暴和评估所有可能发生的失效并按优先顺序实施纠正措施，以确保产品（例如飞机、宇宙飞船或导弹）的设计能够最大限度地减少所有发生失效的可能性。20 多年来，产品设计和工艺设计工程师一如既往地使用该方法，以降低许多行业（例如，汽车、航空、公用事业和建筑）中各种系统的生产、运行和维护中使用的产品和工艺设计失效的风险。产品设计工程师执行的 FMEA 通常简称 DFMEA（其中 D 代表设计），由工艺工程师执行的 FMEA 通常简称 PFMEA（其中 P 代表工艺）。在许多汽车制造公司，要求产品（或工艺）设计发放工程师编制并执行 FMEA 表，已证明可以防止风险优先级数（RPN）高于特定值的所有可能的失效。

FMEA 是质量、安全和产品/工艺工程师使用的主动预防的质量工具，用于提高可靠性（即消除故障，从而提高质量和客户满意度）。FMEA 的开发涉及以下基本任务：

1）确定可能的失效模式和失效机制。
2）确定失效可能对产品和/或过程性能产生的影响或后果。
3）确定检测可识别的失效模式的方法。

4）确定可能的预防失效方法。

5）制订行动计划以降低由于已识别的失效而导致的风险。

FMEA 在产品开发的早期阶段或是整个开发过程中都是非常有效的方法，并且由经验丰富且多样的团队成员来组成一个团队。该方法涉及创建一个表，每行表示给定产品（或进程）的可能故障模式，并使用 FMEA 表的以下列提供有关故障模式的信息：

1）描述系统、子系统或组件。

2）描述系统、子系统或组件的潜在失效模式。

3）描述产品/系统、其子系统、组件或其他系统发生失效的潜在影响。

4）失效的潜在原因（不准确）。

5）由于失效导致的影响的严重等级。

6）失效的发生等级。

7）检测失效等级或其原因。

8）RPN（第5）、6）和7）项中三个等级的乘积）。

9）建议采取的措施来消除或减少较高 RPN 的失效。

10）指定人员或活动的责任，以按目标日期完成建议的行动。

11）所采取行动的说明。

12）给出评级（严重程度、发生率和检测）和第2）项中确定的失效 RPN（在采取行动之后）。

用于严重性、发生率和检测的评定量表的示例分别在表 18.3 ~ 表 18.5 中给出。根据行业类型、产品或过程、失效的性质、与人类相关的风险以及由于失效导致的损失，在不同组织之间的评定比例通常在定义上有所不同。

FMEA 的实例

如果变速器润滑油泄漏，汽车中的自动变速器将无法正常运行。设计传动液软管的工程师负责进行了 FMEA 活动，以评估由软管引起的可能失效。FMEA 见表 18.6。本例中涉及的软管由尼龙管组成，每端都插有连接器。套圈压接到末端，以帮助固定连接器。用塑料制成的导管包裹着软管以保护其免受热量和发动机附近的移动部件的伤害。软管将变速器油从变速器输送到离合器驱动系统。软管中的传动液在运行期间被加压至约 6.5bar（1bar = 0.1MPa）（94.3lbf/in^2）。软管还必须能够承受高于 60°C（140°F）的温度。在研发过程中，在开发阶段，设计本身需要在一系列的试验中得到验证，这些试验称为设计验证计划和报告（DVP&R）。每个设计都要进行 DVP&R，产品和材料在零件使用寿命期间会暴露在外，因此试验并不能考虑所有可能的变化。在 FMEA 中，有 3 次 RPN 超过 50 的失效。工程师采取了措施减少了所有 3 种故障模式的 RPN（见表 18.6）。

表 18.3 严重程度评级量表的示例

评级	影响	标准：影响的严重程度
10	危险/事故——没有警告	当潜在的失效模式影响安全的产品操作和/或在没有警告的情况下违反政府法规时，严重等级非常高。可能造成重大事故
9	危险/事故——有警告	当潜在的故障模式影响安全的产品操作和/或涉及不遵守政府法规并发出警告时，严重等级非常高。可能发生死亡事故
8	非常大的伤害	产品不能使用或失去了主要功能，将造成非常大的伤害
7	大伤害	产品可在降低性能的情况下运行。客户不满意。可能发生轻度至中度伤害
6	中等	产品可操作但使用时降低了舒适度或便利性。客户会感到不适或轻微受伤
5	低或不舒适	产品可操作但使用没有舒适或方便。客户会感到不适
4	非常低	大多数客户仅注意到的轻微产品缺陷（例如噪声、振动、表面光洁度差）
3	较小的	少数产品缺陷仅由普通客户注意到
2	非常小的	只有挑剔的顾客才能发现轻微的产品缺陷
1	没有	没有影响

表 18.4 失效发生评级量表的示例

评级	失效的可能性	可能性评级
10	非常高：失效几乎不可避免	≥1/2
9		1/4
8	高：被重复的失效	1/10
7		1/25
6	中等：偶尔发生失效	1/100
5		1/1000
4	低的：相对来说低失效	1/2000
3		1/10000
2	微小的：几乎不发生失效	1/100000
1		≤1/1000000

表 18.5 用于检测的评定量表的示例

评级	检测等级	标准：设计控制检测到的可能性
10	绝对渺小的（1/1000000）	设计控制无法检测失效模式的潜在原因或机制；或者没有设计控制
9	非常微小的（1/100000）	设计控制将检测失效模式的潜在原因/机制的概率非常微小
8	微小的（1/10000）	设计控制将检测失效模式的潜在原因/机制的概率微小
7	非常低（1/1000）	设计控制检测失效模式的潜在原因/机制的概率非常低
6	低（1/100）	设计控制将检测失效模式的潜在原因/机制的概率低
5	中等（1/50）	设计控制将检测失效模式的潜在原因/机制的概率中等
4	中上（1/25）	设计控制将检测失效模式的潜在原因/机制的概率中等偏上
3	高（1/10）	设计控制检测到失效模式的潜在原因/机制概率高
2	非常高（1/5）	设计控制检测到失效模式的潜在原因/机制概率非常高
1	非常确定（1/2）	设计控制几乎肯定会检测到失效模式的潜在原因/机制，概率非常确定

第18章 产品规划工具

失败模式和效果分析
部件号码：1008-92　原始日期：1/03/2015
描述：动力总成成流体软管　修订日期：3/03/2016
装配
模型年份：2017　负责人：T. James

表18.6　FMEA的实例

序号	项目/功能	潜在的失败模式	失效或失效造成的影响	严重程度等级(S)	可能的失效原因	发生的可能性评级(O)	当前的设计控制	检测评级(D)	风险优先级编号(RPN)	建议的操作	负责人	活动结果 活动	S	O	D	RPN
1	软管——允许传动液流动并向使用点施加压力	软管泄漏	不会立即注意到缓慢的泄漏。驾驶员会注意到换档时间的延迟，最后车辆将停止换档	8	软管上的孔。软管材料不良。软管材料降解	3	用空气进行100%泄漏测试	1	24	没有建议的操作						
2		在低压下软管爆裂	快速泄漏，立即失去换档功能	8	软管材料不良。软管通道上的碎片损坏	3	材料爆裂测试	7	168	检测结果中的变化	T. James 07/20/16	更强的外部软管外壳。降低软管的温度以保持一致性	6	1	7	42
3	连接器——将软管连接到加压油箱	连接器泄漏	不会立即注意到缓慢的泄漏。驾驶员会注意到换档时间的延迟，最后车辆将停止换档	8	松动的连接器或略的垫圈或不平的连接器配合面	3	用空气进行100%泄漏测试	1	24	没有建议的操作						

序号	项目/功能	潜在的失败模式	失效或失效造成的影响	严重程度等级(S)	可能的失效原因	发生的可能性评级(O)	当前的设计控制	检测评级(D)	风险优先级编号(RPN)	建议的操作	负责人	活动结果				
												活动	S	O	D	RPN
4	导管——保护软管在使用期间不自移动部件和来自轮胎石子的冲击	连接器与软管或储液器断开连接	快速泄漏,立即失去换挡功能	8	连接器未完全固定在组件中	2	在最终的检测时,100%可视化的检测	4	64	检测传感器是否可以检测到连接器是否完全固定在软管末端	T. Jack 07/20/16	改进的连接器螺纹传感器目前不可能	3	2	4	24
5		导管强度不足被磨损	在使用中可能损坏管道	6	导管材料有缺陷	1	在签字期间验证设计	7	42	没有建议的操作						
6	奎圈——将连接器固定在软管上	连接器与软管或储液器断开连接	快速泄漏,立即失去换挡功能	8	奎圈或管未正确定位在压接模具中或压力失效	2	在最终的检测时,100%可视化的检测	4	64	检查如果零件存在传感器可以安装在其上	T. James 07/20/16	如果传感器未激活,则传感器安装后要按下停止	8	1	2	16
7	条形码标签——商标和零件可追溯性	标签缺失	失去可追溯性线索和可识别的信息	4	标签掉下来,从不贴,没有贴好	4	标签要可见	4	32	没有建议的操作						
8	包装——运输时保护零件	部件损坏	由客户退回	4	包装密封强度不足	1	用于所有零件运输的包装标准	4	16	没有建议的操作						

18.7 失效模式、影响及危害性分析

失效模式和影响以及危害性分析（FMECA）在格式和内容上与 FMEA 非常相似。它包含一个额外的危害性分析列。危害性分析列提供了一个评级，说明了在完成产品的主要目标（或任务）时失效的严重程度（在每一行中）。该技术也称为失效模式和危害性分析（Hammer，1980）。

对于不同的产品，可以使用不同的标度来评定危害性。危害等级通常涵盖低临界性范围，包括设备停机（需要轻微维护）、高危级别、涉及可能潜在的导致生命损失的风险。

18.8 其他产品开发工具

在产品开发过程中，有许多不同领域的工具，例如系统工程、专业工程领域以及项目管理，用于管理项目的技术和业务活动。系统工程和项目管理工具在本书的第一部分中介绍。本书的第二部分涵盖了决策，产品开发，车辆总布置和财务分析中涉及的其他工具。第三部分提供了许多这样的应用工具。在其他工具中，本节的以下部分包括业务计划、项目状态图、设计标准、CAD 工具和其他评估工具。本章介绍了这些工具，因为它们在产品规划和开发过程中提供了管理和技术决策活动的重要信息。

18.8.1 商业计划

商业计划是创建或开发新产品的策划书。它通常用于公司内部，准备此计划以获得最高管理层对此产品开发项目的批准。因此，业务计划是用来描述提案产品的详细信息、产品项目时间计划以及开发产品所需资源的准备的相关文档。它通常由公司的产品规划、工程、营销和财务活动共同协作准备。

商业计划一般包括：
1) 对提案产品的描述：
- 产品配置（例如，对于汽车产品，车辆的车身类型，例如，轿车、跑车、跨界车、运动型多用途车（SUV）、皮卡车或多用途车辆（MPV）等）。
- 尺寸等级（例如，小型、紧凑型、中型、大型）。
- 产品销售和使用的市场（国家）。
- 市场细分（例如，豪华版、舒适型版或经济型）。
- 制造商的建议零售价（MSRP）和价格范围，包括不同型号和可选装备。
- 产品生命周期内的生产能力和估计销售量。
- 研究细分市场中主要竞争对手的产品、车型和价格。

2）属性分级（即，通过考虑产品的每个属性，该产品在某个细分市场中将如何定位，例如同类最佳，高于同类中的平均水平，或低于平均水平）。

3）Pugh 图显示了提案产品如何与其当前车型（用作基准）和其他主要竞争对手的产品进行比较，需要考虑所有重要的产品属性和所提议产品的变更。

4）尺寸和选项：
- 整体外形尺寸（例如，产品布置总体的长度、宽度、高度、轴距和货物/存储容积）。
- 内部尺寸（例如，乘员布置包括腿部空间、头部空间、肩部空间、座位数、行李/货物量等）。
- 与先前（已上市）产品车型相比，产品系统的重大变更，例如，驱动选择（前轮驱动（FWD）、后轮驱动（RWD）、全轮驱动（AWD））、动力系统（发动机/电动机和变速器的类型、尺寸和容量）、特征的描述（例如，悬架类型）和可选装备。

5）一段话描述提案产品，其中有几个形容词来描述其形象、姿态和造型特征（例如，未来派、传统、复古、快速、动力、空气动力、坚韧或厚实，如 Tonka 车）。

6）项目时序表。
- 项目启动日期，主要里程碑的时间安排。
- 作业#1 日期（即第一个产品正式在装配厂的下线的日期）和年度车型。

7）项目销量计划：
- 每个细分市场中每种型号的季度或年度销售额估算值。

8）财务分析：
- 不同情景下产品生命周期中估计累计成本、收入和现金流量的曲线（例如，最佳情况、平均情况和最差情况）。
- 在产品开发和收入积累期间需要预期的季度资金。
- 预期盈亏平衡点。
- 投资回报。

9）产品生命周期：
- 估计寿命。
- 可能的产品更新、未来车型及变型。
- 设备和产品的回收利用。

10）规划工厂的位置和工厂的投资。

11）项目执行中潜在的风险来源。

12）对被选出的方案与其他备选方案进行评估。

有关业务计划的其他信息，请参见第 5 章。

18.8.2 项目状态图

产品规划人员和项目经理使用许多不同的技术跟踪产品开发的进展，例如第 2

章中介绍的计划时序图和甘特图,以及第 19 章中介绍的现金流。还有一个非常流行的图表是项目状态图,通常用于跟踪项目(或项目)中遇到的问题的状态。

状态图表也称为红黄绿图表,因为它们通过使用颜色标识问题状态:①红色表示问题尚未解决并且是"作业停止"(即,它将停止整个项目,直到问题解决);②黄色表示除非迅速解决,否则问题可能会对计划造成重大延误;③绿色表示该问题不再会对该项目的时间进展造成威胁。

表 18.7 显示了项目状态图的事例。图表中的状态列使用字母 R、Y 和 G 用于在普通的"仅黑色墨水"打印机上打印此彩色图表时代表红色、黄色和绿色。准备此类图表通常用于高级管理层会议,以吸引注意力并快速解决"工作停止"的重大问题。

表 18.7　项目状态图

项目进程表							
项目:XM25			项目经理:RJW			日期:08/30/2015	
问题序号	问题描述	状态①	目标日期	期望完成日期	系统及子系统零部件	产品属性	责任:责任部门和经理
1	导航操作时屏幕意外死机	R	3/2/2016	4/2/2016	导航软件	驾驶员的沟通	驱动程序界面—JLM
2	仪表板顶部表面的光泽度应降低,以满足遮蔽眩光标准	Y	9/15/2015	10/30/2015	仪表板–防撞垫	安全	车上和内饰—JBM
3	制动时发出尖锐的噪声	Y	11/10/2015	12/30/2015	制动系统—制动片的材料	安全性	底盘—制动—WLV
4	涡轮增压器前轴承过早磨损	R	11/15/2015	不确定的	动力总成–涡轮增压器	工作情况	动力系统—EER
5	变速器换档期间有明显的颠簸	Y	11/25/2015	12/30/2015	动力总成–X5 变速器	工作情况	变速器—JJT
6	刮水器在车速超过 70mile/h 时颤动	G	7/15/2015	8/26/2015	车身–能见度	安全性	车身电器—RGK

① R = 红色:关键问题(工作止损——必须在下次项目审查会议之前解决);Y = 黄色:重要的客户需求——必须通过下一个时间节点的工作来解决;G = 绿色:问题已经被解决—不需要采取任何行动。

18.8.3　标准

产品设计标准是用于减少制定设计决策时间的非常有用的工具。正确的开发的设计标准包含了开发过程中使用的基本原理和假设,可以提供有关标准是否可以在设计过程中应用的基本知识。当标准满足客户对产品的需求时,使用标准中提供的设计要求和设计程序可以减少获取必要信息和决定如何设计所需的时间。

某些标准可能仅规定了产品应如何工作，因此，产品设计将有了灵活性（即，设计人员可以使用任何适当的解决方案进行设计，只要它符合所需的性能）。此类性能标准可以促进创新地进行产品设计，因为它们不受任何规定的设计结构及其规格的限制。第 7 章说明了相对于性能标准、标准种类及标准相关的问题而为设计带来的优缺点。

18.8.4　CAD 工具

许多 CAD 工具是用于创建三维实体模型的应用软件，例如 AutoCAD、CATIA、Pro/Engineer、SolidWorks 和 Rhino。这些工具不仅完成传统的工程图样和草图工作；它们还使得我们能从不同的视点观察产品模型，以进行问题评估，诸如①外观和内饰表面造型（例如，形状、相邻表面之间的连续性/不连续性、切线、反射）；②产品内不同实体之间的空间（允许间隙）；③在产品（例如汽车、飞机和船只）或工作场所中人/操作者（带有数字人体模型）的姿态；④内部空间感和储物空间感，硬件安排和布置（机械布置）；⑤备选设计方案的比较（通过叠加或并排观察不同的产品概念和竞争产品）；⑥装配分析以评估装配可行性（例如，检测装配零件之间的干涉）；⑦备选组装方法和部件之间的配合（例如，间隙）。更先进的 CAD 模型还可以模拟产品内部件的移动和产品在其工作环境中的移动，以帮助直观地观察产品在其他系统中的适配情况。

CAD 模型对于不同设计工作室、产品工程办公室和供应商之间的交流也非常有用。产品的 CAD 文件也可用作许多其他复杂的计算机辅助工程（CAE）分析的输入，以评估结构/机械（例如，强度、动态力、偏转、模拟操作环境中的振动）、空气动力学（使用计算机辅助流体动力学）和产品的热管理（温度、热量积累和传热）各方面进行评估。CAD 文件也可使用于制造过程中。例如，CAD 文件可作为计算机辅助工艺规划（CAPP）的输入，也可用于为计算机数控（CNC）机床创建加工程序。

CAD 已成为计算机辅助技术范围内的一项特别重要的技术，具有降低产品开发成本和大大缩短设计周期等优点。CAD 使设计人员能够在显示屏上进行布局设计开发工作，将其打印出来并保存以供将来修改，从而节省设计和图样更改的时间。

有关 CAD 工具的更多信息也将在第 13 章中介绍。

18.8.5　样车设计及模拟

可以创建虚拟和物理样车部件，以用于设计评审中的视觉评估和物理样机。许多计算机模拟系统也可用于用户界面的人为因素测试。三维参数实体建模要求设计工程师输入关键参数的值——可以称为"设计意图"。创建的对象和特征可以向客户展示并获得反馈，并通过多次设计迭代进行调整，直到实现可接受的设计。此外，通过在计算机控制的原型中输入参数变化，可以很容易地进行任何进一步的修改。许多汽车制造商在早期概念阶段使用计算机控制的可调节车辆模型（或可编程车辆模型），通过快速更改许多关键车辆布置参数来比较和评估一系列汽车设计方案（Richards 和 Bhise，2004；Ford Motor Company，2008；Prefix，2012）。

许多专业计算机软件系统越来越多地用于模拟产品测试和评估。例如，采用 CAD 创建有关环境影响报告时所需要的精确模拟图像，其中将预期建筑物、车辆和其他产品的计算机辅助设计叠加到现有环境的图片或视频中以展示意向设计的产品是在怎样的一个环境之中的。也经常通过使用 CAD 模拟并通过研究沿着各种视线和阴影来呈现可见场和潜在障碍物。汽车设计者经常对不同竞品车在不同的模拟道路的环境下的外部造型进行模拟仿真。

18.8.6 物理样机

在设计审查期间，对汽车、货车、飞机和船只等产品的产品概念进行物理模拟非常有用，可以在早期阶段更好地了解产品的尺寸、空间和配置。在进行快速评估和市场结构分析时，通过为潜在客户和用户展示模型的方法来得到意见反馈（有关更多信息，请参阅第 11 章和第 13 章）。

18.8.7 技术评估工具

使用新技术改进产品设计，实现性能、效率、安全性和成本改进一直是一个持续的过程。但是，大多数新技术无法立即应用。引入新的技术，为应用做准备到新技术的实施往往要花费很多年或者数十年的时间。各个专业领域的技术专家通常都会关注新技术的进步，密切关注最有前途的新技术的进展，并要求研究部门进行评估并开展技术改进的开发项目，以便在未来的产品中快速实施。

现已开发了许多评估技术的方法。Forgie 和 Evans（2011）对可用的技术评估技术进行了很好的评论。

18.9 结束语

产品规划过程涉及许多概念、产品功能和技术的集成。重要的是使用相应工具来协助进行检索、开发和评估以完成最佳产品概念的开发工作。系统工程以及其他专业工程和管理学科可同时考虑来自多学科团队的许多输入，在合适的时间开发合适的产品非常重要。本章介绍的工具及其应用有助于选择"正确"的产品概念，然后在产品开发的早期阶段对其进行改进。

参 考 文 献

Akao, Y. 1991. Development History of Quality Function Deployment. In: Mizuno, S., Akao, Y., and Ishihara, K. *The Customer Driven Approach to Quality Planning and Deployment.* Minato, Tokyo 107, Japan: Asian Productivity Organization. ISBN 92-833-1121-3.

Ford Motor Company. 2008. Ford Uses Leading-Edge Virtual Lab to Deliver Increased Comfort, Visibility and Quality. Website: http://ophelia.sdsu.edu:8080/ford/10-21-2008/about-ford/news-announcements/press-releases/press-releases-detail/pr-ford-uses-leadingedge-virtual-lab-29037.html (Accessed: May 27, 2016).

Forge, C. C. and G. W. Evans. 2011. Assessing Technology Maturity as an Indicator of Systems Development Risk. In: Kamarani, A. K. and Azimi, M. *Systems Engineering Tools and Methods.* Boca Raton, FL: CRC.

Hammer, W. 1980. *Product Safety Management and Engineering.* Englewood Cliffs, NJ: Prentice-Hall.

Prefix Corporation. 2012. Programmable Vehicle Model (PV). Website: www.prefix.com/PVM/ (Accessed: June 20, 2012).

Richards, A. and Bhise, V. 2004. Evaluation of the PVM Methodology to Evaluate Vehicle Interior Packages, SAE Technical Paper 2004-01-0370. SAE International, Warrendale, PA.

第 19 章　汽车项目的财务分析

19.1　引言

　　任何汽车公司的主要目标之一是通过长期销售其产品来盈利。公司赚取的净收入（或利润）可以使用简单的公式即收入减去成本（或费用）来确定。公司产生的收入通常来自销售其产品（即产品数量乘以销售价格）加上其累积现金的任何投资收益。开发、生产、发布和维护产品的成本非常重要。因此，汽车公司的目标是最大限度地降低产品整个生命周期的总成本——从产品概念到生产设备和设施的退役和处理。在项目前期阶段，需要准确估算成本，以制订每个产品项目的计划和预算并获得批准。应将实际成本与预算成本进行持续比较，以确保方案满足其预算要求。预算成本与实际成本之间的差异可能表明在估算预算成本时支出过高或支出不足或出现错误。

　　费用随着时间的推移而产生。产品开发阶段的成本主要是"非重复性"的，也就是说，它们不会再发生，而是仅一次成本用途，如产品概念开发、产品设计、详细工程、测试以及构建工具和设施相关的有着各自阶段的成本。

　　一旦开始生产，与购买原材料、从供应商处购买零件、工厂运行成本、直接人工成本、保险成本等相关的成本是"重复性的"，并且通常与制造的产品的生产量成正比。随着产品的销售和收入的产生，维持项目（即生产）的额外资金需求就会减少。

　　本章介绍了与产品生命周期中涉及的各种任务相关的不同类型的成本，还说明了如何通过确定成本、收入和利润作为时间的函数来进行财务分析，以及在评估不同备选方案时如何考虑到利息（或贴现因子）和通货膨胀来考虑不同现金流的现值。

19.2　汽车开发项目中的成本和收入类型

　　通过将大型产品项目分解为一系列可管理的任务来估算成本。基于每项任务的工作内容、先前执行的类似任务的成本信息的可用性，以及对当前和未来经济和技术条件的调整，经验丰富的成本估算师来估算开发时间和完成这些任务的成本。然后增加所有任务的成本，以及由于纠错、利息、通货膨胀和其他未知或未预见问题的所需的备用金。在项目执行期间，预计的成本估算也会多次完善，因为需要面对和解决一些无法预测的额外任务和未知问题（例如，技术进步和竞争对手在这期间出了新产品）。

19.2.1 非重复性成本和重复性成本

成本在产品计划的整个生命周期中产生。产品的总生命周期成本可分为非重复性成本和重复性成本。本节描述了这些成本。

非重复性成本：这些成本表示在产品开发和生产系统创建期间以及在产品退役和在产品生产终止后设备的处置的所需的费用和投资。这些成本在生产开始之前和生产结束时（即产品生命周期中的退役（处置）阶段）发生。涉及的该项目运营状态所产生的早期成本包括产品设计、开发和完善成本。这些成本包括设计团队的人员成本（工资和福利）以及模型和样车开发的成本、市场研究、验证测试、工具和夹具设计和制造、工厂和设施建设以及设备/工具安装并调试。这些非重复性成本不随生产该产品数量的变化而变化。因此，它们也被称为固定成本。

重复成本：这些成本在产品的生产、销售和服务/维护过程中不断发生。这些成本包括生产和分销的人工成本（直接和间接分工）、零件和材料采购、工厂和设备维护、公用工程、保险、营销和销售成本以及保修成本。重复性成本随产品数量的变化而变化。因此，它们也被称为可变成本。

19.2.2 在产品生命周期中的成本和收入

随着产品的销售，产生收入（正值）并将其加到总成本（负值）中。收入也受到许多因素的影响，例如销售价格（制造商建议的零售价格（MSRP）减去折扣和/或回扣），随着时间的变化，产品产量的变化基于产品的流行程度或是否过时，出现设计和技术的新趋势，竞争对手的新产品的引入和可用性，以及经济条件的变化（例如，经济状况、利息、通货膨胀和货币汇率）。

图19.1显示了两个图表，上图显示了各种成本（其为负值，因为它们代表花费或损失的钱），因为它们是在典型制造产品的项目中的各个生命周期阶段中发生的随时间变化的变量。图19.1中的顶部图表也显示了收入，收入为正值，因为它代表收入。收入仅在产品销售后生成（注：收入＝销售单位×单价）。

图19.1的下面显示"V"形系统工程模型。"V"模型的时间轴与上图的时间轴同步。

出于成本管理的目的，增加所有成本（负值）和收入（正值），并经常审查累计现金流，并与预算现金流（即预测收入减去预算成本）进行比较。三种渐增现金流曲线如图19.2所示。让我们假设三个渐增现金流曲线是代表三个备选方案产

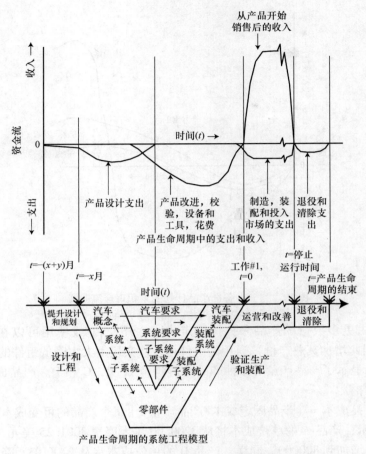

图 19.1 产品生命周期中的成本和收入

品开发过程。

备选方案 1 产生的成本要高得多,并且在负现金流条件下延续的时间也比备选方案 2 更长。但是,备选方案 1 中的产品比备选方案 2 产生更多的收入和更高的收益率。备选方案 3 不需要太多成本,但它获得的收入最低。在确定最终方案之前,了解累积现金流曲线的性质(即它们的水平和时间)非常重要。

19.2.3 固定成本与可变成本

许多公司将其总成本分为两大类:固定成本和可变成本。固定成本不会随着生产产品的数量(即产量)的变化而变化。可变成本是直接受产品的产量影响的(即产量增加可变成本也相应增加)。非重复成本被称为固定成本,重复成本被称为可变成本。产品生产的总成本是固定成本和可变成本的总和。制造商应该寻找办法减少这两种成本。然而,通过增加产量来降低产品的单位成本是一种比较常用的

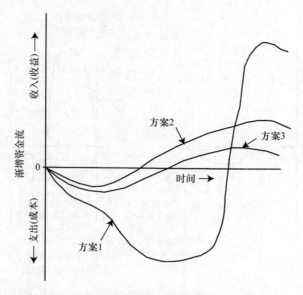

图 19.2 三种备选产品计划的累积现金流曲线

方法,这是由更多数量的产品来分摊固定成本。开发和/或使用可以在大量产品(或车型,因此增加其总产量)通用的组件可以从实质上大大降低组件的总成本。

表 19.1 显示了产品产量对四种产品的影响:A,B,C 和 D。产品成本使用以下简单公式计算:

产品成本 = (产品固定成本/产品产量) + 每个产品的可变成本

该表显示,产品 A 的单位成本将从 3200.00 美元降至 3001.25 美元,因为产品数量从 5000 增加到 800000。同样,产品 D 的单位成本将从 2.00 美元降至 1.01 美元,因为产量从 5000 增至 800000。这表明在降低产品成本方面增加产品数量的重要性和作用。

表 19.1 产量对产品成本的影响

产品	固定成本	可变成本/产品单元	产品成本/美元$ 产品产量/单位					
			5000	20000	40000	100000	300000	800000
A	$1000000.00	$3000.00	$3200.00	$3050.00	$3025.00	$3010.00	$3003.33	$3001.25
B	$200000.00	$500.00	$540.00	$510.00	$505.00	$502.00	$500.67	$500.25
C	$50000.00	$10.00	$20.00	$12.50	$11.25	$10.50	$10.17	$10.06
D	$5000.00	$1.00	$2.00	$1.25	$1.13	$1.05	$1.02	$1.01

19.2.4 制造与购买决策

大多数产品生产制造商不会在其自己内部生产产品的所有组成实体部件(即

系统、子系统或组件）。许多组成实体件是从其他制造商（即供应商）购买的。通常，许多类似产品中常见的标准化组件由不同的制造商制造。典型的零部件，不同厂家生产的可以通用于很多产品中的标准化的组件，一些标准件示例，如：紧固件（例如，螺母、螺栓、铆钉、夹子和销），电气和电子组件（例如，开关、电阻器、晶体管和微处理器），管道用件（例如，管道、软管、阀门和连接器），等等。某些需要独特制造工艺和专用系统、机器或设备的特殊组件也可从具有专业生产能力的供应商处购买。例如，一般汽车制造商通常从其供应商处购买汽车产品中约30%～70%的组件（或系统）。飞机公司还依靠供应商生产其大部分零部件。例如，没有一家商用飞机制造公司生产喷气发动机，这大约占飞机成本的40%～50%。类似地，供应商生产专用系统，例如在大多数复杂产品中具有诸如微处理器、传感器、执行器和印制电路板的组件的电子和电气系统。是否自己制作或购买组件的决定取决于许多考虑因素。一些重要的考虑是：

1）内部制造能力可用性和能力（例如，具有满足产品的生产产量所需的相应的背景和技能的专业人才和设备）。

2）可靠和低成本的供应商，可以提供满足所需质量标准和所需数量的零部件。

3）内部生产所需组件所需的资本的可用性。

4）需要对未来产品设计或者在一些独一无二的产品生产过程中的专业知识保持机密来保持竞争力。

19.2.5 零件和平台共享

降低成本的最重要原则之一是通过"通用化"与其他产品或车辆共线来分摊成本。通用化是汽车行业用于零件共享的术语，也就是说，相同的部件可以用于多个车型。固定成本将会分摊到由于更多车辆类型而随之而来的更多的产量，从而减少固定成本对总部件成本的贡献。它还涉及在制造和装配工厂中使用通用的标准化设计、零件、程序和设备。它可以通过以下方式使用：

1）零件共享：在几个不同的车辆中使用相同的标准化组件。

2）平台共享：平台共享意味着使用相同的车身下体和底盘尺寸/设计配置和其他系统组件来创建不同的车辆。使用共同的生产设备（例如，固定装置、输送机、工厂中的焊接机和装配线）和在多个产品之间共享部件。因此，可以使用相同的工作台以相同的工序在同一组装工厂中组装具有不同造型的多款车型（有关车辆平台的定义，请参阅第10章）。

3）减少工程工作量：通过使用相同的设计配置和共享系统和组件，可以大大降低设计、工具和测试成本。

19.2.6 质量成本

为了确保所设计的产品能够满足客户的需求从而使客户满意，制造商必须执行许多任务，例如进行大量的分析和评估，实施统计过程控制，信誉和担保，保修和更换失效组件。这些任务产生的费用可分为以下四类（Campanella，1990 年）：

1）预防成本：这些成本与收集的信息和进行的分析相关联，以确保最佳的产品设计并确保产品满足其客户需求（即防止产生错误或有缺陷的产品）。此成本类别中涉及的活动的一些示例是市场研究、对标测试、产品性能分析、设计评审、供应商评审和评级、供应商质量计划、培训、质量管理和过程验证。Bhise（2014）提供了有关质量问题和技术的更多信息。

2）估计成本：这些是与为确保进货组件和材料以及出厂产品符合质量要求而进行的各种评估或评估有关的成本。此成本类别涉及的活动示例包括采购评估、使用经过校准的最先进的测试设备和经过培训的人员维护实验室、进行测量和测试、检查以及工厂质量审核。

3）内部失效成本：这些成本是产生于制造商的内部的，由于制造期间的产品故障、测试期间观察到的缺陷、故障排除以及分析故障、被驳回和报废的单元（或组件）、返工、维修等。

4）外部失效成本：这些成本是在产品离开制造商的生产基地并出售给客户后产生的。这些成本是由于处理客户投诉、管理退回产品、发送更换件、修复故障产品、产品召回、产品诉讼和责任、处罚、销售损失等原因产生的。

19.2.7 制造成本

制造成本分为以下四类：

1）从供应商处购买的零件（组件）和/或子组件的成本：这些成本包括从各种供应商处购买组件、标准紧固件、子组件等所产生的费用。

2）产品制造商工厂内部制造零件的成本：这些成本与工具、设备和设施的固定成本以及与购买原材料、消耗性工具、加工和操作机器/设备、检查、直接人工、冷却剂、润滑剂、公用事业等相关的可变成本相关。

3）装配成本：这些包括与设备操作的固定和可变成本相关的组装和检查（即，组装所需的固定装置和机器人的固定成本，运行装配机器人和/或设备的可变成本）、直接人工成本和相关的员工福利。

4）间接费用：这些费用包括与间接劳动相关的费用（例如，行政和工厂维护人员及其福利成本）、员工培训、公共事业、保险、财产税、设备拆除等。

19.2.8 安全成本

与安全相关的成本可分为以下四大类（另见 Bhise [2014]）：

1）事故预防成本：这些费用是指制造商为避免或预防事故和伤害（包括长期暴露于不安全状况造成的不良健康影响而造成的伤害，例如累积创伤、噪声和振动）所花费的金额。事故预防活动通常包括安全分析（例如，进行危害分析，进行故障模式和效果分析），结合工程变更（例如，过程和设备改进以减少事故和伤害发生的可能性，增加安全装置），进行安全评估/测试，安全检查，为员工提供安全培训，提供/安装和维护保护装置（例如，安全帽、安全眼镜、锁定装置、防滑行走表面和减少背部受伤的提升装置）。

2）事故造成的费用：这些成本包括组织因事故而发生的损失。事故可能涉及伤害（例如，医疗费用，暂时失去工作能力直到受伤人员返回正常工作的相关费用，由于永久性残疾导致的费用）、生命损失、设施和设备损坏和/或工作中断。应该指出的是，由于许多未报告或未计入的成本（例如，由于事故导致的生产损失或临时工作减速，替换工人的再培训），事故成本几乎总是被低估。在某些情况下，事故的附带成本估计是直接核算成本的四倍。

3）保险费：这些费用包括保险费用（即保险费和工人赔偿费用），以防止因事故和伤害、死亡和财产损失（即修理或更换损坏的设备）造成的损失。

4）产品责任成本：这些是由于产品缺陷导致的伤害产生的产品责任案件所产生的成本。这些费用包括辩护案件的费用（例如律师和专家收取的费用）以及支付给原告的赔偿或结算费和罚款。

19.2.9 产品终止成本

这些成本是在决定终止产品生产后产生的。这些费用包括：

1）以折扣价或刺激销售来销售已停产产品的成本。

2）由于一些客户以折扣价购买已停产的产品，影响新产品销售而造成的损失的成本。

3）工厂和设备维护成本。

4）工程停工，设备的拆除和处理费用。

5）环境的清洁和恢复工作地点的费用。

6）材料回收费用。

7）为使用中的产品持续服务，生产和分配备件，直至处理完毕。

19.2.10 总生命周期成本

这些成本包括本节所述的所有成本的总和，从产品概念到生产结束，所有产品的服务处理（或回收）以及设施关闭。

19.3 时间对成本的影响

由于成本是随着时间的推移而产生的，在确定所有这些成本时，必须考虑由于诸如利率（或贴现率）、通货膨胀率和货币汇率波动（如果适用）等因素因时间而造成的影响。同样，由于收入是在产品销售期间产生的，并且随着时间的推移陆续收到付款，因此还应考虑利率、通货膨胀和货币汇率变化的影响。

大多数复杂的产品计划是延续多年的。因此，成本计算需要考虑利息和通货膨胀的影响。随着利息和通货膨胀的年度复合，现在和未来价值之间的关系是（Blanchard and Fabrycky，2011）：

$$F = P(1+i)^n \text{ 或 } P = F[1/(1+i)^n]$$

式中　P——现值（或假定为现在的值）；

　　　i——综合年利率和通货膨胀率，$i = i_r + i_f$；

　　　i_r——年利率；

　　　i_f——年通货膨胀率；

　　　n——年利息期数；

　　　F——n 个周期后的未来值。

使用这个公式，今天 100 美元的价值 5 年后将是 128 美元，5 年以 5% 的年利率和通货膨胀率（注意：$128 = 100\ (1+0.05)^5$）。这意味着从现在起 5 年后花费 128 美元，假设合并利率和通货膨胀率为 5%，则相当于今天的 100 美元。

一个项目会延续很多期间，可以计算每个期间的收入现值减去成本的现值。每个期间（假设为每月、每季度或每年）的现值可以在计划的整个持续时间内求和，以获得累计现金流的现值。现值通常在产品计划开始时计算，以便为管理层提供项目整个生命周期内现金流的估算。

19.4 项目财务计划

示例：汽车产品项目现金流

本节介绍汽车产品项目的简化现金流量分析。该分析涵盖在工作#1 之前的 40 个月到工作#1 之后的 60 个月的 100 个月期间。在汽车工业中，作业#1 表示第一辆的生产车辆从装配工厂的出厂时间（即，车辆开始销售给顾客）。

假设按下面的成本和收入进行计算：

时间节点：

1) 项目启动时间为 −40 个月（即工作#1 前 40 个月）。

2) 产品开发团队的组建始于 −39.5 个月。

3) 在 −34 个月，认证战略意图。

4）在 -29 个月，冻结硬点。
5）在 -27.5 个月，签收可行性报告。
6）在 -26 个月，项目获批准。
7）在 -24 个月，表面冻结。
8）在 -19 个月，外观获批准。
9）在 -14 个月，早期样车可进行测试。
10）在 -9 个月，前期生产的样车进行测试。
11）在 -5 个月，可使用最终样车。
12）生产从 -3 个月开始。
13）车辆在 Job#1（0 个月）投入生产面向市场。
14）工作#1 后的生产持续到 60 个月。

表 19.2 中提供了用于此说明的成本估算。表的列标记在从 A 到 T 的顶行中。列定义如下：

表 19.2 （部分 1）车辆产品项目中现金流量的成本、收入和现值

A	B	C	D	E	F	G
从工作#1的月份	产品开发人数	产品开发人力成本	维修和耗材成本	设施和工具成本	产品开发成本小计	开发成本的现值小计
-40	50	$400000	$140000		$540000	$540000
-39	100	$800000	$280000		$1080000	$1077307
-38	200	$1600000	$560000		$2160000	$2149240
-37	500	$4000000	$1400000		$5400000	5359702
-36	800	$6400000	$2240000		$8640000	$8554137
-35	1000	$8000000	$2800000		$10800000	$10666007
-34	1000	$8000000	$2800000		$10800000	$10639408
-33	1200	$9600000	$3360000		$12960000	$12735451
-32	1200	$9600000	$3360000		$12960000	$12703692
-31	1200	$9600000	$3360000		$12960000	$12672012
-30	1200	$9600000	$3360000		$12960000	$12640411
-29	1200	$9600000	$3360000		$12960000	$12608889
-28	1200	$9600000	$3360000		$12960000	$12577445
-27	1200	$9600000	$3360000		$12960000	$12546080
-26	1200	$9600000	$3360000		$12960000	$12514793
-25	1200	$9600000	$3360000	$40000000	$52960000	$51013164
-24	1200	$9600000	$3360000	$40000000	$52960000	$50885949
-23	1200	$9600000	$3360000	$40000000	$52960000	$50759051
-22	1200	$9600000	$3360000	$40000000	$52960000	$50632470

（续）

A	B	C	D	E	F	G
从工作#1的月份	产品开发人数	产品开发人力成本	维修和耗材成本	设施和工具成本	产品开发成本小计	开发成本的现值小计
-21	1200	$9600000	$3360000	$40000000	$52960000	$50506204
-20	1200	$9600000	$3360000	$40000000	$52960000	$50380254
-19	1200	$9600000	$3360000	$40000000	$52960000	$50254617
-18	1200	$9600000	$3360000	$40000000	$52960000	$50129294
-17	1200	$9600000	$3360000	$40000000	$52960000	$50004283
-16	1200	$9600000	$3360000	$40000000	$52960000	$49879584
-15	1200	$9600000	$3360000	$40000000	$52960000	$49755196
-14	1200	$9600000	$3360000	$40000000	$52960000	$49631119
-13	1200	$9600000	$3360000	$40000000	$52960000	$49507350
-12	1200	$9600000	$3360000	$40000000	$52960000	$49383890
-11	1200	$9600000	$3360000	$40000000	$52960000	$49260739
-10	1200	$9600000	$3360000	$40000000	$52960000	$49137894
-9	1200	$9600000	$3360000	$40000000	$52960000	$49015355
-8	1200	$9600000	$3360000	$40000000	$52960000	$48893123
-7	1200	$9600000	$3360000	$40000000	$52960000	$48771195
-6	1000	$8000000	$2800000	$40000000	$50800000	$46665374
-5	1000	$8000000	$2800000	$40000000	$50800000	$46549001
-4	800	$6400000	$2240000	$40000000	$48640000	$44458606
-3	600	$4800000	$1680000	$40000000	$46480000	$42378347
-2	400	$3200000	$1120000	$40000000	$44320000	$40308187
-1	300	$2400000	$840000		$3240000	$2939369
0	200	$16.00000	$560000		$2160000	$1954693
1					$0	$0
2					$0	$0
3					$0	$0
4					$0	$0
5					$0	$0
6					$0	$0
7					$0	$0
8					$0	$0
9					$0	$0
10					$0	$0
11					$0	$0
12					$0	$0
12					$0	$0

第19章 汽车项目的财务分析

表19.2 （部分2）车辆产品项目中现金流量的成本、收入和现值

A 从工作#1的月份	H 产品制造人数	I 产品制造人力成本	J 产品制造数量	K 零件、材料与间接成本	L 产品制造成本小计	M 销售与营销成本	N 总成本	O 车辆销售收入
-40							$540000	
-39							$1080000	
-38							$2160000	
-37							$5400000	
-36							$8640000	
-35							$10800000	
-34							$10800000	
-33							$12960000	
-32							$12960000	
-31							$12960000	
-30							$12960000	
-29							$12960000	
-28							$12960000	
-27							$12960000	
-26							$12960000	
-25							$52960000	
-24							$52960000	
-23							$52960000	
-22							$52960000	
-21							$52960000	
-20							$52960000	
-19							$52960000	
-18							$52960000	
-17							$52960000	
-16							$52960000	
-15							$52960000	
-14							$52960000	
-13							$52960000	
-12							$52960000	
-11							$52960000	
-10							$52960000	
-9							$52960000	
-8							$52960000	
-7							$52960000	
-6							$50800000	

271

(续)

A	H	I	J	K	L	M	N	O
从工作#1的月份	产品制造人数	产品制造人力成本	产品制造数量	零件、材料与间接成本	产品制造成本小计	销售与营销成本	总成本	车辆销售收入
−5							$50800000	
−4							$48640000	
−3	500	$6000000	1000	$8000000	$14000000	$2000000	$62480000	$28000000
−2	600	$7200000	4000	$32000000	$83520000	$8000000	$135840000	$112000000
−1	800	$9600000	8000	$64000000	$76840000	$16000000	$96080000	$224000000
0	1000	$12000000	10000	$80000000	$94160000	$20000000	$116320000	$280000000
1	1000	$12000000	24000	$192000000	$204000000	$48000000	$252000000	$672000000
2	1000	$12000000	24000	$192000000	$204000000	$48000000	$252000000	$672000000
3	1000	$12000000	24000	$192000000	$204000000	$48000000	$252000000	$672000000
4	1000	$12000000	24000	$192000000	$204000000	$48000000	$252000000	$672000000
5	1000	$12000000	24000	$192000000	$204000000	$48000000	$252000000	$672000000
6	1000	$12000000	24000	$192000000	$204000000	$48000000	$252000000	$672000000
7	1000	$12000000	25000	$200000000	$212000000	$50000000	$262000000	$700000000
8	1000	$12000000	26000	$208000000	$220000000	$52000000	$272000000	$728000000
9	1000	$12000000	27000	$216000000	$228000000	$54000000	$282000000	$756000000
10	1000	$12000000	28000	$224000000	$236000000	$56000000	$292000000	$784000000
11	1000	$12000000	29000	$232000000	$244000000	$58000000	$302000000	$812000000
12	1000	$12000000	30000	$240000000	$252000000	$60000000	$312000000	$840000000

表19.2 （部分3）车辆产品项目中现金流量的成本、收入和现值

A	P	Q	R	S	T
从工作#1的月份	总成本现值	车辆销售收入现值	累计总成本现值	累计总收入现值	现金流现值
−40	$540000	$0	$540000	$0	−$540000
−39	$1077307	$0	$1617307	$0	−$1617307
−38	$2149240	$0	$3766547	$0	−$3766547
−37	$5359702	$0	$9126249	$0	−$9126249
−36	$8554137	$0	$17680386	$0	−$17680386
−35	$10666007	$0	$28346393	$0	−$28346393
−34	$10639408	$0	$38985801	$0	−$38985801
−33	$12735451	$0	$51721252	$0	−$51721252
−32	$12703692	$0	$64424944	$0	−$64424944
−31	$12672012	$0	$77096956	$0	−$77096956
−30	$12640411	$0	$89737366	$0	−$89737366
−29	$12608889	$0	$102346255	$0	−$102346255
−28	$12577445	$0	$114923700	$0	−$114923700
−27	$12546080	$0	$127469780	$0	−$127469780

第19章 汽车项目的财务分析

（续）

A	P	Q	R	S	T
从工作#1的月份	总成本现值	车辆销售收入现值	累计总成本现值	累计总收入现值	现金流现值
-26	$12514793	$0	$139984573	$0	-$139984573
-25	$51013164	$0	$190997736	$0	-$190997736
-24	$50885949	$0	$241883685	$0	-$241883685
-23	$50759051	$0	$292642736	$0	-$292642736
-22	$50632470	$0	$343275206	$0	-$343275206
-21	$50506204	$0	$393781410	$0	-$393781410
-20	$50380254	$0	$444161664	$0	-$444161664
-19	$50254617	$0	$494416281	$0	-$494416281
-18	$50129294	$0	$544545575	$0	-$544545575
-17	$50004283	$0	$594549858	$0	-$594549858
-16	$49879584	$0	$644429443	$0	-$644429443
-15	$49755196	$0	$694184639	$0	-$694184639
-14	$49631119	$0	$743815757	$0	-$743815757
-13	$49507350	$0	$793323108	$0	-$793323108
-12	$49383890	$0	$842706998	$0	-$842706998
-11	$49260739	$0	$891967737	$0	-$891967737
-10	$49137894	$0	$941105630	$0	-$941105630
-9	$49015355	$0	$990120986	$0	-$990120986
-8	$48893123	$0	$1039014109	$0	-$1039014109
-7	$48771195	$0	$1087785303	$0	-$1087785303
-6	$46665374	$0	$1134450677	$0	-$1134450677
-5	$46549001	$0	$1180999678	$0	-$1180999678
-4	$44458606	$0	$1225458284	$0	-$1225458284
-3	$56966418	$17682426	$1282424702	$17682426	-$1264742276
-2	$123543865	$69856498	$1405968567	$87538924	-$1318429643
-1	$87164998	$137988144	$1493133565	$225527069	-$1267606496
0	$105263824	$170355734	$1598397389	$395882803	-$1202514586
1	$227478789	$403806184	$1825876178	$799688987	-$1026187191
2	$226911510	$398820923	$2052787688	$1198509909	-$854277779
3	$226345646	$393897207	$2279133334	$1592407117	-$686726218
4	$225781193	$389034279	$2504914528	$1981441396	-$523473132
5	$225218148	$384231387	$2730132675	$2365672783	-$364459893
6	$224656507	$379487789	$2954789182	$2745160572	-$209628610
7	$232988975	$390419536	$3187778157	$3135580108	-$52198049
8	$241278488	$401023524	$3429056645	$3536603632	$107546987

273

（续）

A	P	Q	R	S	T
从工作#1的月份	总成本现值	车辆销售收入现值	累计总成本现值	累计总收入现值	现金流现值
9	$249525207	$411306178	$3678581852	$3947909810	$269327958
10	$257729296	$421273818	$3936311148	$4369183628	$432872480
11	$265890914	$430932653	$4202202062	$4800116281	$597914219
12	$274010223	$440288790	$4476212285	$5240405070	$764192785

表 19.2　（部分 4）车辆产品项目中现金流量的成本、收入和现值

A	B	C	D	E	F	G
从工作#1的月份	产品开发人数	产品开发人力成本	维修和耗材成本	设施和工具成本	产品开发成本小计	成本的现值小计
13					$0	$0
14					$0	$0
15					$0	$0
16					$0	$0
17					$0	$0
18					$0	$0
19					$0	$0
20					$0	$0
21					$0	$0
22					$0	$0
23					$0	$0
24					$0	$0
25						
26						
27						
28						
29						
30						
31						
32						
33						
34						
35						
36						
37						
38						
39						
40						

(续)

A	B	C	D	E	F	G
从工作#1的月份	产品开发人数	产品开发人力成本	维修和耗材成本	设施和工具成本	产品开发成本小计	成本的现值小计
41						
42						
43						
44						
45						
46						
47						
48						
49						
50						
51						
52						
53						
54						
55						
56						
57						
58						
59						
60						

表 19.2　（部分 5）车辆产品项目中现金流量的成本、收入和现值

A	H	I	J	K	L	M	N	O
从工作#1的月份	产品制造人数	产品制造人力成本	产品制造数量	零件、材料与间接成本	产品制造成本小计	销售与营销成本	总成本	车辆销售收入
13	1000	$12000000	30000	$240000000	$252000000	$60000000	$312000000	$840000000
14	1000	$12000000	30000	$240000000	$252000000	$60000000	$312000000	$840000000
15	1000	$12000000	30000	$240000000	$252000000	$60000000	$312000000	$840000000
16	1000	$12000000	30000	$240000000	$252000000	$60000000	$312000000	$840000000
17	1000	$12000000	30000	$240000000	$252000000	$60000000	$312000000	$840000000
18	1000	$12000000	30000	$240000000	$252000000	$60000000	$312000000	$840000000
19	1000	$12000000	30000	$240000000	$252000000	$60000000	$312000000	$840000000
20	1000	$12000000	30000	$240000000	$252000000	$60000000	$312000000	$840000000
21	1000	$12000000	30000	$240000000	$252000000	$60000000	$312000000	$840000000
22	1000	$12000000	30000	$240000000	$252000000	$60000000	$312000000	$840000000
23	1000	$12000000	30000	$240000000	$252000000	$60000000	$312000000	$840000000
24	1000	$12000000	30000	$240000000	$252000000	$60000000	$312000000	$840000000

（续）

A	H	I	J	K	L	M	N	O
从工作#1的月份	产品制造人数	产品制造人力成本	产品制造数量	零件、材料与间接成本	产品制造成本小计	销售与营销成本	总成本	车辆销售收入
25	1000	$12000000	30000	$240000000	$252000000	$60000000	$312000000	$840000000
26	1000	$12000000	30000	$240000000	$252000000	$60000000	$312000000	$840000000
27	1000	$12000000	30000	$240000000	$252000000	$60000000	$312000000	$840000000
28	1000	$12000000	30000	$240000000	$252000000	$60000000	$312000000	$840000000
29	1000	$12000000	30000	$240000000	$252000000	$60000000	$312000000	$840000000
30	1000	$12000000	30000	$240000000	$252000000	$60000000	$312000000	$840000000
31	1000	$12000000	30000	$240000000	$252000000	$60000000	$312000000	$840000000
32	1000	$12000000	30000	$240000000	$252000000	$60000000	$312000000	$840000000
33	1000	$12000000	30000	$240000000	$252000000	$60000000	$312000000	$840000000
34	1000	$12000000	30000	$240000000	$252000000	$60000000	$312000000	$840000000
35	1000	$12000000	30000	$240000000	$252000000	$60000000	$312000000	$840000000
36	1000	$12000000	30000	$240000000	$252000000	$60000000	$312000000	$840000000
37	1000	$12000000	29000	$232000000	$244000000	$58000000	$302000000	$812000000
38	1000	$12000000	28000	$224000000	$236000000	$56000000	$292000000	$784000000
39	1000	$12000000	27000	$216000000	$228000000	$54000000	$282000000	$756000000
40	1000	$12000000	26000	$208000000	$220000000	$52000000	$272000000	$728000000
41	1000	$12000000	25000	$200000000	$212000000	$50000000	$262000000	$700000000
42	1000	$12000000	24000	$192000000	$204000000	$48000000	$252000000	$672000000
43	1000	$12000000	24000	$192000000	$204000000	$48000000	$252000000	$672000000
44	1000	$12000000	24000	$192000000	$204000000	$48000000	$252000000	$672000000
45	1000	$12000000	24000	$192000000	$204000000	$48000000	$252000000	$672000000
46	1000	$12000000	24000	$192000000	$204000000	$48000000	$252000000	$672000000
47	1000	$12000000	24000	$192000000	$204000000	$48000000	$252000000	$672000000
48	1000	$12000000	24000	$192000000	$204000000	$48000000	$252000000	$672000000
49	1000	$12000000	24000	$192000000	$204000000	$48000000	$252000000	$672000000
50	1000	$12000000	24000	$192000000	$204000000	$48000000	$252000000	$672000000
51	1000	$12000000	24000	$192000000	$204000000	$48000000	$252000000	$672000000
52	1000	$12000000	24000	$192000000	$204000000	$48000000	$252000000	$672000000
53	1000	$12000000	24000	$192000000	$204000000	$48000000	$252000000	$672000000
54	1000	$12000000	24000	$192000000	$204000000	$48000000	$252000000	$672000000
55	1000	$12000000	24000	$192000000	$204000000	$48000000	$252000000	$672000000
56	1000	$12000000	24000	$192000000	$204000000	$48000000	$252000000	$672000000
57	1000	$12000000	24000	$192000000	$204000000	$48000000	$252000000	$672000000
58	1000	$12000000	24000	$192000000	$204000000	$48000000	$252000000	$672000000
59	1000	$12000000	24000	$192000000	$204000000	$48000000	$252000000	$672000000
60	1000	$12000000	24000	$192000000	$204000000	$48000000	$252000000	$672000000

第 19 章 汽车项目的财务分析

表 19.2 （部分 6）车辆产品项目中现金流量的成本、收入和现值

A	P	Q	R	S	T
从工作#1的月份	总成本现值	车辆销售收入现值	累计总成本现值	累计总收入现值	现金流现值
13	$273326906	$434853126	$4749539191	$5675258196	$925719005
14	$272645293	$429484569	$5022184484	$6104742765	$1082558280
15	$271965379	$424182290	$5294149864	$6528925055	$1234775191
16	$271287162	$418945472	$5565437025	$6947870526	$1382433501
17	$270610635	$413773305	$5836047660	$7361643831	$1525596171
18	$269935796	$408664993	$6105983456	$7770308824	$1664325368
19	$269262639	$403619746	$6375246095	$8173928570	$1798682475
20	$268591161	$398636786	$6643837256	$8572565356	$1928728101
21	$267921358	$393715344	$6911758613	$8966280701	$2054522087
22	$267253225	$388854661	$7179011838	$9355135362	$2176123524
23	$266586758	$384053986	$7445598595	$9739189348	$2293590753
24	$265921953	$379312579	$7711520548	$10118501927	$2406981379
25	$265258806	$374629708	$7976779354	$10493131635	$2516352281
26	$264597312	$370004650	$8241376666	$10863136284	$2621759618
27	$263937469	$365436691	$8505314135	$11228572975	$2723258840
28	$263279271	$360925127	$8768593406	$11589498102	$2820904696
29	$262622714	$356469261	$9031216120	$11945967363	$2914751243
30	$261967794	$352068406	$9293183914	$12298035769	$3004851855
31	$261314508	$347721882	$9554498422	$12645757652	$3091259229
32	$260662851	$343429020	$9815161273	$12989186671	$3174025398
33	$260012819	$339189155	$10075174092	$13328375827	$3253201734
34	$259364408	$335001635	$10334538500	$13663377461	$3328838961
35	$258717614	$330865812	$10593256114	$13994243274	$3400987160
36	$258072433	$326781049	$10851328547	$14321024323	$3469695776
37	$249177936	$311988491	$11100506482	$14633012814	$3532506332
38	$240326195	$297511375	$11340832677	$14930524189	$3589691512
39	$231517053	$283344167	$11572349731	$15213868356	$3641518626
40	$222750353	$269481421	$11795100083	$15483349777	$3688249693
41	$214025937	$255917779	$12009126020	$15739267555	53730141535
42	$205343649	$242647968	$12214469669	$15981915523	$3767445854
43	$204831570	$239652314	$12419301239	$16221567837	$3802266598
44	$204320768	$236693643	$12623622007	$16458261480	$3834639473
45	$203811240	$233771500	$12827433247	$16692032980	$3864599733
46	$203302982	$230885432	$13030736229	$16922918412	$3892182182
47	$202795992	$228034994	$13233532221	$17150953406	$3917421184

（续）

A	P	Q	R	S	T
从工作#1的月份	总成本现值	车辆销售收入现值	累计总成本现值	累计总收入现值	现金流现值
48	$202290267	$225219747	$13435822488	$17376173153	$3940350665
49	$201785802	$222439257	$13637608290	$17598612410	$3961004119
50	$201282596	$219693093	$13838890886	$17818305503	$3979414617
51	$200780644	$216980833	$14039671530	$18035286335	$3995614805
52	$200279944	$214302057	$14239951475	$18249588392	$4009636918
53	$199780493	$211656352	$14439731968	$18461244745	$4021512777
54	$199282287	$209043311	$14639014255	$18670288056	$4031273801
55	$198785324	$206462529	$14837799579	$18876750585	$4038951006
56	$198289600	$203913609	$15036089179	$19080664195	$4044575061
57	$197795112	$201396157	$15233884291	$19282060352	$4048176061
58	$197301858	$198909785	$15431186149	$19480970137	$4049783988
59	$196809833	$196454109	$15627995982	$19677424246	$4049428264
60	$196319035	$194028749	$15824315017	$19871452995	$4047137978

注：1. 计算现值贴现率为 3%。

2. 每辆车售价 28000 美元。

在表 19.2 中：A 列表示从工作#1 开始的时间，以月为单位。

B 列表示产品开发人数（即，分配给该项目的全日制专业人员数量）。

C 列表示产品开发人力成本（B 栏中的值乘以平均月薪和支付给产品开发专业人员的福利）。注意：人员成本（即工资加福利）假定为每月 8000 美元。

D 列表示服务和供应商成本（即非公司人员提供的服务或材料的月度成本，如承包商、供应商、销售商、外部测试实验室）。

E 列表示设施和工具成本（即设计和建造车辆生产设施（工厂）、工具和设备的成本）。

F 列表示产品开发成本小计，即每行中 C 列、D 列和 E 列值的总和。

G 列表示在项目开始时（在 -40 个月）使用利率计算的 F 列的成本现值计算（注意：本例中使用 3% 的年利率，将其值设置在表格底部（F 列）下的第二行。注：现值是根据 1 个月的间隔和每月 0.25% 的利率（即 3% 的年率除以 12）计算的）。

H 列表示制造人数（全职分配给该项目的制造人员数量）。

I 列表示制造人员成本（假设为每小时 30 美元；假设制造工厂每班 8 小时，每天 2 班，每月 25 天）。

J 列表示与该行中指定的月份对应的月份中生产的车辆数量。

K 列表示零件、材料和间接成本（例如，从供应商处购买以组装车辆的零件和系统；假设为 8000 美元/车辆）。

L 列表示制造成本小计（每行中 I 列和 K 列值的和）。

M 列表示生产和运往经销商的车辆的销售和营销成本（见 J 列；假设为 2000 美元/车辆）。

N 列表示总成本（F 列、L 列和 M 列中的值的总和）。

O 列表示车辆销售收入（车辆销售价格假设为 28000 美元（见 D 列表格最后一行的输入值））（注意：假设经销商在车辆出厂后立即向制造商付款）。

P 列表示总成本的现值（在 N 列）。

Q 列表示汽车销售收入的现值（在第 O 列）。

R 列表示累计总成本的现值。

S 列表示累计总收入的现值。

T 列表示现金流量的现值（S 列中的值减去 R 列中的值）。

表 19.2 显示最大累计支出点发生在工作#1 之前的两个月，该项目的最大累计支出为 13.6 亿美元（见表 19.2 中现金流的现值（T 列））。工作#1 之后 24 个月和 60 个月的现金流（利润）分别为 24.1 亿美元和 40.5 亿美元。

图 19.3 显示了从 -40 个月到作业#1 的产品开发阶段产生的成本。该图显示了 4 个单独的轨迹：①产品开发人力成本（表 19.2 中的 C 列）；②服务和供应商成本（表 19.2 中的 D 列）；③设施和工具成本（表 19.2 中的 E 列）；④总产品开发成本（表 19.2 中的 F 列）。

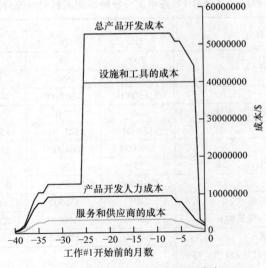

图 19.3　产品开发中产生的成本

图 19.4 显示了表 19.2 所示车辆项目的总成本（R 列）、收入（S 列）和现金流量（T 列）的累计现值曲线。累计现值曲线是通过将所有成本（负值）和产品销售收入（正值）相加得出的。应该注意的是，图 19.4 和表 19.2 中的成本和收入值被认为具有 3% 的贴现率。然而，这里使用乘数 5% 来计算收入的现值计算中的贴现率，以产生更保守的收益现值。

诸如此类的财务分析应由车辆开发团队中的产品规划、财务和营销人员共同制定，并包括在新车辆的业务计划中。应将财务分析与车辆概念一起提交给公司的高级管理层，以寻求正式批准该项目。

管理层需要从财务分析中了解的关键点是：①公司用于开发此车辆项目时需要提供的最高金额估计为13.6亿美元；②在车辆生产24个月后，该车辆项目可能会回收24.1亿美元；③经过36个月的生产，该项目可能会回报33.7亿美元。财务分析的结果应纳入业务计划。第5章详细介绍了业务计划。

表19.3是该项目的有关输出的一个电子表格程序，该程序按季度执行车辆项目财务分析。

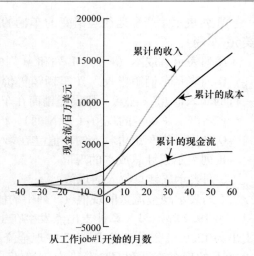

图 19.4　在工作#1之前的40个月到之后的60个月之间的成本，收入和现金流（利润）的累积现值曲线

表 19.3　（部分1）按季度分析的车辆项目成本流分析

序号	描述	2015			
		Q1	Q2	Q3	Q4
1	按月计薪的员工数量	100	300	500	600
2	平均月薪	$5500	$5500	$5500	$5500
3	总薪水	$1650000	$4950000	$8250000	$9900000
4	按小时计薪的员工数量	30	200	400	600
5	平均时薪	$25.00	$25.00	$25.00	$25.00
6	总薪水	$396000	$2640000	$5280000	$7920000
7	津贴成本（%）	28	28	28	28
8	总员工成本	$2618880	$9715200	$17318400	$22809600
9	工具和设备的成本	$0	$50000	$150000	$500000
10	设施（厂房和建筑物）	$25000	$100000	$2000000	$5000000
11	运营和维护成本	$10000	$20000	$50000	$50000
12	每车原材料和供应商生产零件的成本				
13	平均每车营销、广告和销售相关的成本				
14	平均每车由工厂到销售商的运输成本				
15	每季度总成本	$2653880	$9885200	$19518400	$28359600
	从项目开始的季度数	1	2	3	4
	每季度季度末累计总成本现值	$ 2608236	$ 9548093	$ 18528530	$ 26458330

（续）

序号	描述	2015			
		Q1	Q2	Q3	Q4
16	累计总成本现值	$2653880	$12539080	$32057480	$60417080
17	汽车产量				
18	汽车销售数量				
19	平均价格				
20	每季度的收入	$0	$0	$0	$0
	每季度总收入的现值（在每个季度末）	$0	$0	$0	$0
21	累计总收入（现值）	$0	$0	$0	$0
22	车辆库存（没有售出的）	$0	$0	$0	$0
23	累计净现金流总额（现值）	-$2653880	-$12539080	-$32057480	-$60417080

注：现值的年利率按7%计算。

表19.3 （部分2）按季度分析的车辆项目成本流分析

序号	描述	2016			
		Q1	Q2	Q3	Q4
1	按月计薪的员工数量	600	500	400	400
2	平均月薪	$5650	$5650	$5650	$5650
3	总薪水	$10170000	$8475000	$6780000	$6780000
4	按小时计薪的员工数量	800	1200	1500	1800
5	平均时薪	$26.00	$26.00	$26.00	$26.00
6	总薪水	$10982400	$16473600	$20592000	$24710400
7	津贴成本（%）	29	29	29	29
8	总员工成本	$27286596	$32183694	$35309880	$40622616
9	工具和设备的成本	$2000000	$5000000	$200000	$50000
10	设施（厂房和建筑物）	$5000000	$1000000		
11	运营和维护成本	$50000	$50000	$60000	$75000
12	每车原材料和供应商生产零件的成本			$8000	$8000
13	平均每车营销、广告和销售相关的成本			$300	$500
14	平均每车由工厂到销售商的运输成本			$700	$700
15	每季度总成本	$34336596	$38233694	$40069880	$114347616
	从项目开始的季度数	5	6	7	8
	每季度季度末累计总成本现值	$31483655	$34454008	$35487640	$99529488
16	累计总成本现值	$94753676	$132987370	$173057250	$287404866
17	汽车产量			500	8000
18	汽车销售数量				8000

(续)

序号	描述	2016			
		Q1	Q2	Q3	Q4
19	平均价格			$22000	$22000
20	每季度的收入	$0	$0	$0	$176000000
	每季度总收入的现值（在每个季度末）	$0	$0	$0	$155873305
21	累计总收入（现值）	$0	$0	$0	$155873305
22	车辆库存（没有售出的）	0	0	500	500
23	累计净现金流总额（现值）	−$94753676	−$132987370	−$173057250	−$131531561

注：现值的年利率按7%计算。

表 19.3　（部分3）按季度分析的车辆项目成本流分析

序号	描述	2017			
		Q1	Q2	Q3	Q4
1	按月计薪的员工数量	300	200	200	200
2	平均月薪	$5900	$5900	$5900	$5900
3	总薪水	$5310000	$3540000	$3540000	$3540000
4	按小时计薪的员工数量	1800	1800	1800	1800
5	平均时薪	$27.00	$27.00	$27.00	$27.00
6	总薪水	$25660800	$25660800	$25660800	$25660800
7	津贴成本（%）	30	30	30	30
8	总员工成本	$40262040	$37961040	$37961040	$37961040
9	工具和设备的成本	$50000	$50000	$50000	$50000
10	设施（厂房和建筑物）				
11	运营和维护成本	$75000	$75000	$75000	$75000
12	每车原材料和供应商生产零件的成本	$8000	$8000	$7500	$7500
13	平均每车营销、广告和销售相关的成本	$1000	$1000	$800	$800
14	平均每车由工厂到销售商的运输成本	$700	$700	$700	$700
15	每季度总成本				
	从项目开始的季度数	9	10	11	12
	每季度季度末累计总成本现值	$159015460	$178811236	$180197711	$177098487
16	累计总成本现值	$473291906	$685977946	$904063986	$1122150026
17	汽车产量	15000	18000	20000	20000
18	汽车销售数量	12000	20000	20000	20000
19	平均价格	$22000	$22000	$22000	$23000
20	每季度的收入	$264000000	$440000000	$440000000	$460000000
	每季度总收入的现值（在每个季度末）	$233809957	$389683261	$389683261	$407396137
21	累计总收入（现值）	$389683261	$779366523	$1169049784	$1576445921
22	车辆库存（没有售出的）	3500	1500	1500	1500
23	累计净现金流总额（现值）	−$83608645	$93388577	$264985798	$454295895

注：现值的年利率按7%计算。

19.5 估算成本和收入的挑战

估计产品开发和生产成本通常结合过去的经验进行（即，来自过去的具有类似车辆配置的车辆项目的历史数据），全面了解开发提案车辆所需的任务，协调不同专业学科之间的工作，并考虑开发和整合车辆新的先进技术所涉及的挑战。时间估计可能会受到一些估计过高或过低的错误以及相关风险的影响，例如分配用于验证新设计功能的时间不足以及由于执行过多设计分析而导致的成本超支。

同样的，预测车辆的未来销售量也是非常具有挑战性的，因为由于实现所需的车辆属性水平和其他竞争对手新车辆上市而导致的不确定性（这可能影响所提案的车辆的销售量）。由于总收入是车辆销量乘以车辆购买价格的乘积，因此预测车辆购买价格的不确定性（反过来，涉及估计各种可选配置的采用率）也会影响收入预测的准确性。

下一节将介绍用于估算未来产品价格的两种方法。

19.6 产品定价方法

19.6.1 传统的"成本加"方法

确定产品价格的传统方法是每单位的所有成本（生产和销售车辆的成本）加上每单位所需的利润来提出单位的价格。这种方法通常不对降低成本有很大的激励，因为制造商的利润得到了保证。该方法还假设客户愿意支付售价（即，它是生产者的市场——生产者设定价格而不顾及顾客）。这种方法过去运作良好，当时客户在市场上可选择产品非常有限。

19.6.2 市场价格减去利润的方法

在这种方法中，生产者根据市场上销售的其他类似产品的价格确定最低价格，然后减去他或她的经销商保证金和预期利润，并将余额视为生产产品的目标成本。然后将目标成本划分并分配给产品中的每个实体。要求所有内部和外部供应商通过改进产品设计及其制造工艺和操作来满足各自的目标成本。

例如，在确定美国市场低成本汽车的价格时，Hussain 和 Randive（2011）调查了在美国市场销售的低成本汽车的价格。他们发现，2010—2011 年期间在美国市场销售的小型经济型汽车的最低价格约为 10000 美元。因此，他们将目标制造商的零售价定为 8000 美元（比美国市场上销售的最低价格汽车低 20%）。假设其中经销商利润为 10%（800 美元），制造商的利润为 200 美元（工厂成本的 2.78%），他们将目标成本设定为 7000 美元/车，然后开始为每个车辆系统制定目标成本（见图 19.5）。这假设他们要求供应商以目标成本交付系统。这种方法也用于开发车辆 Tata Nano 时，这是成本最低的车型，在印度的售价约为 100000 印度卢比（2000 美元）（Hussain 和 Randive，2011）。

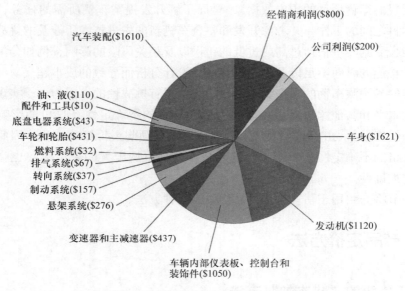

图 19.5　低成本车辆目标成本细分

19.6.3　其他成本管理软件应用程序

许多不同的应用软件可用于执行产品生命周期成本计算并创建各种报告（例如，按系统、项目阶段和月份，实际成本与预算成本的比较）。许多应用程序与管理信息系统、产品规划和供应链管理等其他功能集成在一起。软件系统还用于生产调度、组件订购、库存控制、产品控制、车间管理、成本核算等。此类软件系统的一些示例如：制造资源规划（MRP）和企业资源规划（ERP）。软件系统可从许多开发商购买（例如，SAP、Oracle、Microsoft、EPICOR 和 Sage）。

19.6.4　权衡和风险

涉及复杂汽车产品开发的计划和项目遇到了许多开发问题和挑战。许多问题涉及不同属性要求之间的权衡以及许多设计和制造问题之间的权衡。成本和时间直接受到权衡问题如何解决的影响。设计团队在各个设计阶段不断处理这些问题。许多问题在前期阶段尚未充分了解；因此，需要不断审查前期阶段编制的预算，有些目标成本和时间的变化需要纳入后续预算和项目的里程碑。

19.7 结束语

在合适的时间以合适的价格将产品推向市场非常重要。因此，成本和时间安排是项目和项目经理用来评估和控制其项目进展的重要参数。这两个参数都会影响公司的盈利能力及其在市场中的竞争地位。由于在前期规划阶段对这些参数进行的初步估算通常不是很准确，因此需要对其进行调整以解决在项目期间遇到的问题和挑战。成本超支和时间延迟都是管理层不愿看到的。另一方面，在计划的结束日期之前或在预算之下完成项目是非常值得庆祝的伟大成就，值得特别表彰项目团队。

参 考 文 献

Bhise, V. D. 2014. *Designing Complex Products with Systems Engineering Processes and Techniques*. Boca Raton, FL: CRC Press.

Blanchard, B. S. and W. J. Fabrycky. 2011. *Systems Engineering and Analysis*. 5th edn. Upper Saddle River, NJ: Prentice Hall.

Campanella, J. 1990. *Principles of Quality Costs*. 2nd edn. Milwaukee, WI: ASQC Quality Press.

Hussain, T. and S. Randive. 2010. *Defining a Low Cost Vehicle for the U.S. Market*. Published by the Institute for Advanced Vehicle Systems, College of Engineering and Computer Science, the University of Michigan–Dearborn, Dearborn, MI. Website: www.engin.umd.umich.edu/IAVS/books/A_Low_Cost_Vehicle_Concept_for_the_U.S._Market.pdf (Accessed: September 13, 2015).

第20章 车辆总布置工程工具

20.1 引言

车辆总布置设计是新车开发过程中的一项关键活动。车辆总布置设计需要创建汽车图样或计算机辅助设计（CAD）模型，以显示车辆系统、乘员和带入车辆中的物品所占据的空间。因此，所有的设计和工程活动都需要常常使用 CAD 模型，以确保其所有车辆部件（例如，系统、子系统和零部件）的设计都符合由外饰和内饰表面所界定的车辆空间。

虽然可以使用缩小（即，小于实际）比例图样来展示新车及其系统，但是通常应创建全尺寸图样，这样可以更好地了解车辆中系统及零部件所占的实际空间。总布置工程师不仅要绘制全尺寸的图样且在大屏幕上投影全尺寸的 CAD 模型图像，他们还要制作全尺寸实物模型和部件（即，物理模型），以便充分了解设计和安装所有系统及其接口所需空间的"感觉"，从而确保创建一个功能性车辆。

因此，在设计过程中涉及的所有学科和专业活动都需要车辆总布置设计活动的输出，使产品可视化并了解所有车辆系统所需的空间限制。

20.2 车辆总布置背景

20.2.1 车辆总布置定义

总布置设计是汽车工业中用于描述定位各种车辆系统（例如，车身系统、底盘系统、动力系统、温度控制系统和燃料系统）及其零部件和车内乘员所涉及的活动的术语。因此，总布置是关于各种车辆系统（即，硬件）、可兼容的人（即，驾驶员和乘客），以及乘员带入车内的各种物品（例如，行李箱、箱子、高尔夫球袋、太阳镜、手机和饮料罐）的空间配置。

之所以在工业中使用总布置设计这一术语，是因为总布置工程的任务本质上是将相关部门（例如，制造部门和供应商）生产的系统和零部件并将它们装入车辆空间，使该产品能够正常运行工作从而满足车辆客户和用户的需求。

20.2.2 车辆总布置内容

总布置工程师需要在车辆空间中布置的项目有：

1) 乘员（驾驶员和乘客）。

2) 车辆框架（即，车辆底盘和车身），其兼容了所有车辆系统并提供了外饰尺寸和形状。

3) 控制汽车所需的所有车辆系统（例如，动力系统、悬架系统、转向和制动系统、电气系统以及控制装置和显示屏）。

4) 所有车辆系统的开发都应满足乘员的舒适性、便利性、安全性、通信性和娱乐性。

5) 用来存储物品（例如，行李、货物和其他物品，如纸张、地图、饮料罐、手套、用户手册、钱包、太阳镜、手机、车库门开启器、CD、眼镜、硬币、夹板、钢笔和冰铲）的空间。

20.2.3 车辆总布置组织机构

车辆总布置设计是一个或多个部门（车辆开发过程中的团队）的职责，这些部门通过绘制图样来为乘员和整体车辆系统分配空间，这是一项工程和CAD活动。总的来说，车辆总布置设计功能是在造型和外观部门的密切合作下完成的。其中，工业设计师（专门从事汽车设计）通过造型设计以及选择带有视觉特征（例如，颜色和纹理）和触觉感受（例如，光滑度和弹性）的表面材料来创建车辆的外饰和内饰表面。因此，主要总布置设计部门离设计工作室比较近，以便在开发车辆基本架构（即，车辆包络线的总尺寸、不同主要车厢的比例、轴距以及前后悬尺寸）期间保持密切交流。

车辆总布置工程师做的实际工作在不同的组织机构中有所不同。有些人纯绘图（即，绘图或CAD建模活动），而其他人做各种程度的工程分析（例如，力和应力的计算、传热、电力负荷和空气动力学）来支撑根据不同系统及其性能要求和特性而做出的功能选择的相关决策（例如，容量配置、与其他系统的接口、尺寸和材料选择）。

20.2.4 车辆总布置工程领域

车辆总布置工程作业有两个领域：

1) 乘员（人员：驾驶员和乘客）总布置设计：该领域包括以下方面的设计实践和程序知识：①确定驾驶员位置：驾驶员位置（座椅参考点（SgRP））和坐姿，主要控制装置的位置，即，转向柱、转向盘、变速杆和踏板；②仪表板、控制台和驻车制动杆的总布置设计；③乘客的位置和姿势（座椅的设计和位置）；④上下车评估所涉及的部件,例如门框、座椅、门、把手(或把手杆)、开门把手和台阶;⑤定位各种部件(即,人员、硬件和服务工具)所需间隙;⑥视野分析(车窗开口、后视镜和遮挡物)。车辆人机工程学通常与乘员总布置设计部门之间工作密切,以确保在所有总布置设计活动中,各种设计工具、人机工程学指南和数据能够满足大部分车辆用户的需要。

2)机械(硬件)总布置设计:该领域包括以下方面的设计实践和规程知识:①车身结构空间规划(对各种车身和底盘部件的形状、尺寸和横截面的估计);②动力系统和燃料系统总布置设计(发动机包络线、变速器和主减速器的估计和定位,包括管道、软管、电线和配件);③底盘系统总布置设计(车轮、轮胎、悬架、转向和制动系统的空间);④其他机械和电气系统的总布置设计(例如,仪表板、门、控制台、门锁、电动车窗机构、闩锁、铰链、线束、灯具、采暖和空调系统);⑤行李/货物区和储存空间。各种工程办公机构(例如,车身工程、动力总成工程、温度控制工程、电气工程、燃料系统工程和制造工程)与机械总布置设计工程师工作密切,以确保在各种硬件总布置设计活动中的功能性、制造性和装配可行性。

20.2.5 车辆总布置人员

参与车辆总布置设计人员的技术背景在不同的组织机构中有所不同。车辆总布置工程中的工作人员一般包括起草者(或绘图员,他们过去常常绘制二维图样,被称为工程设计师)和CAD建模师/设计师和工程师(主要是机械工程师),他们负责开发有益于产品可视化的三维模型。随着CAD和计算机辅助工程(CAE)软件应用程序的融合,越来越多的公司正在将这些任务分配给具有硕士学位的工程师。

车辆总布置工程师需要了解:①各种车辆系统的功能、空间需求和接口;②客户的想法和需求;③客户特征和人机工程学设计考虑因素;④设计(造型)趋势和需求;⑤工程要求和标准(系统设计标准和满足政府法规要求);⑥制造和装配工艺要求。因此,他们能够创建一个可保持基本车辆结构、系统功能、制造和装配等各方面要求并相互兼容的车辆总布置。

总布置工程师负责各种车辆系统和部件设计的数据开发、设计、验证和实现。他们是开发和管理实现机械总布置兼容性需求的团队的一部分。他们的主要工作职责是通过与设计工程师、核心功能工程部门、供应商、CAD、制造商和工作室人员合作工作,从而推动机械总布置的兼容性。总布置工程师需要协调解决问题和进行权衡讨论,以确保实现数字机械总布置兼容性的系统设计。

通常要求总布置工程师具有机械工程学士学位,在相关工程领域中的硕士学位者优先,工作经验和技能要求如下:

1)具有汽车/航空航天产品开发/制造经验。

2）具有能够主动领导跨部门团队解决问题的能力。

3）熟练掌握解决机械总布置问题的技术技巧。

4）具有在团队合作中的协商技巧，能够协调设计讨论和设计解决方案（即，研究替代设计和不同车辆属性之间的权衡）。

5）熟练掌握 CAD 技能：CAD、尺寸工程和数字模型的训练和证书，CAD 系统的操作知识（例如，CATIA、Unigraphics）。

6）管理评审所需的表达技巧（口头和书面沟通）。

7）引导和与部件制造商（木材、金属、室内装饰和塑料车间）工作的能力，以创建和验证用于产品评审和市场调研的内饰和外饰模型。

8）具有系统工程方法和技术的知识。

9）用项目管理技能和数据驱动的方法来管理兼容性可交付物。

10）主动性，具有能够在最少的指导下确定优先级并管理多个任务的能力。

11）具有快速学习和应用新技术/技能的能力（在职培训）。

12）熟练掌握标准的计算机技能（Outlook、Excel、Word、PowerPoint）以及能够熟练查询公司标准、经验教训、物料清单的数据库。

20.2.6 总布置工程和人机工程学

汽车总布置工程师使用的许多乘员总布置工具和驾驶员特征数据都是由在汽车行业、研究机构或大学里工作的人机工程学工程师开发和更新的。图 20.1 为车辆总布置工程和人机工程学（也称为人因工程学）中的重叠和非重叠技术领域的维恩图。

人机工程学工程师与车辆总布置工程师合作，一起评审车辆设计和总布置问题，并提供有关乘员总布置程序、驾驶员人体测量尺寸以及生物力学和驾驶员界面设计考虑因素的最新信息。这里所涉及的设计考虑因素如图 20.1 所示，维恩图中两个学科的交叉点包括驾驶员和乘员的位置和定位（即，姿势）、控制装置和显示屏的选择和位置、座椅的设计，为驾驶员提供舒适的乘坐空间、方便进出汽车以及通过窗口和其他视觉系统（例如，反射镜系统）来评估驾驶员和乘客的视野范围。Bhise（2012）提供了人机工程学工程师在汽车设计过程中执行的问题和任务的详细资料。

维恩图的左侧部分为车辆总布置工程师在其他功能领域执行的其他任务，例如车身工程、动力系统工程、底盘工程和电气工程。维恩图的右侧部分为人机工程学工程师执行的任务，以确保其他系统的其他驱动器接口（即，控制装置和显示屏、座椅），例如安装在仪表板、门、顶篷和中央控制台上的接口，能够由驾驶员轻松操作，不会造成驾驶员工作负荷过大或分心。

20.2.7 车辆总布置设计原则

执行总布置设计工程工作要考虑许多原则，三个基本原则如下：

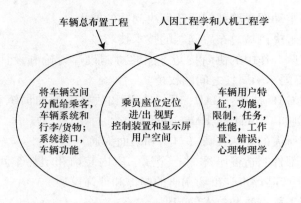

图 20.1 车辆总布置工程和人机工程学的维恩图

1) 客户满意度：包括通过同时考虑所有车辆属性来努力实现产品质量，并确保所有涉及全部属性之间权衡的决策都能够实现高水平的客户满意度。

2) 系统考虑：车辆应该被设计成一个系统，该系统在"形式"和"功能"之间有一个严格的平衡。应当注意，这里的"形式"是指造型和外观属性，"功能"是指每个车辆系统的运行性能。因此，总布置工程师的任务不仅仅是总布置一组零部件；每个车辆系统的位置必须满足其功能和接口需求，同时还要满足设计/造型部门的需求。必须考虑每个系统的功能，以确保系统及其所属部分（即，子系统、二级子系统等，直到最低级别的零部件）符合车辆空间并满足其各自的需求，这些需求应从整车级别属性逐级分解（更多详细信息请参阅第 8 章和第 9 章）。

3) 人员最大、机器最小原则：这一原则是指使硬件（机器）所占用的空间最小化，以便为乘员（人）提供更大的使用空间。应该以在乘员舱和行李舱/货舱内分配最大的空间量为目标，以实现汽车内部"宽敞"感（即，顾客感觉到车内非常宽敞）。

20.3 车辆总布置设计流程

20.3.1 车辆总布置工程任务和流程

图 20.2 所示为乘员总布置工作中涉及的不同任务的流程图。该流程从任务#1 开始，其中包括了解客户、竞争车型对标以及定义要设计的车辆。该任务涉及多个学科共同协作，以彻底了解任务目标和设想。首先定义目标客户群，即谁将购买和使用所设计的车辆。必须了解这些用户的特征、能力、愿望和需求。市场研究员、总布置和人机工程学工程师以及设计师必须尽一切努力收集有关目标人群的信息。在预期的细分市场中，应该邀请一种车型具有代表性的车主和用户并向其展示早期产品概念。应该对他们进行深度采访并使他们回答一些问题，这些问题包括他们对

产品概念和产品特性的喜欢或不喜欢程度，他们对替代车辆设计的偏好以及他们在使用汽车中的习惯等。还可以测量他们的人体测量尺寸，从而创建一个用于评估各种车辆尺寸的数据库。质量功能（QFD）是一个极好的工具，在早期阶段，它可以将被设计车辆的客户需求转化为车辆的性能（工程）规范（见第 18 章；Besterfield 等，2003；Bhise，2012）。

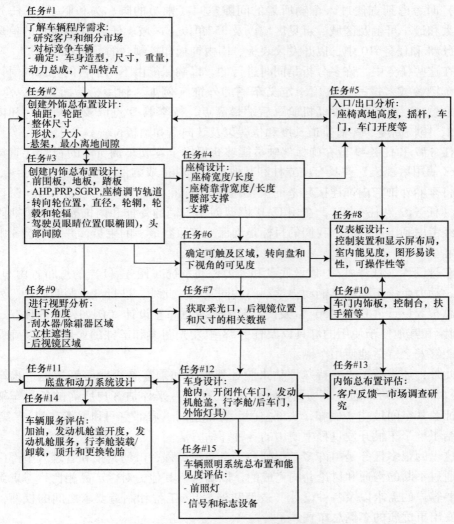

图 20.2　车辆总布置工程的任务和流程

正如任务#2 所示，外饰设计模块通常会主导设计流程。通过创建多种设计方案来开发车辆的外饰形状。车辆总布置工程师与其他工程团队同时工作，以确保所有车辆系统都可以在由车辆外部参数（例如，总体尺寸、轴距、前后悬、发动机舱罩后端最高点和行李舱 D 点位置）界定的车辆空间内进行总布置。任务#3 为确定驾驶员和乘客在车辆空间中的位置（即，定位 SgRP（即，座椅参考点）及身体姿势角度，眼睛位置和头部包络线）以及确定车辆前围板、底板、顶盖、转向盘和踏板的位置。任务#4 为座椅的设计，以调节乘员的位置和满足舒适性要求。在任务#5 中进行入口和出口评估，以确保在设计座椅、主要车辆控制装置（例如，转向盘）以及车身零部件（例如，车门、车门开度、车门铰链、车门内饰板和摇臂盘）时考虑到方便进入车辆所需的间隙空间（乘员的脚、头和躯干）。任务#6 为最大和最小可触及区域，可见区域以及 35°角以下区域。任务#6 中涉及的信息用于任务#8 和任务#10 中，以开发仪表板、门内饰板和控制台的配置和布局。

在这些任务中，许多分析是同时进行的，以确保能由不同学科的专家同时评估关键车辆参数，这些参数用于定义车辆的外饰（例如，轴距、胎面宽度、总长、总宽、总高、前后悬、发动机舱罩后端最高点、行李舱 D 点以及内倾角）和内饰（例如，座椅高度、座椅轨道长度和位置以及转向盘和踏板位置）。

任务#7 和任务#9 旨在确保驾驶员能够获得安全驾驶车辆所需的视野（直接和间接（使用后视镜）并具有由立柱和其他车内部件造成的最小障碍）。

将车辆外饰与内饰连接起来的关键区域，例如入口/出口（任务#5）、窗口和视野（任务#7 和任务#9），在用 CAD 模型创建车辆的外饰和内饰表面的早期阶段就已经考虑到了。当然，我们的目标是确保能够兼容最多的乘员，并且不会影响车辆功能。

车身设计（任务#12）以及底盘和动力传动系统（任务#11）的总布置由车身、底盘、动力系统工程和车辆动力学部门共同完成。此外，进行汽车照明设计、外部灯具总布置设计（任务#15）以及内部照明光源总布置设计（例如，车内顶篷、映射/阅读和其他便于使用的灯具以及任务#8 中发光图案和部件的照明），以确保在夜间能够安全舒适地使用车辆。

此外，还进行了一些特殊评估来验证驾驶员和乘客是否能够舒适地进出车辆（任务#5）以及可以通过市场调查研究（任务#13）来评估客户所需的各种车辆内饰特征及其空间尺寸（例如，头部空间、腿部空间、肩部空间和臀部空间）。第 21 章总结了整个车辆开发过程中使用的各种评估方法。

这里的很多任务是由许多工程师和来自各种工程、市场营销和管理人事部门的专家通过不断的沟通和讨论共同完成的，以确保与其他的对标产品相比，考虑到所有重要客户的需求以及各种设计（造型和外观）、工程和制造要求之间的权衡，从而开发出更优质的车辆总布置。

下节提供了任务#2 到任务#10 中涉及的尺寸和定位程序的详细信息。Bhise（2012）中介绍了许多任务的更多信息。

20.3.2 车辆总布置设计的标准实行

大多数汽车公司及其供应商使用由 SAE（汽车工程师协会）制定的车辆总布

置设计标准。SAE 标准是由 SAE 技术委员会制定的。委员会成员包括汽车行业、政府（监管和研究部门）以及大学（教师和研究人员）的专业人员。SAE 标准是自发产生的，除非它们被美国联邦机动车辆安全标准（FMVSS）或其他政府标准（国家公路交通安全管理局（NHTSA），2015）所采用。SAE J1100 标准提供了许多车辆外饰和内饰尺寸的定义以及在汽车行业中使用的参考点（SAE，2009）。

所有与车辆和乘员相关的 SAE 尺寸都通常以毫米为计量单位。前缀 L、H 和 W 分别表示长度（纵向——从车辆前侧到后侧）、高度（垂直——上/下）和宽度（横向——左/右）的相关尺寸。所有角度均由前缀 A 来表示，并以度为计量单位。前缀后面的数字定义了特定的尺寸；例如，H30-1 代表了以毫米为单位，从驾驶员右脚跟点未踩下加速踏板时的驾驶员 SgRP 的高度。H30 后面的数字 1 表示前排座位（有关命名和尺寸的更多详细信息，参见 SAE 手册（SAE，2009）中的 SAE 标准 J1100）。SAE J 1100 和 J182 标准中详细说明了车辆设计坐标系统和车辆空间中零部件的 x、y、z 坐标位置。

20.3.3 机械总布置设计

机械总布置设计涉及将所有车辆硬件的几何模型结合到车辆的 CAD 模型中。机械总布置设计工作从创建车辆坐标轴和整车包络线开始，由以下三个 SAE 尺寸定义：①L103：整车长度；②W103：整车宽度；③H101：整车高度。图 20.3 所示为整车包络线。

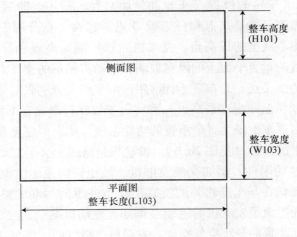

图 20.3 整车包络线

图 20.4 所示为车辆 X、Y、Z 轴的定义和绘制（参考 SAE 标准 J182（SAE，2009））。

用于定义车辆空间中各点位置的三维笛卡尔坐标系统通常定义如下：

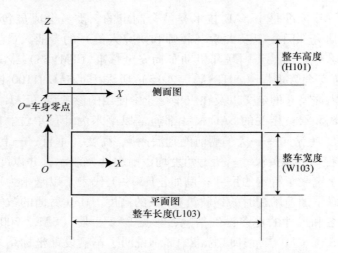

图 20.4 带有车辆 X、Y、Z 轴和原点 O 的整车包络线

1) 纵向 X 轴的正方向是从车辆前侧指向后侧的。
2) 垂直 Z 轴的正方向是从下面指向上面的。
3) 横向 Y 轴的正方向是从车辆的左侧指向右侧的。
4) 坐标系的原点（称为车身原点）位于前保险杠的前方（使所有 x 坐标值为正），地平面下方（使所有 z 坐标值为正）和车辆宽度的中点。

图 20.5 显示了车轮的位置（车轮和轮胎直径、轴距、前后轮距和前后悬）。还显示了发动机舱罩后端最高点和行李舱 D 点，这两个点分别表示发动机舱罩和行李舱盖在车辆中心线上的最高点。发动机舱罩后端最高点和行李舱 D 点分别代表通过车辆中心线的垂直平面上的风窗玻璃和发动机舱罩的交叉点以及后风窗玻璃和行李舱盖表面的交叉点。总布置工程师用这两个点来分别表示将发动机安装在发动机舱罩下（发动机舱罩后端最高点）和将行李放在行李舱盖下所需的空间高度。

因为发动机是汽车上最大且最重要的功能系统，所以要创建发动机包络线并确定其在车辆空间中的位置（见图 20.6）。发动机包络线定义了发动机所需的所有间隙（以及所有其他的附件，例如交流发电机、液压转向泵、空调压缩机、惰轮和传动带）以及发动机在与车身相关的所有工作条件下的运动的整个三维空间。因此，发动机包络线考虑了发动机的运动（例如，发动机振动）、发动机速度变化和在发动机周围冷却装置的最小空气空间。发动机包络线还应该包括用于发动机的主要维修空间（例如，人工维修发动机所需的间隙）。

轮胎包络线中包括所有可能的轮胎运动（由于操纵/转向以及悬架运动，例如，车轮跳动）所需的空间，以确保轮胎有足够的运动空间（见图 20.6）。该图还包括发动机舱罩后端最高点和行李舱 D 点。发动机舱罩后端最高点表示通过车辆中心线的垂直平面上的风窗玻璃和发动机舱罩的交叉点（见图 20.6）。如果车身造

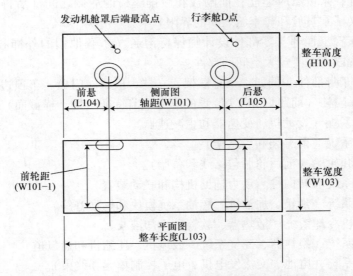

图 20.5 包括车轮、发动机舱罩后端最高点和行李舱 D 点位置的整车包络线

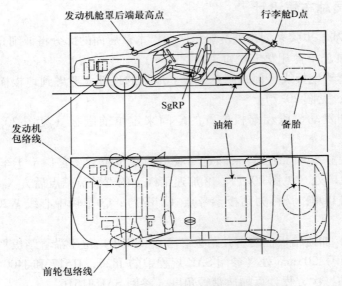

图 20.6 包含车辆包络线的车辆总布置图

型涉及行李舱,则以行李的存放需求为基础,建立代表通过车辆中心线的垂直平面上后风窗玻璃(后车窗玻璃)和行李舱盖表面的交叉点的行李舱 D 点。

通常会向车辆设计师提供一个包含该信息的 CAD 文件,以此开始创建车辆外饰表面(注意,图 20.6 显示了车辆的外部轮廓)。总布置工程师与车身工程师协商,通过考虑创建地板和地板横梁所需的地板间隙和空间来估算前围板和车辆地板的位置。因此，乘员舱应建立在前围板和后排座椅的后侧之间（后排座椅的后方空间通常定义了乘员舱和行李舱之间的界限）。

机械总布置工程师与零部件设计师保持沟通（了解他们的外饰和内饰需求）并在车内布置以下需要较大空间的部件：

1) 主要车身部件（例如，车身框架、立柱、横梁、门槛、车顶边梁、有照明设备的前后保险杠（前照灯和尾灯））的车身细节特征（即，横截面）。
2) 动力系统（发动机、变速器和主减速器）。
3) 悬架系统（前悬架和后悬架）。
4) 车轮和轮胎（前后轮胎包络线和备胎）。
5) 转向系统（转向柱、动力辅助机构和联动装置）。
6) 燃油系统（油箱、加油管、燃油系统模块和燃油管路）。
7) 发动机冷却系统（散热器、软管和冷却液泵）。
8) 空调系统（换热器、配气系统、鼓风机、压缩机和通风道）。
9) 电气系统（电池、交流发电机、电子控制单元和线束）。
10) 踏板箱、联动装置和制动系统主缸。

20.3.4 乘员总布置设计

通过以下基本步骤来创建乘员舱总布置。本章后面的部分将详细介绍这些步骤（参见"驾驶员总布置开发步骤和计算"部分）。

1) 定位车辆地板线（侧视图：地板上地毯的顶部，考虑到地板横梁需要的地面间隙和空间；见图 20.7）。
2) 考虑到发动机舱和踏板位置的空间来定位前围板（见图 20.7 中的垂直虚线）。
3) 通过建立 SgRP 的位置来确定驾驶员的座位位置。它位于①车辆地板上方 H30-1 垂直距离处（见图 20.7）；②加速踏板上的驾驶员踏点后方 X_{95} 水平距离处（见图 20.8）（BOF；又称为踏板参考点（PRP））；③车辆中心线 W20-1 横向距离处。

侧视图中，加速踏板上的驾驶踏板参考点（BOF）位于沿着踏板平面线距驾驶员脚踵点（AHP）203mm 处（参阅 SAE 规程中的 J826，J1517 和 J4004 标准）。使用 H30-1 中的二次方程计算加速踏板角度（参阅 SAE J1516）。

需要注意的是，车辆地板上方的 H30-1（驾驶员的 SgRP 高度）是确定驾驶室高度的重要尺寸（驾驶室高度还由车身造型决定）。驾驶员在车辆地毯（或橡胶垫）上的右脚踵点界定了车辆地板的顶部。当驾驶员的脚处在未踩下的加速踏板上时，驾驶员右脚（即，脚后跟）位于被压下地毯（由于脚的重量）顶部的位置界定了驾驶员的脚踵点。

4) 参考 SAE J1517 或者 J4004，通过计算 $X_{2.5}$ 和 $X_{97.5}$ 确定座椅调节轨道长度

(TL1)。注意，$X_{2.5}$ 和 $X_{97.5}$ 分别为驾驶员座椅位置的第 2.5 和第 97.5 百分位水平位置，这是基于从加速踏板上的驾驶踏板参考点（BOF）到驾驶员臀部位置所测量的。

5) 通过参考 SAE J941 绘制第 95 百分位的眼椭圆来确定驾驶员眼睛的位置。SAE J941 还提供了确定左右椭球质心（相对于 SgRP）、椭球三个轴的长度以及椭球前倾角的方程。

6) 基于 W9、W7、L11 和 H17 尺寸来定位转向盘（见图 20.7）。转向盘应位于最大控制距离的后方（从 SAE J287 获得）并且在最小舒适控制距离的前方（Bhise，2012）。此外，应评估由转向盘（使用 SAE J1050）和转向盘底部与座垫之间的大腿间隙（为了便于驾驶员大腿的进出）引起的遮挡。

7) 参考 SAE J1052 来定位第 99 百分位头部包络线。头部包络线是一个椭球体的表面，其定义了驾驶员头部的顶部、侧面和后侧 99% 的轮廓。车辆的车顶顶衬、车顶和车顶边梁应与头部包络线之间保持足够的间隙。

8) 通过定位 35° 下锥角（其顶点位于左右眼椭圆质心连线的中点）以及最大和最小控制区域来确定可用于驾驶员操作控制装置和显示屏的空间。控制装置和显示屏应高于 35° 下锥角，且在最大伸及范围之后和最小伸及范围之前（参见 Bhise，2012）。

9) 通过确定 L50-1（前排座椅和第二排座椅的座位参考点之间的水平距离）来定位后排乘客的 SgRP。

10) 定位前排乘客的 SgRP。以通过车辆中心线的垂直平面为对称面，前排乘客通常位于与驾驶员的座位对称（镜像）的位置。

11) 为前排和后排乘客设置第 99 百分位的头部包络线。车辆的车顶顶衬、头枕和车顶边梁应与头部包络线之间保持足够的间隙。

12) 座椅的位置。基于乘员的 SgRP 来定位座椅。车辆图样或 CAD 模型中必须表现出每个座椅的 SgRP 位置。

13) 仪表板的位置。仪表板的位置取决于最大和最小伸及范围和能见度要求（透过转向盘的能见度以及转向盘顶部、仪表板顶部和发动机舱盖的能见度）（参见 Bhise，2012）。

14) 评估内饰总布置。评估通常是指通过要求客户（代表对象）坐在全尺寸车辆总布置（或可编程车辆模型或虚拟现实模拟器）模型中，并对一些总布置尺寸进行评级，以此来评估座椅位置、各种内饰的位置以及间隙的可接受性（详见下一节和第 21 章）。

20.3.5 CAD 模型和总布置模型

总布置工程师创建了设计车辆的 CAD 模型，用来表现所有机械和乘员总布置的设计效果。该模型有助于在三维层面理解车辆外饰和内饰。该模型还显示了车辆

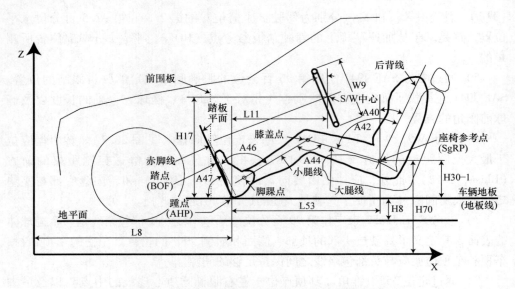

图 20.7 包含参考点和尺寸的内饰总布置侧视图

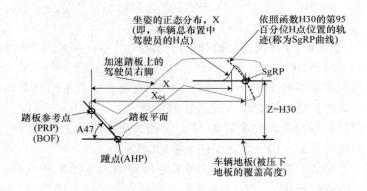

图 20.8 第 95 百分位 H 点位置和 H 点上的水平位置分布

内的部件是如何定位、装配以及与车辆空间内的其他部件连接的。

可以在计算机屏幕上查看 CAD 模型或将其投影在大屏幕上,以更好地了解车辆的真实尺寸。还可以旋转,从不同的位置和方向来观察车辆模型。然而,即使在诸如计算机辅助虚拟环境(CAVE)之类的虚拟现实模拟器中投影,CAD 模型也不能给出车辆的真实尺寸和空间方面的真实反映。因此,总布置工程师创建物理模型(或实体部件)来表现车辆设计并对车辆空间中乘员和各种零部件的位置进行设计评审、评估和验证。

全尺寸总布置模型是一种实体模型(使用木材、玻璃纤维和铝框架结构等),用来对内饰空间、主要控制装置的位置、进/出口、能见度、装载/卸货和储物箱进行评估。内饰通常包括座椅、转向柱和转向盘、踏板以及代表仪表板、门内饰板、中央控制台、车顶顶衬和采光（车窗）口的表面。也可以使用可编程车辆模型（PVM）。PVM 是计算机控制的可调节的模型，它可以根据输入的参数快速调整总布置尺寸。有关总布置模型和 PVM 的更多信息见第 13 章。

20.3.6 内饰总布置参考点和座椅轨道相关尺寸

用于驾驶员定位的参考点及其相关尺寸为：

1）AHP：当驾驶员的脚与未踩下的加速踏板接触时，驾驶员右侧鞋子的踏点位于车辆地板上凹陷的地板覆盖物（地毯）上（见图 20.7）。SAE 标准 J1100 将其定义为"当鞋子（在 SAE J826 或 J4002 中规定）位于正确的位置（例如，踵点与未踩下的加速踏板横向中心线接触，鞋底保持在踏板平面上）时，鞋子上的一个位于鞋跟和凹陷地板覆盖物的交叉处的点"。

2）踏板平面角（A47）：在侧视图中从水平面到加速踏板平面的角度（见图 20.7）。在 SAE J826 或 J4002 中定义，踏板平面不是加速踏板的平面，而是代表人体模型鞋底的平面（A47 可以使用 SAE J1516 或 J4004 中提供的公式计算，也可以使用 SAE J826 或 J4002 中所述的人体模型工具进行测量（参见本章后面的"驾驶员总布置开发步骤和计算"中的步骤2））。

3）BOF：指驾驶员脚的顶部与加速踏板相接触的点。BOF 位于距离沿踏板平面测量的 AHP 的 200mm 处（SAE J4004，SAE 2009）。

4）PRP：当鞋子位于正确的位置（即，鞋跟在 AHP 上且鞋底在踏板平面上）时，位于加速踏板横向中心线上的踏点（BOF）与踏板接触的点。SAE 标准 J4004 提供了使用 SAE J4002 规定的鞋子来定位弯曲和平面加速踏板上 PRP 点的程序。若踏板平面是以 SAE 标准 J826 和 J1516 为基准的，则应将 BOF 点作为 PRP。

5）SgRP：这是由车辆制造商指定的臀点（H 点）的位置，作为定义每个特定座椅位置的关键参考点。因此，对于每个特定的座椅位置（例如，驾驶员的座椅位置、前排乘客的座椅位置和左后方乘客的座椅位置）都有一个独特的 SgRP。H 点模拟了躯干和大腿之间的髋关节（在侧视图中作为铰接点），因此，它为定位座椅位置提供了参考。在平面图中，H 点位于乘员的中心线上。

驾驶员的 SgRP 规定如下：

① 由车辆制造商指定。

② 位于或接近于座椅轨道行程的最远点。

③ SAE（在标准 J1417 或 J4004 中）建议，SgRP 应位于由座椅位置模型（称为 SgRP 曲线）得到的 H 点分布的第 95 百分位位置，该点位于距车辆制造商规定的 AHP 的 H 点高度（H30 – 1）处。

在定义驾驶员总布置时，驾驶员 SgRP 是最重要和最基本的参考点。驾驶员的

SgRP 必须在车辆程序的早期建立,而且不能在车辆开发过程的后期更改,因为:

a) 它确定了车辆总布置中驾驶员和座椅轨道的位置。

b) 所有与驾驶员相关的设计和评估分析都是针对这一点进行的,即眼睛的位置、内饰和外饰能见度范围、空间规格(例如,头部空间、腿部空间和肩部空间)、控制区域、控制装置和显示屏的位置、车门口(以便进/出)。因此,SgRP 位置的任何变化都需要重新计算和分析其他参考点。

可用的乘员定位工具有:

H 点定位模型:最初的 H 点定位模型是由 Philippart 等人(1984)根据具有不同总布置参数的实际车辆中的大量驾驶员偏爱的座位位置的尺寸而开发的。每个驾驶员的座位定义为驾驶员 H 点的位置。H 点位置是由驾驶员在车辆中的座椅高度(由 H30 测量,参见图 20.8)选定的水平座椅轨道位置确定的(注意:在较新版本的 SAE 标准中,驾驶员座椅高度的 H30 尺寸被指定为 H30 − 1)。对于任何车辆,很多驾驶员的 H 点可以通过其水平位置的分布来表示。图 20.8 所示为 H 点的水平位置(X)分布。如图 20.8 所示,通常选择第 95 百分位值作为 SgRP 的位置。定义 SgRP 位于距离 BOF 点 X_{95} 水平距离和距离 AHP 的 H30 垂直距离处的点。H30 函数的 X_{95} 位置的轨迹称为 SgRP 曲线(见图 20.8)。在本章的后面部分中给出了 SgRP 曲线的方程式(参见"驾驶员总布置开发步骤和计算"中的步骤 1)。

H 点定位装置:通过放置由 SAE 标准 J826 中规定的 H 点机器(HPM)或 SAE 标准 J4002 中规定的 H 点设备(HPD),可以将 SgRP 定位在物理模型中(即,实际的车辆或总布置模型)。HPM 和 HPD 是 3D 固定装置,它们可以放置在任何指定的座椅上,来测量或验证该座椅上的 SgRP 位置。

HPM 在汽车工业和一些座椅制造商中被称为奥斯卡(OSCAR)。由于座椅是可压缩且灵活的,因此 HPM 放置于座椅上并被座椅制造商和车辆制造商用作开发和验证工具。该工具用于确定在实际车辆中构建和安装的座椅的 SgRP 是否在设计 SgRP 位置(在车辆 CAD 模型或图中所示)的制造公差范围内。SAE 标准 J826 中提供了 HPM 定位的说明书和步骤。HPD 设计有三节背板,以此说明座椅靠背形状的影响(特别是在腰部区域)。SAE 标准 4002 提供了使用 HPD 的图样、详细规范和程序。

SAE HPM 和 HPD(SAE 标准 J826 中的 HPM,SAE 标准 4002 中的 HPD)是这样被设计的:当它们被放置在座椅上时,它们使座椅偏转的方式与真人使座椅偏转的方式类似。每个装置重 76kg(167lb,这是第 50 百分位美国男性的体重)并且具有第 50 百分位的美国男性的躯干轮廓。这些装置使用第 95 百分位的腿长(也可以使用第 10 和第 50 百分位的腿长)。

6) 座椅轨道长度:驾驶员 H 点的最前面和最后面位置之间的水平距离。为了兼容 95% 的男女比例为 50∶50 的驾驶员群体,可以通过确定从加速踏板上的 BOF 到第 2.5 和第 97.5 百分位 H 点的位置来定义最前点和最后点。在 SAE 标准 J1517

和 J4004 中规定了用于确定不同百分位值的计算过程。SAE 标准 J4004 标准取代了 SAE 标准 J1517，SAE 建议使用 J4004 来确定美国驾驶人群的座椅轨道长度和适应性调节水平。需要注意的是，自从引入 SAE 标准 J4002、J4003 和 J4004 以来，各个汽车公司的总布置工程团体正逐渐从旧的（J826，J1516 和 J1517）程序过渡到修订版（J4002，J4003 和 J4004）程序。因此，这里提供了来自这两个程序的相关资料。

SAE J1517 中收录了 Philippart 等人（1984）开发的座椅位置定位模型。因此，通过测量具有不同 H30 值的大量驾驶员的实际就座位置来开发 SAE 标准 J1517（在他们驾驶车辆并将座椅位置调整到其舒适的位置之后）（Philippart 等人，1984）。因此，H 点定位模型基于"功能的"人体测量数据（即，驾驶员以其最舒适的坐姿坐在车辆中）。标题为"驾驶员可选座位"的 SAE J1517 提供了车辆空间中 H 点位置的从第 2.5 到第 97.5 范围内的 7 个百分位值的统计预测方程。第 2.5 和第 97.5 百分位的 H 点位置预测方程通常用于建立能兼容 95% 的驾驶员的座椅轨道方程。这些方程式是对于 A 类车辆（乘用车和轻型货车）H30 的二次函数，以及对于 B 类车辆（中型和重型商用货车）H30 的线性函数。A 类车辆方程式是基于 50:50 的男女比例的。在 SAE J1517 中规定了对于 50:50、75:25 和 90:10 至 95:5 的男女比例的 B 类车辆驾驶员可选座位线。

SAE J4004 根据 Flannagan 等人（1996，1998）的近期工作为 A 类车辆提出了 H 点定位程序。SAE J4004 中提供了能兼容不同百分比的驾驶员以及座椅轨道和 PRP 的参考位置（X_{ref}）的座椅轨道长度。X_{ref} 定义为关于 H30、转向盘位置（L6）和变速器类型（带或不带离合器踏板）的线性函数（SAE J4004 建议，直到 2017 年，根据 SAE J1517 确定的 BOF 和 AHP 可用于代替 J4004 中的踏板参考点。但是，SAE 标准 J4004 应该用于确定美国驾驶人群的座椅轨道长度和调节标准）。

根据 SAE J4004，座椅轨道长度应为 206mm、240mm 和 271mm，以分别兼容 90%，95% 和 97.5% 的驾驶员。

本章的后面部分给出了这两个程序的等式说明。

20.3.7 内饰尺寸

本节描述了图 20.7 中所示的许多内饰总布置尺寸。这些尺寸是由 SAE 标准 J1100 中规定的命名法来定义的。

1）从 AHP 到 SgRP 的位置：L53 和 H30 分别定义了 AHP 和 SgRP 之间的水平和垂直距离（见图 20.7）。

2）姿势角度：驾驶员的姿势由 HPM 或 HPD 的不同身体部分（由身体部分的线定义，例如靠背线、大腿中心线和小腿中心线）的角度定义。图 20.7 中所示的角度定义如下：

① 靠背角（A40）：靠背线（也称为背线）和垂直面之间的角度。它也被称为

座椅靠背角或靠背角。

② 臀部角（A42）：大腿中心线和靠背线之间的角度。

③ 膝部角（A44）：大腿中心线和小腿中心线之间的角度。它在右腿上测量，此时右脚位于加速踏板上。

④ 脚踝角（A46）：（小）腿中心线和赤脚线之间的角度，其在右腿上测量，此时右脚位于加速踏板上。

⑤ 踏板平面角度（A47）：加速踏板平面和水平面之间的角度。

3）转向盘位置：转向盘的中心是通过侧视图中的尺寸 L11 和 H17 来定位的。L11 是从 AHP 到转向盘中心的水平距离。H17 是从 AHP 到转向盘中心的垂直距离。转向盘中心位于转向盘轮缘的顶部平面上（见图 20.7）。W7 是转向盘中心与车辆中心线之间的横向距离。转向盘的直径定义为 W9。转向盘平面与垂直面的夹角定义为 A18（见图 20.7）。

4）入口高度（H11）：从驾驶员的 SgRP 到车身开口上方的垂直距离（见图 20.9）。车身开口定义为安装了所有饰件（覆盖物）的车身开口。该尺寸用于评估在驾驶员进上下车期间上下座椅时的头顶空隙。

5）腰线高度（H25）：驾驶员的 SgRP 与 SgRP X 平面上（即，垂直于纵向 X 轴并通过 SgRP 的平面）的侧窗窗口（DLO）底部之间的垂直距离（见图 20.9）。腰线高度在确定驾驶员侧面的能见度方面非常重要。在像重型货车和公共汽车这类较高的车辆中，评估驾驶员是否能够看到相邻车道中的车辆，尤其是右侧的车辆（对于左侧驾驶的车辆而言）尤为重要。腰线高度也是一个重要的外饰造型特征：许多豪华轿车具有相较于整车高度较高的腰线高度。

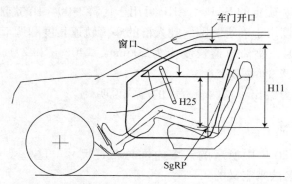

图 20.9　入口高度（H11）和安全带高度（H25）

6）有效头部空间（H61）：从 SgRP 到顶衬的垂直面后方 8°的直线基础上，再加上 102mm 的距离（考虑到 SgRP 到臀部底部的距离）（见图 20.10）。其是常见的内饰尺寸之一，并且通常包含在车辆手册和网站中。

7）腿部空间（L33）：沿着从踝关节中心到路径中最远（最后）H 点（即，

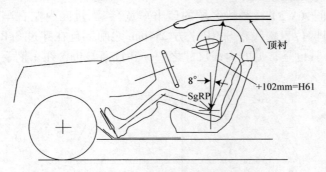

图 20.10　有效头部空间（H61）

座椅调整到其行程的最后位置）的直线再加上 254mm（考虑到脚踝点到加速踏板的距离）的最大距离，此时右脚踏在未踩下的加速踏板上（见图 20.11）。其也是常见的内饰尺寸之一，并且通常包含在车辆手册和网站中。

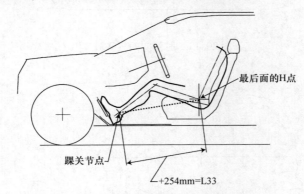

图 20.11　腿部空间（L33）

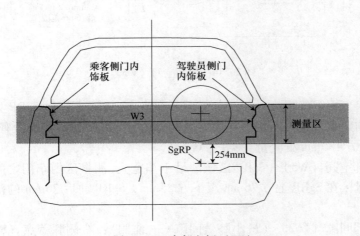

图 20.12　肩部空间（W3）

8）肩部空间（W3）（腰线区域的最小车宽）：测量区内左右车门之间的最小横向距离。测量区位于腰线和 SgRP 上方 254mm 之间，且在穿过 SgRP 的 X 平面上（见图 20.12）。其也是常见的内饰尺寸之一，并且通常包含在车辆手册和网站中。

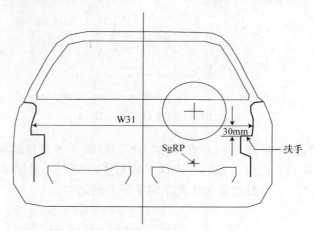

图 20.13　肘部空间（W31）

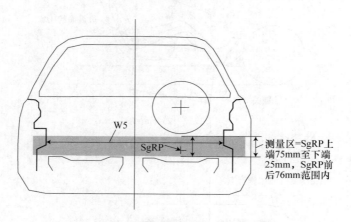

图 20.14　臀部空间（W5）

9）肘部空间（W31）（扶手处的横向车宽）：在 X 平面穿过 SgRP 处测量的车门之间的横向距离，其位于扶手平面上最高点上方 30mm 处。如果没有提供扶手，则在 SgRP 上方 180mm 处测量（见图 20.13）。

10）臀部空间（W5）（SgRP 区域的最小车宽）：测量区内车门之间的最小横向距离。测量区在 SgRP 上方 76mm 至下方 25mm，SgRP 前后 76mm 的范围内（见图 20.14）。

11）膝部间隙（L62）（最小膝盖间隙——前侧）：右侧膝盖点（K 点）与最近的障碍之间的最小距离，应在侧视图的测量值中减去 51mm（考虑到膝盖点到膝盖前端的距离），此时鞋跟位于地面参考点/脚踵点（FRP）（见图 20.15）。

12）大腿空间（H13）（转向盘到大腿中心线）：从转向盘轮缘底部到大腿中心线的最小距离（见图 20.15）。

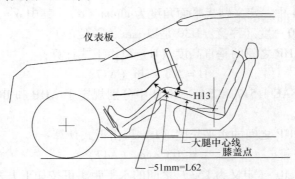

图 20.15　膝部空间（L62）和大腿空间（H13）

20.4　驾驶员总布置开发步骤及运算

本节讨论了关于以下方面的 14 个基本步骤：①确定驾驶员位置；②确定座椅轨道长度；③定位眼椭圆；④定位头部间隙包络线；⑤确定最大和最小手伸及范围包络线；⑥定位转向盘；⑦确定前排座椅和第二排座椅之间的距离。

1）确定 H30 = 从 AHP 到 SgRP 的高度（也被称为 H30 - 1）。

通常由总布置工程师根据要设计的车辆类型选择相应的 H30 值。H30 尺寸是 SAE 标准中用于定义 A 类车辆（乘用车和轻型货车）和 B 类车辆（中型和重型货车）的基本尺寸之一。A 类车辆的 H30 值介于 127mm 和 405mm 之间。

需要注意的是，较小的 H30 值将容许较低的车顶高度（从车辆地板开始测量）然而将需要较长的水平空间（尺寸 L53 和 X_{95}）以兼容驾驶员——就像坐在跑车中一样。相反，如果选择较大的 H30 值，则需要较高的驾驶室高度和较短的水平空间（尺寸 L53 和 X_{95}）来兼容驾驶员。B 类车辆（中型和重型货车）具有较大的 H30 值（通常为 350mm 及以上），所以用于兼容驾驶员的水平驾驶室空间较小，而货物区可以拥有较长的纵向空间。

BOF 到 SgRP 的水平距离通常是通过计算 X_{95} 值（它定义了 95% 的驾驶员位于 BOF 后方的臀部点的位置）来确定的。使用 SAE J1517 中给出的以下方程式来计算 X_{95} 值（该方程式在 SAE J4004 中称为 SgRP 曲线）：

$$X_{95} = 913.7 + 0.672316z - 0.00195530z^2$$

式中，z = H30（mm）。

2）确定踏板平面角（A47）。

使用 SAE J1516 中的下列方程式来计算从水平面到踏板平面的角度值。
$$A47 = 78.96 - 0.15z - 0.0173z^2$$
式中，z = H30（cm）（注意：此方程中的 z 值以 cm 为单位）。

在 SAE J4004 中，定义踏板平面角度为 alpha（α），其中 α = 以水平面为基准的 77 - 0.08（H30）度（注意：H30 是以 mm 为单位的）。

3）BOF 和 AHP 之间的垂直高度（H）可由下式计算：
$$H = 203 \times \sin(A47)$$

应注意，在 SAE J1517 和 SAE J4004 中分别规定了 AHP 和 BOF 之间的距离为 203mm 和 200mm。

4）BOF 和 AHP 之间的水平长度（L）可由下式计算：
$$L = 203 \times \cos(A47)$$

5）AHP 与 SgRP（定义为 L53）之间的水平距离可按如下方式计算：
$$L53 = X_{95} - L$$

6）座椅轨道长度由 H 点前后移动的总水平距离定义（对于没有 H 点垂直方向移动的座椅）。座椅轨道上最前面和最后面的 H 点由车辆制造商定义。

为了兼容 95% 的驾驶员（50% 的男性和 50% 的女性），最前面的点位于 BOF 后方 $X_{2.5}$ 水平距离处，最后面的点位于 BOF 后方 $X_{97.5}$ 水平距离处。SAE J1517 中提供了以下方程式来确定 $X_{2.5}$ 和 $X_{97.5}$ 的值：
$$X_{2.5} = 687.1 + 0.895336z - 0.00210494z^2$$
$$X_{97.5} = 936.6 + 0.613879z - 0.00186247z^2$$

式中，z = H30（mm）。

SgRP 和最前面的 H 点之间的水平距离 TL23 为
$$TL23 = X_{95} - X_{2.5}$$

SgRP 和最后面的 H 点之间的水平距离 TL2 为
$$TL2 = X_{97.5} - X_{95}$$

可兼容 95% 的驾驶员的总座椅轨道长度 TL1 为
$$TL1 = TL23 + TL2 = X_{97.5} - X_{2.5}$$

SAE J4004 用于定位座椅轨道长度，在 PRP 后面的 H 点参考点的 x 距离计算如下：
$$X_{ref} = 718 - 0.24(H30) + 0.41(L6) - 18.2t$$

式中　L6——从 PRP 到转向盘中心的水平距离（见图 20.16）；

t 是变速器类型（如果有离合器踏板（手动变速器），则 t = 1，如果没有离合器踏板（自动变速器），则 t = 0）。

根据 SAE J4004 中提供的数据确定座椅轨道上最前面和最后面的点。在标准中规定，95% 兼容度的 TL1 值为 240mm。

7）座椅靠背角度（也称为靠背角）被定义为 A40（基于垂直面测量的角度）。

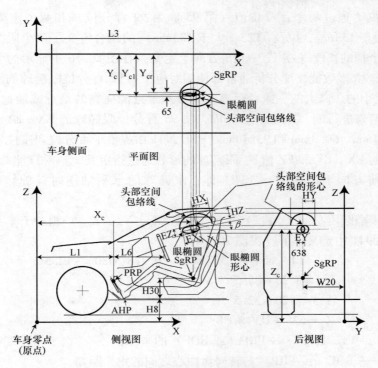

图 20.16 眼椭圆和头部空间包络线的位置

当座椅靠背有可倾斜的功能时，驾驶员就可以调整靠背到其最舒适的角度。20 世纪 60 年代和 70 年代的座椅靠背角被许多高靠背座椅（其具有固定的座椅靠背角）的制造商定义为 24°或 25°。但是后来的车辆引进了具有可调节功能的座椅靠背（即，可倾斜的座椅），大多数驾驶员更喜欢坐得较直一些，也就是在乘用车中座椅靠背角约为 18°~22°，在皮卡车和 SUV 车中座椅靠背角约为 15°~18°。B 类车（中型和重型商用货车）驾驶员选用的座椅靠背角通常为到垂直面 10°~15°的较竖直的位置。

8）通过在车辆总布置的 CAD 模型（或图样）中定位"眼椭圆"来在车辆空间中定位驾驶员的眼睛。"eyellipse"是由 SAE 通过连接两个词"eye"和"ellipse"创建的一个合成词（在合成词的中间只使用一个"e"）。眼椭圆用于能见度分析，是驾驶员眼睛位置的统计学表示法。

SAE J941 定义了这些眼椭圆，它们实际上是三个维度上的两个椭圆形表面（每只眼睛一个）（它们看起来像两个橄榄球融合在一起，平均眼间距离为 65mm；见图 20.16 所示的平面图）。眼椭圆是根据切线截取原理定义的：也就是说，在二维平面（或三维椭圆体的切平面）中绘制到椭圆的所有切线都会按比例划分切线上方和下方的眼睛，该比例由眼椭圆的百分位数值定义。因此，用于能见度评估的视线通常被构建为椭圆体的切线。

SAE J941 通过两个百分位值（第 95 和第 99 百分位）和两个座椅轨道长度（TL23，短于 133mm，以及 TL23，大于 133mm）的组合定义了四个眼椭球。眼椭球由其三个轴的长度（在 x、y 和 z 方向上定义，在图 20.16 中显示为 EX、EY 和 EZ）定义。大多数能见度分析通常都使用对应于第 95 百分位眼椭球的不同驾驶员（例如，矮小的、高大的，或者距离不同显示屏或障碍物的最近或最远的驾驶员）的一双眼睛来进行的。TL23 > 133mm，第 95 百分位眼椭球的 EX、EY 和 EZ 值分别为 206.4mm、60.3mm 和 93.4mm（SAE J941 中提供了百分位和座位轨道行程的其他组合的 EX、EY 和 EZ 值）。眼椭球的形心通过指定其 x、y 和 z 坐标值来定位。眼椭球在前方向下倾斜 β = 12°（即，眼椭球的水平轴逆时针旋转 12°；见图 20.16）。

左右眼椭圆质心（$[X_c, Y_{cl}, Z_c]$ 和 $[X_c, Y_{cr}, Z_c]$）相对于车身原点的坐标在 SAE J941 中定义如下（见图 20.16）：

$$X_c = L1 + 664 + 0.587(L6) - 0.178(H30) - 12.5t$$

$$Y_{cl} = W20 - 32.5$$

$$Y_{cr} = W20 + 32.5$$

$$Z_c = 638 + H30 + H8$$

式中 （L1，W1，H1）——PRP（或 BOF）的坐标；

L6——BOF（或 PRP）与转向盘中心之间的水平距离。

对于配备自动变速器的车辆来说 t = 0，对于带离合器踏板的车辆（手动变速箱）来说 t = 1（注意：SgRP 相对于车身原点的坐标为（L31，-W20，H8 + H30）。L1 = L31 - X_{95} 且 Y_c = -W20。）（这是驾驶员中心线与 X 轴的横向距离。见图 20.16。

9）高大和矮小的驾驶员眼睛位置：在第 95 百分位眼椭圆上，高大和矮小驾驶员的眼睛分别位于眼椭圆形心上方和下方 46.7mm（EZ = 93.4mm 的一半）处。考虑到眼椭圆向前倾斜 12°，46.7mm 的高度可以调整到 46.7/Cos 12 或 47.74mm。

10）SAE J1052 中定义了头部空间包络线（见图 20.16）。建立头部空间包络线的目的是为驾驶员的头顶部、前部和侧面提供间隙。其被定义为三维空间中的椭球面（眼椭球的上半部分，即仅在形心上方）。眼椭球的大小由椭球的质心到三个轴的距离决定。这些尺寸在图 20.16 中显示为 HX、HY 和 HZ（注意：这些是从质心测量的半轴长度）。对于第 99 百分位头部空间包络线，HX、HY 和 HZ 的值分别为 246.04mm、166.79mm 和 151mm，座椅轨道长度（TL23）大于 133mm。为了兼容需要更多头部空间的驾驶员（或乘客）（例如，戴帽子的人），应在第 99 百分位头部空间轮廓上提供额外的间隙空间。

头部空间包络线也被定义为切线椭球，并且可以通过确定接触不同内表面所需的头部空间包络线的移动量（在由车辆坐标系定义的三个方向上）来测量与车辆表面（例如车顶、头枕和车顶边梁）的间隙。头部空间轮廓的形心位于眼睛中部形心（即，左眼椭圆和右眼椭圆形心的中点）的（X_h，Y_h，Z_h）距离处。座椅轨道行程（TL23）大于133mm，以 mm 为单位的（X_h，Y_h，Z_h）坐标值为（90.6，0.0，52.6）。

SAE J1052 为两个百分位值（第95和第99）和两个座椅轨道长度（TL23 低于133mm 和高于133mm）的所有组合提供了四个头部空间包络线。此外，为了满足坐在外侧（朝向侧面玻璃）位置的乘员的头部水平移位，该标准在外侧提供了23mm 的额外横向移位。该椭球也沿逆时针方向向下倾斜12°（见图20.16）。

11）SAE J287 中提供了最大手伸及范围的数据。SAE 利用相应控制装置进行了研究，从而确定了手伸及界面（Hammond 和 Roe，1972；Hammond 等，1975）。在该研究中，要求每个受试者坐在他/她操作转向盘和踏板时，感觉最舒适的就座位置上。然后要求受试者用三个手指抓住每个旋钮（直径为1in，就像旧的推拉式头灯开关旋钮一样），并尽可能使旋钮（安装在水平滑杆的末端）在他/她所能到达的每一个垂直和横向杆的位置向前滑动（见图20.17）。实验者要获取最大而不是最优的手伸及距离。SAE J287 中提供了从"HR"（手伸及）参考平面到驾驶员 SgRP 的不同横向和垂直位置组合的水平距离表格。

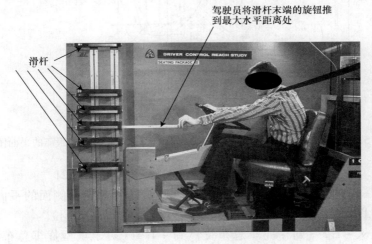

图20.17 最大手伸及研究装置（图中的装置代表重型货车总布置。）

HR 参考平面是垂直于车辆纵轴（X轴）的垂直面（见图20.18）。AHP 到 HR 平面的水平距离是通过计算变量 HR 的值（以 mm 为单位）来确定的。通过使用以下方程式来计算 HR 的值：

$$HR = [786 - 99G]$$

式中　G——综合总布置因子。

如果 HR 的计算值大于 L53，则 HR 平面通过 SgRP。

使用 SAE J287 FEB2007（SAE，2009）中的以下公式计算 G 值：

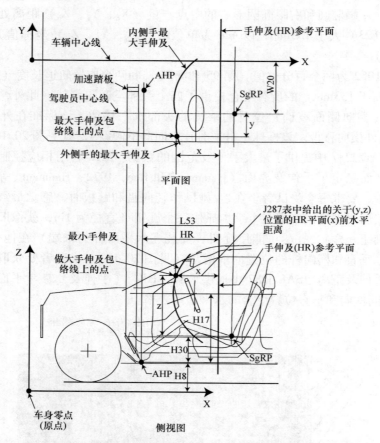

图 20.18　SAE 标准 J287 表中提供的显示 HR 平面和 HR 平面前水平距离的平面图和侧视图

$$G = 0.00327(H30) + 0.00285(H17) - 3.21$$

式中　H17——AHP 与转向盘中心（位于驾驶员转向盘轮辋侧面的平面上）之间的高度（见图20.18）。该等式中 H30 和 H17 的值以 mm 为单位。

G 的值从 -1.3（对于跑车总布置）到 +1.3（对于重型货车总布置）不等。乘用车的 G 值通常是负数。皮卡车的 G 值接近于零。

距离范围表是基于 3 个变量组合而制定的：①驾驶员使用的限制类型（无限制=仅限安全带，限制=安全腰带和肩胛安全带）；②G 值（每个表规定的 G 值范围）；③男女混合（指定三个男性与女性的比例：50∶50，75∶25 和 90∶10）。图 20.18 为手伸及界面轮廓的侧视图和平面图。定义手伸及界面，使得 95% 的驾驶员能够到达每个指定的手伸及位置，该位置由驾驶员 SgRP 的横向和垂直距离所界定。需要注意的是，内侧手的手伸及界面包络线比外侧手的手伸及界面包络线微微靠前。这是因为肩胛安全带限制了驾驶员外侧肩部向前的移动。因此，与外侧手相比，驾驶员可以用内侧手够到较为靠前的位置。

第 20 章 车辆总布置工程工具

在三维空间中，手伸及轮廓实际上会产生两个复杂的表面（每只手一个）。SAE J287 中提供了距 HR 平面的水平手伸及距离表格，该表涉及各种男女比例、安全带类型（肩胛安全带和安全要带或仅安全腰带）以及车辆总布置 G 值的组合。每个表都提供了对于距 SgRP 的横向距离和距 SgRP 的垂直距离各种组合的水平手伸及距离。图 20.19 显示了 HR 平面前方的最大手伸及距离（即，第 5 百分位手伸及距离，其包含了 95% 驾驶员的手伸及距离）以及外侧和内侧手（即，分别为左手和右手，在左侧驾驶的车辆中）与 SgRP 的垂直和横向距离。

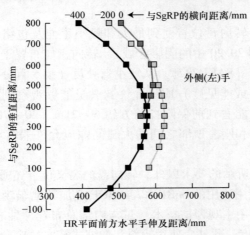

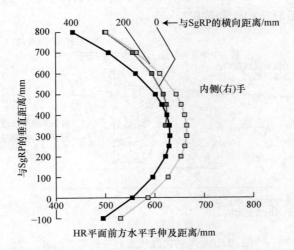

图 20.19　最大水平手伸及距离（根据 SAE J287 FEB2007 ［Society of Automotive Engineers, Inc., SAE Handbook. Warrendale, PA, Society of Automotive Engineers, 2009］表 4 中的数据绘制。）

考虑到用伸展的手指（例如，用伸展的一个手指去触碰按钮）或完全抓握（所有手指抓住控制器，例如落地式变速杆车辆上的换档旋钮）时所得的手伸及距离的差异,在 SAE J287 表中提供的值的基础上,分别加上或减去 50mm。

12)最小手伸及距离是手控装置与驾驶员之间的最短距离。其定义为一个坐在座椅轨道最前面点(即,她的 H 点位于座椅轨道的最前方)的矮小驾驶员够到手控装置的最小手伸及距离。最小手伸及界面被定义为两个半球形区域,其中心位于矮小驾驶员肘部点与座椅靠背接触处并且半径等于上臂抓握长度(见图 20.20)。手控装置应布置在半球形区域之外,以避免在控制和抓住控制装置时,手、手腕、手指的角度和动作笨拙不自然。Bhise(2012)第 5 章介绍了最小舒适手伸及包络线的绘制步骤。

13)转向盘位置。转向盘位置受到最大和最小手伸及包络线、道路能见度和大腿间隙的约束(见图 20.20 中的阴影区域)。转向盘应布置于最大手伸及之后和最小手伸及包络线之前(SAE J287)。从矮小驾驶员(第 5 百分位)视点到转向盘轮缘顶部之上的视线(或能见度)应该允许驾驶员能观察到车辆前方规定距离处的路面。通常认为应能看到前保险杠前方约 6~21m(20~70ft)的路面。在上下车期间,转向盘底部和座椅顶部之间的大腿间隙应允许兼容至少 95% 驾驶员群体的大腿厚度。

除了满足图 20.20 所示的要求以外,转向盘的名义位置还通过对标其他车辆的转向盘位置(例如,使用通用的 SgRP 和/或 BOF 叠加其他车辆的转向盘位置)以及通过在车辆模型中使用主观评估技术(见与内饰总布置评估有关的第 11 章,第 21 章和第 22 章)来确定。此外,使用倾斜和伸缩式转向柱应允许大多数驾驶员将转向盘调节到其最舒适的驾驶位置。

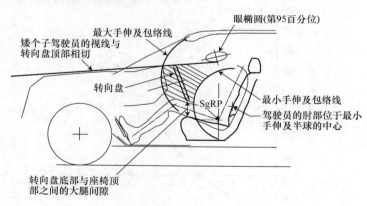

图 20.20　与转向盘位置有关的考虑因素

14)SgRP 之间间隔距离(L50)。这是相邻每排座位的 SgRP 之间的纵向距离。每排座椅之间的纵向距离定义如下:

　　　　L50 - 1 = 前排座椅和第二排座椅之间的 SgRP 之间间隔距离

　　　　L50 - 2 = 第二排座椅和第三排座椅之间的 SgRP 之间间隔距离

根据人体测量数据、对标现有车辆以及在总布置评估中客户对物理属性的评价,考虑到后座乘客的膝部和脚部间隙空间的需求,从而确定该耦合距离。

20.5 上下车考虑因素

驾驶员和乘员应该能够迅速、舒适且不需做任何笨拙的姿势或过度的体力劳动地进出车辆,这一过程可能涉及过度弯曲、扭曲、拉伸、倾斜和/或车辆周围部件与身体部分的撞击。在本节中,我们将介绍驾驶员和乘客在上下车时遇到的许多问题,并将这些问题与不同的车辆总布置尺寸相联系。

从低底盘跑车到轿车,再到 SUV,再到皮卡和重型货车,驾驶员在进出不同车身类型的车辆时会遇到不同的问题。假设有车辆或物理模型,揭示这些问题的最佳方法是要求一些具有不同人体测量特征(例如,高大、矮小、瘦弱或肥胖)的男性和女性驾驶员将座椅和转向盘调整到他们喜欢的驾驶位置,然后进出车辆,观察(或以慢动作录像和重播)和让他们叙述遇到的困难。这通常由总布置和人机工程学工程师在评估新车的物理模型期间完成。还可以与不同的对标车辆进行比较,以了解车辆尺寸特征之间的差异、在进/出期间使用的辅助功能(例如,门把手、车顶安全把手、台阶和隐蔽摇杆)以及由驾驶员和乘客提供的难易度/难度等级来确定给定车辆的总布置是否会被接受或是否需要改进。

20.5.1 上下车期间的问题

驾驶员在进入或离开乘用车时遇到的问题与他们的性别和人体测量特征有关:

1) 腿短(主要是女性)的驾驶员会抱怨:

① 座椅和台阶(门槛顶部)太高。门槛在车身侧面车门下方(实际上是车门框架的下部),在上下车期间,乘客的脚会在上面移动(见图 20.21)。

② 跨步(门槛部分)太宽。驾驶员中心线到门槛外缘的横向距离太大,以至于驾驶员从地面进入车辆内部时无法移动双腿(见图 20.21 中的尺寸 W)。

③ 驾驶员膝盖与仪表板下部和/或转向柱之间的间隙不足。出现这个问题的原因是:矮小驾驶员需要将她的座椅尽量向前调节,使其较短的腿能够到踏板。

2) 老年人、肥胖的人、行动不便的驾驶员会抱怨:

① 座椅太高或太低(见图 20.21 中的尺寸 H5)。这将导致驾驶员难以坐上座位(例如,在爬上货车时膝盖受力)或坐在座位上,因为在上车期间,驾驶员的身体坐到座位上需要更大的腿部和背部肌肉力量。同样,在下车期间,从较低的座椅(例如,跑车中的座椅)上起来需要更大的肌肉力量。

② 车门开口的上部(入口高度定义为 H11,见图 20.9)太低。乘员将难以在车身开口上部的下边缘之下低下或移动他/她的头部。

③ 跨步太宽。

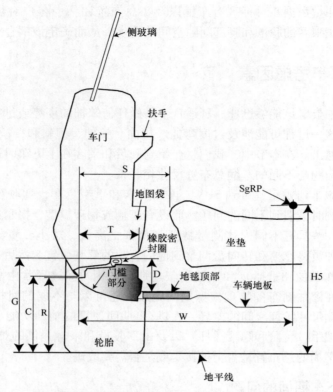

图 20.21 包含上下车相关的尺寸的驾驶员 SgRP 处的车辆横截面（在后视图中）

④ 大腿空间（转向盘的底部边缘和座椅的顶部表面之间）不足（见图 20.15）。

⑤ 转向盘到腹部的间隙（转向盘的下部和驾驶员的腹部之间）不足。

⑥ 车门打开得不够宽（即，打开的车门的内门饰板和车身侧边之间的空间不足）。

3）有较长躯干的驾驶员会抱怨：

① 车身开口（入口高度，H11）太低。

② 当他们身体前倾时，A 柱（前车顶支柱）距离头部太近。

③ 座椅（即，座垫的凸起侧）太高。

④ 头部间隙不足。

4）长腿的驾驶员会抱怨：

① 座椅轨道向后延伸不足（座椅轨道太短并且在车辆中布置靠前）。

② B 柱的前缘（前侧窗和后侧窗之间的车顶支柱）太靠前。在这种情况下，座椅靠背向后移动到 B 柱的前缘，驾驶员坐上座椅时会与 B 柱擦过。

③ 前围板的后下边缘太靠后（注意：前围板是发动机舱罩后缘后面和风窗玻

璃下缘前方的车身覆盖件）。驾驶员的腿部空间不足以使他的腿从地面移动到车内。这个问题通常会导致驾驶员的鞋子撞到前围板下方的车门开口边缘（在车门开口的下部和前部会看到装饰部件上有鞋子划痕）。

④ 车门打开得不够宽（即，打开的车门和车身之间的空间不足）。

因此，车门开口尺寸和形状的设计与以下方面有关：门槛（在底侧）、B 柱（在后侧）、车顶边梁（车门上方的车身部件，安装在车顶两侧）、A 柱（前车顶支柱后缘）、侧围板下部和护膝垫板、车门开口角度、座椅位置和座椅尺寸、转向盘（直径和位置），以及车门把手。这些因素都会影响驾驶员在上下车时的方便性。

20.5.2 与上下车相关的车辆特征和尺寸

为了便于进/出车辆，车辆设计师和工程师应注意如下车辆特征和尺寸。

1. 车门把手

1）外侧门把手的高度：矮个子的第 5 百分位的女性应能不将手伸到超过其站立时的肩高位置就能抓住门把手，而高个子的第 95 百分位的男性应能不用弯腰就能够抓住把手（即，不低于他站立时的手腕高度）。

2）外侧门把手的纵向位置：门把手应尽可能靠近铰链的后缘，以避免在开门时车门的右下角撞到驾驶员的胫骨。

3）内侧门把手位置：当驾驶员关门时（一旦他/她进入车辆并坐在驾驶员座椅上），他/她不用采取"鸡翅"型手腕姿势就能抓住门把手。这意味着内侧门把手应布置在①最小手伸及距离的前方；②最大手伸及距离的后方；③不低于车门扶手高度；④不超过乘员坐着时的肩高。下车时，内侧开门把手的位置也应满足这些要求。

4）把手抓握区域：应检查抓握区域的间隙，以确保第 95 百分位男性手掌的四个手指（考虑手掌宽度、手指宽度和手指厚度）可以伸入外侧门把手和内侧把手（或拉杯）的间隙中。此外，为了便于戴手套开关门，根据所使用的冬季手套的类型，还需要加上额外的间隙。还应提供额外的间隙（至少 15mm），以避免因戒指和长指甲划伤把手周围表面。

2. SgRP 和脚部活动区域处的横截面

如图 20.21 所示，上下车的便利性与以下车辆尺寸密切相关：

1）SgRP 离地面的垂直高度（H5）。

2）SgRP 与门槛外侧的距离（W）。

3）座垫外侧至门槛外侧的距离（S）。

4）车门下部的侧面重叠厚度（T）。

5）从门槛顶部到地面的垂直距离（G）。

6）从地板顶部到门槛顶部的垂直距离（D）。

7）门槛外缘的高度（R）。

8）设计车辆重量状态时，车门与路缘距离（C）。

为了提高驾驶员上下车的便利性，在车辆设计的早期阶段需要考虑上述尺寸值（单独和组合）。

尺寸 H5 应能使驾驶员轻松地上下座椅，而无须爬上座椅或坐在座椅中。因此，H5 应该比大多数乘员的臀部高度低约 50mm（考虑到座垫的上/下调节）。为了便于美国人上下车，通常定义座椅顶部到地面的距离约为 500～650mm。

尺寸 W 应尽可能小（见图 20.21）。这意味着尺寸 S，即从座椅的外边缘到门槛的外边缘的横向距离，应足够短，以使驾驶员的脚在进入/离开期间紧贴车辆和地面。为了满足大多数驾驶员的需要，从门槛的外边缘到 SgRP 的横向距离（即距离 W）应为约 420～480mm。车门下边缘 C 的高度（在最大车辆质量下）应足以忽略路缘高度，以使车门能够在路缘上方摆动并且不会碰到大多数路缘（见图 20.21）。

为减小上下车时的抬脚高度，门槛顶部与地面之间的距离（尺寸 G）以及门槛顶部与车辆地板之间的距离（尺寸 D）应尽可能小。这些尺寸与地面和路缘间隙有关。

宽度尺寸 T，即从门槛的外边缘到门内饰板的下边缘（通常是地图袋的下方内突出边缘）的横向尺寸，应该尽可能小。尺寸 T 越小，在上下车时脚部的通过空间越大。当侧面空间有限，车门无法以足够的宽度打开时，这一尺寸尤其重要，例如在车库中以及停车位置紧挨着另一辆车时（并排）。

3. 从 SgRP 位置测量的车门开口间隙

应该从前后乘员位置的 SgRP 处开始测量（在侧视图中）由车门开口和仪表板定义的、许多突出的点勾勒出的进出口空间。这些点与各自相应的 SgRP 的距离越大，在上下车时就会有越多的空间。

驾驶员侧车门开启时，应检查以下几点：①车门开口的顶点（根据头部间隙定义入口高度（H11））；②A 柱中部最后的点（定义了在身体前倾和弯腰时头部与 A 柱之间的摆动间隙）；③仪表板下部的最小膝部间隙点；④考虑脚步间隙，在发动机舱罩下面车门开口前缘上的点；⑤门槛顶部的点；⑥在 B 柱前缘上的点。

同理，①在 B 柱后缘上的后车门开口周围的点；②前座椅靠背后侧的点；③车顶边梁下缘的点；④界定了后排乘客上下车的间隙的门槛顶部的点。

总布置工程师通常将尺寸与上述点进行比较，并将所设计车辆的 SgRP 位置与其他对标车辆的相应尺寸进行比较。Bhise（2012）提供了更多有关入口/出口的信息。

20.6 驾驶员的视野

视野分析将车辆的内饰设计与其外饰设计联系起来。内饰总布置规定了驾驶员的眼睛、车内后视镜以及其他可能导致驾驶员视野障碍的内部物体（例如仪表板、头枕和转向盘）的位置。车辆外饰有窗口和外后视镜。因此，内饰设计和外饰设计必须紧密配合，以确保驾驶员能够看到安全驾驶车辆所需的所有视野。以下小节介绍了重要的设计注意事项和与能见度相关的问题。

20.6.1 发动机舱盖上方的能见度

1）路面能见度（即，在路面可见时，距离前保险杠最近的纵向前向距离，也称为地面拦截距离）是许多驾驶员极为关心的问题。对于矮小驾驶员来说，这一问题更为严重。一般来说，大多数驾驶员都希望并且愿意看到发动机舱罩的末端、车辆拐角（末端）以及近距离的道路。随着更多具有低前端的空气动力学车辆设计被引入美国（20 世纪 80 年代中期之后），许多习惯了具有可见前缘和拐角的发动机舱罩的驾驶员抱怨道，他们看不到发动机舱罩的末端。

2）发动机舱罩视野可以使驾驶员更好地感知车辆在路上前进的方向，并能提供在车道上直线行驶（车辆在车道中的横向位置）和停车时的轻松感（注意：赛车在驾驶员中心线的发动机盖上有一个宽的涂漆条带，当驾驶员目视前方时，该涂漆条带能在驾驶员的周边视野中提供可见高度的车辆航向提示）。

3）带有长发动机舱盖的重型货车会对前方道路造成更大的视野障碍。如果障碍大到能将位于发动机舱罩前方的小型车辆（例如，自行车、跑车）隐藏，则问题可能会很严重。带有长发动机舱盖的货车跟在小型车辆后面，在交叉路口驻车等待时，这一问题会经常发生。

20.6.2 指挥座位位置

1）在车辆中，"指挥座位位置"提供了"坐在高处"的感觉。它与在车辆中"坐在井里"或"坐得太低"的感觉相反（许多跑车中的驾驶员体会过这种感觉）。

2）对于指挥座位位置，要有①较高的 SgRP 位置；②较低的发动机舱罩后端最高点；③较低的腰线；④发动机舱罩的能见度；⑤较大的道路能见度（距离前保险杠较短的地面截距）。需要注意的是，指挥座位位置是 SUV 的关键属性之一。

3）这种指挥坐着的感觉也受到了矮小女性驾驶员的欢迎（第 2.5 或第 5 百分位女性坐着时的眼睛高度）。

20.6.3 矮小驾驶员的问题

矮小驾驶员是具有较低的（第 5 百分位及以下）坐着时的眼睛高度和/或较短（第 5 百分位及以下）腿长的驾驶员。这些矮小驾驶员遇到的能见度问题有：

1）转向盘（轮辋的顶部）和仪表板（或仪表板箱，导致更小的下视角（例如，在 SAE J1100，SAE 2009 中定义的角度 A61-1））遮挡前方道路。

2）驾驶员可能无法看到发动机舱罩的任何部分（看不到发动机舱罩末端）

（注意：在发动机舱罩前部附近有一个凸起的装饰物，在车辆保持前进时可以提供有用的信息。同理，看到发动机舱罩边缘或前挡泥板末端（放置"旗杆"，正如一些货车上提供的）可以提高停车和在车道上直线行驶的轻松感）。

3）后视镜可能会遮挡前方视野（后视镜的上边缘应位于距第5百分位女性眼点下方至少20mm处）。

4）矮小驾驶员的道路能见距离（在发动机舱盖上）比其他驾驶员的道路能见距离要长得多。

5）在倒车时，矮小驾驶员将会遇到后方能见度下降的问题（特别是行李舱D点和后排头枕较高时）（注意：许多总布置工程师需考虑的一个检查指标是，在倒车时，当矮小驾驶员头部向后转直视后方或看倒车镜时，是否可以在后方视野中看到1m高的目标（幼儿模型））。后置摄像系统有助于解决这个问题（见第6章）。

6）由于矮小驾驶员（腿长较短）坐在座椅轨道的前方较远处，所以与较高的驾驶员相比，驾驶员侧的A柱会在矮小驾驶员的前方视野中产生较大的遮挡（较大的阻挡角）。

7）与较高的驾驶员相比，矮小驾驶员的座椅位置较为靠前，所以其需要较大的头部转角来观察后视镜。对于矮小的驾驶员来说，这个问题很严重，特别是患有关节炎（减小了头部转向角的范围）的老年矮小女性。

20.6.4　高大驾驶员的问题

高大的驾驶员坐着时的眼睛高度更高（第95百分位及以上）和/或腿的长度更长（第95百分位及以上）。这些高大的驾驶员遇到的能见度问题有：

1）以向上的角度放置在上方视线上方较高位置的外部物体（由尺寸A60-1定义；参见SAE J1100标准（SAE，2009））可能会妨碍高大驾驶员的视线。在这种情况下，高大的驾驶员可能不得不低头来观察高置物体，例如交叉路口的高架交通信号。风窗玻璃顶部附近的能见度受到遮阳带和/或风窗玻璃边缘周围遮光涂料的限制。

2）内后视镜可能会对高大的驾驶员能直接看到的前方视野造成阻碍。因此，内后视镜的下边缘应位于高大驾驶员眼点上方至少20mm处（即，第95百分位眼高）。

3）高大驾驶员的座位越靠后，其与后视镜的距离就越远。因此，与其他驾驶员的后视镜视野相比，高大驾驶员的后视镜视野较小。

4）高大的驾驶员可能会有更多的侧面能见度问题，因为①靠前的B柱直接遮挡了侧方视野（因为高驾驶员相比于矮小驾驶员坐在座椅轨道的更加靠后位置）；②在使用后视镜时，外围观察区域更加靠前（即周边区域（Bhise，2012）不会像矮小驾驶员那样向后延伸）。

20.6.5 遮阳板设计问题

1) 遮阳板的折叠高度和长度应为防止驾驶员眼睛受到不同角度的直射阳光以及风窗玻璃和驾驶员侧窗的太阳眩光而设计。

2) 遮阳板折叠位置应可调节,并且应能够调到满足矮小驾驶员需要的高度。

3) 如果铰链机构松动,遮阳板可能会摆动和意外掉落,并在前方视野中造成阻碍。对于高大的驾驶员来说,这种阻碍会更为严重。

20.6.6 刮水器和除霜器要求

SAE J902 和 J903(SAE,2009)(也包括 FMVSS 103 和 104;NHTSA,2015)中写明了如何在驾驶员前方视野中建立除雾(或除霜)区域的要求。要求中规定了这些区域的尺寸以及除雾器和刮水器覆盖(清洁)的每个区域的百分比。通过建立第 95 百分位眼椭圆的四个切平面来划分这些区域。

由刮水器工作时覆盖的区域被定义为区域 A、B 和 C(SAE J903;SAE,2009)。必须设计刮水器的工作面积,使刮水器能够擦拭至少 80% 的 A 区域,至少 94% 的 B 区域和至少 99% 的 C 区域。通过画出眼椭圆的上下左右四个切平面来定义区域 A、B、C,如图 20.22 所示。A 区域由以下角度界定:位于 10°上倾角的上

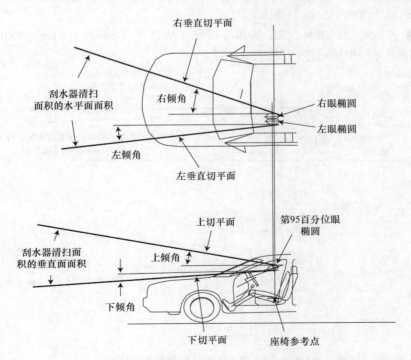

图 20.22　显示定义了刮水器覆盖的清扫面积的四个切平面的平面图和侧视图

切平面，5°下倾角的下切平面（见图 20.22 中侧视图），左切平面与左眼椭圆成 18°角，右切平面与右眼椭圆成 56°角（见图 20.22）。同理，定义 B 区域的角度为：上 5°，下 3°，左 14°和右 53°。定义 C 区域的角度为：上 5°，下 1°，左 10°和右 15°。

20.6.7　A 柱引起的阻碍

左右前车顶支柱（A 柱），根据其在相对于驾驶员眼睛位置不同高度处的尺寸和横截面形状，可能会阻碍驾驶员前方视野。在某些情况下，A 柱可能会遮挡行人、其他车辆等目标。例如，在车辆进入交叉路口并左转行驶时，在驾驶员左侧过马路的行人和从驾驶员右侧接近的车辆会分别被左右 A 柱部分或完全遮挡。

针对这一情况，车身设计师必须进行能见度分析，尽量减少由支柱引起的阻碍。SAE J1050（SAE，2009）中，附录 C 提供了测量由 A 柱引起的视觉阻碍的步骤（参见 Bhise（2012））。

20.6.8　后视镜视野要求

对于在美国销售的车辆，内外后视镜的设计应满足 FMVSS 111（NHTSA，2015）中规定的视野要求。图 20.23 和图 20.24 分别为乘用车内侧后视镜和驾驶员侧外后视镜所需的最小视野范围。

内后视镜应能提供至少 20°的水平视场，从驾驶员 SgRP 至 61m（200ft）或更近处的地平面的视野范围（见图 20.23）。

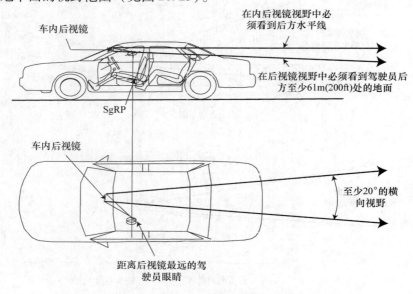

图 20.23　乘用车车内后视镜视野范围要求

驾驶员侧的外后视镜应该能提供（正如 FMVSS 111（NHTSA，2015）中规定）在驾驶员后方 10.7m（35ft）处 2.4m（8ft）宽的地面水平视野，10.7m（35ft）路面上的垂直视野（见图 20.24）。

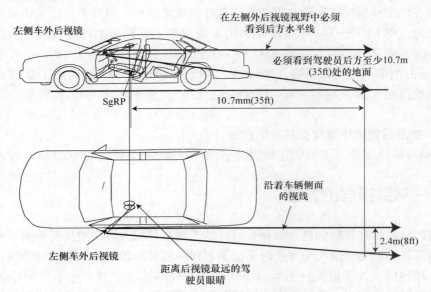

图 20.24　乘用车驾驶员侧车外后视镜视野范围要求

20.6.9　后视镜位置

1. 车内后视镜位置

布置车内后视镜时应考虑以下设计因素：

1）根据 SAE J287，后视镜应位于第 95 百分位最大手伸及包络线内，并能用手握住。

2）后视镜的下缘应位于第 95 百分位驾驶员眼睛位置之上至少 20mm 处。确保后视镜不会在至少 95% 的驾驶员前方视野中造成阻碍。

3）后视镜应位于驾驶员和前排乘客的头部活动区域（正面碰撞时）之外（参见 FMVSS 201；NHTSA，2015）。

2. 车外后视镜位置

布置驾驶员侧车外后视镜时应考虑以下设计因素：

1）驾驶员侧车外后视镜的位置应使位于座椅轨道最前方位置的矮小驾驶员从前方转到后视镜位置的头部转角不超过 60°。

2）后视镜上边缘应位于第 5 百分位驾驶员眼睛位置下方至少 20mm 处，避免在侧方视野中造成遮挡。

3）后视镜反射的水平视野范围应足够大，使矮小驾驶员能够看到他/她所在车辆的一部分，使高大的驾驶员能够看到外侧视野，减少相邻车道中的盲区。

4）此外，为了改善气动阻力和风噪声，应该同时考虑后视镜外罩设计的需要（减小正面面积）以及减少在驾驶员直接视野中由后视镜和左侧A柱造成的遮挡。

乘客侧车外后视镜通常与驾驶员侧车外后视镜对称。如果车内后视镜满足其所需的视野，则FMVSS 111不要求在乘用车或货车上有乘客侧外后视镜。然而，如果具有乘客侧车外后视镜，则FMVSS 111要求其为具有不小于889mm且不大于1651mm的曲率半径的凸面镜（NHTSA，2015）。FMVSS 111还为由于货物或乘客区域的遮挡而无法从内后视镜中获得有用视野的货车和多用途车辆制定了备用要求。

3. 确定后视镜中驾驶员视野的步骤

SAE J1050提供了一种确定后视镜中视野的步骤（SAE，2009；Bhise，2012）。

20.7 测量视野的方法

应当分析上述视野问题，确保被设计的车辆在目标人群中被具有不同视觉特征的驾驶员在不同驾驶情况下使用时不会引起任何视觉问题。在早期设计阶段，当建立了车辆内部（即车辆支柱和车顶结构之间的玻璃区域）并在车辆空间中确立了驾驶员的眼睛位置时，车辆总布置工程师和人机工程学工程师应该对视野分析进行编号。视野分析方法通常被纳入用于数字表示和车辆可视化的CAD系统中。这些方法本质上包括将驾驶员的视线投射到不同部件上（例如支柱、窗口、后视镜、仪表板、发动机舱盖和行李舱表面）以及投射在不同的投影平面上（例如地平面、垂直目标平面和仪表板表面）。物理设备（例如，瞄准设备、光源、激光器和照相机）也被用来进行物理性能（例如，模型或产品或样车）的评估。然而，在车辆空间中对这些装置进行高精度定位是非常耗时和昂贵的。

早期车辆设计中，障碍物（例如，较大的立柱、头枕或高腰线）的逐渐布置会降低驾驶员的能见度，所以应该使用CAD对其进行充分研究。可以通过创建全尺寸模型或甚至能够驾驶的实体模型，进行市场调查或人因测试，来进一步评估可能存在的问题。如果不及早优化，在车辆开发的后期阶段再去改变零部件的参数将是非常耗时和昂贵的。

极坐标图

创建一系列极坐标图来进行不同的视野分析，这是一种非常有效的可视化和测量视野问题的方法（McIssac和Bhise，1995）。极坐标图在人机工程学分析中特别有用，因为它可以直接测量角度场、不同物体的角度位置、不同物体的角度大小以及观察不同物体所需的眼球和头部运动的角度幅度。它还考虑了双眼的视野，因此，其有利于单眼、两只单眼和双眼视野以及遮挡物的评估。它还能够将三维分析简化为二维分析（即由方位角和倾角定义的空间）。

极坐标图：以角坐标绘制驾驶员（一个或两个）眼点的视野。相当于将驾驶员的视线投射到球面上，驾驶员的眼睛位于球体的中心。定义驾驶员的眼点为原点。通过确定相对于坐标系原点（眼点）的方位角（θ）和仰角（Φ），可以定位每条直视目标点的视线。如果在笛卡尔坐标系（以眼点为原点）中以（x, y, z）定义点 P，则其极（角度）坐标（θ, Φ）可以由如下公式计算：

$$\theta = \tan^{-1}(y/x)$$

$$\Phi = \tan^{-1}[z/(x^2 + y^2)^{0.5}]$$

需要注意的是，这种极坐标绘图方法不使用从眼点到任何目标点的距离来进行分析。Bhise（2012）介绍了建立极坐标图的步骤及说明。

极坐标图的另一个优点是，图中目标的极坐标提供了角度位置，这可以用于直接测量相对于驾驶员标准位置（极坐标图的原点 [0, 0]）的视线位置（即，眼球和头部转动的结合）。同理，可以直接测量极坐标图中目标对象的尺寸，从而确定单眼和双眼障碍物的角度值。因此，在极坐标图中也能够直接测量立柱、上下角度以及由每个立柱引起的双眼遮挡的角度位置。

极坐标图中也包括道路和道路上的许多其他对象。根据通过窗口可以看到的物体以及车辆部件完全或部分阻挡了的物体，这些目标物有助于解决许多能见度问题。通过对驾驶员视野中目标物的大量摄像测量，福特汽车公司（1973）开发了一些放置于摄影数据中的各种目标物所在的道路区域的物体。这些福特目标物代表了不同的外部物体，例如高架标志、侧装标志、交通信号、进入交叉路口的车辆、相邻车道中的车辆、驾驶车辆前方以及后方的车辆。极坐标图中可以画出这些目标物来评估车辆视野。McIssac 和 Bhise（1995）介绍了极坐标图中目标物的用途。本文还介绍了极坐标图的用途，通过绘制后视镜轮廓和在后视镜中看到的物体虚拟图像来确定平面镜和凸面镜中的间接视野。

20.8 其他总布置问题和车辆尺寸

Bhise（2012）中还包括其他总布置和与人机工程学设计相关的问题，如打开发动机舱罩和维修发动机、打开行李舱盖（或后尾门）以及装卸货物。出版社网站上提供了一个基于 Excel 的电子表格程序，供读者更好地理解各种输入和计算的总布置尺寸结果。该程序还可用于建立不同的驾驶员总布置、分析当前总布置，以及通过更改不同的输入参数和研究驾驶员总布置结果来进行灵敏度分析。

20.9 结束语

车辆总布置设计需要来自客户、设计工作室专业人员和车辆系统工程部门的工作，确保乘员空间和机械设备空间的合理权衡。必须为驾驶员和乘员定位，以便为他们提供乘坐舒适性、上下车方便性以及安全驾驶和使用控制装置及显示器的视野。车辆空间必须能够兼容高百分比的乘员（例如，95%）。为确保能够兼容95%的乘员，在汽车工业中使用了许多 SAE 乘员总布置工具。此外，还使用了许多人体测量数据库（Bhise，2012）。本章提到了一些重要的 SAE 标准和关键政府要求。此外，总布置工程师还进行了大量的分析和研究，验证车辆总布置是否能满足驾驶员的需求。第 11 章、第 21 章和第 22 章介绍了总布置验证研究。第 2 章、第 3 章和第 9 章介绍了客户需求及其转换为的属性需求以及属性需求到车辆系统的逐级传递。

参 考 文 献

Besterfield, D. H., C. Besterfield-Michna, G. H. Besterfield, and M. Besterfield-Scare. 2003. *Total Quality Management*. Third Edition. Upper Saddle River, NJ: Prentice Hall.

Bhise, V. D. 2012. *Ergonomics in the Automotive Design Process*. Boca Raton, FL: CRC Press. ISBN 978-1-4398-4210-2.

Flannagan, C. C., L. W. Schneider, and M. A. Manary. 1996. *Development of a Seating Accommodation Model*. SAE Technical Paper no. 960479. Warrendale, PA: Society of Automotive Engineers.

Flannagan, C. C., L. W. Schneider, and M. A. Manary. 1998. *An Improved Seating Accommodation Model with Application to Different User Populations*. SAE Technical Paper no. 980651. Warrendale, PA: Society of Automotive Engineers.

Ford Motor Company. 1973. Field of View from Automotive Vehicles. Report prepared under direction of L. M. Forbes, Report no. SP-381. Presented at the Automobile Engineering Meeting held in Detroit, Michigan. Published by the Society of Automotive Engineers, Inc., Warrendale, PA.

Hammond, D. C., D. E. Mauer, and L. Razgunas. 1975. *Controls Reach: The Hand Reach of Drivers*. SAE Paper no. 750357. Warrendale, PA: Society of Automotive Engineers.

Hammond, D. C. and R. W. Roe. 1972. *SAE Controls Reach Study*. SAE Paper no. 720199. Warrendale, PA: Society of Automotive Engineers.

McIssac, E. J. and V. D. Bhise. 1995. *Automotive Field of View Analysis Using Polar Plots*. Paper no. 950602. Warrendale, PA: Society of Automotive Engineers.

NHTSA. 2015. Federal Motor Vehicle Safety Standards. Website: http://www.nhtsa.gov/cars/rules/import/FMVSS/ (Accessed: July 5, 2015).

Philippart, N. L., R. W. Roe, A. J. Arnold, and T. J. Kuechenmeister. 1984. *Driver Selected Seat Position Model*. SAE Technical Paper no. 840508. Warrendale, PA: Society of Automotive Engineers.

Society of Automotive Engineers, Inc. 2009. *SAE Handbook*. Warrendale, PA: Society of Automotive Engineers.

第 21 章　车辆评估方法

21.1　引言

本章目的是让读者了解产品评估的含义以及如何通过评估来验证产品是否满足所规定的要求，并认证开发出正确的产品。

车辆评估通常涉及某种形式的测试（如实验室或场地测试）。测试是一项通过应用完备的程序来获取产品及其系统、子系统和/或零部件的一个或多个特征和/或性能的详细尺寸和数据的活动。通过分析测试数据来认证产品及其系统、子系统和/或零部件是否满足设计要求。

车辆评估是为了验证和认证。验证是认证产品、系统及其零部件满足其各自要求的过程。验证的目的是确保被测对象设计和制造无误，即满足其要求。认证是确定产品在规定环境中使用时，是否具有客户所期望的性能和特点的过程。认证的目的是确保产品被正确设计，并确保该产品会受到目标客户的喜爱。

21.2　产品评估方法概述

在产品生命周期的不同阶段，必须进行评估来确保其满足要求（验证）并确保产品被正确设计（认证）。

为评估所进行的测试应包括"性能"（即被测对象的功能和性能，以确保其满足预设的技术要求）和"偏好"（即客户觉得产品是可接受的，并且与其他同类产品相比，更愿意使用它）。性能测试通常基于客观测量，而偏好测试则是基于客户和/或专家的主观判断。

用于车辆评估的方法有很多。评估可能涉及使用测量仪器或主观评测人员（如客户或专家）。评估可以在产品的各个层级进行，即在零部件、子系统、系统或整个产品阶段的评估。

汽车行业中使用的一些评估方法如下：
1) 检查清单、记分卡和设计评审（使用 2D 图样、三维模型、实车驾驶、对标)。

2）用户市场调查（静态或动态情况下）。
3）建模、样车制作和模拟仿真。
4）实验室和台架测试。
5）场地测试和驾驶评估。
6）现场体验（客户投诉、保修/维修、事故）。

以上评估方法以数据采集方法（观察、访问调查和实验）为基础。下一节将介绍这些方法的基本概念。

21.3 数据采集和测量方法类型

表 21.1 提供了按数据采集方法类型和测量类型组合分类的方法摘要。

表 21.1 基于数据采集方法和测量类型组合的评估方法

数据采集方法类型	测量类型	
	客观测量	主观测量
观察	观察与产品状态或产品用户行为相关的事件。用仪器记录的数据和由训练有素的实验者观察的数据。在产品使用期间的观察（记录性能测量结果，如输出、压力、能量消耗、客户/用户行为、任务属性，如持续时间、错误、困难、冲突、未遂事故）	客户自愿回复（无沟通），例如，逐字评论。检查清单由观察员完成。观察员和/或记录员收集客户的反馈信息。通过专家评估员的判断为收集的信息进行分类、总结和分析
访问调查	评测人员报告的客观数据（例如，结果、输出水平、响应时间、速度、仪器显示的结果）	评测人员报告的产品检测和鉴定。检查清单或评级表中的回复。说明产品在运行期间的问题、困难和错误
实验	使用仪器进行测量。针对不同的实验条件进行性能测量或行为检测	分析从主观评价人员处得到的数据（例如，评级、困难、误差）来确定具有同属性被测产品之间的差别

表 21.1 左栏表示可以使用观察、访问调查和实验的方法来采集数据。在观察方法中，可对正在测试的设备或执行任务的对象进行观察。观察可以即时进行，或者可以先记录数据（如使用相机），之后再由实验者进行观察。在访问调查方法中，可以要求受试者（或实验者）说明在执行任务期间感知的产品状态或问题，和/或要求他/她对产品的印象进行评级。在实验方法中，通过更改某些自变量（如产品配置）的组合来设计测试情况，并且通过同时使用观察和访问调查的方法来获得响应。有关数据采集方法及其优缺点的更多信息，读者可参考 Bhise (2014)，Chapanis (1959) 和 Zikmund 和 Babin (2009)。

测量类型分为客观测量和主观测量，如表 21.1 所示。客观测量不受评估者、实验者或主观评价人员的影响。客观测量通常需要物理仪器或训练有素的实验者。另一方面，主观测量通常是基于受试者在执行一项或多项产品评估任务期间或之后的感知和经历。客观测量通常作为首选，因为其具有更精确和公正的特点。然而，若不使用主观评测人员作为"测量仪器"，那么将有许多车辆属性无法测量。在用户使用车辆后，通过使用访问调查方法，他们能够更好地表达对车辆及其属性（如感知质量、舒适性、乘坐方便性、驾驶和操控）的感受。

有关数据采集方法的其他信息如下。

21.4 数据采集和分析方法

21.4.1 观察法

在观察方法中，通过在产品使用期间对产品和/或受试者的直接或间接观察来收集信息。观察结果可用于评估产品属性，例如控制装置和显示屏的可理解性（易于理解或难以理解的可操作性）、造型和外观（通过观察测评人员的表情来判断喜欢或不喜欢），以及调整座位位置（容易或难以调节的座椅控制装置）。观察者（或数据收集者）可以通过直接观察或收听，或者设置摄像机，在之后播放录像。观察者需要接受培训，以能够在观察期间识别和分类受试者所犯的或产品状态的不同类型的预定行为、事件、问题或错误（如冒烟、泄漏、振动、制造噪声或在错误模式下操作）。观察者还可以记录不同类型事件的持续时间（如使用秒表）、尝试执行操作的次数、使用控制装置的数量和顺序、扫视次数、车辆状态（如速度或横向操纵行为）等。

一些事件，例如事故，比较罕见，并且由于需要过多的直接观察时间来收集足量的事故数据，因此不能通过直接观察来测量。但是，有关此类事件的信息可以通过未遂事故的报告（即，几乎发生事故但被避免的情况）和在此类事件之后的间接观察（例如通过证人或物证）来获得。由于多种原因，通过间接观察收集的信息可能不太可靠（例如，证人可能在猜测甚至故意伪造；或者与事件利益相关联的对象可能已经被替换或移除）。

21.4.2 访问调查法

访问调查法要求客户（或用户）提供有关他或她对产品的印象和体验的信息。最常见的方法为面谈调查，访问调查员会向客户询问一系列问题，这些问题可在使用产品之前、使用期间或使用之后询问。可向用户询问以下问题，即需要他或她①描述产品或对产品及其属性的印象（例如，外观、实用性）；②描述使用产品时所遇到的问题（例如，在阅读显示屏时遇到的困难）；③使用名目尺度对产品进行分类（例如，可接受或不可接受；舒适或不舒服；喜欢或不喜欢）；④在一个或多个尺度上对产品进行评级，描述产品的特征尺寸和/或总体印象（例如，使用工作量等级的评定量表、舒适评级、难度评级、外观和造型评级）；⑤对比基于给定属性（例如，易用性、舒适性、在操纵期间的质感、使用诸如第 17 章所述的层次分析法之类的方法）的成对产品。

在产品评估中常用的访问调查法包括①评级量表：使用带有数字和/或形容词的评级量表（例如，接受度评级和语义差异量表）；②基于成对比较的量表（例如，使用 Thurstone 的对偶比较法和层次分析法），将在本章的"对偶比较——聚类法"一节中对此进行描述。

此外，在工业工程、质量工程和六西格玛设计以及安全工程等领域中使用的许多工具都可用于评估。此类工具包括流程图、任务分析、箭头图、界面图、矩阵图、质量功能部署（QFD）、Pugh 矩阵分析、失效模式和效果分析（FMEA）以及故障树分析（FTA）（参考第 17 章和第 18 章以及 Bhise，2014 年）。这些工具在很大程度上依赖于通过用户/客户和多功能设计团队成员之间的沟通获得的信息。关于这些工具的更多信息可以从以下途径获得：Besterfield 等人（2003），Creveling and Slutsky（2003），Yang 和 El – Haik（2003）和 Bhise（2012，2014）。

21.4.3 实验法

实验研究的目的是让研究者掌控研究情况（例如，创建不同的车辆概念或测试条件），以便确定定义车辆特性的自变量（例如，界面配置、控制类型、显示类型、操作力）与因变量（用于评估的变量）之间的因果关系。一项实验包括在人工测试情境中进行的一系列受控观察（或对响应变量的测量），从容操纵自变量的组合来解答与自变量影响（或差异）相关的一个或多个假设。因此，在一项实验中，操纵一个或多个变量（自变量），并测量它们对另一个变量（因变量或响应变量）的影响，同时消除或控制所有可能混淆这些关系的其他变量。

实验方法的重要性在于：①它们有助于确定自变量的最佳组合及用于产品（即车辆）设计的水平，从而为用户提供最理想的效果；②当实验中同时包含竞争对手产品和制造商产品时，可以对比确定产品的优劣。为确保该方法能提供有效信息，设计实验的研究人员需要确保实验情况不会遗漏与产品性能或在研任务相关的任何关键因素。关于实验方法的更多信息可以从以下途径获取：Kolarik（1995）、Besterfield 等人（2003）或其他关于实验设计（通常称 DOE）或统计学实验设计的教科书。

21.5 车辆开发过程评估

在整个车辆开发过程中，进行了大量评估来确保所设计的车辆能够满足客户及其他企业的需求和政府的要求。本书中涉及的所有与设计要求相关的问题都需要通过严格遵循评估计划（通常包含在系统工程管理计划中；见第 12 章）而进行系统评估。评估结果通常在车辆开发过程中，在不同设计和管理团队成员会议上，且在不同的时间节点上进行审查。

21.5.1　用测量仪器进行物理测试

大多数工程测试是对物理系统或部件在实验室或测试场地环境下（即在实际驾驶情况下）使用经过良好校准且具有非常低（可接受）的测量误差水平的测量仪器进行的。目的是确保零部件、子系统、系统和产品在所有可预见的条件下（例如，在最坏情况下，诸如高运行负荷和极端环境条件下，在正常运行条件下，超过 100000mile 和 10 年驾驶时间）能够执行其功能。要测量的变量必须是有效的，也就是说，它们代表对客户满意度至关重要（CTS）或对关键质量至关重要（CTQ）的车辆属性。测试程序应该被预先设计并被验证（即技术协会采纳并将其纳入公司的《工程测试程序手册》），以便对过去的测试和产品进行标准化和数据校对。

物理测试的示例如下：

1）测量车身的弯曲刚度、扭转刚度、加载下的挠度、碰撞条件下的变形（例如，正面、侧面、后面和翻车事故）、密封性、防腐蚀、振动、噪声（吱吱声和咔嗒声）等。

2）发动机测试，使用测功机测量输出功率（转矩与速度）、燃油消耗、温室气体排放、油耗、振动和一系列运行速度和温度下的噪声。

3）测量底盘部件（悬架、转向和制动系统）的强度和操作特性，如悬架连杆、弹簧、减振器和制动片。

4）照明设备（例如，前照灯、尾灯和制动灯）的测量，测量光输出（光度要求）、磨损/雾度、振动测试、防腐蚀、对光学材料的风化影响、撞击完整性（例如，承受石头伤害的能力）等。

5）测试内饰材料的强度、耐久性能、耐磨性、可压缩性、柔软度/硬度、颜色、光泽度/反射比、材料的耐化学性（当它们与水、盐、体液（人和宠物）、油、汽油、食品（牛奶、番茄酱）等接触时）以及不同负荷和温度范围内的忍耐性。

6）耐久性测试，用于评估在各种操作和环境条件下长时间工作和大量操作周期的可操作性。

产品设计工程师可以使用许多标准和测试程序来验证整车、车辆系统及其子系统和零部件的要求（SAE，2009；NHTSA，2015）。在第 14 章中提到了车辆级别的验证测试。

21.5.2　市场调研方法

以下小节描述了在汽车行业中用于评估客户对整车的各种属性及系统响应的一

般市场调研方法。

1. 邮件调研

当使用小预算从大量受访者那里收集关于一个或多个产品问题的答复时，执行邮件调研。邮件调研的优点是可以在很短的时间内将问卷发送给众多响应者，且价格便宜（仅邮资费用）。缺点是主办机构无法控制是谁在填写调查问卷及调查问卷的完成情况。问卷的回收率通常非常低（约1%~5%）。因此，从邮件调研中获得的答复的可靠性通常很低或有问题。

2. 网络调研

与邮件调研相比，网络调研具有许多相似的特点，且具有同类型的缺点。但网络调研可以在不产生邮资费用的情况下实施，并且发送和响应时间非常短。

3. 个人访谈

个人访谈是获取客户关于汽车产品设计问题反馈的最常用方法。在该方法中，每个参与者都是经过严格筛选的，以确保他或她来自正在开发产品的市场细分群体。每个参与者通常都是从所选细分市场某些车型注册车主的数据库中选择的。每个参与者都被邀请在预先确定的时间和地点，花费大约一个半到两个小时参加访谈。参与者按其参与时间获取相应的报酬。

当参与者到达访谈现场时，通过检查他/她的驾驶执照和车辆登记/所有权文件来验证他/她的身份和车辆所有权。然后要求参与者填写关于人口统计信息的调查问卷（例如职业、所拥有的车辆品牌及型号、学历、收入和车辆使用历史）。在一些市场调研访谈处，还能得到更多关于参与者人体测量尺寸的测量值以及对产品特性列表（使用图片、视频或模型显示）的反应信息。参与者通常由调查员领导，其在市场研究访谈处获得背景信息和指示，然后按要求查看或使用该产品（例如，坐在车辆模型或驾驶样品车辆里），并回答一组问题。通常会访问大量参与者（75~300，取决于访谈目标），并使用统计分析技术对问题的答案进行总结和分析。第11章和第22章提供了在市场研究访谈、数据收集和总结期间提出的问题示例。

4. 专题小组会议

专题小组会议也是汽车行业中非常常用的市场研究方法，主要用于获取有关产品特性的实情调查信息。在这里，会议负责人（或主持人）提供有关一个或多个产品问题的背景信息，并在小组成员之间创建会议讨论来收集观点、反应、喜欢、不喜欢、关注点等信息。通常，每个小组约为8~12人。小组成员是经过精挑细选的，以代表细分市场某种类型的个体（例如，基于他们的性别、年龄、文化程度、职业或车辆所有权）以更好地讨论产品问题。

例如，为了解客户在豪华车中使用电子空调系统时遇到的问题，车辆制造商邀请了拥有该车型的8对老夫妇。主持人向他们展示了各种操作模式下的空调图片，并询问他们对空调作用的理解以及他们在空调系统设置及运行中所遇到的问题。这些夫妇阐述了一些问题，例如，一位年长的男性表示他从不设置空调，因为他读不懂说明。他的妻子说她帮助他设定空调温度。但是她需要先打开她的钱包拿出老花镜，然后把头靠近空调来阅读说明。因此，空调设计者意识到必须改进空调说明，提高易读性以适应老年顾客的需求。

21.5.3　人机工程学评估

　　用户会在多种不同情况下使用汽车产品。为确保所设计的车辆能够满足客户需求，人机工程学工程师需在所有可能的用法上对所有与人机工程学相关的车辆特性进行评估。用户需要完成每个任务来达成某个目标，由此定义用法。一个任务可能有许多步骤或子任务。例如，进入车辆这个任务将涉及用户执行一系列子任务，例如开锁、打开车门、进入车辆并坐在驾驶员座位上，以及关上车门。人机工程学评估是基于多种目的进行的，例如：①确定用户是否能够使用车辆及其特性；②确定车辆是否有不可接受会产生客户投诉的特性；③比较车辆及其特性与其他类似车辆的用户偏好；④确定用户是否认为该产品是业内最佳的。

　　用于评估的数据可以通过许多种途径或方式收集。典型的数据收集方式如下：

　　1）向用户展示产品（车辆或其中一个或多个系统、模型（车辆的一部分）或特征），并记下（或录音）用户的反应（例如，面部表情、口头评论）（这种方式通常用于车展展出概念车时）。

　　2）向用户展示产品，然后记录受访者给出的回答（这种方式通常用于市场研究调查场合）。

　　3）让客户使用产品，采用问卷调查或面试官询问的方式，记录相应答复（这种方式可用于驾驶评估中）。

　　4）让用户使用若干产品，并测试记录用户在不同产品上完成同一组任务时的表现（这种方式可用于一组测试车辆（或车辆系统的替代设计）的性能测定研究中）。

　　5）让用户使用若干产品，并让他们根据一些标准（例如，偏好、实用性、适应性和使用难易度）对产品进行评级（这种方式用于一些车辆（制造商的试验车辆和其他竞争车辆）的现场评估中）。

　　6）向测试员提供能够记录车辆输出以及驾驶员行为表现视频数据的车辆，测试者可以驾驶该车辆去任何地方，历时几周或几个月。这可能是能够直观了解驾驶员在驾驶过程中实际行为的唯一有效方法（这种方式用于自然驾驶行为测量研究中；Lee 等人，2007）。

　　这些示例说明了人机工程学工程师可以通过使用一些数据收集与测量方法评估车辆及其特性。

　　Bhise（2014）详细介绍了汽车行业使用的人机工程学方法。这些方法可以概括如下：

1) 人类特征和能力的数据库。
2) 人体测量和生物力学人体模型。
3) 检查清单和记分卡。
4) 任务分析。
5) 人类绩效评估模型。
6) 实验室、模拟器和场地测试。
7) 人类绩效测量方法。

人因工具的应用要求实施者了解主题领域中的人因工程问题和原理以及调研研究。如果没有足够的与用户、产品、用户任务以及产品使用情况有关的经验,这些工具就无法被轻易掌握。用户在使用产品时的表现可能会受到许多因素的影响,例如对类似产品模型的熟悉度,对新情况的适应性,通过练习(学习)改善表现,或故意改变行为表现以取悦或激怒评估者(或实验者)。因此,用户的行为、表现和偏好可能会受许多因素影响。有经验的人因工程专家通常会采取必要的预防措施,以确保在应用人因方法时不会引入偏差。

1. 人类特征和能力数据库

许多人因工程手册、教科书以及标准为各种人群(按性别、年龄组、职业和国籍分类)提供了各种人类特征和能力(例如,人体测量学、生物力学和信息处理特征)的数据(Garrett, 1971;Van Cott 和 Kinkade, 1972;Jurgens 等, 1990;Pheasant 和 Haslegrave, 2006;Kroemer 等, 1994;Konz 和 Johnson, 2004;Sanders 和 McCormick, 1993;McDowell 等, 2008;Bridger, 2008;Bhise, 2012;Sanders, 1983;Card 等, 1983;SAE, 2009;Wickens 等, 1998;Woodson, 1992)。此外,与人因工程相关的研究报告和期刊提供了许多有用数据。

这些数据库提供了设计产品所需的各种特征、功能分布及百分位值的信息,以确保设计的产品能够满足特定用户群中大多数人的需求。设计产品时需要这些数据。例如,在设计汽车产品时,设计师必须确保矮小的女性在触及并操作踏板的同时能够看到转向盘上部的视野,高大的男性在驾驶舱内有足够的头部空间、腿部空间、臀部空间、肩部空间和肘部空间。设计师还需了解用户对控件和显示屏操作的熟悉程度、产品的性能特征以及操作环境的特点。此外,产品设计者必须知道用户的行为决策和产品操作能力。

2. 人体测量和生物力学人体模型

文中提供了许多二维(2D)和三维(3D)人体测量和生物力学模型,并且许多模型在商业上可用于设计和评估用途。这些模型可以配置为代表不同群体的不同百分位数的男性和女性。许多模型内置有人体运动、姿势模拟、生物力学强度以及百分比力量运动预测功能。类似于人体生物力学特征的碰撞测试假人也被用于评估车辆在事故中的耐撞性(Seiffert 和 Wech, 2003)。

多个软件应用程序中提供了综合数字工作场所和数字人体模型以及可视化工

具。设计师将带有人体模型（数字人体模型）（例如 Jack/Jill，SAFEWORK，RAMSIS，SAMMIE 和 UM 3DSSP）的计算机辅助设计（CAD）工具用于协助产品开发过程中（Chaffin 2001，2007；Reed 等，1999，2003；Badler 等，2005；Human Solutions，2010）。这些工具都在不断更新，以拓展新的功能。

在设计过程中，人机工程学工程师在使用任何模型之前都要进行验证研究，以确保准确表示所设计产品的特殊用户群体的身材尺寸、姿势、动作、力量及舒适度。在不同的实际使用情况下，所选数字人体模型的姿势及身材尺寸应与真实用户相匹配。

3. 人因工程检查清单和记分卡

人因专家通常使用检查清单和记分卡来评估产品。检查清单有助于评估人因工程准则、设计考虑因素和需求，而记分卡有助于总结人因工程评估的结果，并能够随着设计的进展跟踪产品的定量和对比评估。

人因检查清单通常包括与满足人因准则相关的一系列问题。产品通常由一个或多个人因专家和产品用户进行评估。每个评估人员通过使用该产品，回答每个问题。问题的答案（例如，"是"或"否"）和对人因准则满意程度的评级（例如，使用 10 分制，其中 10 = 非常好，1 = 不符合准则）可用于汇总评估者对某些关键领域特性的反馈（例如，满足人因准则的百分比，或满足 8 或更高等级准则的百分比），例如控制装置和显示屏的位置、显示屏的可见性与易读性、控制装置和显示屏的理解性或可解释性、控制装置的操作及反馈。（Bhise，2012）给出了用于评估汽车控制装置和显示屏的人机工程学检查清单的示例。

创建人因记分卡向设计团队提供关于所设计产品人机工程学特征的反馈。人机工程学专家系统地开发了评分标准和评估程序。通过基于客观分析（例如，任务完成时间的测量，控制装置可接触性的 CAD 分析，穿过转向盘组合仪表的可见性分析，显示屏中字母和数字的易读性预测（Bhise，2012））以及一个或多个人机工程学专家对每个人机工程学考虑因素评级的主观分析进行评估来分析产品设计。通过总结评估结果来编制记分卡。在评审会议期间，记分卡将向设计、工程和项目管理团队展示，然后基于计分结果进行讨论。

从完成的检查清单中收集的数据可以按用户类型进行分类比较（例如，基于对产品熟悉/不熟悉、男/女用户和年轻/成熟用户），并且可按用户类型开发记分卡（例如，年长用户的记分卡、女性用户记分卡和对产品不熟悉用户的记分卡）。

图 21.1 展示了汽车产品内部控制装置和显示屏的人机工程学记分卡。记分卡展示了人机工程学概要图表（又称笑脸图表）。该图表左侧列出了车辆不同内部区域中的每个控制装置和显示屏。评估标准分别位于表格中间的 9 列。9 个标准组包括：

1）可见性、遮挡和反射。
2）前方下视角。

部位/位置	序号	内饰物品:控制装置,显示屏和控键	可视性、遮挡和反射	前方视野下倾角	分组、结合和预期位置	识别标签	图形易读性和照明	可理解性和可了解释性	最大和最小舒适可达距离	控制区域、间隙、抓取	控制动作、转向力和可操作性	注解:具体问题和建议
车门上安装的控件	1	门内把手	●	☺	☺	☺	☺	☺	☺	☺	☺	门把手被转向盘部分遮挡——需要头部移动
	2	车门拉手	☺	⊘	☺	☺	☺	☺	◐	☺	☺	需要一些鸡翅结构-应向前移动25~50mm。不能使用全力抓握
	3	门锁	☺	☺	☺	☺	☺	☺	☺	☺	☺	门锁标志难以解释,难以触及的区域在遮光板表面下移动
	4	车窗控件	☺	☺	☺	☺	☺	☺	☺	☺	●	应使用上拉和下推开关以避免意外激活
	5	窗锁	☺	☺	☺	☺	☺	◐	☺	☺	☺	窗锁符号很难理解
	6	镜子控件	☺	☺	☺	●	☺	☺	☺	☺	☺	提供照明标签
柱/S/W	7	转向信号杆	☺		☺	☺	☺	☺	☺	☺	☺	
	8	刮水器开关(右柄)	☺		☺	☺	☺	☺	☺	☺	☺	
	9	点火开关	●		☺	☺	☺	☺	☺	☺	☺	在钥匙插入期间需要头部移动才能看到控件
	10	巡航控制			◐							
	11	变速杆			☺								位于控制台上
左侧I/P	12	灯开关(在左杆上)										
	13	仪表亮度旋钮			☺								在I/P的左侧
	14	驻车制动器(在控制台上)			☺								
	15	发动机舱罩开启	●		☺	●							很难从驾驶员座位上看到,没有标签
群集	16	转速表							⊘				
	17	车速表							⊘				
	18	温度											
	19	燃油表											
	20	油压					⊘		⊘				不在这辆车上
	21	变速器档位显示	☺	☺	☺	☺	☺	◐	●				对于此功能,按钮控制有些出乎意料
仪表板/控制台中心	22	收音机	●	●	☺	◐	☺	☺	●	☺	☺	1/2-2/3的无线电控制器低于35°。银色背景上的银色按钮很难快速定位
	23	温度控制	☺	☺	☺	◐	☺	☺	☺	☺	☺	模式选择器标志在银色背景上阅读,低位置和不相关的显示
	24	时钟(在中心地带的顶部)	☺	☺	☺	☺	☺	☺	☺	☺	☺	
	25	车后照明除霜	☺	☺	☺	◐	☺	☺	☺	☺	☺	难以在银色背景阅读标志
	26	车窗玻璃除霜	☺	☺	☺	◐	☺	☺	☺	☺	☺	难以在银色背景阅读标志
	27	牵引力控制系统											不在这辆车上
	28	驻车制动											在控制台上
	29	三角警示开关	☺	☺	☺	☺	☺	☺	☺	☺	☺	在CD插槽上方的中心位置
	30	烟灰缸	☺	●	☺	☺	☺	☺	☺	☺	☺	位置过低
	31	点烟器	☺	●	☺	☺	☺	☺	☺	●	☺	位置过低-没有为手指抓握留有足够的间隙
	32	杯托	☺	☺	☺	☺	☺	☺	☺	●	☺	需要鸡翅结构。位置太近和太低
	33	移动装置	☺	☺	☺	☺	☺	☺	☺	☺	☺	
其他	34	杂物箱门	☺	⊘	●	☺	☺	☺	☺	☺	☺	闩锁开启按钮不在杂物箱上,中心位置不是大多数驾驶员所期望的
	35	巡航控制开/关	☺	☺	☺	☺	☺	☺	☺	☺	☺	在S/W右边的辐条上
	36	行李舱盖	●	☺	☺	☺	☺	☺	☺	☺	☺	很难从驾驶员的眼点看见
	37	加油口盖	☺	☺	☺	☺	☺	☺	☺	☺	☺	在左侧

图:	⊘	●	◐	☺
	无	低	中	高
等级:	−	1~2	3	4~5

图 21.1 人机工程学评估记分卡

3) 组合、关联和预期位置。
4) 识别标签。
5) 图形易读性和照明。
6) 可理解性和可解释性。
7) 最大和最小可达距离。
8) 控制区域、间隙和抓取。
9) 控制动作、操作力和可操作性。

在这九组中，每组都根据人机工程学准则使用 5 分评分量表（5 = 最高得分，1 = 最低得分）来对车辆进行评估。评级通常由经过培训的人机工程学者使用以下输入获得：①从乘员总布置三维 CAD 模型获得的测量值（例如，可达距离、下视角）；②通过坐在座舱模型里对人机工程学进行评估；③从合适的设计工具和模型得到的结果（例如，汽车工程师协会（SAE）设计实践（SAE，2009；Bhise，2012））。对于每组中列出的每个项目，对于 9 组中的每组，使用"笑脸"图解量表来生动地显示评级。该图表提供了一种易于查看的格式，并可用于提供车辆内部的整体人机工程学状态，笔者认为该格式是在各种设计和管理评审会议中的有用工具。人机工程学工程师的目标是在设计评审会议期间说服设计团队通过进行必要的设计更改，以从图表中删除尽可能多的"黑点（评级为 1 和 2）"和黑色圆环（评级为 3）并增加"笑脸（评级为 4 和 5）"的数量。

4. 任务分析

任务分析是人机工程学家在研究和设计与操作产品或工艺流程相关的任务时使用的基本工具之一。其对比分析了每个任务对操作员的要求与操作员完成要求的能力。任务分析可以在有或没有实际产品或工艺流程的情况下进行，但是如果真实产品或设备可用，并且实际（代表性）用户可以在实际使用情况下执行任务，那么将更容易理解任务中的细节。

分析将任务或操作分解为更小的单元（又称子任务），并分析与用户能力相关的子任务需求。子任务是最小的行为单位，需要加以区分才能解决手头问题。子任务包括：抓握手柄、读取显示屏、选定控制设置，并将控制调整到所需的设置。这里考虑的用户能力通常是感测、记忆力、信息处理和反应（移动身体、可达距离、准确性、姿势、力、时间限制等）。

可以使用不同的形式进行任务分析。笔者认为由 Drury（1983）提出的任务分析的表格格式在汽车设计过程中很有用（Bhise，2012）。任务分析表的左列描述了任务中涉及的子任务以及每个子任务的用途。因此，对每个子任务进行说明，使分析人员了解每个子任务的要求，该说明甚至可能会提出更好的方法来完成任务的建议。该表的右列要求分析人员考虑各种人为能力，例如搜索和浏览、从存储器中检索信息、插值（信息处理）及执行每个子任务所需的操作（如手指移动）。最后一列要求分析师考虑每个子任务中可能会出现的错误。最后一列最为重要，其可用于改进任务和/或产品以减少执行任务中的错误、问题和困难。

如果对已存在的产品（或实体模型、样车产品或模拟仿真）进行任务分析，那么可以完成许多用户试验，并且可以收集关于不同用户如何执行每个子任务以及用户遇到的问题、困难和错误的信息。该信息可用于创建任务分析表。即使产品不可用，也可以通过预测在执行每项任务（或产品使用）时使用产品所需的子任务顺序，对早期产品概念进行任务分析。Bhise（2012）提供了使用此格式进行任务分析的示例。

5. 人类绩效评价模型

人因工程研究人员开发了许多模型来预测用户在使用不同产品或在不同工作条件下的绩效。这些模型通常是基于实验研究数据的统计分析（如回归模型）。如果发现人类绩效模型适用于既定产品的使用情况，则可以应用该模型预测不同用户在不同产品使用情况下的表现。在产品开发过程的早期阶段，模型预测以及其他实验研究结果可减少一些产品概念和设计工作。

例如，最早用来预测工厂操作时间要求的人类绩效模型之一是方法－时间测量（MTM）（Maynard等，1948）。该模型将给定任务分解为一系列预定义的微动作。表格中提供了执行不同微动作（例如，够取、移动、抓握、松开、转动、定位、组装、转动身体、腿部运动、眼睛运动、步幅和侧阶）所需的时间。可以通过表中的标准时间来预测完成给定任务的时间。该时间是经验丰富的操作工处理和组装小零件的时间。该行业也可应用其他预期时间预测模型（Konz和Johnston，2004）。

Card等人（1980年，1983年）开发了一种人工信息处理模型，该模型能预测操作员在信息处理任务中的时间需求。基本方法包括自上而下、连续任务分解。分解程序将任务按逻辑分为多个步骤。在每个步骤中，分解程序都会辨别出是人类还是机器人操作。这种方法无误差，能较好地工作且使控件在特定位置。

预测人为失误还可应用许多其他模型。莱顿等人（2001）提供了用于预测人为失误的许多认知模型的研究综述，例如 ACT－R、Air MIDAS、Core MIDAS、APEX、COGNET、D－OMAR、EPIC、GLEAN、SAMPLE 和 Soar。许多信息处理和工作量评估模型也可在人因工程文献中找到（参见 Bhise，2012）。一旦理解这些模型的适用限制，就可以使用这些模型来评估给定产品在给定使用情况下的用户绩效。

Bhise（2012）介绍了许多用于汽车设计过程中人机工程学评估的模型。这些模型包括 SAE（SAE，2009）中的驾驶员和乘员总布置。Bhise（2012）还介绍了许多基于视觉对比度临界值及残疾和不适眩光预测方程的人类视觉模型。这些模型已被用于评估汽车前照灯系统（综合前照灯环境系统模拟（CHESS）模型，Bhise等，1977、1988、1989）、显示屏易读性（Bhise和Hammoudeh，2004），以及来自阳光反射到车辆风窗玻璃的眩目效应（Bhise和Setumadhaven，2007年、2008a、b；见第22章）。

Hankey 等人（2001）开发了一种用来预测在使用车载设备（例如，娱乐系统或导航系统）时驾驶员需求水平的模型。该模型被定义为 IVIS – DEMAnD 模型。Jackson 和 Bhise（2002）应用该模型来评估在各种驾驶任务中的车辆性能参数和其他外部因素（如交通需求和驾驶员年龄）的相对灵敏度。

人因工程模型通常是建立在许多自变量之间的模型关系以及人类操作员的假设特征基础上的。这些关系是通过分析实验研究数据而建立的。因此，这些模型是人类绩效的近似模型，应谨慎使用。模型结果应借助实际受试者和实际使用的产品来研究验证。下一节将介绍实际受试者所遇到的测试问题。

6. 实验室、模拟装置和场地测试

早期产品概念、产品样车和最终产品（生产版本）通常由真实受试者执行一些任务来验证和认证产品设计，从而进行评估。通常实际使用环境下的产品评估是首选。然而，由于多种原因，例如产品工作模型制作的高成本、招募受试者的成本以及进行现场测试所需的时间等，其他研究方法也会被采用，比如实验室测试、产品模拟，使用早期样车或模拟器测试等。

人因研究中使用的数据采集方法包括：①观察受试者使用该产品执行给定任务；②与受试者沟通，获得产品特性评级并让受试者说明在使用该产品过程中所遇到的问题和困难；③测量在产品使用期间的受试者绩效和产品性能；④在完成不同任务的同时测量受试者的生理状态；⑤获得主观评级以测量操作者的工作量。

7. 人类绩效测量方法

在实验室、现场和模拟装置研究中，可以同时使用观察、访问调查和实验方法来测量人类绩效。Bhise（2012）介绍了这些方法。评估中的一些测量示例如下：

1）可观察到的人类反应：我们可以观察操作员的反应，例如通过测量眼睛运动、头部运动、目光注视、观察不同目标物体（如显示屏）所花费的时间，来观察他/她获取视觉信息的行为，以及通过测量操作员在操作各种控制装置时身体部位（如手和脚）的运动来观察人类的反应。我们还可以通过测量操作员的心率、出汗率和瞳孔直径等变量来测量操作者的生理状态。

2）操作员的主观反应：我们还可以编写一个结构化的调查问卷，并在测试过程中的不同阶段（若有实验者在场）或在测试结束时，向操作员提出一些问题，以了解操作员的问题、困难、困惑、挫折和情感感知问题。我们也可让操作员对工作量、舒适性、使用不同控制装置和显示屏的方便程度等进行评级。

3）产品/设备状态：我们还可通过在产品中安装测量仪器来记录产品（或所用设备）的状态，测量产品输出（作为时间函数），如速度、控制装置位置和运转、运行里程、振动、温度和能量消耗。

21.6 客观评价和数据分析方法

根据用于评估产品的任务、任务性能测量功能和可用的仪器,人机工程学工程师设计了一个实验和程序来测量相关(或响应)的变量。客观测量可以是物理测量,例如时间(花费或经历)、距离(位置或横向、纵向或垂直方向的位移)、速度、加速度、事件(预定义事件的发生)和用户的生理状态(如心率)的度量。将记录的数据加以简化,以获得相关量度及其统计学的值,例如平均值、标准差、最小值、最大值和高于和/或低于某些预选水平的百分比。然后根据本研究的实验设计,利用相关测度值进行统计分析。本章后面提供了一些涉及客观评价的应用示例。

21.7 主观评价和数据分析方法

工程师还会使用主观评价方法,因为在许多情况下,①受试者能够更好地感知产品特性和问题,因此,他们可被当成一种"测量工具";②目前还不存在合适的客观评价方法;③主观评价方法的结果更容易获得。

Pew(1993)提出了几个关于主观评价方法的重要观点。主观数据必须来自实际用户而不是设计者;在提供意见之前,用户必须有机会体验要评估的对象;必须注意要独立收集每个受试者的主观数据;系统的最终测试和评估不应仅仅基于主观数据。

在车辆开发过程中最常用的两种主观评价方法是按比例评级方法和基于对偶比较的方法。下面小节将介绍这两种方法。

21.7.1 分层评级

在该评级方法中,首先给予受试者关于评估给定产品过程的说明,包括对一个或多个产品属性的说明以及用于对每个属性进行评级的评级量表。区间尺度最为常用。在定义评级量表时可能有许多不同的变化。区间尺度可以不同是因为①如何定义尺度的终点;②使用的间隔数量(注意:奇数个间隔允许使用中点);③如何指定比例点(例如,没有描述符、有词语或数字描述符)。Bhise(2012,2014)给出了许多关于区间尺度的示例。

表21.2说明了如何将方向梯度幅值和10点验收量表用于评估车辆总布置中的多个内饰尺寸。每个方向幅值量表上的响应分布向设计者提供了反馈,说明如何根据幅值感知对应于该量表的维度,量表上的评级提供了可接受程度。例如,如果表21.2中项目编号5(加速踏板横向位置)的评级中显示80%的受试者将加速踏板位置在方向幅值尺度上评定为"太靠左侧",并且在10点验收量表上的平均评级

为 4.0，此时设计师可以得出结论：需要将加速踏板向右移动来提高可接受性。作者发现，在车辆设计过程的早期阶段，这种双重尺度在微调车辆尺寸上非常有用。

表 21.2 使用方向幅值和验收评定量表的车辆总布置评估的插图

项目编号	驾驶员总布置考虑因素	使用方向量值量表评级			验收评级：1 = 非常不能接受，10 = 非常可以接受
1	转向盘纵向（前/后）位置	太近	合适	太远	
2	转向盘垂直（上/下）位置	太低	合适	太高	
3	转向盘直径	太小	合适	太大	
4	加速踏板前/后位置	太近	合适	太远	
5	加速踏板横向位置	太靠左	合适	太靠右	
6	加速踏板和制动踏板之间的横向距离	太小	合适	太大	
7	加速踏板和制动踏板之间的高度差	太小	合适	太大	
8	变速杆横向位置	太靠左	合适	太靠右	
9	变速杆位置与纵向位置	太近	合适	太远	
10	直接位于驾驶员前方的仪表板顶部的高度	太低	合适	太高	
11	驾驶员侧车门上扶手的高度	太低	合适	太高	
12	安全带高度（驾驶员侧窗的下缘）	太低	合适	太高	
13	驾驶员头部上方空间	太小	合适	太大	
14	驾驶员头部左侧空间	太小	合适	太大	
15	膝盖空间（脚踏在加速踏板上时，仪表板与右膝之间）	太小	合适	太大	
16	腿部空间（转向盘底部与驾驶员大腿最近的下表面之间）	太小	合适	太大	
17	上下车时门槛的外边缘	太远	合适	太近	
18	驾驶员座椅位置	离车门太近	合适	离车门太远	
19	座椅离地高度	太高	合适	太低	
20	转向盘上方能见度	太小	合适	太大	

21.7.2 基于对偶比较的方法

对偶比较方法涉及评估成对出现的产品。在该评估方法中，基本上要求每个受试者使用预定程序比较每对中的两个产品，并且要求他们基于给定属性（如舒适性或实用性）简单地识别该对中更好的产品（若被访者说两种产品之间没有差异，则随机选择其中一种产品。换言之，如果受访者觉得一对产品确实没有差异，那么结果平均为 50∶50)。因此，与分层评级方法相比，受试者使用该方法更容易进行评估任务。但是，如果需要评估 n 个产品，则要求受试者使用 $n(n-1)/2$ 个可能对数中的每一个，并确定每对中较好的产品。因此，如果需要评估五种产品，则可能成对总数为 $5×(5-1)/2=10$。对偶比较法的主要优点是它使受试者的任务简单且更准确，因为受试者只需要比较每个试验中的两种产品并确定该对产品中较好的产品。对偶比较法的缺点在于，随着待评估的产品数量（n）的增加，每个受试者需要做出的可能成对比较判断的数量迅速增加（与 n 的平方成正比例），因此整个评估过程非常耗时。

基于对偶比较法，介绍两种常用方法：Thurstone 对偶比较法和层次分析法。Thurstone 对偶比较法可让我们在 z 尺度（z 是正态分布的变量，其平均值等于零，标准差等于1）上为 n 个产品的每个产品设定比例值（Thurstone，1927），而层次分析法使我们能获得 n 个产品中每个产品的相对重要性权重（Satty，1980）。与其他要求受试者一次评估一种产品的主观方法相比，这两种方法都更为简单快速，并且具有提供更可靠评估结果的潜力。

21.7.3 Thurstone 对偶比较方法

假设我们有 5 个产品（或设计或问题）需要进行评估。将这 5 个产品分别命名为 L、W、N、P 和 R。可形成 10 对：L 和 W、L 和 N、L 和 P、L 和 R、W 和 N、W 和 P、W 和 R、N 和 P、N 和 R，以及 P 和 R，下面几个小节介绍了评估步骤。

1. **步骤 1：选择评估产品的属性**

评估的目的是根据选定的属性按间隔尺度对 5 个产品进行排序。假设这 5 个产品是用来评估关于车辆导航、音响娱乐和温度控制等操作的中控台布局的产品。选择属性是"中控台布局的易操作性"。

2. **步骤 2：准备用来评估的产品**

进一步假设已经构建了 5 台用于评估中控台布局、具有相同车辆造型、特征属性和内饰的测试车。每辆车中控台均安装不同控制按钮布局的控制装置。

3. **步骤 3：获取受试者对每对比对产品的反馈**

假设从车辆可能所有者的群体中随机选择 80 个受试者用于评估研究。

每个受试者将由实验者分别带入测试区域。实验者将通过在预选路线上驾驶每辆车，完成与导航系统、音频系统和气温控制系统使用相关的一系列预选任务，从而向受试者提供说明书并要求他们操作中控台。让每个受试者评估随机选择的 10 对车辆。在完成每对车辆的驾驶测试之后，要求受试者选择每对中更容易使用的中控台布局。

表 21.3 列出了每个受试者的反馈。表格中的每个单元格都包含"Yes"或"No"，具体取决于列中显示的中控台布局是否比行中显示的中控台布局更好（更易于使用）。应当注意的是，只需要评估对角线上方的 10 个单元（用 x 标记）。

表 21.3 每个受试者对十种可能产品对的反馈

	L	W	N	P	R
L	x	No	No	No	No
W		x	No	No	Yes
N			x	No	Yes
P				x	Yes
R					x

注:"Yes"表示列中显示的产品优于行中的产品。"No"表示行中显示的产品优于列中显示的产品。

4. 步骤4:根据列中的产品好于行中产品的比例来总结所有受试者的反馈

在所有受试者都提交了反馈之后,通过将 1 指定给反馈为"Yes"并将 0 指定给反馈为"No"来会汇总所有反馈,见表 21.4。因此,从 W 列和 L 行的单元格可看出,80 个受试者中只有 1 个判断中控布局 W 优于中控布局 L。将评级汇总的转置内容输入到表 21.4 对角线下方的单元格中,见表 21.5。例如,"1/80 产品 W 的反馈优于产品 L"的转置是"79/80 产品 L 的反馈优于产品 W"。

表 21.5 中的比例在表 21.6 中以小数表示。因此,表 21.6 中所示矩阵中的每个单元代表比例 p_{ij},表示第 i 列中产品的反馈优于第 j 行中产品反馈的比例。

表 21.4 选择列中产品的受试者人数多于选择行中产品的人数除以总受试者人数

	L	W	N	P	R
L	x	1/80	3/80	2/80	4/80
W		x	3/80	30/80	50/80
N			x	30/80	50/80
P				x	60/80
R					x

表 21.5 矩阵下半部分有转置比例的反馈比例矩阵

	L	W	N	P	R
L	x	1/80	3/80	2/80	4/80
W	79/80	x	3/80	30/80	50/80
N	77/80	77/80	x	30/80	50/80
P	78/80	50/80	50/80	x	60/80
R	76/80	30/80	30/80	20/80	x

表 21.6 偏好反馈的比例(p_{ij})

		$i=1$	$i=2$	$i=3$	$i=4$	$i=5$
		L	W	N	P	R
$j=1$	L	x	0.013	0.038	0.025	0.050
$j=2$	W	0.988	x	0.038	0.375	0.625
$j=3$	N	0.963	0.963	x	0.375	0.625
$j=4$	P	0.975	0.625	0.625	x	0.750
$j=5$	R	0.950	0.375	0.375	0.250	x

5. 步骤 5：调整 p_{ij} 值

在 p_{ij} 值非常小（接近 0.00）或非常大（接近 1.00）时，为了避免产品的比例值（在步骤 6 中计算的）扭曲的问题，见表 21.6，将高于 0.977 的 p_{ij} 值调到 0.977，低于 0.023 的 p_{ij} 值调到 0.023。

6. 步骤 6：计算产品的 Z 值和比例值

该步骤中，使用在任何标准统计学教科书中都有的标准正态分布表，将每个单元中的比例值（p_{ij}）转换为 Z 值。例如，$p_{21} = 0.023$ 的值是通过将标准正态分布曲线下的面积（平均值等于 0，标准差等于 1.0）从负无穷大积分到 -1.995 得到的。因此，当 Z 值为 -1.995 时，p 值为 0.023。通过在 Microsoft Excel 中将参数设置为（p_{ij}, 0, 1），也可以使用名为 NORMINV 的函数来获取 Z 值。通过使用该转换程序转换表 21.7 中的所有比例值（p_{ij}），所得到的 Z 值（Z_{ij}）如表 21.8 顶部的矩阵（Z 矩阵）所示。

表 21.7 调整后的 p_{ij} 表（如果 $p_{ij} > 0.977$，则设置 $p_{ij} = 0.977$；如果 $p_{ij} < 0.023$，则设置 $p_{ij} = 0.023$）

		$i=1$	$i=2$	$i=3$	$i=4$	$i=5$
		L	W	N	P	R
$j=1$	L	x	0.023	0.038	0.025	0.050
$j=2$	W	0.977	x	0.038	0.375	0.625
$j=3$	N	0.963	0.963	x	0.375	0.625
$j=4$	P	0.975	0.625	0.625	x	0.750
$j=5$	R	0.950	0.375	0.375	0.250	x

表 21.8 对应于每个 p_{ij} 的 Z_{ij} 值和比例值（S_i）的计算

		$i=1$	$i=2$	$i=3$	$i=4$	$i=5$
		L	W	N	P	R
$j=1$	L	x	-1.9953933102	-1.7804643417	-1.9599639845	-1.644853627
$j=2$	W	1.9953933102	x	-1.7804643417	-0.318639364	0.318639364
$j=3$	N	1.7804643417	1.7804643417	x	-0.318639364	0.318639364
$j=4$	P	1.9599639845	0.318639364	0.318639364	x	0.6744897502
$j=5$	R	1.644853627	-0.318639364	-0.318639364	-0.6744897502	x
	$\sum Z_{ij} =$	7.3806752634	-0.2149289685	-3.5609286834	-3.2717324627	-0.3330851488
	$S_j =$	2.0875702114	-0.0607910924	-1.0071827877	-0.9253856842	-0.094210707

注：Z_{ij} = Microsoft Excel 中函数 NORMINV 的值（p_{ij}, 0, 1）。

将每列中获得的 Z 值求和（即对所有 j 求和），并使用该公式求得每种产品的比例值（S_i）（见表 21.8 的最后两行）

$$S_i = (\sqrt{2/n}) \sum Z_{ij}$$

式中　n——对偶比较法中使用的产品数量。

表 21.8 的最后一行为每种产品的比例值（S_i）（注意：在公式中 $n=5$）。应当注意的是，公式中计算的比例值之和（对所有 i 求和）等于 0.0（即 $\sum S_i = 0.0$）。

图 21.2 为表 21.8 中所示的 5 种产品的比例值（S_i）条形图。因此，使用 Thurstone 对偶比较法能够获得 5 种产品的比例值。比例值表示 n 个产品组中每个产品的相对偏好程度。比例值的单位为标准差数量，比例上的零值对应于无差异点（即具有零比例值的产品既不令人喜欢（偏好）也不令人讨厌（不偏好））。因此，在该 5 种产品中，产品 L 最好（最受欢迎），产品 N 最不受欢迎。

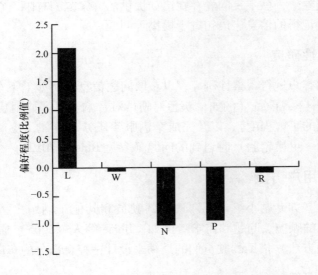

图 21.2　5 种产品的比例值

21.7.4　层次分析法

在层次分析法中，产品也是成对比较。然而，每对中较好的产品也会根据其属性强度与该对中另一个同属性强度的产品进行比较。使用比例尺度表示属性的强度。比例（或重要性）值 1 用于表示该对产品的属性强度相等；比例值 9 用于表示较好产品属性的极值或绝对强度；定义较弱强度的产品为较好产品的比例值的倒数。第 17 章给出了应用层次分析法的两个例子。

21.8 汽车设计中评估技术的若干应用

21.8.1 检查清单

检查清单用于检查所设计的产品是否符合检查清单上所涵盖范围中的每个适用准则（或原则或要求）。检查清单方法常常会用在许多领域的设计中：①内饰和外饰总布置设计；②控制装置和显示屏设计；③车辆照明设计；④特殊用户设计（如年龄大的驾驶员）。检查清单必须全面、完整，必须由经过培训的评估人员完成。人机工程学专家通常根据他们从各种人机工程学分析和研究中取得的知识或数据来编制符合人机工程学的检查清单（Bhise，2012）。

Pew（1993）编制了一份"不良问卷"检查清单，该清单用于指导制定任何检查清单或调查问卷。一些不良问卷存在诸如提供的答案范围有限、它们向受访者提问其不知道或不记得的信息、语句过于模糊等问题。

21.8.2 观察性研究

对驾驶员和客户进行观察性研究，以获取问题信息，例如上下车（Bodenmiller 等，2002）、操作车载设备（例如，获悉驾驶员对音响、温度控制装置和导航系统中各种控制功能的了解程度），以及完成车辆服务任务（例如，检查燃料、更换熔丝和灯泡、加油、更换轮胎）时遇到的问题（参见 Bhise，2012）。

21.8.3 车辆用户访谈

单独或成组（如专题小组会议）访问驾驶员和其他车辆用户，来了解他们关于各种车辆特征的顾虑、问题和需求。例如，Bhise 等人（2005）通过结构化访谈技术（一种沟通方法）借助驾驶员们的反馈来设计中控台部分的布局。

21.8.4 分层评级

使用不同区间尺度的评级方法进行人机工程学问题评估，例如：①内饰和外饰总布置；②控制装置和显示屏的特征（例如，位置、尺寸和抓握区域的方便性；控制装置运动和激活期间的触觉反馈）；③内饰材料（例如，仪表板、门饰板、座椅区域、扶手和转向盘上的材料的视觉和触觉特性）（Bhise 等，2006、2008、2009）。

21.8.5 使用程序化的车辆验证模型研究

早期总布置评估研究中使用程序化车辆验证模型来评估内外饰尺寸，例如车辆宽度、风窗玻璃倾角、座椅参考点位置（例如距加速踏板的纵向距离、距车辆中心线的横向距离、距地面的高度）、驾驶员的眼睛位置、仪表板、发动机舱罩和侧窗可见度，以及扶手高度（Richards 和 Bhise，2004）。

21.8.6 驾驶模拟器评估

目前，许多汽车公司经常使用驾驶模拟器来评估在操作各种车载设备时的驾驶员工作负荷问题（Bertollini 等，2010）。模拟器测试期间可使用观察、访问调查和实验这三种方法。

21.8.7 场地测试和实车驾驶评估

在不同道路、交通、照明和天气条件下的测试车道和公路上，在实际驾驶情况下进行各种研究，来评估座椅舒适性、视野、车辆照明、控制装置和显示屏使用以及驾驶员工作负荷等方面的问题（Jack 等，1995；Owens 等，2010；Tijerina 等，1999）。

21.8.8 系统和零部件验证及车辆认证方法

需要客观测试的实体通常需要使用测试设备和测量仪器进行物理测试，以验证与机械、电气和电子功能相关的功能要求，这通常涉及大量的实验室和现场测试。为了评估耐久性和可靠性，也需要进行多轮测试。评估软件应用程序通常要先进行各种模拟测试，然后再进行实际现场测试。每个车辆制造商都有详细的测试程序和测试设备，可在零部件、子系统、系统和车辆层面进行验证测试。

第 14 章介绍了车辆认证方法，该方法中评估者通常为客户。

21.9 结束语

产品评估被视为产品设计的一个组成部分，必须对车辆中任何实体的设计进行评估，以确保其符合规定要求且受到目标客户的喜爱。进行早期评估可以使用计算机辅助工程（CAE）方法以及由相关学科专家进行的设计评审。由于在产品开发过程的后半阶段会用到物理部件（样车或早期产品），因此首选当前行业领域的专家进行物理测试和评估。与 CAE 测试相比，物理测试通常非常昂贵。然而，在实际场地条件下对实际部件的测试提供了评估与实际道路、交通和天气等环境相关变量影响的机会。还应认识到，虽然使用测量设备和仪器进行客观评估可以提供更精确的数据，但是一些车辆属性，例如乘坐、舒适、造型和人机工程学，也需要专家和客户进行主观评估。

参 考 文 献

Badler, N., J. Allbeck, S.-J. Lee, R. Rabbitz, T. Broderick, and K. Mulkern. 2005. *New Behavioral Paradigms for Virtual Human Models*. Paper 2005-01-2689. Presented at the 2005 SAE Digital Human Modeling Conference, Iowa City, IA.

Bertollini, G., L. Brainer, J. Chestnut, S. Oja, and J. Szczerba. 2010. *General Motors Driving Simulator and Applications to Human Machine Interface (HMI) Development*. SAE Paper no. 2010-01-1037. Presented at the 2009 SAE World Congress, Detroit, Michigan.

Besterfield, D. H., C. Besterfield-Michna, G. H. Besterfield, and M. Besterfield-Scare. 2003. *Total Quality Management*, 3rd edn. Upper Saddle River, NJ: Prentice Hall. ISBN 0-13-099306-9.

Bhise, V., R. Boufelliga, T. Roney, J. Dowd, and M. Hayes. 2006. *Development of Innovative Design Concepts for Automotive Center Consoles*. SAE Paper no. 2006-01-1474. Presented at the SAE 2006 World Congress, Detroit, MI.

Bhise, V., R. Hammoudeh, J. Dowd, and M. Hayes. 2005. Understanding Customer Needs in Designing Automotive Center Consoles. In *Proceedings of the Annual Meeting of the Human Factors and Ergonomics Society*, Orlando, Florida.

Bhise, V., S. Onkar, M. Hayes, J. Dalpizzol, and J. Dowd. 2008. Touch feel and appearance characteristics of automotive door armrest material. *Journal of Passenger Cars—Mechanical Systems*, SAE 2007 Transactions.

Bhise, V., V. Sarma, and P. Mallick. 2009. *Determining perceptual characteristics of automotive interior materials*. SAE Paper no. 2009-01-0017. Presented at the 2009 SAE World Congress, Detroit, MI.

Bhise, V. and S. Sethumadhavan. 2008a. Effect of Windshield Glare on Driver Visibility. *Transportation Research Record (TRR), Journal of the Transportation Research Board*, No. 2056, Washington, DC.

Bhise, V. and S. Sethumadhavan. 2008b. Predicting effects of veiling glare caused by instrument panel reflections in the windshields. SAE Paper no. 2008-01-0666. *International Journal of Passenger Cars: Electronics Electrical Systems*, 1(1): 275–281. Society of Automotive Engineers, Inc., Warrendale, PA.

Bhise, V. D. 2007. Effects of veiling glare on automotive displays. In *Proceedings of the Society of Information Display Vehicle and Photons Symposium*, Dearborn, MI.

Bhise, V. D. 2012. *Ergonomics in the Automotive Design Process*. Boca Raton, FL: CRC Press. ISBN: 978-1-4398-4210-2.

Bhise, V. D. 2014. *Designing Complex Products with Systems Engineering Processes and Techniques*. Boca Raton, FL: CRC Press. ISBN: 978-1-4665-0703-6.

Bhise, V. D., E. I. Farber, C. S. Saunby, J. B. Walnus, and G. M. Troell. 1977. *Modeling Vision with Headlights in a Systems Context*. SAE Paper No. 770238. Paper presented at the 1977 SAE International Automotive Engineering Congress, Detroit, MI, 54 pp.

Bhise, V. D. and R. Hammoudeh. 2004. A PC based model for prediction of visibility and legibility for a human factors engineer's tool box. In *Proceedings of the Human Factors and Ergonomics Society 48th Annual Meeting*, New Orleans, Louisiana.

Bhise, V. D. and C. C. Matle. 1989. Effects of Headlamp Aim and Aiming Variability on Visual Performance in Night Driving. *Transportation Research Record*, 1247: 46–55, Transportation Research Board, Washington, DC.

Bhise, V. D., C. C. Matle, and E. I. Farber. 1988. *Predicting Effects of Driver Age on Visual Performance in Night Driving*. SAE Paper no. 881755 (also no. 890873). Paper presented at the 1988 SAE Passenger Car Meeting, Dearborn, MI.

Bodenmiller, F., J. Hart, and V. Bhise. 2002. *Effect of Vehicle Body Style on Vehicle Entry/Exit Performance and Preferences of Older and Younger Drivers*. SAE Paper no. 2002-01-00911. Paper presented at the SAE International Congress in Detroit, MI.

Bridger, R. S. 2008. *Introduction to Ergonomics*. Boca Raton, FL: CRC Press. ISBN: 978-0-8493-7306-0.
Card, S. K., T. P. Morgan, and A. Newell. 1980. The Keystroke-Level Model for User Performance Time with Interactive Systems. *Communications of the ACM*, 23(7): 396–410.
Card, S. K., T. P. Morgan, and A. Newell. 1983. *The Psychology of Human-Computer Interaction*. Hillsdale, NJ: Lawrence Erlbaum Associates.
Chaffin, D. B. 2001. *Digital Human Modeling for Vehicle and Workplace Design*. Warrendale, PA: SAE International. ISBN: 978-0-7680-0687-2.
Chaffin, D. B. 2007. Human motion simulation for vehicle and workplace design: Research articles. *Human Factors in Ergonomics & Manufacturing*, 17(5): 475–484.
Chapanis, A. 1959. *Research Techniques in Human Engineering*. Baltimore, MD: The Johns Hopkins Press.
Creveling, C. M., J. L. Slutsky, and D. Antis, Jr. 2003. *Design for Six Sigma: In Technology and Product Development*. Upper Saddle River, NJ: Prentice Hall PTR.
Drury, C. 1983. Task Analysis Methods in Industry. *Applied Ergonomics*, 14: 19–28.
Garrett, J. W. 1971. The Adult Human Hand: Some Anthropometric and Biomechanical Considerations. *Human Factors*, 13(2): 117–131.
Hankey, J. M., T. A. Dingus, R. J. Hanowski, W. W. Wierwille, and C. Andrews. 2001. *In-Vehicle Information Systems Behavioral Model and Design Support: Final Report*. Report No. FHWA-RD-00-135 sponsored by the Turner-Fairbank Highway Research Center of the Federal Highway Administration, Virginia Tech Transportation Institute, Blacksburg, Virginia.
Human Solutions. 2010. RAMSIS model applications. Website: www.human-solutions.com/automotive/index_en.php (Accessed: December 1, 2016).
Jack, D. D., S. M. O'Day, and V. D. Bhise. 1995. *Headlight Beam Pattern Evaluation: Customer to Engineer to Customer—A Continuation*. SAE Paper no. 950592. Presented at the 1995 SAE International Congress, Detroit, MI.
Jackson, D. and V. D. Bhise. 2002. *An Evaluation of the IVIS-DEMAnD Driver Attention Model*. SAE Paper no. 2002-01-0092. Paper presented at the SAE International Congress in Detroit, MI.
Jurgens, H., I. Aune, and U. Pieper. 1990. *International Data on Anthropometry*. Geneva, Switzerland: ILO.
Kolarik, W. J. 1995. *Creating Quality: Concepts, Systems, Strategies, and Tools*. New York: McGraw-Hill.
Konz, S. and S. Johnson. 2004. *Work Design-Industrial Ergonomics*, 6th edn. Scottsdale, AZ: Holcomb Hathaway.
Kroemer, K. H. E., H. B. Kroemer, and K. E. Kroemer-Elbert. 1994. *Ergonomics: How to Design for Ease and Efficiency*. Englewood Cliffs, NJ: Prentice Hall.
Lee, S. E., E. Llaneras, S. Klauer, and J. Sudweeks. 2007. *Analyses of rear-end crashes and near-crashes in the 100-car naturalistic driving study to support rear-signaling countermeasure development*. Project sponsored by the National Highway Traffic Safety Administration, Washington, DC. Report no. DOT HS 810 846.
Leiden, K., K. R. Laughery, J. Keller, J. French, W. Warwick, and S. D. Wood, 2001. *A Review of Human Performance Models for the Prediction of Human Error*. Boulder, CO: Micro Analysis & Design.
Maynard, H., G. Stegemerten, and J. Schwab. 1948. *Methods-Time Measurement*. New York: McGraw-Hill.
NHTSA. 2015. Federal Motor Vehicle Safety Standards. Website: www.nhtsa.gov/cars/rules/import/FMVSS/ (Accessed: July 5, 2015).
Owens, J. M., S. B. McLaughlin, and J. Sudweeks. 2010. *On-road Comparison of Driving Performance Measures When Using Handheld and Voice-control Interfaces for Cell Phones and MP3 Players*. SAE Paper no. 2010-01-1036. Presented at the 2010 SAE World Congress held in Detroit, MI.

Pew, R. W. 1993. *Experimental Design Methodology Assessment*. BBN Report No. 7917, Cambridge: Bolt Beranek & Newman.

Pheasant, S. and C. M. Haslegrave. 2006. *BODYSPACE: Anthropometry, Ergonomics and the Design of Work*, 3rd edn. London: CRC.

Reed, M. P., M. B. Parkinson, and D. B. Chaffin. 2003. A new approach to modeling driver reach. Technical Paper 2003-01-0587. *SAE Transactions: Journal of Passenger Cars—Mechanical Systems* (112): 709–718.

Reed, M. P., R. W. Roe, and L. W. Schneider. 1999. Design and development of the ASPECT manikin. Technical Paper 990963. SAE Technical Paper No. 1999-01-0963. Society of Automotive Engineers, Inc., Warrendale, PA. (Also published in SAE Transactions: Journal of Passenger Cars, Vol. 108).

Richards, A. and V. Bhise. 2004. *Evaluation of the PVM Methodology to Evaluate Vehicle Interior Packages*. SAE Paper no. 2004-01-0370. Also published in SAE Report SP-1877, SAE International, Inc., Warrendale, PA.

SAE. 2009. *SAE Handbook*. Warrendale, PA: Society of Automotive Engineers.

Sanders, M. S. 1983. *U.S. Truck Driver Anthropometric and Truck Work Space Data Survey*. Report no. CRG/TR-83/002. West Lake Village, CA: Canyon Research Group.

Sanders, M. S. and E. J. McCormick. 1993. *Human Factors in Engineering and Design*, 7th edn. New York: McGraw-Hill.

Satty, T. L. 1980. *The Analytic Hierarchy Process*. New York: McGraw Hill.

Seiffert, U. and L. Wech. 2003. *Automotive Safety Handbook*. Warrendale, PA: SAE International.

Thurstone, L. L. 1927. The method of paired comparisons for social values. *Journal of Abnormal and Social Psychology*, 21: 384–400.

Tijerina, L. E. Parmer, and M. J. Goodman. 1999. *Driver Workload Assessment of Route Guidance System Destination Entry while Driving: A Test Track Study*. East Liberty, OH: Transportation Research Center.

Van Cott and R. G. Kinkade, eds. 1972. *Human Engineering Guide to Equipment Design*. Washington: McGraw-Hill/U. S. Government Printing Press.

Wickens, C., S. E. Gordon, and Y. Liu. 1998. *An Introduction to Human Factors Engineering*. Upper Saddle River, NJ: Pearson Prentice Hall (Addison Wesley Longman, Inc.).

Woodson, W. E. 1992. *Human Engineering Design Handbook*, 2nd edn. New York: McGraw-Hill.

Yang, K. and B. El-Haik. 2003. *Design for Six Sigma: A Roadmap for Product Development*. New York: McGraw-Hill.

Zikmund, W. G. and B. J. Babin. 2009. *Exploring Market Research*, 9th edn. Boston, MA: Cengage Learning.

第三部分　工具的应用：

实例及图示

第22章 评价研究

22.1 引言

在一款新车型开发过程中,为了理解问题、评估和选择替代方案、验证和认证车辆设计,研发人员进行了数百项研究。本章为读者提供更多的实例,说明在产品开发项目前期、过程中和后期所使用的各种工具、方法以及不同研究类型中的应用。本章所涵盖的各项研究特意简化了表达方式,目的是让读者意识到问题的广度和评估的类型,这些评估是为了在车辆研发中提供决策所需的信息。

本章举例说明如下:①低成本车辆对标研究;②对运动型多功能车型(SUV)采用拍照存储的方法进行对标研究;③计算机辅助设计(CAD)输出车辆设计及工艺技术要求;④中控台设计中的视野研究;⑤采用易读性模型来预测仪表板字母大小;⑥仪表板反射所引起的遮光及眩光建模;⑦驾驶模拟器、试验室和试验场测试;⑧方案评估调查;⑨对车辆概念选择进行市场研究评审。

22.2 低成本车辆对标研究

所有工程部门和设计团队都需要对标研究,学习最佳对标车型,优化自身的产品设计。此处展示的对标研究是由某个汽车系统工程项目的研究生小组进行的,其目的是确定在美国市场上销售 Tata Nano 的可行性(Hussain 和 Randive,2010年)。Tata Nano 最初是为印度市场开发的一款低成本汽车,产品价格大约是 2500 美元(20 万卢比)。这项研究于 2010 年进行,该项目以 2009 年在美国销售的低成本汽车作为对标车型。

对标研究作为一种对比工具,基于车辆成本、性能、特性和系统配置来分析美国市场上的竞争车辆。在美国市场上,销售最便宜的对标车型是现代 Accent Blue (9985 美元)、日产 Versa (9990 美元)和雪佛兰 Aveo (11965 美元)。本田飞度 (14900 美元),这些车型因其尺寸和受欢迎程度被纳入了对标研究。本项目分析过程将制造商的建议零售价(MSRP,不包括运费、税费、所有权、许可证、经销商费用和可选设备）作为销售标准配置的初始价格。

表 22.1 列出了车辆售价、外观和内部尺寸、总重量和车身类型。Tata Nano 的总长度为 122in（1in≈0.025m），明显小于对标车型，对标车型的长度在 159～176in 之间。表 22.2 介绍了动力总成的性能及细节，与其他车辆搭载四缸 100hp 以上的发动机相比，Tata Nano 搭载一个非常小的两缸 34hp 的发动机，其他一些技术细节，比如燃油经济性和排放标准、安全规定及特性见 Hussain 和 Randive（2010）的报告。

表 22.1 低成本车辆内外部尺寸比较

技术规格		车辆类型				
		现代 Accent Blue 3 门	日产 Versa 1.6L 轿车（基本型）	雪佛兰 Aveo 豪华轿车	本田飞度	Tata Nano
价格/美元		9970	9990	11965	14900	2500
尺寸	总长/in	159.3	176	169.7	161.6	122.01
	总宽/in	66.7	66.7	67.3	66.7	58.98
	总高/in	57.9	60.4	59.3	60	63.5
	轴距/in	98.4	102.4	97.6	98.4	87.8
	前轮距/in	57.9	58.3	57.1	58.7	52.2
	后轮距/in	57.5	58.5	56.3	58.1	51.8
	前/后头部空间/in	39.6/37.8	40.6/37.9	39.3/37.4	40.4/39.0	93cm
	前/后腿部空间/in	42.8/34.3	41.4/38.0	41.3/35.4	41.3/34.5	后部（62~80cm）
	前/后肩部空间/in	53.5/53.1	53.5/50.7	53.6/52.8	52.7/51.3	N/A
	前/后臀部空间/in	50.2/48.5	48.8/47.2	51.6/52.8	51.5/51.3	N/A
	乘员容积/ft^3	92.2	94.3	N/A	90.8	N/A
	行李舱容积/ft^3	15.9	13.8	12.4	20.6/57.3	N/A
车身	类型	3 门举升门车	4 门轿车	4 门轿车	5 门举升门车	5 门举升门车
	结构	一体承载式车身	一体承载式车身	一体承载式车身	一体承载式车身	一体承载式车身
重量	整备质量/lb	2467	2516	2568	2489	1323

研究数据表明，Tata Nano 是这 5 款车中尺寸最短、重量最轻的一款。本田飞度价格最高，因为其基本车型包括许多额外的配置和安全系统（如安全配置、车辆牵引力控制系统、巡航控制系统、空调、吸能式转向管柱、AM/FM/CD 音频系统、电动门锁和车窗），其他车型基本配置中未提供这些功能，可以用较低的价格进行弥补。

本次对标研究将 1 万美元确定为美国市场上一款低成本汽车的基本价格，并且提出了一个问题，即基本车型的零部件必须包括哪些功能。尽管成本和配置之间的关系似乎很明显，但是理解以下问题很重要：要提供的最低配置是什么？在这个低成本的汽车市场中，为客户提供的配置有多重要？顾客愿意为所提供的配置支付多少钱？这些问题在初步定义低成本车辆时并没有深入讨论。

表 22.2 低成本车辆动力系统和整车性能比较

		车辆类型				
		现代 Accent Blue	日产 Versa	雪佛兰 Aveo	本田飞度	Tata Nano
技术规格		3 门	1.6L 轿车（基本型）	豪华轿车		
价格/美元		9970	9990	11965	14900	2500
动力总成	类型	N/A	HR16DE	LS 1LS	N/A	N/A
	缸体	直列 4 缸	4 缸 DOHC	4 缸	直列 4 缸	2 缸
	燃油	汽油	汽油	汽油	汽油	汽油
	功率/hp@(r/min)	110@6000	107@6000	108@6400	117@6600	34.52@5250
	转矩/(lbf·ft)@(r/min)	106@4500	111@4600	108@4000	106@4800	26.11@3000
	比功率	98.095	93.561	92.523	103.415	57.44
	排量/L	1.6	1.6	1.6	1.6	0.624
	气门机构	16 气门	16 气门（连续可变气门正时）	可变气门正时	16 气门单顶置凸轮轴，智能可变气门正时系统	4 气门单顶置凸轮轴
	点火系统	电子点火	铱头火花塞	N/A	直接点火	N/A
	排放级别	ULEV	ULEV	ULEV	ULEV-2	欧Ⅲ
传动系统	驱动类型	前驱	前置前驱	前驱	后驱	后驱
	类型	5 档手动（不含 4 档手动）	5 档手动（不含 4 档自动和 6 档手动）	5 档手动	5 档手动	4 前进档（1 个倒档）
动力性能	最高车速/(mile/h)	112	113	110	115	65
	0—60mile/h/s	9.4	9.4	9.4	9.5	0—60km/h (37mile/h): 8

22.3 照片对标

照片对标是一个有用且有效的工具，可以提供图片信息，可以对产品及其特征之间进行比较。作者在汽车系统工程课程中要求一组学生对比大型 SUV 内部提供的存储空间。图 22.1 显示了用于比较中央控制台区域内的存储空间（如小物品存储箱和杯架）和 3 款大型 SUV 的主控制台存储空间（福特 Explorer、通用 GMC -

Acadia 和丰田汉兰达）而获得的图片。类似地，图 22.2 显示了驾驶员车门和第三排座椅后部的行李舱区域，及折叠第二排和第三排座位以提供最大货物空间的图片。照片的并行比较提供了关于这些存储区域可能配置的差异信息。这些数字还提供了所有空间近似的存储体积。

中控台存储区域	福特Explorer	通用Acadia	丰田汉兰达
小件物品储存区	 2L	 0.5L	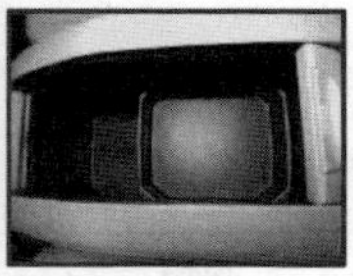 0.45L
水杯存储区	 深度87mm	 深度73mm	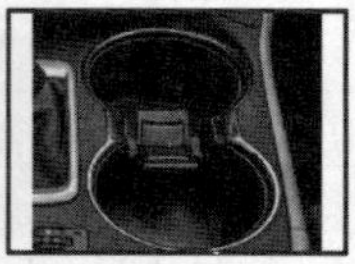 深度90mm
主存储区	 7.68L	 6.5L	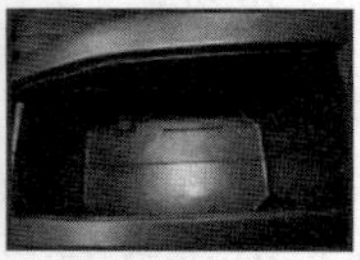 23.75L

图 22.1　中控台存储空间对比

内饰存储空间	福特Explorer	通用Acadia	丰田汉兰达
车门水杯存储区	 4.2L	 1.1L	 1.7L
第三排座椅后部存储区	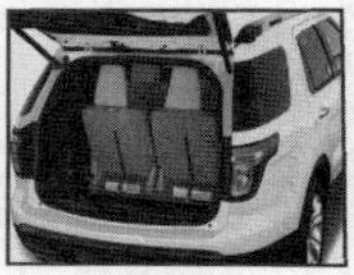 595L	 682L	 391L
最大储物空间	 2285L	 3287L	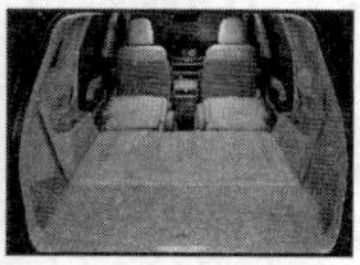 2371L

图 22.2　驾驶员侧车门和后部行李舱存放区域对比

22.4 质量功能部署

表 22.3 给出了部分质量功能部署（QFD）图（显示关系图和重要性评级），用于将内部存储空间的客户需求与存储空间的功能规范进行转换，图 22.1 和图 22.2 所示存储空间的功能规范相一致。

表 22.3 大型 SUV 内部储存区域的部分 QFD 图表

客户需求（什么）			1 = 最不重要 10 = 最重要	功能规格（如何）									
				人机工程学		工艺		储物布置		材料和造型	容易清洁		成本
主要	次要	第三	重要性评级	最小值和最大值达到标准	可操作性	没有可见的紧固件	无间隙配合	体积和尺寸	划分合理性	皮革或乙烯基	植绒或垫子	原料	可拆脚垫	制造工艺和材料
优秀内饰储存	特征	控制台杯托尺寸/可调节	8	Θ	Θ	O	Θ	Θ		▲	▲	▲	Θ	O
		控制台主存储区	9	O	Θ	O	Θ	Θ			O	Θ	Θ	Θ
		控制台硬币储区	6	O	▲	O		▲						▲
		控制台小物件存储	8	Θ	O	O		O	O		O	O		O
		门瓶存储架	4	▲	▲	▲		▲						
		座位口袋	3		▲	▲	O	O		Θ		Θ		▲
		外套挂钩	3		▲	▲	O							
		手机储存	7	Θ	Θ	O	O	▲			O	O	▲	O
		仪表台杂物箱	6	▲	O	O	Θ							O
		太阳镜储存	7	Θ	O	O	O							
		第三排乘客的杯架	5	O	▲	▲		Θ					▲	
	容量	行李舱容积	7	▲	▲	▲		Θ				O	▲	
		货物的最大容量	6	▲	▲	▲		Θ				O	▲	
	安全可靠	固定储存	4	▲	▲	O	▲	▲						Θ
绝对重要性评级				363	317	199	304	394	105	35	93	206	124	213
相对重要性评级				15	14	9	13	17	4	1	4	9	5	9

注：Θ = 9（强关系）；O = 3（中等关系）；▲ = 1（弱关系）。

QFD 分析中三个最重要的功能规范如下：①存储空间的体积和尺寸；②满足可到达区域的上限和下限要求，存放的物品不应太近或太远而无法触及；③可操作性，储存区域应易于操作和使用。

22.5　CAD 评价

CAD 系统可以通过创建用于并排比较的视图或从同一观察点获得不同车辆中叠加相同系统的视图来比较多个不同车辆的设计。CAD 系统也可以创建顺序视图以说明系统随时间变化的影响，与车辆中某些实体的添加与删除进行比较也有助于解决虚拟验证问题，例如布置空间和装配工艺。这些视图也可以从不同的视图位置生成，以便进行虚拟验证，更好地理解系统之间的空间、间隙和干涉问题。

22.5.1　叠加图

通过在预选的共同参考点，如加速踏板脚后跟触地点、座椅参考点（SgRP）、驾驶员眼睛位置点上重合来叠加不同车辆的相似视图，是理解不同特征之间的差异和相似性的有力工具，例如进出车辆脚部、腿部和躯干空间、驾驶员可见视野。图 22.3 说明了如何修改后门开口，以便在进入车辆时提供更大的空间，通过后部乘员的座椅参考点（作为一个共同的参考点）对改进后前/后车门打开状态进行叠加。

后门打开状态

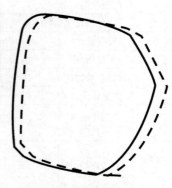
改进前(虚线)和改进后门(实线)开口

图 22.3　用于改进后门进出门门口轮廓叠加图

22.5.2　不同车辆左/右两侧的复合视图

创建两个半模型（左/右半部），并将两个半模型放在通过车辆中心线的公共垂直 XZ 平面上，从而可以比较两个车辆外形及尺寸之间的差异，如图 22.4 所示。

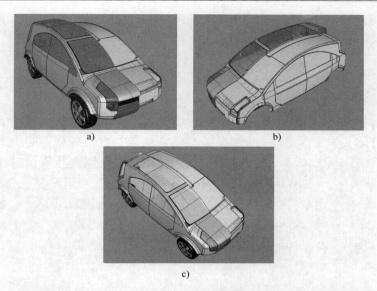

图 22.4　SUV 版本（左）与掀背轿车版本（右）合成视图

22.5.3　装配顺序视图

在产品开发、生产和装配过程中，可以在不同的时间点创建视图，以便更好地了解事件的顺序以及不同事件之间的差异。例如，图 22.5 显示了 15 幅连续的图片，展示了基于空间框架设计的车辆是如何组装的。第 1 幅图片展示了空间框架的底板部分，第 2 幅图为增加了前部部分的空间框架图，第 3 幅图为装配的后部部件的空间框架，第 4 幅图显示车辆顶部部件的安装，第 5 幅图是装配了发动机缸体和油箱。图 22.5 逐步展示了发动机部件、排气管、悬架、车轮、仪表板、底板、座椅等部件的安装情况。最后，第 15 幅图显示了除外部车身覆盖件、灯具和装饰部件未装配前完成的车辆状态。

22.5.4　动态模拟/视频

大多数 CAD 模型（具有计算机辅助工程能力）可以模拟各种部件的运动，例如部件的位移和形变，或在任务完成期间人类操作者的手和身体运动，并动态地显示状态或变量的变化，如力或应力水平、温度或流体在运动过程中使用不同的颜色代码作为时间的函数。这种视频模拟对于可视化和理解不同车辆运动条件下各种实体的行为或性能是有用的。视频的其他示例是通过使用高速视频记录（Autoblog，2010）捕获的碰撞测试输出以及使用 Jack 模型（Siemens，2015）演示的工作站中操作者的移动。

图 22.5　装配过程中车辆顺序视图

22.6　中控台设计中的观察性研究

从仪表板向后延伸的中控台，占据了汽车两个前排乘客座位之间的空间，在 20 世纪 50 年代开始该部分成为运动型汽车的造型和便利性功能的重要设计区域。早期的控制台设计通常包括在车身地板上安装的变速杆、驻车制动杆和烟灰缸。后来，在 20 世纪 80 年代，杯架和存放录音带、硬币等物品的存储空间被使用。现在，最新的汽车中控台提供了许多控制功能，如座椅加热、窗和锁电动控制、信息娱乐（如多功能控制台、宝马的 i–Drive）、输出电源点和 CD 支架。最近在技术（如数字化、无线传输和数据存储）、设计趋势和用户需求方面的进展创造了许多附加功能，其中许多功能可以集成到仪表控制台和中控台单元中。

因此，这里开展的项目以开发一种理解客户需求的方法，以便能够设计满足用户要求的未来控制台（Bhise 等，2005）。本项目进行了两项研究，第一项研究包括对 3 个停车场的 150 辆车辆进行观察性调查，以确定人们在车辆中储存了什么物品，以及所观察到的物品在车辆中的位置。从调查中获得的数据提供了所有存储物品、它们的分布以及它们在车辆内位置的列表。报纸、瓶子、杯子、书籍、袋子和太阳镜是车辆上最常见到的物品。使用频率最高的是中控台区域，其次是前排乘客座位、右后排乘客座位和前排乘客座位前面的地板区域。

第二项研究是确定驾驶员中控台物品的存储偏好。一辆小型货车里装了一个泡沫芯的中控台，表面是仿皮材料。36 名驾驶员被要求选择他们最常在车上携带的物品，并将它们放置在中央控制台表面上。结果显示，大多数受试者更喜欢将杯/瓶托放在中控台顶部，扶手下的大存储区域（用于 CD 盒、硬币、钱包、电话、地图和纸巾等物品）和用于各种电源和数据端口（即 120V、12V、USB 和头戴式耳机）的区域。许多人还想要行李舱、加油口盖释放装置和控制台上的座椅控制装置、控制台两侧的纸架、控制台顶部的笔存储区和控制台后部的娱乐屏幕，供后排的乘客使用。研究对象在手机、车库开门器和太阳镜的位置上差异很大。项目总结了最终的存储项布局，总结数据提供给工业设计和工程专业学生的 4 个团队，为未来自动驱动中心控制台的创建设计概念，这些可参考 Bhise 等（2006）的研究成果。

22.7　人机工程学评估模型

人因工程模型一般是基于在对许多自变量之间的关系、操作人员人为特征及他们在执行某些任务时的反应（表现或行为）基础之上进行建模的。这些关系通常是从实验研究中收集的数据发展而来的。因此，这些模型与对人类表现近似，应该谨慎使用。模型结果应在实际使用情况下，通过应用的真实课题和产品进行研究来验证。

Bhise（2012）描述了在汽车设计过程中用于人机工程学评估的一些模型，包括汽车工程师协会（SAE）规范中的驾驶员位置和乘员布置实例（SAE，2009）。Bhise（2012）还描述了一些基于视觉对比度阈值、缺陷和不适炫光预测方程的人类视觉模型。这些模型已应用于汽车前照灯系统评估［综合前照灯环境系统模拟（CHESS）模型，Bhise 等，1977a、b、1985、1988、1989]、显示器易读性（Bhise 和 Hammoudeh，2004）和从太阳光反射到汽车风窗玻璃的遮蔽眩光效果（Bhise，2007，Setumadhaven，2008a、b）。

下面将简要介绍易读性模型和屏蔽炫光预测模型。

22.7.1　易读性预测模型

Bhise（2012）开发的可见性模型允许用户通过输入其强度和其他变量，如目标大小、目标和光源距离、观察者和目标间距离、目标和背景反射率、环境照明度、观察者年龄、置信度百分比和检测容易程度,来评估光源照射目标的可见性。对于易读性的计算,该模型提供了评估外部照明或背光显示的选项。目标(字母或数字)的读取取决于其大小(即字母高度和字符宽度,图 22.6)及其他输入变量如观察障碍、观察者的年龄、置信水平和阅读的容易程度和目标照明特性。为用户输入光照度数据提供了三个选项:①光源强度、光源到目标的距离(英制或米制单位);②投向目标的光照(要读取的字母或数字)、目标背景、目标及其背景的反射特性;③目标的亮度及其背景。根据所选择的数据输入方法,程序显示打开的数据输入框和灰度化框(不需要时),以获取所需的反射率或透射率值。如果选择选项③,则需要使用光度计测量目标及其背景的亮度,如图 22.7 所示。

图 22.6 车速表显示字母高度和字符宽度的测量

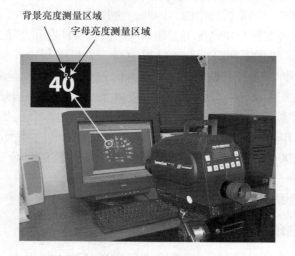

图 22.7 使用光谱辐射计的亮度测量

该模型有两个版本：一个是基于 Excel，另一个是来自 Visual Basic 程序的 exe - cutable 文件。基于 Excel 的程序对于想要了解计算过程的学生和研究人员很有用，他们很容易为自己的自定义应用程序修改该版本。Visual Basic 版本提供了易于输入的屏幕及在不同条件下提供输入时执行模型的选项，如与光源、距离和目标反射率计算相比，直接输入目标亮度，关于该模型的详细信息参考 Bhise 和 Hammoudeh（2004）。

图 22.8 给出了从重复运行模型得到的图表，以说明观察者年龄对典型汽车速度计显示器的易读性所要求的字母高度。大多数汽车速度计在黑色背景上印有约 6mm 高的白色数字，表示每小时行驶里程。模拟易读条件以获得目标与背景的对比度，至少是一定年龄段观察者阈值对比度水平的 5 倍。该图显示了下列条件的三条曲线：①字母到背景亮度对比度(C) = 5，落在速度计表面上的照明(E) = 300lux；②C = 20 和 E = 5lux；③C = 5 和 E = 45lux。

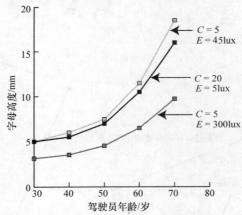

图 22.8　驾驶员年龄与便于阅读速度表数字所需的字母高度关系图

22.7.2　风窗玻璃遮蔽炫光预测模型

当车辆朝着太阳行驶时，阳光穿过风窗玻璃照射到仪表板顶部，并且仪表板的照明顶部反射到风窗玻璃中，照在仪表板顶部的光通过风窗玻璃反射到驾驶员眼中，反射的炫光亮度将叠加在驾驶员的视觉视野上，这些亮度降低了驾驶员视野中对外界物体的可见度。图 22.9 上半部分显示了从驾驶员看到的仪表板顶部的入射太阳光线到反射光的光路（驾驶员的眼睛通过 SAE 眼椭圆定位）和驾驶员通过风窗玻璃观察的视线外部目标。当外部目标光线较暗时，例如在隧道内（或停车场建筑结构里），入射阳光所产生的遮蔽物会降低目标的能见度（图 22.9 下部）。

这种遮蔽眩光效果已经过测量，并由 Bhise（2007）和 Setumadhaven（2008a、b）建模。该模型可用于研究相关参数的影响，如落在风窗玻璃上的照明水平、太阳角度、仪表板角度、风窗玻璃角度、仪表板顶部材料的光泽度、风窗玻璃的反射特性和驾驶员视觉特征（年龄和视觉对比度阈值）。该模型可用于预测风窗玻璃角度、仪表板角度和材料光泽度之间的权衡，以确保驾驶员能够在图 22.9 所示的各种情况下看到所有重要的目标。

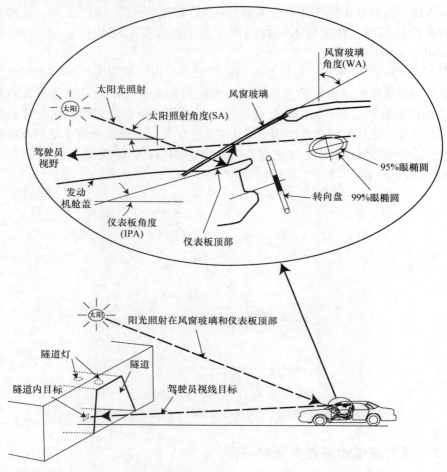

图 22.9　阳光照射在风窗玻璃上及驾驶员在较暗的隧道中接近目标时的遮蔽眩光情况

22.8　模拟器、实验室和场地测试

早期产品概念、产品样车和最终产品（生产版本）的评估通常通过使用实车执行各项任务来验证和验收产品设计。在实际的使用情况下，对产品进行验证评估，通常首选场地测试。但由于安全和其他原因，例如构建产品工作模型的高成本以及执行场地测试所需的成本和时间，其他研究方法，如实验室测试、产品模拟，通常使用早期样车或模拟器进行测试。在实验室和驾驶模拟器中进行的人为因素研

究中采用的数据收集方法包括：①观察用该产品执行给定任务的受试者，如操作新的无线电；②与受试者通信以获得评级，选择产品功能，或要求受试者描述使用产品时遇到的问题和困难；③测量受试者的表现，如完成任务所花费的时间或执行任务时所犯错误的数量和类型，以及产品使用期间的产品；④在完成不同的使用任务时测量受试者的生理状态；⑤获得受试者对操作感受的评级。

22.8.1 驾驶模拟器

驾驶模拟器广泛应用于车辆多个系统的设计与评估过程中。在驾驶模拟器中，可以产生在不同驾驶和交通条件下的大量驾驶操纵场景，并且可以通过观察、测量、记录驾驶员与车辆系统的响应以便进一步分析。驾驶模拟器对于评估可能增加驾驶员工作量的复杂车载设备，如呈现导航、无线电和环境控制系统输出的显示屏极其有用。

图 22.10 展示用于评估各种音频产品控制和显示设计的驾驶模拟器（Bhise 等，2003）。在驾驶模拟器并执行多种任务，如打开收音机并找到具有指定频率的 FM 电台时，对使用不同的无线电设计、驾驶员目光扫视、车道横向偏差及车速变化进行测量。作者发现驾驶模拟器、无线电工作样机的使用、数据采集系统和数据分析能力的组合是驾驶信息系统开发过程中一种非常有用的方法。

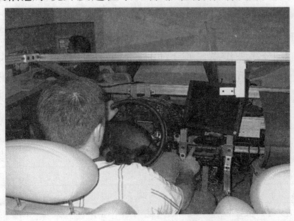

图 22.10　在驾驶车辆模拟器时操作收音机

22.8.2　实验室和场地测试

为了评价车辆系统的性能，需要安排许多在实验室进行的试验。一些试验是在实验室内测量车身特性，如刚度、挠度和振动；在实验室内测试采用测功机测量发动机转矩与速度、油耗和排放以及测量空气流动的空气动力学测试、风洞阻力和风噪声测试。实验室测试有助于验证每个被测系统是否满足其相应的系统设计和性能要求，然后在产品开发过程的后期阶段将系统安装到车辆中进行整车测试。

许多场地测试也使用早期的样车来评估在测试道路和公共道路上的实际驾驶情况下的整车性能。评价包括车辆操稳试验，如车道变道、蛇形路径、直线和转弯制动及在不同附着系数路面的操控性，以及座椅舒适度及人机工程学测试中的易操作性试验。此外，一些早期工程样车用于碰撞测试，以验证满足前碰、侧碰、后碰及翻车情况时的安全性能要求，碰撞测试在第14章中已进行描述。

22.9 总布置评估调研

整车总布置通常是安排整车总布置设计工程师按照来自设计（造型）、工程和营销专业人员的输入来开发。但一般情况下，最好是通过市场调查研究来获得对汽车布置方案独立的认证。在该研究中，一组具有代表性的潜在客户对整个汽车布置进行评估。构造一个带有乘员舱和货舱的内饰座舱全比例模型，这个座舱模型包括所有内部表面，如仪表板、门饰及车顶衬面，并带有储物区及主要车辆控制装置（如踏板和带转向盘的转向管柱）和座椅。

需要评估的布置变量由车辆设计团队在首席车辆规划经理的同意下选择。表22.4列出了车辆部分布置变量，并详细列出了需要收集的评价等级数据。使用方向量表进行评级是为了深入了解变量的量级，使用10分制评级表进行接受评级是为了提供变量大小的可接受性。

表22.4所示的第1个变量代表转向盘的纵向（前/后）位置。参与者一旦坐在他们认为合适的车内驾驶位置，会被问以下问题：转向盘如何定位在它的前/后位置？是距离你太远、太近、还是正合适？接下来，请使用10分制对转向盘纵向位置的可接受程度进行评分，其中10分表示完全接受，1分表示非常不可接受。

表22.4 总布置评价考虑内容及评级

序号	待评估车辆总布置变量	使用方向量表评级			验收评级：1=非常不可接受，10=完全接受
1	转向盘纵向（前/后）位置	太近	适中	太远	
2	转向盘垂直（上/下）位置	太低	适中	太高	
3	转向盘横向（左/右）位置	距左边太远	适中	太远	
4	转向盘直径	太小	适中	太大	
5	加速踏板前后位置	太近	适中	太远	
6	加速踏板横向位置	距左边太远	适中	距右边太远	
7	加速踏板与制动踏板之间的横向距离	太小	适中	太大	
8	加速踏板与制动踏板的落差	太小	适中	太大	
9	变速杆横向位置	太远	适中	太远	
10	变速杆纵向位置	太近	适中	太远	
11	驾驶员前方仪表板顶部高度	太低	适中	太高	
12	主驾侧扶手高度	太低	适中	太高	

(续)

序号	待评估车辆总布置变量	使用方向量表评级			验收评级：1＝非常不可接受，10＝完全接受
13	中控台扶手高度	太低	适中	太高	
14	门内板高度（驾驶员侧窗下边缘）	太低	适中	太高	
15	驾驶员头顶上方空间	太少	适中	太多	
16	驾驶员头部左侧空间	太少	适中	太多	
17	头部纵向位置	太近	适中	太远	
18	膝盖空间（仪表板与脚踩在加速踏板的右膝之间）	太近	适中	太多	
19	大腿空间（转向盘底部和驾驶员大腿最近的下表面之间）	太近	适中	太远	
20	驾驶员前方仪表板顶部高度	太低	差不多	太高	
21	进出门内板（玻璃升降）摇杆面板高度	太低	差不多	太高	
22	进出时脚的活动空间	太少	差不多	太多	
23	左 A 柱引起的障碍区	太小	差不多	太大	
24	右 A 柱引起的障碍区	太小	差不多	太大	
25	左 B 柱引起的障碍区	太小	差不多	太大	
26	右 B 柱引起的障碍区	太小	差不多	太大	
27	B 柱纵向位置	太远	差不多	向后太多	
28	右 C 柱引起的障碍区	太小	差不多	太大	
29	左 C 柱引起的障碍区	太小	差不多	太大	
30	杂物箱存放空间	太少	差不多	太多	
31	仪表板存储空间	太少	差不多	太多	
32	中控台的存储空间	太少	差不多	太多	
33	在第二排或行李舱后面的行李/行李舱空间	太少	差不多	太多	
34	前排座位可用杯座数量	太少	差不多	太多	

通常，约有 100～300 名参与者被邀请来评估车辆的性价比。市场调查团队的面试官就调查中涉及的所有变量向每位参与者提出了一系列问题。记录每个参与者的反应并对所有参与者进行总结。表 22.5 给出的示例是表 22.4 中包含的每个变量对方向量表三个级别中每个级别的响应百分比和 10 分可接受等级的平均评分值的汇总结果输出。平均接受度得分较低（5 分或以下）的项目反映许多驾驶员遇到的问题：①变速杆太靠近驾驶员；②中控台扶手位置太低；③驾驶员头部上方的空间太低；④驾驶员前方视野中左侧 A 柱的障碍区被认为太大，驾驶员后方视野中右侧 C 柱的障碍区被认为太大。

表 22.5 总布置评价结果

序号	待评估车辆总布置变量	使用方向量表评级			验收评级： 1—非常不可接受， 10—完全接受
1	转向盘纵向（前/后）位置	太近 5%	适中 90%	太远 5%	9
2	转向盘垂直（上/下）位置	太低 8%	适中 85%	太高 7%	8
3	转向盘横向（左/右）位置	距左边太远 3%	适中 95%	距右边太远 2%	10
4	转向盘直径	太小 8%	适中 90%	太大 2%	8
5	加速踏板前后位置	太近 7%	适中 85%	太远 8%	8
6	加速踏板横向位置	距左边太远 12%	适中 81%	距右边太远 7%	7
7	加速踏板与制动踏板之间的横向距离	太小 8%	适中 85%	太大 7%	8
8	加速踏板与制动踏板的落差	太小 2%	适中 73%	太大 25%	6
9	变速杆横向位置	距左边太远 5%	适中 71%	距右边太远 24%	6
10	变速杆纵向位置	太近 35%	适中 40%	太远 25%	5
11	驾驶员前方仪表板顶部高度	太低 7%	适中 86%	太高 7%	9
12	主驾侧扶手高度	太低 16%	适中 65%	太高 19%	8
13	中控台扶手高度	太低 35%	适中 65%	太高 0%	5
14	门内板高度（驾驶员侧窗下边缘）	太低 15%	适中 75%	太高 10%	7
15	驾驶员头顶上方空间	太少 40%	适中 60%	太多 0%	4
16	驾驶员头部左侧空间	太少 20%	适中 70%	太多 10%	6
17	头部纵向位置	太近 30%	适中 60%	太远 10%	7
18	膝盖空间（仪表板与脚踩在加速踏板的右膝之间）	太少 20%	适中 80%	太多 0%	7
19	大腿空间（转向盘底部和驾驶员大腿最近的下表面之间）	太近 22%	适中 73%	太远 5%	6
20	驾驶员前方仪表板顶部高度	太低 7%	适中 83%	太高 10%	8
21	进出门内板（玻璃升降）摇杆面板高度	太低 7%	适中 85%	太高 8%	8
22	进出时脚的活动空间	太少 25%	适中 75%	太多 0%	6
23	左A柱引起的障碍区	太小 0%	适中 65%	太大 35%	5
24	右A柱引起的障碍区	太小 0%	适中 75%	太大 25%	6
25	左B柱引起的障碍区	太小 3%	适中 80%	太大 17%	7
26	右B柱引起的障碍区	太小 0%	适中 78%	太大 22%	6
27	B柱纵向位置	太远 20%	适中 80%	距后边太远 0%	7
28	右C柱引起的障碍区	太小 0%	适中 65%	太大 35%	5
29	左C柱引起的障碍区	太小 0%	适中 70%	太大 30%	6
30	杂物箱存放空间	太少 10%	适中 80%	太多 10%	8

(续)

序号	待评估车辆总布置变量	使用方向量表评级			验收评级：1—非常不可接受，10—完全接受
31	仪表板存储空间	太少 30%	适中 65%	太多 5%	6
32	中控台存储空间	太少 15%	适中 72%	太多 13%	7
33	在第二排或行李舱后面的行李/行李舱空间	太少 4%	适中 90%	太多 6%	9
34	前排座位可用杯座数量	太少 0%	适中 100%	太多 0%	10

22.10 概念选择市场调研

本节涵盖了一个案例研究，涉及一个市场研究团队所进行的评估，旨在评估为取代现有车辆而创建了 3 个车辆概念。现有车辆称为参考车辆，与另外两辆领先的竞争车辆一同被评估，竞争车型 1#和 2#。假设现有 150 名车主和主要驾驶员被邀请参加市场调研。

要求每位参与者使用表 22.6 所示的 10 分制评级（其中 10 分表示非常喜欢，1 分表示非常不喜欢）对每个车辆主要属性的每个子属性进行评分。表中还提供了参与者评分平均值。

表 22.6 市场调研评估结果数据汇总

车辆属性	子属性	概念车 W	概念车 P	概念车 J	参考车型	竞品车#1	竞品车#2
造型风格及外观特性	前视图	9	6	10	7	9	6
	侧视图	10	8	7	5	8	5
	后视图	7	10	8	8	7	7
	前 1/4 视图	8	7	6	5	8	8
	后 1/4 视图	6	9	8	7	7	7
	平均得分	8	8	7.8	6.4	7.8	6.6
内饰造型风格及特性	仪表板	7	9	8	6	9	7
	驾驶员侧门	8	8	5	8	8	7
	中控台	8	7	6	7	8	6
	后门	6	8	6	6	6	6
	驾驶员座椅	6	7	6	5	6	7
	变速杆	8	9	6	7	6	8
	转向盘	8	8	8	5	6	7
	加速踏板和制动踏板间隙	6	4	7	6	5	6
	平均得分	7.1	7.5	6.5	6	6.6	6.9

(续)

车辆属性	子属性	概念车 W	概念车 P	概念车 J	参考车型	竞品车#1	竞品车#2
整车总布置	内部宽敞性	8	7	8	4	8	9
	前排腿部空间	7	5	6	5	8	7
	前排头部空间	6	7	7	6	7	6
	前排肩部空间	8	7	6	5	9	7
	前门扶手	7	6	7	7	8	6
	中央扶手	8	7	8	4	8	7
	中控台存储	6	8	7	6	7	8
	后排腿部空间	5	4	6	7	8	7
	后排头部空间	6	6	5	7	5	7
	后排肩部空间	6	7	6	8	7	7
	行李舱空间	7	8	7	6	8	8
	平均分数	6.7	6.5	6.6	5.8	7.5	7.2
总计	总平均分数	7.3	7.3	7	6.1	7.3	6.9

总体结果表明，概念 W 和概念 P 比参考车辆更受欢迎。然而，这两个领先概念的总体评分平均值（7.3）与竞争对手#1 相同，后者的总体评分最好（7.3）。表 22.6 中所提供 3 个属性中每个子属性的评分进一步揭示了应纳入这两个最重要概念所需的改进。W 和 P 两个概念在外观造型和外观方面都获得了更高的评分。然而它们的后腿部空间得分较低。设计团队需要进行讨论决定选择哪个概念。选择的概念应考虑各种子属性的评级数据，以对其进一步改进。

22.11 结束语

本章提供了几个设计和评估问题的实例，这些问题通过应用一些产品评估工具和方法在汽车开发不同阶段来解决。这些应用程序必须包含在系统设计和评估程序手册中，并与设计团队成员沟通，以确保在车辆开发过程中在正确的时间使用正确的工具。在属性工程经理和系统工程师的帮助下，为车辆开发制订一个全面的计划非常重要，以确保所开发设计的车辆满足所有的车辆属性要求。系统工程管理计划应包括设计团队应遵循的所有重要步骤的内容和时间细节，在设计、试验和验证过程中使用的工具和方法也必须形成文档。

参 考 文 献

AutoBlog. 2010. Videos: Ford's 2011 Explorer and 2012 Focus go off the wall. Website: www.autoblog.com/2010/12/28/videos-fords-2011-explorer-and-2012-focus-go-off-the-wall/#continued (Accessed: June 27, 2016).

Bhise, V. and S. Sethumadhavan. 2008a. Effect of windshield glare on driver visibility. *Transportation Research Record (TRR), Journal of the Transportation Research Board*, No. 2056, Washington, DC.

Bhise, V. and S. Sethumadhavan. 2008b. Predicting effects of veiling glare caused by instrument panel reflections in the windshields. SAE paper no. 2008-01-0666. *International Journal of Passenger Cars: Electronics Electrical Systems*, 1(1): 275–281. Society of Automotive Engineers, Warrendale, PA.

Bhise, V. D. 2007. Effects of veiling glare on automotive displays. *Proceedings of the Society of Information Display Vehicle and Photons Symposium*. Dearborn, MI.

Bhise, V. D. 2012. *Ergonomics in the Automotive Design Process*. Boca Raton, FL: CRC Press.

Bhise, V. D., R. Boufelliga, T. Roney, J. Dowd, and M. Hayes. (2006). *Development of Innovative Design Concepts for Automotive Center Consoles*. SAE Paper no. 2006-01-1474. Paper presented at the 2006 Annual Meeting of the Society of Automotive Engineers, Detroit, MI.

Bhise, V. D., E. I. Farber, and P. B. McMahan. 1977a. Predicting target detection distance with headlights. *Transportation Research Record*, 611: 1–16. Transportation Research Board, Washington, DC.

Bhise, V. D., E. I. Farber, C. S. Saunby, J. B. Walnus, and G. M. Troell. 1977b. *Modeling Vision with Headlights in a Systems Context*. SAE Paper No. 770238, 54 pp. Presented at the 1977 SAE International Automotive Engineering Congress, Detroit, MI.

Bhise, V. D. and R. Hammoudeh. 2004. A PC based model for prediction of visibility and legibility for a human factors engineer's tool box. *Proceedings of the Human Factors and Ergonomics Society 48th Annual Meeting*, New Orleans, Louisiana.

Bhise, V. D., R. Hammoudeh, J. Dowd, and M. Hayes. 2005. Understanding customer needs in designing automotive center consoles. *Proceedings of the Annual Meeting of the Human Factors and Ergonomics Society* held in Orlando, Florida, September 2005.

Bhise, V. D. and C. C. Matle. 1985. Review of driver discomfort glare models in evaluating automotive lighting. Presented at the 1985 SAE International Congress, Detroit, MI.

Bhise, V. D. and C. C. Matle. 1989. Effects of headlamp aim and aiming variability on visual performance in night driving. *Transportation Research Record*, 1247, Transportation Research Board, Washington, DC.

Bhise, V. D., C. C. Matle, and E. I. Farber. 1988. *Predicting Effects of Driver Age on Visual Performance in Night Driving*. SAE paper no. 881755 (also no. 890873). Presented at the 1988 SAE Passenger Car Meeting, Dearborn, MI.

Bhise, V. D., E. Smid, and J. D. Dowd. 2003. *ACE Driving Simulator and Its Applications to Evaluate Driver Interfaces*. SAE Paper 2003-01-0124. Paper presented at the 2003 Annual Meeting of the Society of Automotive Engineers, Detroit, MI.

Hussain, T. and S. Randive. 2010. *Defining a Low Cost Vehicle for the U.S. Market*. Published by the Institute for Advanced Vehicle Systems, College of Engineering and Computer Science, the University of Michigan-Dearborn, Dearborn, MI. Website: www.engin.umd.umich.edu/IAVS/books/A_Low_Cost_Vehicle_Concept_for_the_U.S._Market.pdf (Accessed: September 13, 2015).

Siemens. 2015. NX human modeling and posture prediction. Website: http://m.plm.automation.siemens.com/en_us/Images/7172_tcm1224-4287.pdf (Accessed: July 17, 2015).

第 23 章　乘用车开发实例

23.1　引言

本章介绍的案例研究基于研究生完成的一系列项目，这些项目旨在为进入美国市场的 2021（车型年度）车辆目标的车型制订计划。该项目的参考车是在美国近两年（2016 年或 2017 年）销售的年度车型的车辆，目标车型是为了替代参考车而开发的。选出两个竞争车辆进行对标测试。竞争车辆同参考车辆都是这一细分市场中领先的最新车型。

2016 款福特福克斯

2017 款现代伊兰特

2016 款丰田卡罗拉

图 23.1　三辆对标车型

本章的目的是说明 AE 500 项目中的学生在为期一学期的汽车系统工程应用中进行的汽车开发的分析结果，这门课的名称是"汽车：一个集成的系统"。附录 A～附录 E 提供了课程项目的描述。Thodupunuri 等人（2016）对本章项目报告的部分内容进行了修改和编辑。本项目选择的车型为：
①2021 款福特福克斯为目标车型；
②2016 款福特福克斯为参考车型；
③2017 款现代伊兰特和 2016 款丰田卡罗拉为两个竞争车型。图 23.1 展示了 2016 年福特福克斯及其两大竞争车型的照片。

本章包含：①客户特性；②客户需求；③细分市场；④对标研究；⑤目标车辆技术规范；⑥采用 Pugh 矩阵图对比目标车辆、参考车型及竞争车辆特性；⑦技术规划,包括拟开发车辆开发计划中的变更、设计挑战和风险;⑧项目计划和节点;⑨销售预测和财务分析。

23.2 客户特征和需求、细分市场、对标和车辆技术规范

关于参考车型和对标车型的技术、市场和客户信息经由以下多个渠道收集:车辆说明书、制造商网站、汽车杂志、访问当地经销商和客户访谈。

23.2.1 客户特征

目前购买紧凑型轿车的客户特征如下:
1) 顾客分布于各个年龄段,大多属于中产阶级。
2) 经济负担能力是购买这辆车的主要标准之一,价格区间(低于2.3万美元)和每加仑汽油的行驶里程(30~32mile/USgal,城市和高速公路综合工况)是客户需要考虑的重要因素。
3) 这些客户来自众多社会群体,受到朋友、同事和家人的推荐影响。
4) 它也是深受学生和上班族欢迎的交通工具。

23.2.2 客户需求

这一细分市场的客户正在寻找一款具有以下特点的紧凑型经济型汽车:
1) 紧凑的尺寸。
2) 更好的造型和外观。
3) 良好的燃油经济性。
4) 可靠性(例如汽车应该能够在非常低的温度下起动)。
5) 提高驾驶员舒适度。
6) 改善内饰特征的质量。
7) 更好的人机工程学和座椅特性。
8) 简单易用的信息娱乐系统。
9) 更多的娱乐功能。
10) 增加了安全功能。
11) 后排乘客舒适性。
12) 良好的车辆操控性。
13) 动力响应良好。
14) 低噪声和振动。
15) 增加可选功能:例如座椅加热、Wi-Fi热点、导航语音识别和无钥匙进入控制。
16) 更好的空调系统及车内空气循环系统。

17）后风窗玻璃除雾器。

18）增强安保系统。

23.2.3 细分市场

该项目的细分市场是紧凑型经济型轿车。紧凑型轿车主要是北美术语，表示汽车比中型汽车小，但比小型汽车大。紧凑型轿车的轴距为 100（2540mm）~109ft（2769mm）。美国环境保护署（EPA）将紧凑型汽车定义为 100~109ft^3（2.8~3.1m^3）乘坐及载货能力。目前，这个紧凑型细分市场占美国轻型汽车市场约 16% 的份额，本田思域、丰田卡罗拉、雪佛兰科鲁兹和现代伊兰特都属于这一类别。

23.2.4 对标

研究参考车型（2016 款福特福克斯）和两个竞争车型（2017 款现代伊兰特和 2016 款丰田卡罗拉）的对标测试比较见表 23.1。为了便于比较，目标车辆的技术规范（由研究生完成）也包括在表 23.1 中。目标车辆的主要变化是燃油效率（满足美国环保署 2021 车型年度乘用车规定）、燃油容量、后部乘客腿部空间、功率、重量、电气和安全特性等。

表 23.1 参考车辆与两个竞争车型以及目标车辆的比较

参数/特征	福特 2016 款福克斯（基准）	现代 2017 款伊兰特	丰田 2016 款卡罗拉	福特 2021 款福克斯（目标汽车）
价格/美元	23225	22350	23055	27000
整备质量/lb	3055	2976	2865	2800
燃油经济性/（mile/USgal）	26（城市）/38（高速路）/30（综合）	28（城市）/37（高速路）/32（综合）	29（城市）/37（高速路）/32（综合）	30（城市）/40（高速路）/35（综合）
CO_2 排放量/（g/mile）	386.66	366.66	353.33	220
外廓尺寸				
车身长度/mm	4539	4569	4651	4539
车身宽度/mm	1824	1801	1775	1824
车身高度/mm	1468	1435	1455	1468
轴距/mm	2649	2700	2700	2649
前轮距/mm	1554	1549	1519	1554
后轮距/mm	1534	1557	1521	1534
离地间隙/mm		135	142	142
内部尺寸				
前排腿部空间/mm	1095	1072	1074	1095
后排腿部空间/mm	843	907	1052	907
前排头部空间/mm	973	986	965	986
后排头部空间/mm	965	947	942	965
前排臀部空间/mm	1369	1356	1346	1369

（续）

参数/特征	福特2016款福克斯（基准）	现代2017款伊兰特	丰田2016款卡罗拉	福特2021款福克斯（目标汽车）
内部尺寸				
后排臀部空间/mm	1341	1318	1115	1341
前排肩部空间/mm	1412	1427	1392	1427
后排肩部空间/mm	1336	1405	1392	1380
容积				
货物/行李舱容积/ft^3	13.2	14.4	13	13.2
乘客舱容积/ft^3	90	95.8	97.5	90
油箱容量/USgal	12.4	14	13.2	12.4
动力总成				
发动机容积/L	2	2	1.8	1.5
气缸结构	I-4	I-4	I-4	I-4
燃油喷射系统	直接喷射，复合燃料	多点燃油喷射	多点燃油喷射	直接喷射
气门	具有可变正时气门DOHC	具有可变正时气门DOHC	具有可变正时气门DOHC	具有可变正时气门DOHC
驱动类型	前轮驱动	前轮驱动	前轮驱动	前轮驱动
变速器	6档自动变速器（DCT）	6档自动变速器（6AT）	带换档模式CVT	6档自动变速器（DCT）
功率/hp	160 @ 6500	147 @ 6200	132 @ 6000	155 @ 6000
转矩/lbf·ft	146 @ 4500	132 @ 4500	128 @ 4400	146 @ 4000
涡轮增压器	N/A	N/A	N/A	有
底盘/车身				
前悬架	独立麦弗逊悬架（带有23.5mm稳定杆）	独立麦弗逊悬架	带稳定杆麦弗逊悬架	独立麦弗逊悬架（带有23.5mm稳定杆）
后悬架	多连杆独立悬架（带有19.0mm稳定杆）	双扭力梁式悬架	带后稳定杆的扭力梁后悬架	多连杆独立悬架（带有19.0mm稳定杆）
转向助力	齿轮齿条转向，电动助力	电动机驱动转向	齿轮齿条转向，电动助力	齿轮齿条转向，电动助力
转弯半径/ft	36	34.78	35.6	35
制动	前轮盘式制动，后轮鼓式	前后轮盘式制动	前后轮盘式制动	前后轮盘式制动
轮胎型号	215/50R17 BSW	225/45R17	P215/45R17	205/50R17 BSW
车轮材料	铝合金	合金	合金	铝合金
车轮直径/in	17	17	17	17
轮宽/mm	215	225	215	215
车身材料	镀锌钢	镀锌钢	镀锌钢	高强度镀锌钢和铝门

（续）

参数/特征	福特2016款福克斯（基准）	现代2017款伊兰特	丰田2016款卡罗拉	福特2021款福克斯（目标汽车）
其他				
仪表板	模拟	模拟	模拟	模拟+数字
驾驶员信息面板	是	是(彩色液晶显示屏)	是(基本单色)	是(高分辨率显示)
发动机温度监控	是	是	是	未知
前部灯光	卤素灯(MFR)	卤素灯	近光LED，远光卤素	近光LED，远光卤素
雨水检测功能刮水器	未知	未知	未知	是
后排座椅折叠比例	60/40	60/40	60/40	60/40
杯座方式	2+2	2+2	2+2	2+2
空调控制系统	双区空调控制	带空气净化和自动除雾系统的双温自动控制	自动空调控制和灰尘、花粉过滤器	带空气净化电离器和自动除雾系统的双温自动控制
座椅	电动座椅，电动腰靠，前排座椅电动加热	电动座椅，电动腰靠，前排座椅电动加热，后排座椅电动加热可选	前排座椅电动加热	前排座椅电动加热
天窗	无	可用	可用	可用
倒车传感器系统	近距离传感器	倒车摄像头	倒车摄像头	倒车摄像头及近距离传感器
ABS	是	是	是	是
气囊数量	8	7	8	8
牵引力控制	是	是	是	是
制动辅助	是	是	是	是
安保系统	带按钮的无钥匙起动	带按钮的无钥匙起动	带按钮的无钥匙起动	带按钮的无钥匙起动
日间行车灯	是	是	是	是
外部灯光控制	手动	手动	手动	自动
EBD（电子制动力分配系统）	是	是	是	是
冷起动电流/A	590	550	390	390
音频	是	可选的8声道高级燕飞利仕音响，包括低音炮与触摸屏	可选的高级音效与6.1in触摸屏幕	可选的高级音效与触摸屏幕
MP3	是	是	是	是
CD/DVD	是	是	是	否
转向盘音频控制	是	是	是	是
蓝牙连接	是	是	是	是
Aux	是	是	是	是
USB端口	是	是	是	是

23.3 目标车辆描述

2021 款福特福克斯紧凑型轿车将作为全球车型在许多国家推出。2021 款福克斯将拥有一个强劲高效的发动机和匹配良好的变速器，提高行驶里程，减少排放，优化空气动力学特性，升级造型并改进制动系统。这款汽车性价比高，其定价与使用成本具有竞争力。目标车辆的主要特征见表23.2。

表 23.2 目标车辆的基本特征

发动机	1.5L I-4 涡轮增压、直喷混合型、汽油
动力性能	155hp@6000r/min，146lbf·ft@4000r/min
排放	220g/mile
燃油经济性	30 城市/40 高速/35 综合
传动系统	6 档自动变速器（双离合变速器），前轮驱动
制动	四轮动力制动通风盘式制动器，具有防抱死制动系统、电子制动力分配和牵引力控制
悬架/转向	前轮：独立麦弗逊悬架（带有 23.5mm 稳定杆） 后轮：多连杆独立悬架（带有 19.0mm 稳定杆） 电动助力系统齿轮齿条式转向，转弯半径 35ft
车轮和轮胎	17in 铝合金轮毂，205/50R17
整备质量	2800lb
NHTSA 碰撞评级	5 星
离地间隙	5.4ft
车内容积	90ft^3
油箱容量	12.4USgal

目标车辆的独特性如下：

1）发动机小型化：发动机已经从 2.0L 缩小到 1.5L，经过优化可以在不影响动力性能的情况下获得最佳的排放。其他技术：例如涡轮增压和缸内直喷已被用于提高燃油效率和性能，缩小发动机尺寸。

2）减重：从采用钢材改为采用铝材为车身板材的减重措施。车门、发动机舱盖和后挡板均采用铝板，以减小整体质量约 260lb。

3）安全性：改进车身和底盘设计，提高了整体碰撞安全性。为了提高车辆的耐撞性和乘员安全性能，采用了新的膝盖和车门气囊。预达到的国家公路交通安全管理局（NHTSA）的安全目标设定为 5 星，而参照车的安全标准为 4.5 星。

4）电子电气：小型化发动机将冷起动电流降低到 390A，并且使用外部发光二极管（LED）前灯来降低交流发电机的发电量需求。

23.4 目标车辆变化

目标车辆的技术规划见表 23.3，提出了目标车辆不同车辆系统的主要变化，表中第 3 列和第 4 列简要介绍了在实施这些变化过程中将面临的技术挑战和尚未解决的问题。

表 23.3 技术规划

车辆系统	改进计划	技术挑战	有关未解决重要问题的说明
动力总成系统（发动机、变速器、动力传动）	涡轮增压直喷发动机体积缩小到 1.5L	NHTSA 排放标准，排气温度，发动机的耐用性和可靠性增加	考虑小型化发动机的布置和成本：当进气和排气参数改变时，必须重新设计进气和排气系统
	发动机升功率更高	燃烧压力峰值增加，轴承负荷增加，活塞负荷增加	对缸体材料进行材料研究，改进烧结轴承以获得更好的润滑和使用寿命，应提供改进的润滑油添加剂技术
	燃油直接喷射	排气温度高，高耐蚀性材料	新技术实施导致成本增加，也对其他部件（如燃油泵）产生影响，供应商应负责保证良好的质量，权衡成本和性能，可以考虑的供应商：博世
	电动废气涡轮增压器	完成整车级的标定，准确控制升压	电动废气控制的成本高，可靠性和耐用性未知
	减少排放并提高燃油经济性	随着涡轮增压对材料强度和热容要求的提高，压缩比要求也提高	排气歧管采用管材不锈钢，不采用铸造件。随着涡轮增压直喷发动机颗粒物排放水平的提高，排放技术必须更新以满足美国环保署 2021 年的规定。排气系统供应商：佛吉亚
	增加质保	零部件交付质量	保持企业内部和供应商的质量，权衡客户满意度与成本
车身/底盘系统	减小车身和底盘部件的质量	车身使用轻质铝合金，使用高强度钢作为车架部分（支柱、车顶纵梁、摇臂、横梁等）	铝制车身零件开发成本高，供应商开发困难，但是可以通过研究其他车辆的轻量化材料及优化多种材料结构来完成
	在所有车轮上安装通风盘式制动器	符合 FMVSS 制动标准并且达到同类最佳的 60mile/h 车速时的制动距离	可以考虑的供应商：博世
	胎压监测系统	准确测量轮胎压力	压力传感器的故障带来可靠性问题，供应商质量将成为关注点
	全新铝合金轮毂	强度、造型、成本	采购项目，关注供应商质量问题，在造型和成本之间进行权衡

（续）

车辆系统	改进计划	技术挑战	有关未解决重要问题的说明
座椅系统	在前排两个座位上引入腰部支撑	选材的质量且符合人机工程学定位	提升客户满意度，权衡客户满意度和成本，供应商考虑：江森自控
	轻量化	优化的轮廓和低厚度的后方填充物以提供良好的舒适性，但是重量要轻	供应商将针对新的轮廓和薄座椅进行开发，权衡：成本与减重
前照灯系统	自适应前照灯	传感器需要跟踪车辆左右两侧方向，每个前照灯都附有其执行电动机	准确安装所有传感器和电动机，供应商考虑：电装
燃油系统	油箱的材料更换有助于减小整车整备质量	更换油箱的材料需要大量的耐用性和可靠性验证周期	要考虑权衡的因素：材料成本和整车质量
空调控制系统	双区空调控制使客户满意	每个区域都有独立的温度传感器，大量额外的隐蔽管道将空气输送到需要的地方，还有大量额外的通风口	开发空调系统的轻质部件以减小总质量，供应商考虑：德尔福，伟世通
	后部空调通风口可以有效制冷/加热	安装后风道，风机选用大功率无刷电动机，降低风机噪声	后部空调通风口的布置，鼓风机的功耗增加
安全系统	制动辅助	雷达传感器，主动或被动红外传感器，激光传感器，可靠性问题	传感器当前位置至关重要，因为它会影响制动性能，供应商可考虑：德尔福
	盲区传感器	在保险杠罩后安装雷达传感器，考虑可靠性问题	任何阻挡雷达的东西都会损害它的性能——冰、泥、雪，特别是一层新油漆，供应商考虑：博世
	前方碰撞预警	该系统使用主动或被动红外传感器、雷达传感器、激光传感器以及安装的摄像头，以便于在紧急情况下控制车速，操作中的一个小失误可能导致一场致命的事故，可靠性是个问题	在设计传感器时需要考虑极端天气条件，因此需要检验供应商的产品质量，考虑供应商：博世
	车道保持辅助系统	视频传感器，激光传感器，红外传感器，可靠性问题	由于传感器无法识别丢失或错误的车道标志，因此还需要进一步的研究。覆盖在雪地上的标志或遗留下来的旧车道标记可能会妨碍到警示系统的工作，当车辆处于停车状态时，传感器不应发出任何警告。供应商考虑：德尔福

(续)

车辆系统	改进计划	技术挑战	有关未解决重要问题的说明
安全系统	安全气囊系统	车门和安全带上应该安装附加的安全气囊，以防止侧击和保障乘客在任何碰撞模式下的安全	门上布置气囊可能是个问题，目前的供应商需要先进的技术来设计和调校安全带安全气囊系统。供应商考虑：奥托立夫
驾驶员和信息娱乐系统，远程信息便捷处理功能	用于音频、空调和巡航控制的多点触摸屏	放置控件，触摸灵敏度和屏幕尺寸方面的人机工程学挑战	研发成本，供应商质量和可靠性 供应商考虑：江森自控
	引入 Apple CarPlay 和 Android 系统，以便于和 Android 和 IOS 手机连接	开发新的或整合现有的资源来安装此新软件	客户对软件的使用和接受
	仪表板美学设计	材料的质地舒适且完美	首要关注的是供应商的开发和质量，供应商考虑：江森自控
	改进的导航系统	系统精度及与蓝牙设备的兼容性	采购的部件，必须严格监控供应商的质量，以提高顾客的满意度。供应商考虑：松下
	声音识别控制	传感器应该能够接收许多常用的语言和口语中的命令	新版语音识别软件具有自动更新功能，可随着时间的推移不断改进软件
	车载音频数据存储系统	内存设备安放和占用位置，与小内存设备的兼容性	由于硬盘数据访问速度快，基本的导航能力得到了提高。搜索路线所需的时间、地图滚动速度和语音识别的响应都得到了提高。该导航系统最显著的特征之一是使用可重写存储设备的音乐服务器功能。供应商考虑：哈曼
	天窗	增加天窗尺寸，避免头部间隙干涉和控制天窗重量	权衡：便利性与成本，供应商考虑：阿文美驰
	转向盘控制装置	按钮和控件的人机工程学定位，能带手套使用	涉及研发成本及按键布置问题

23.5　目标车辆评估

本节介绍 3 个单独的 Pugh 矩阵图，通过使用参考车辆作为"基准"来比较拟开发的 2021 车型年度车辆及其当前的两个竞争对手。表 23.4～表 23.6 所示的 3 个 Pugh 矩阵图分别就客户需求、车辆属性和车辆子系统进行对比。表格底部的总分显示 2021 车型年度车辆将比现有车辆有显著的改进。

第23章 乘用车开发实例

表23.4 客户需求Pugh矩阵图

客户需求	福特2016款福克斯（基准）	现代2017款伊兰特	丰田2016款卡罗拉	福特2021款福克斯（目标汽车）
造型和外观		+	S	+
整车布置与内饰质量		+	+	+
安全		+	S	+
信息娱乐系统和中控台		+	+	+
无钥匙进入控制		+	+	+
空调系统		+	−	+
燃油经济性		+	+	+
发动机性能		−	−	S
噪声和振动		−	−	S
驾驶舒适性及方便使用		+	S	+
后方乘客舒适性		+	+	+
电池及冷起动		−	−	+
成本		+	+	−
语音识别		S	S	S
无线网络		S	S	+
后门窗除雾器		S	S	+
后视镜记忆功能		S	S	+
转向盘加热		S	S	+
安全		S	S	+
（+）总和		11	6	15
（−）总和		3	5	1
（S）总和		6	9	4
总得分		8	1	14

表23.5 车辆属性Pugh矩阵图

车辆属性	福特2016款福克斯（基准）	现代2017款伊兰特	丰田2016款卡罗拉	福特2021款福克斯（目标汽车）
造型和外观		+	+	+
整车总布置		+	S	+
安全		+	S	+
信息及交互系统		+	S	+
空调		+	−	+
动力性		S	−	+
操稳性能		−	S	+
噪声、振动和舒适性		+	−	S
人机工程学		+	−	+
排放		+	+	+
成本		+	S	−
重量		+	+	+
防盗		S	S	+
（+）的总和		10	3	11
（−）的总和		1	4	1
（S）的总和		2	6	1
总得分		9	−1	10

表 23.6 车辆系统 Pugh 矩阵图

车辆属性	福特 2016 款福克斯（基准）	现代 2017 款伊兰特	丰田 2016 款卡罗拉	福特 2021 款福克斯（目标汽车）
白车身		S	S	S
开闭件（门、发动机舱罩和行李舱）		S	S	+
座椅系统		+	S	+
仪表板系统		+	+	+
外部灯系统		S	+	+
后方视野系统		S	S	+
下车身		S	S	S
悬架系统		-	-	S
转向系统		S	S	+
制动系统		S	S	-
车轮和轮胎		+	-	S
发动机		S	-	-
传动系		S	S	+
燃油系统		+	+	+
电控系统		-	-	+
空调系统		S	S	+
安全带和安全气囊系统		S	S	+
刮水器及除霜系统		S	S	+
安全照明和闭锁系统		S	S	+
驾驶员辅助系统		S	S	+
音频系统		S	S	+
导航系统		S	S	+
（+）的总和		5	4	15
（-）的总和		3	6	1
（S）的总和		14	12	6
总得分		2	-2	14

23.5.1 客户需求 Pugh 矩阵图

表 23.4 中的数据表明，2021 款的车型总分为 14 分，这意味着与目前的 2016 款参考车型相比，2021 款的车型将在更高的层次上满足客户的更多需求。

23.5.2 车辆属性 Pugh 矩阵图

最后一行的总分显示，2017 款现代伊兰特的总分为 9 分，与目标车的 10 分非常接近。这个结果应该为设计团队敲响警钟，因为它表明他们的设计不会被认为是非常先进的，需要对许多属性进行额外的改进。

23.5.3 车辆系统 Pugh 矩阵图

表 23.6 中的数据表明，2021 款车辆的总得分为 14，这意味着与当前 2016 款参考车相比，客户感知到 2021 款车型有所改进的车辆系统。

23.6 项目时间、销售和财务预测

23.6.1 项目时间

拟开发的 2021 款福特 Focus 车辆估计在量产工作#1 之前大约 40 个月开始组建核心产品开发团队，量产工作#1 计划时间是 2020 年 9 月 15 日。

23.6.2 销售预测

据估计，该公司每年将销售约 12 万辆福克斯轿车，制造商建议 2021 款福克斯车型的零售价（MSRP）估计在 2.8 万美元左右。

23.6.3 财务预测

在预计的 5 年销售期内（车型年度 2021—2026 年），福克斯的总销量预计为 484500 辆，总收入约 142 亿美元，净利润约 78 亿美元。福克斯总计划（所有福克斯车型）量产前的最大累积成本预计为 5 亿美元。成本盈亏平衡点预计在车辆量产后 6 个月左右。

23.7 结束语

本章内容的目的是让学生通过执行数据收集和决策任务，了解汽车产品开发的早期阶段相关任务。这些项目要求学生们通过对福特福克斯、现代伊兰特和丰田卡罗拉等最新车型进行对标测试，为 2021 款福特福克斯制定技术规范，研究满足政府法规以及设计和技术的未来趋势。

应当认识到，本章所列的表格中提供的数据是由学生通过搜索各种资源，例如车辆产品手册、汽车制造商的网站和汽车杂志，在非常有限的时间内收集的（附录 A ~ 附录 E 中给出所有的项目，由一个不超过 4 名研究生的团队在一个学期内完成）。Pugh 矩阵分析是使用数据在有限时间和缺乏对标车辆的条件下收集的。同样，财务分析基于许多关于项目的假设，例如执行各种设计任务所需的时间、人力需求，以及与不同评价相关的工资和费用。因此，本章提供的数据和信息是近似和粗略的。然而，从教育价值的角度来看，读者和学生应该了解在开发新的汽车产品

时这种数据的需求和应用。

项目中的重要观察结果做以下简要描述：

1）通过对竞争性产品进行对标测试，可以了解汽车尺寸（外观和内饰）、各种汽车系统和特性、它们的配置以及与布置和接口相关的问题之间的异同。这些对标车型在汽车尺寸和主要汽车系统方面的相似性，使人们意识到所有车辆制造商必须密切研究并从竞争对手的产品中学习并使用类似的设计考虑因素。

2）满足国家公路交通安全局/美国环保署公司平均燃油经济性（CAFE）和第3章、第6章中描述的排放要求，这样的需求将对动力总成和车身结构的设计产生重大影响。发动机需要更小，但必须通过涡轮增压或辅助电动机（混合动力系统）产生更多动力。此外，还必须考虑使用轻质材料、节能技术（例如发动机起停系统，低摩擦轮胎和轴承）或减速期间的能量回收。

3）技术规划的制定是"必需的"，因为它有助于设计团队了解开发新车辆所涉及的所有设计变更、挑战和风险。

4）计划时序图和里程碑提供了对时间限制、各种活动安排以及同步工程需求的理解。

5）财务计划允许项目团队和公司管理层了解总体资源需求，以涵盖累积成本、盈亏平衡点和收入潜力。

6）在编制 Pugh 矩阵图的过程中，迅速认识到汽车开发过程中产品评价的必要性和作用。基于客户需求、车辆属性和车辆系统的 Pugh 矩阵图，使设计团队与参考车辆和其他竞争车辆进行比较，更好地了解目标车辆的定位。

7）项目使学生迅速认识到汽车产品开发中团队合作、不同学科专业人员参与、系统工程任务协调的价值。

参 考 文 献

Thodupunuri, S., K. Mehta, and S. Yetachina. 2016. Development of 2021 Ford Focus. Projects P-1 to P-4 conducted for "AE 500: Automobile an Integrated System" course at the University of Michigan-Dearborn in winter term 2016.

第 24 章 皮卡车型开发案例研究

24.1 引言

本章的目的是提供一款皮卡未来车型产品开发的案例研究。这次研究的目标车辆是 2021 款福特 F-150 皮卡。因此，选用福特 F-150 当前车型（2016 年车型）为参考车型，雪佛兰 Silverado 和道奇 Ram 1500 作为竞争车型进行对标测试。

本章的分析源于 Ludwick 等人在 2016 年冬季学期名为"汽车：一个集成的系统（AE 500）"课题的系列项目。附录 A～E 提供了课题项目的说明。本章中对项目报告的部分内容做了修改和编辑。

本章涵盖：①客户特性；②客户需求；③细分市场；④对标车型研究；⑤目标车辆技术规范；⑥采用 Pugh 矩阵图对比目标车辆、参考车型及竞争车辆特性；⑦技术计划；包括拟开发车辆开发过程中的更改、设计挑战和风险；⑧项目计划和节点；⑨销售预测和财务分析。

关于参考车型和对标车型的技术、市场和客户信息经由多个渠道收集，包括：车辆说明书、制造商网站、汽车杂志、访问当地经销商和客户访谈。图 24.1 提供了 3 辆 2016 款皮卡车的照片。

2016 款福特 F-150

2016 款雪佛兰 Silverado1500

2016 款道奇 Ram1500

图 24.1　3 辆皮卡车型

24.2 客户特征和需求、细分市场、对标和车辆技术规范

24.2.1 客户特征

F-150拥有广泛的客户群体,包括企业(从小型到大型)、农民、建筑工人、政府机构、拥有露营车或船只的人、需要车辆运送材料的人,以及因为有更高的驾驶视野而喜欢驾驶皮卡的人。为了保持与往年相同数量的预期客户(如果不扩展情况下),2021款F-150车型将继续提供大量的装饰方案和配置选项,以吸引所有客户。

大多数客户和驾驶员(约75%~85%)都是男性,在整个产品开发和营销过程中都要牢记这一点。然而,仍然有可能有一小部分为小个子女性(例如5%)驾驶该车辆。主要驾驶员的年龄在36~55岁之间。皮卡车主的家庭年收入中位数约为6.6万美元,约45%的皮卡车主在定制上花费至少1000美元,约17%的皮卡车主花费至少3000美元,约40%的车主给他们的皮卡起过绰号(他们对皮卡非常热情——就像宠物一样),约64%的车主认为他们的皮卡是他们个性的延伸。他们中的大多数人有全职工作,已婚,拥有单户住宅。许多车主将车辆用于工作和家庭。这些车辆广泛用于建筑施工和运输材料,许多车辆偶尔也用于牵引拖车和犁雪,特别是在北部各州。

24.2.2 客户需求

以下列出了2021款F-150客户最重要的需求:
1) 至少可以牵引1600lb载荷。
2) 至少可拖动7600lb的车辆。
3) 具有保证乘员安全的功能。
4) 车辆价格合理。
5) 驾驶舒适和愉悦。
6) 具有良好燃油经济性。
7) 能够行驶崎岖地形(4×4,离地间隙,接近角和离去角,坡道越野以及轮胎质量)。
8) 良好的操纵性能(最小转弯半径)。
9) 具有便利功能选项(遥控开锁和电动车窗)。
10) 车辆可容纳2~6人。
11) 车辆具有吸引人的外观并且看起来坚固。

车辆的具体需求将取决于它的用途,如下:
1) 用于工作车辆。

① 有效载荷和牵引能力。
a) 有效载荷：至少 1500lb；领先水平 3270lb。
b) 牵引：至少 5000lb；领先水平 12200lb。
② 低转速大转矩。
③ 拖车制动器。
④ 拖车倒车辅助。
⑤ 耐久性：
a) 可能在某个点意外地过载。
b) 如必要时，车主希望每天车辆能够满载行驶。
c) 车主期望能够在不利/苛刻、恶劣、粗糙的条件下使用车辆，而不会有任何问题。
⑥ 货箱垫可选。
⑦ 进入皮卡车厢。
a) 后保险杠台阶。
b) 尾门梯子。
⑧ 自动变速器可选择档位。
2）用作通勤/日常交通工具。
① 因车辆尺寸则需前/后传感器和后置摄像头。
② 良好的道路视野：
a) 座椅位置高。
b) 从风窗玻璃和侧窗可以有极好的视野。
③ 豪华选项：
a) 自适应巡航控制。
b) 座椅加热及通风。
c) 电动座椅。
d) 转向盘加热。
e) 导航系统。
f) 真皮内饰。
g) 高级音响。
h) 蓝牙。
i) IPod/MP3 播放器连接。
④ 燃油经济性具有竞争力；不太担心，但要和竞争对手差不多。
⑤ 可选配外后视镜电动折叠。
⑥ 在驾驶室里放一些不能在货厢运输的货物（如日常物品）。
⑦ 较好的转向特性，能够使车辆行驶于客户想要的路上，但不需要那么精确或快捷，以至于车辆感觉不舒服（如跑车）。在拉动拖车或车辆过重时，这种转向

特性尤为重要。

⑧ 操控特性需要让车辆在行驶过程中感到稳定，但不要太过激进或紧张。

3）非铺装路面/恶劣天气使用。

① 接近角、离去角和纵向通过角。

② 满足车辆在雪、泥、沙中正常行驶的轮胎。

③ 四轮驱动选项。

④ 后差速器锁止。

⑤ 能够打开/关闭牵引力控制。

4）针对特定客户需求的可定制性。

① 多种货厢长度可选（短、中、长，以适应竞争）。

② 多种驾驶室风格的选择：

a）普通驾驶室。

b）超级驾驶室。

c）双排座驾驶室。

③ 多个后桥速比选项。

④ 多种动力系统选项。

⑤ 多个最大有效载荷和拖曳选项。

5）所有用途下都需要保证安全性。

① 安全气囊：前部、后部、侧方。

② 夜视摄像机。

③ 变道辅助系统。

24.2.3 细分市场

在介绍中列出并在北美市场销售的皮卡属于轻型（2类）皮卡市场。这些车辆总重量等级（GVWR）范围为6001~10000lb（2722~4536kg）（注：2类又分为2a类和2b类，2a类为6001~8500lb（2722~3856kg），2b类为8501~10000lb（3856~4536kg））。2a类通常被称为轻型货车，2b类是最低级别重型货车，也被称为轻型载重货车。这类皮卡在北美市场销售，最大可容纳6名乘客和3张长度约为5.5、6.5和8.0ft的床。它们提供4×2和4×4（车轮×驱动轮）的配置，2016款皮卡年度车型的综合油耗约为15~24mile/USgal，这些车辆的价格大约是26000~60000美元。

24.2.4 对标和车辆技术规范

表24.1给出了2016款年度车型与2021年目标的对标测试数据。该表提供了各种车辆的特性数据，以便对2016年年度车型和2021年年度目标车型（见最后一列）进行比较。2021款F-150的外形尺寸相比当前2016款F-150没有变化。

2021 款 F-150 车型驾驶员头部和臀部空间有所增加。尽管由于搭载 3.5L 混合动力发动机和更大的电池而增加了重量,但是车身、底盘和动力系统得到改进,以保持车辆总重量为 5577lb。2021 款 F-150 车型的有效载荷和牵引能力比 2016 款的 3 款对标车型大幅增加。

表 24.1 2016 款皮卡和 2021 款福特皮卡的对比

	车辆特征	2016 款福特 F-150（参考车辆）	2016 款雪佛兰 Silverado	2016 款道奇 Ram 1500	2021 福特 F-150 混合动力（目标车辆）
价格	基础零售价	$26373	$26895	$26145	$32000
燃油消耗	燃油经济性/（mile/US-gal）：城市-高速	16-22	17-20	15-24	25
外形尺寸	总长/in	231.9	230	229	231.9
	总宽/in	79.9	80	79.4	79.9
	总高/in	76.9	74	77.6	69.2
	轴距/in	145	143.5	140.5	145
	前轮距/in	67.6	68.7	68.6	67.6
	后轮距/in	67.6	67.6	68	67.6
	离地间隙/in	10.3	8.9	9.4	9.3
内部尺寸	头部空间（前/后）/in	40.8/40.3	42.8/38.7	41/39.7	42.8/40.3
	肩部空间（前/后）/in	66.7/65.8	65.9/65.5	66/65.7	66.7/65.8
	腿部空间（前/后）/in	43.9/33.5	45.3/34.6	41/40.3	43.9/40.3
	臀部空间（前/后）/in	62./64.7	60.7/60.3	63.2/62.9	63.2/64.7
	货舱容积/ft^3	62.3	61	52	62.3
车身/底盘	车身钣金	铝合金车身带钢架	全车高强度钢框架	高强度钢框架	采用铝制框架碳纤维车身
	底盘类型	非承载式车身	非承载式车身	非承载式车身	非承载式车身
	转向系	电动齿轮齿条	电动齿轮齿条	电动齿轮齿条	电动齿轮齿条
动力总成	发动机类型/尺寸	3.5L V6 新动力（双涡轮增压、DOHC 24 气门）	EcoTec3 4.3L V6（标配）	3.6L 五星 V6 24V 可变气门正时（VVT）（标准）	3.5L 混合动力发动机
	额定功率/(hp@r/min)	365 @ 5000	420 @ 5600	395 @ 5600	420 @ 5600
	发动机转矩/(lbf·ft@r/min)	420 @ 2500	460 @ 4100	410 @ 3950	460 @ 4100
	传动系统	6 档自动变速器	8 档自动变速器	8 档自动变速器	行星齿轮混合动力,不同模式的动力传动
牵引力/有效载荷	最大牵引力/lbf	11500	11800	10160	12200
	最大有效载荷/lb	2020	2050	1550	3270
	整备质量/lb	5577	5658	5964	5577
重量特征	前后载荷比（%）	56.1/43.9	58.3/41.7	54.6/45.4	54.6/41.7
	总体车重标准值/lb	7000	7200	6900	7000

24.3 目标车辆描述

2021 款福特 F-150 目标车辆的设计将在轻型皮卡车领域展现激烈竞争。为了继续成为细分市场销售的领导者，2021 款福特 F-150 将加入先进的功能、新技术和众多创新，以保持同类车型最佳的地位。本节简要介绍目标车辆的主要特征：

1）全框碳纤维铝合金框车身：重量轻、耐用性好、燃油效率更高（25mile/USgal），可满足企业平均燃油经济性（CAFE）标准，新的车身外观也将具有吸引力。

2）安全：设计达到国家公路交通安全管理局（NHTSA）五星级安全等级，具有车道保持辅助、坡道辅助、防撞系统、安全气囊系统（前、后和侧面）和座椅安全带预紧功能。

3）动力总成：全新 3.5L 混合动力发动机，采用单驱动电动混合动力总成，提高动力性和经济性，减少排放（相当于 335g/mile CO_2 排放）。

4）ABS（带防抱死制动系统）和 EBD（电子制动力分配）、电动助力制动器：配置 EBD 和 ABS，为了更好地控制和操纵车辆，以满足联邦汽车安全标准（FMVSS）的要求。

5）自动驾驶控制：在车辆上增加自动驾驶控制（如为避免碰撞而自动制动），使车辆具有创新性的吸引力。

6）基于 Apple CarPlay 改进的信息娱乐系统：利用 SYNC 技术结合 Apple CarPlay 开发的新型触摸屏信息娱乐显示器。

7）其他功能：如车道保持辅助、泊车辅助、自动发光二极管（LED）前照灯。

24.4 目标车辆变化

表 24.2 显示了目标车辆的技术方案。它提出了针对目标车辆的不同车辆系统的主要变化。表中第 3 列和第 4 列简要介绍了在实施这些变更时将面临的技术挑战和尚未解决的问题。

表 24.2　技术规划

车辆系统	主要改进	重大技术挑战	关键问题
车身系统	碳纤维车身系统	碳纤维的制造	必须进行研究以找到更轻、更便宜的新材料
		焊接或连接碳纤维	研究新型高效连接碳纤维零件的方法
		涂漆碳纤维车身	研究找出一种可行的碳纤维涂料及涂装方法

（续）

车辆系统	主要改进	重大技术挑战	关键问题
车身系统	碳纤维车身系统	新型碳纤维车身的生产和装配线，培训工人使用新材料和新技术	由于碳纤维价格昂贵，因此存在成本风险
		技术成本 符合 CAFÉ 标准	平衡成本和性能
底盘系统	新轮胎尺寸更大，操纵性更好（265/70R17 全天候）	轮胎尺寸增加影响经济性（CAFE 标准）	新型轮胎耐摩擦技术研究 潜在供应商：固特异
	自动驾驶转向模式	开发自动驾驶模式	对自动驾驶车辆的研发，有助于提高安全性和操纵性
	带电子升压器的 EBD 制动器	基于 EBD 制造电子制动器	寻找供应商制造新的制动器，潜在的供应商：采埃孚和天合 与供应商一起研究使用制动反馈特性来权衡成本与性能
	低阻力轴承转向系统	改变了现有的转向盘设计，提高了低阻力的操控性	研究发现新的方法来减小阻力，涉及成本风险，潜在供应商：博世
	气压减振双横臂悬架系统	改变现有的气压减振	成本与性能的权衡，悬架不得增加重量，研究用玻璃纤维制造更轻的悬架系统，建议对现有设计进行修改，做出新的悬架，潜在的供应商：艾巴赫
动力总成系统	3.5L 混合动力发动机	新发动机应该满足 CAFE 的标准	研究开发一种混合动力发动机，平衡动力性能和经济性以满足 CAFE 标准，在成本与性能之间进行权衡
		混合动力不能影响性能和功率	成本风险，起动/停止等新技术，优先在公司内部研发发动机
		减少排放	研究新的过滤技术，以减少排放，例如，更好的过滤器和吸附剂材料。过滤器供应商：博世
	单一传动的电动动力总成	动力总成应具有较小的阻力以减小噪声和重量	研究新型材料和润滑技术，实现高效动力传输
		符合 CAFE 标准	研究和开发轻型动力总成材料以提高效率
		电动动力总成应有的优点性能	研究实施不同的传动比，以提高混合系统的性能、动力成本与性能的权衡，成本风险分析，推荐在公司内部制造动力总成

（续）

车辆系统	主要改进	重大技术挑战	关键问题
安全系统	自动制动系统（避免碰撞）	在不同天气条件下的表现，轮胎磨损和制动转子/制动片磨损的可变性，确定制动距离的阈值	过早或不需要发生制动时的可能性，研究制动器应该在离障碍物多远的地方启动，如果制动在错误的时间启动的责任划分，客户愿意承受的减速度值
	充气安全带	体型较小/较轻乘客（如儿童）的危险	成本增加，研究如何在事故中最佳地激活"安全气囊"
	自适应前照灯	在不同天气下的表现，标定激活功能的阈值	增加成本与系统的实际效益，传感器的类型和布置方式也是问题
	盲点监测系统	在不同天气下的表现，标定激活功能的阈值	传感器在外侧后视镜或车身结构中的安装问题，成本增加与系统的实际场景下的效果平衡，驾驶员可能过于依赖该系统，造成责任问题
	主动式头枕	对不同身高的乘客/驾驶员的危险	座椅/头枕额外部件的布置及对乘客舒适度的影响，成本增加与系统在实际场景下的效果平衡
电气照明系统	光纤电缆取代铜线	与组件的兼容性，特殊安装程序	成本增加与系统在实际场景下的效果平衡，供应商产品的可信度
	内置车辆控制装置的智能钥匙	易受网络攻击	成本增加，基于有限物理或虚拟空间（内存），需要确定客户可能希望远程控制具有哪些功能
驾驶员交互系统	车载 Wi-Fi 系统（热点）	易受网络攻击，信号强度	研究关键是：车辆系统是否可能易受攻击，以及在 Wi-Fi 被黑客攻击时如何最好地保护系统免受网络攻击，客户使用数据的成本
	先进的风窗玻璃抬头显示器（HUD）	驾驶员分心，信息的分辨率和清晰度，车辆通过各种照明条件时的性能	研究 HUD 是否可能过于分散驾驶员的注意力，增加成本与系统的实际效益
	Android 自动系统或 Apple CarPlay 选项	复杂性增大，兼容多种移动设备	向车辆提供这两种选择的成本，与其他电子设备兼容，如果两个平台都不被用户接受，那么就存在风险
	自定义配置数字仪表板	信息清晰度	增加成本与系统的实际效益，如果驾驶员在开车时转移视线，可能会分散他们的注意力，需要开发屏幕或确定合适的供应商（如三星）
	转向盘加热	转向柱和转向盘部件的布置，增加了功耗	研究加热元件的布置与某些转向盘控制装置的布置之间的权衡，加热部件会损坏转向盘上的其他部件吗？增加成本

(续)

车辆系统	主要改进	重大技术挑战	关键问题
内饰	驾驶员与乘客座位的加热与通风	布置问题，增加功耗	增加成本，需要确定组件是否可以与电动机一起进行总布置以实现功率调整功能
	可变色车窗	在较大温度范围内操作，增加功耗	需要确定系统的可靠性和耐久性，以确保它能够在车辆的使用寿命中正常工作，增加成本，需要在公司内部开发或确定合适的供应商
	后排座椅电动可调	部件布置，增加功耗	增加成本，需要确定部件是否可以与加热和通风座椅的部件一起布置

24.5 目标车辆评估

本节提供了 3 个独立的 Pugh 矩阵图，通过使用参考车辆作为"基准"来比较拟开发的 2021 年年度车辆及其当前的两个竞争对手进行比较。表 24.3 ~ 表 24.5 所示的 3 个 Pugh 矩阵图分别根据客户需求、车辆属性和车辆系统进行对比。对比每个表格底部的总分，2021 年年度车辆将比现有车辆有显著的改进。

表 24.3 客户需求 Pugh 矩阵图

客户需求	福特 F150 2016 款（基准）	雪佛兰 Silverado 1500 2016 款	道奇 Ram 1500 2016 款	福特 F150 2021 款（目标）
有效载荷		+	−	+
牵引力		+	−	+
发动机转矩		+	−	+
燃油经济性		−	−	+
安全性		−	−	S
拖车制动器		S	S	S
拖车倒车辅助		S	S	S
耐用性		−	−	+
质保		S	S	S
货厢衬垫		S	S	+
货车踏板		S	S	S
可选装换档		−	−	+
前置摄像头		S	S	S
后置摄像头		S	S	S
座椅位置		S	S	S
自适应巡航控制		S	S	S
加热/通风座椅		S	S	S
电动座椅		S	S	S
加热转向盘		S	S	S
导航		S	S	+
真皮内饰		S	S	S

（续）

客户需求	福特 F150 2016 款（基准）	雪佛兰 Silverado 1500 2016 款	道奇 Ram 1500 2016 款	福特 F150 2021 款（目标）
高级立体声效		+	+	+
蓝牙		S	S	S
iPod/mp3 播放器可连接		S	S	S
电动折叠后视镜		S	S	+
驾驶室储存空间		S	S	S
触摸屏		S	S	S
全天候轮胎		S	S	+
四轮驱动选项		S	S	S
后差速器		S	S	S
牵引力控制系统开/关		S	S	S
可定制性		−	−	+
+ 总和		4	1	14
− 总和		5	8	0
S 总和		23	23	18
总得分		− 1	− 7	14

表 24.4　车辆属性 Pugh 矩阵图

车辆属性	福特 F150 2016 款（基准）	雪佛兰 Silverado 1500 2016 款	道奇 Ram 1500 2016 款	福特 F150 2021 款（目标）
总布置		S	S	S
人机工程学		S	S	+
安全性		−	−	S
外观和造型		S	−	+
空气动力学		S	S	+
动力性能		+	−	+
驾驶性		S	S	S
动力学		−	−	+
噪声、振动和舒适性		S	S	+
室内空调		S	S	S
重量		−	−	+
防盗		S	S	S
通信和娱乐		+	+	+
成本		S	+	S
排放		−	−	+
用户生命周期		S	S	S
产品生命周期		S	S	−
S 总和		10	9	6
+ 总和		2	2	9
− 总和		5	6	2
总得分		− 3	− 4	7

表 24.5 车辆系统 Pugh 矩阵图

车辆系统	福特 F150 2016 款（基准）	雪佛兰 Silverado 1500 2016 款	道奇 Ram 1500 2016 款	福特 F150 2021 款（目标）
白车身		−	−	+
开闭件系统		S	S	+
座椅系统		S	S	+
仪表板		S	S	+
外部灯系统		S	S	S
玻璃系统		S	S	S
后方视野系统		S	S	S
门框		−	−	−
前部灯		S	S	S
悬架系统		S	S	S
转向系统		S	S	S
制动系统		−	−	+
车轮和轮胎		−	−	S
发动机		+	+	+
传动系		S	S	+
燃油系统		+	+	+
电池		S	S	+
发电机		S	+	S
电动辅助系统		S	S	S
空调系统		S	S	S
安全系统		−	−	+
防盗系统		S	S	S
驾驶员交互系统		S	S	S
音频系统		+	+	+
导航系统		S	S	S
CD/iPod/播放器可连接性		S	S	S
苹果播放器		+	+	+
（+）总和		4	5	14
（−）总和		7	7	0
（S）总和		17	16	15
总得分		−3	−2	14

24.5.1 客户需求 Pugh 矩阵图

从表 24.3 最后一行的总分可以看出，2021 年的目标车型总分为 14 分，客户认为比现有的 3 款皮卡更令人满意。

24.5.2 车辆属性 Pugh 矩阵图

从表 24.4 最后一行的总分可以看出，2021 年的目标车型总分为 7 分，客户认为优于现有的 3 款皮卡。在 8 个不同的属性中，目标皮卡车型将比现有车型表现得更好。

24.5.3 车辆系统 Pugh 矩阵图

从表 24.5 最后一行的总分可以看出，相对于现有的 3 款皮卡，2021 年计划的目标车的总分为 14 分，客户会发现其车辆系统进行了改进。与现有皮卡相比，新推出的皮卡将拥有至少 10 个更好的车辆系统。

24.6 项目时间、销售和财务预测

24.6.1 项目时间

拟开发的 2021 款福特 F-150 车辆计划大约在量产工作#1 之前大约 40 个月开始组建核心产品开发团队，工作#1 的计划时间在 2020 年 9 月 15 日。

24.6.2 销售预测

据估计，该公司每年将销售约 70 万辆 F-150，制造商建议 2021 款 F-150 混合动力车型的零售价（MSRP）估计约为 32000 美元。

24.6.3 财务预测

在预计的 3 年销售期内（2021—2023 年），F-150 的总销量预计为 210 万辆，总收入约为 860 亿美元，净利润约为 433 亿美元。F-150 项目量产前的最大累计成本预计为 21 亿美元，成本收支平衡点估计发生在车型量产后 3 个月左右。

24.7 结束语

本章内容的目的是让学生通过执行数据收集和决策任务，了解汽车产品开发的早期阶段。这些项目要求学生们通过对福特 F-150、雪佛兰 Silverado 和道奇 Ram 最新车型进行对标分析，其目的是为 2021 款福特 F-150 制定技术规范，研究满足政府法规以及设计和技术的未来趋势。

应当认识到，本章所列表格中提供的数据是由学生通过搜索各种来源，例如车辆产品手册、汽车制造商的网站和汽车杂志，在非常有限的时间内收集汇总的（附录 A~附录 E 中给出所有的项目，由一个不超过 4 名研究生的团队在一个学期

内完成）。Pugh 矩阵分析使用数据是在有限时间和缺乏对标车辆的条件下收集的。同样，财务分析基于许多关于项目的假设，例如执行各种设计任务所需的时间、人力需求，以及与不同评价相关的工资和费用。因此，本章提供的数据和信息是近似和粗略的。然而，从教育价值的角度来看，读者和学生应该理解在开发新的汽车产品时这种数据的需要和使用。

除了第 23 章结束语一节中所述的意见外，项目中的重要观察结果做以下简要描述：

1）本章介绍的轻型皮卡是一种重要且类型特别的汽车产品，其用途比乘用车更广泛（例如运输，在建筑工地、农场和城市中运输货物，用于商业和个人用途牵引拖车），车型不同的乘员舱版本中最多可容纳 6 名乘客。

2）皮卡上提供的车型和动力系统也比乘用车和运动型多功能车（SUV）提供的要多。

3）本章分析中提出的混合动力系统可能是满足政府排放和燃油经济性法规所必需的，但 2021 年年度车型 F–150 在市场上的成功取决于接受这种动力总成系统的客户，由于不断变化的经济和石油价格形势，很难预测。

4）车身和车架采用碳纤维和铝材，与当前的（2016 款）F–150 车型保持相同的整体重量（由于电池和电机增加了动力总成重量），从而大大减轻了重量，提高了刚度和安全性。

5）使用碳纤维车身部件将是一项挑战：

① 需要大量的碳纤维供应，以及可以支持大众市场车辆（如 F–150 车型）需求的主要生产设施。

② 安装碳纤维组件需要对车辆生产线进行工装改造。

③ 车身车间和维修设施员工需要接受培训，以便与碳纤维部件配合使用，以保持消费者对其车辆能在当地维修和保养的信心。

参 考 文 献

Ludwick, T., M. Hubbard, and B. Manohar. 2016. Development of 2021 Ford F-150 Pickup. Projects P-1 to P-4 conducted for "AE 500: Automobile an Integrated System" course at the University of Michigan-Dearborn in winter term 2016.

第 25 章　SUV 车型开发实例

25.1　引言

本章以某运动型多功能车（SUV）为例进行产品开发研究。本次实例的目标车辆是 2021 年通用汽车公司（GMC）Acedia 车型，以目前的 Acedia 车型（2016 款车型）为基准车型，以福特 Explorer2016 款和本田 Pilot 2016 款作为竞争车型进行对标研究。参考车型和两个竞争车型的外部视图如图 25.1 所示。

2016款通用Acedia(SLT-2)

这里提出的分析源于由 Subramanian 等人编写的一系列课程项目，是作者在 2016 年冬季学期教授的题为："汽车：一个集成的系统（AE 500）"的课程。附录 A～E 提供了课程项目的说明，对项目报告的某些部分进行了修改和编辑，并纳入本章。

2016款福特Explorer限量版

本章内容包括：①客户特性；②客户需求；③细分市场；④对标研究；⑤目标车辆技术规范；⑥采用 Pugh 矩阵图对比目标车辆、参考车型及竞争车辆特性；⑦技术规划；包括拟开发车辆开发过程中的变更、设计挑战和风险；⑧项目计划和节点；⑨销售预测和财务分析。

2016款本田Pilot旅行版

图 25.1　目标车辆的参考车型和两款对标车辆

参考车型和对标车型的技术、市场和客户信息是从多个来源收集到的，这些来源包括：车辆说明书、制造商网站、汽车杂志、访问当地经销商和客户访谈。

25.2 客户特性、需求与细分市场

25.2.1 客户特征

　　SUV 的客户主要是有家庭的千禧一代。他们不想要小型货车。男女顾客的比例大致相当。粗犷的外观和运动感吸引了男性，女性往往注重轻松携带孩子的特点和后部的大的存储空间。驾驶员也喜欢较高的座椅位置，这样能在发动机舱罩和腰线上方具有良好的可见视野。大部分顾客是中产阶级和受过高等教育的人群，平均年收入超过 5.5 万美元。他们喜欢和家人、朋友一起长途旅行。他们通常热衷电子产品，不想为了实用性而牺牲造型风格，而且正在为家庭出行寻找性价比高的车型。这类车型结实耐用、操控性良好、动力强劲，其中有一部分还可用于警务工作。

25.2.2 客户需求

客户对 2021 款 SUV 的需求是：
1）容纳 7 个成年人，第二排和第三排有足够的腿部空间。
2）乘坐舒适。
3）各排乘客都有安全功能配置。
4）在停车场驾驶和操纵车型，较高的座椅位置使驾驶员具有良好的视野。
5）强劲的加速、操控和制动能力（特别是警察有特殊要求）。
6）高速公路驾驶的巡航控制。
7）牵引力和稳定性控制。
8）事故规避功能（例如盲区监测、前部碰撞自动制动）。
9）轻度越野能力。
10）平均燃油经济性 30mile/USgal 左右。
11）前后温度和风量独立控制的空调系统。
12）方便进入第三排座位。
13）儿童汽车座椅锚接接口。
14）第二排和第三排座椅独立折叠。
15）第二排和第三排座椅折叠形成大的储物空间。
16）货物可固定绑在车辆后部。
17）所有座位都可以使用储物箱和杯托。
18）车顶上安装有运输货物的行李架。
19）第三排座椅具有电源和通信端口（12V、USB、120V）。
20）移动/手持设备（如手机、平板电脑、音乐播放媒体设备）蓝牙连接功能。
21）信息娱乐和空调控制免提语音控制。
22）能够牵引较轻的载荷（如小型货车或水上滑行车）。
23）车内安静性。

24）造型设计时尚。
25）产品质量可靠。
26）物超所值（同价位更多功能和更好质量）。

25.2.3　细分市场

这里所考虑的 SUV 隶属于经济型（非豪华）大型 SUV 细分市场范畴，在这一细分市场的高端 SUV 是非承载式车身，如雪佛兰 Suburban、通用 Tahoe 和福特 Explorer。这一细分市场车辆的基本特征是：①三排座位（7~8 个座位）；②整车长度约 200in，宽度 75~80in，高度为 70in；③载货容积超过 80ft^3；④综合油耗低于 30mile/USgal（2021 年车型年度）。这些 SUV 车型可提供约 5000lbf 的牵引力和约 150ft^3 的内部乘坐空间。

与基于货车开发的（非承载式车身）车辆相比，基于 SUV（跨界车）开发的车型提供了更好的燃油经济性和更加动态的驾驶体验。高端车型的内饰还提供了数千美元的额外豪华功能配置，但基本型提供的是这一细分市场的高性价比的配置。在该细分市场购物的人通常只想要实用功能而非昂贵的奢侈品配置，大部分汽车销售在北美，但这些车辆也出口到欧洲、中国和中东，福特 Explorer 在北美也销售给警察局（称为警察拦截者版本）。

25.3　目标车辆描述

2021 款 Acedia 车型开发提出如下重要变化：
1）发动机尺寸小型化至 2.5L（四缸），采用涡轮增压，功率略高于 2016 款参考车辆。
2）9 档自动变速器。
3）整车整备质量减轻约 800lb。
4）满足国家公路交通安全管理局/环境保护局（NHTSA/EPA）2021 年燃油经济性和排放法规要求。
5）可选再生制动。
6）可选半主动悬架。
7）先进的安全特征（例如夜视系统、车道偏离预警系统）。
8）优化空调控制系统（三区温度控制）。
9）乘员额外的舒适性和便利性。

25.4　对标研究数据

表 25.1 提供了将 3 辆 2016 款 SUV 与 2021 年目标车型进行对比的数据。2021 年车辆的技术规范由设计团队通过如下三方面来确定：①客户需求；②满足政府法规要求；③制造商的开发需求。

第25章 SUV车型开发实例

表25.1 2016年3款年度车型SUV与2021年目标车型进行对标

	参考车型	竞品车型#1	竞品车型#2	目标车辆
制造商、车型、生产年代和配置等级	通用汽车公司，Acedia，2016款，SLT-2，全时四驱	福特，Explorer，2016款，四轮驱动	本田，Pilot，2016款，旅行车全时四驱	通用汽车公司，Acedia，2021款，SLT-2，混合动力全时四驱
价格（厂商建议零售价）	$44295	$43300	$42970	$47999
整备质量/lb	4850	4629	4303	4055
外部尺寸/in				
轴距	118.9	112.8	111	111.4
总长（含左右外后视镜）	200.8	198.3	194.5	192.5
总宽	78.9	90.2	81.8	75.4
总高	70.4	70	69.8	68.7
轮距	前67.3/后67.1	前67.0/后67.0	前66.3/后66.3	前64.5/后64.5
转弯中心直径/ft	40.4	38.9	39.4	38.7
离地间隙	7.6	8.3	7.3	7.6
车轮	19in×7.5in 铸铝	20in 高级涂绘铝	20in 合金	19in×7.5in 铸铝
空气动力学				
风阻系数（C_d）	0.36	0.35	0.3	0.32
内部尺寸/in				
头部空间（前排）	40.3	41.4	39.5	40
头部空间（第二排）	39.6	40.6	39.9	39.6
头部空间（第三排）	38.4	37.8	38.9	37.2
腿部空间（前排）	41.3	42.9	40.9	40.9
腿部空间（第二排）	36.8	39.5	38.4	38.7
腿部空间（第三排）	33.2	32	31.9	31.1
臀部空间（前排）	58	57.3	59.1	55.7
臀部空间（第二排）	57.8	56.8	57.3	53.3
臀部空间（第三排）	48.3	40.7	44.6	42.9
肩部空间（前排）	61.6	61.5	62	59.4
肩部空间（第二排）	61	61	62	58.7
肩部空间（第三排）	57.8	50.8	57.6	54.3

（续）

	参考车型	竞品车型#1	竞品车型#2	目标车辆
制造商、车型、生产年代和配置等级	通用汽车公司，Acedia，2016 款，SLT-2，全时四驱	福特，Explorer，2016 款，四轮驱动	本田，Pilot，2016 款，旅行车全时四驱	通用汽车公司，Acedia，2021 款，SLT-2，混合动力全时四驱
容量				
乘坐人数	8	7	8	7
车内乘客空间/ft³	151.8	151.7	151.7	148.2
油箱容积/USgal	22	18.6	19.5	18.8
最大牵引力/lbf	5200	5000	5000	5000
发动机	3.6L，V6，24 气门，顶置双凸轮轴，可变气门正时	3.5L（双凸轮轴可变气门正时系统）V6，自然吸气	3.5L，24 气门，单顶置凸轮轴，智能可变气门正时系统，V6	2.5L 直列 4 缸，涡轮增压混合动力，每缸 4 个气门，可变气门正时止技术
	铝制发动机缸体	铝制发动机缸体	铝合金发动机缸体	铸铝发动机缸体
	火花塞点火，直喷射	顺序多端口、电子燃油喷射	直接发动机喷射	直接喷射
			电子线控节气门系统，节油辅助模式	电子线控节气门系统，起动/停止技术
功率	281hp@ 6300r/min	290hp@ 6500r/min	280hp@ 6000r/min	285hp@ 5600r/min
转矩	266lbf·ft@ 3400r/min	255lbf·ft@ 4000r/min	262lbf·ft@ 4700r/min	270lbf·ft@ 3400r/min
排放（CO_2 含量）	476g/mile	475g/mile	ULEV-2—405g/mile	ULEV-2—230g/mile
燃油类别	常规无铅汽油	常规无铅汽油/混合燃油	常规无铅汽油	常规无铅汽油
燃油经济性	16 城市/23 高速路/19 综合	16 城市/23 高速路/19 综合	19 城市/26 高速路/22 综合	36 城市/44 高速路/40 综合
动力传动系统	液压 6 速自动带手动模式（6175）	6 速手自一体变速器	9 速自动变速器	9 速自动变速器（带拨片换档）
	全时四轮驱动	智能四轮驱动	全时四轮驱动	全时四轮驱动
	车顶安装行李架、侧边梁	黑色外门把手	单触转向指示灯	独特的前格栅设计
	后扰流板	黑色前后保险杠、轮缘装饰条、车身防刮伤	后部私密玻璃	智能光束自动前照灯远光控制
	装饰条、车身色、车身侧部	车身色尾门扰流板	LED 制动灯	全景天窗可选
	前照灯、双卤素投射光束	深灰带备条格栅	远程控制系统	环绕式后窗

第 25 章　SUV 车型开发实例

外部特征	前照灯控制（自动开关）	前照灯，双功能卤素投射光束	车身色，加热，电动后视镜，包括集成LED转弯指示器和驾驶员侧扩展视野后视镜	全地形模拟，具有运动感和低调性的独特外观
	前灯，雾灯，卤素投射光束	LED尾灯	安保系统	带LED灯带可投射光束前照灯，日间行车灯
	外后视镜，加热，电动可调，电动折叠，驾驶员侧可自动调光，车身色，集成转弯信号灯指示灯，主驾侧记忆功能	LED自动近光前照灯	镀铬门把手	C形标识的通用汽车照明
	太阳热反射深色玻璃（除了风窗玻璃，驾驶员和前排乘客侧玻璃为浅色玻璃外所有窗户）	掀背门印有明亮贴花	智能车门启闭系统	应用投射技术的卤素雾灯
	刮水器，前部间歇式洗涤器	黑色镜面（MIC），电动遥控，带集成盲点镜的手动折叠，盲点镜不包括配置盲点信息系统的设备	雾灯	LED尾灯
	刮水器，后部间歇式洗涤器	车顶行李架横梁，带黑色端盖	带有倾斜功能的电动天窗	车顶行李架，彩色电镀车身，镀铬门把手和排气管
	门把手，镀铬（明亮的腰带造型）	前风窗声波夹层玻璃	电动尾门	免手动开启电动尾门
	车身-电动尾门	第二排和第三排挡隐私玻璃	前门车窗和风窗玻璃为防太阳直射光深色玻璃	前/后雨量感应式刮水器
			车顶行李架	后扰流板
			（前/后）停车传感器，与车身同色	减少紫外线的太阳光玻璃
				电动后视镜带加热功能，包括集成LED转向指示镜片，与车身同色和扩展驾驶员视野的镜片
				前门车窗玻璃为隔声玻璃

制造商、车型、生产年代和配置等级	参考车型	竞品车型#1	竞品车型#2	目标车辆（续）
	通用汽车公司, Acedia, 2016款, SLT-2, 全时四驱	福特, Explorer, 2016款, 四轮驱动	本田, Pilot, 2016款, 旅行车全时四驱	通用汽车公司, Acedia, 2021款, SLT-2, 混合动力全时四驱
内饰特性	中控台前部中心位置有两个杯架和储物盒	空气过滤系统	一键式按钮起动	真皮包覆转向盘自动加热功能, 铝制配饰
	杯座: 10个杯架 (ABB材料); 7座 (2-2-3座位配置); 12个杯架 (ABC材料); 8座 (2-3-3座位配置)	手动单区空调控制	电动车窗 – 驾驶员和前排乘客的车窗自动升降	采用实木装饰
	前排地板垫, 第二排和第三排铺有地毯, 可拆除	后部空调辅控制	电动车门锁和后尾门锁	三区自动空调控制系统, 带湿度控制和空气过滤
	声学包隔声	带MyFord®的SYNC®	巡航控制	电动车窗 – 驾驶员和前排乘客的车窗自动升降
	转向盘–加热, 真皮包裹, 音频控制, 可伸缩及倾斜, 室外 (UK3)	AM/FM单碟CD播放器, MP3兼容6个扬声器	倾斜和伸缩式转向柱	驾驶员侧点动自动升降电动车窗
	转向管柱, 可伸缩和倾斜, 带有制动/传动转换显示	媒体中心带1个智能USB端口	多功能中控台储物区	转向管柱带巡航控制, 固定开关
	制动器/变速器联锁装置, 5种规格增强型信息显示及数字罗盘显示	4处12V电源输出接口 (2个在第一排, 1个在第二排, 1个在货舱区域)	可上锁的杂物箱	
	电动车窗	货舱挂钩	滑盖遮阳板	可加热真皮包覆转向盘带巡航控制5向控制和二级音频控制
	可编程与落锁保护电动门锁	主色调, 前后, 地垫地毯	油箱盖遥控开启	乘员辅助把手
	远程车辆起动	巡航控制	后窗除霜器带有计时器	杯架–前排 (5人), 第二排 (4人), 第三排 (4人)
	巡航控制	日间行车灯	后座加热器功能	中控台多功能存储区
	通用型遥控器	三排都有圆顶/地图灯	货舱灯	可锁定多功能储物箱
	空调为三区自动控制, 驾驶员和右前乘客及第二排独立控制	无盖燃油加注系统	隐藏式储物箱	集成式遮阳板 (第二排)

后窗电动除雾器	第一排中控台带有手扶和储物箱	转向盘安装有巡航/音频/电话、带光亮	空气过滤系统
后视镜自动调光	正面和背面有"EXPLORER"字样浮雕的防刮板	饮料架—前排(5个)、第三排(4个)	驾驶员和前排乘客化妆镜
遮阳板、驾驶员和前排乘客、垫布装饰、主色彩和带照明的化妆镜	集成式密钥	无盖燃油加注系统	无盖燃油加注系统
照明、内部氛围灯、在仪表板、货舱布置灯带、前座阅读灯、第二排阅读灯集成在顶灯和尾门启动开关以及进出口带照明功能	真皮包覆变速杆	地图灯(所有排)	货舱灯
	日/夜间后视镜手动调节	三区自动空调控制系统、带湿度控制和空气过滤	内饰、仪表和转向盘上有铝制部件
	倾斜/伸缩转向柱手动调节	家庭连接及远程系统	滑动遮阳板
	MyKey 功能	驾驶员和前排乘客的化妆镜	后视自动调光镜
	带顶灯/地图灯和太阳镜支架的顶部控制台	具有人机对话功能带太阳镜架	手动日/夜后视镜
内饰、仪表板和转向盘上有铝制部件	乘客辅助扶手(前排1个,第二排2个)	115V 电源插座	通用型控制器
储物系统、底板下方拥有储物区域	电动门锁	集成遮阳篷(第二排)	储物区挂钩
OnStar 使用周期6个月,OnStar 带有 4G LTE 和内置 Wi-Fi 热点	驾驶员侧点动自动升降电动车窗	自动调光后视镜	OnStar 带有 4G LTE 和内置 WiFi 热点

（续）

	参考车型	竞品车型#1	竞品车型#2	目标车辆
制造商、车型、生产年代和配置等级	通用汽车公司，Acedia，2016款，SLT-2，全时四驱	福特，Explorer，2016款，四轮驱动	本田，Pilot，2016款，旅行车全时四驱	通用汽车公司，Acedia，2021款，SLT-2，混合动力全时四驱
内饰特性		后视镜带洗涤功能	真皮包覆转向盘	多功能区分隔及放置系统（一个带家庭包装的分配器）
		遮阳板－彩色键，带盖单叶片梳妆镜	礼宾门灯（前排）	
		转向盘带巡航控制和辅助音频控制	蓝色LED照明灯	
座椅	座椅第一和第二排真皮面料，7座乘客（2-2-3座位布置）（可用（ABC）材料代替）	驾驶员和乘客座椅多级加热	60/40分体式，第三排座椅折叠可调，前座椅安全带固定器	驾驶员和乘客10向电动座椅，座椅一键式调节
	8座乘客（2-3-3座位布置）	驾驶员和乘客座椅8向电动座椅	可调的前座椅安全带头枕	第二排座椅加热
	座椅：8向电动驱动，带有电动镜和前排乘客座椅加热功能	第二排60/40折叠式座椅 第三排50/50折叠式座椅	所有座位带有头枕	第二排座椅一键式调节
	座椅调节器，驾驶员和乘客座椅外后视镜的双位记忆，乘客座位8向电动调节	手动高度可调的驾驶员座椅	驾驶员座椅具有10向电动调节功能，包括腰部支撑和双带锁定	驾驶员和前排乘客座位加热和通风
	前排座椅靠背可调	前排座椅靠背可调	第二排座椅一键式调节	乘客座椅高度可调节
		乘客座椅高度可调节	前座采用四向电动调节	第二排60/40分体式电动折叠式座椅
		带有电动可调腰部支撑乘客座椅	座椅真皮包覆	第三排50/50折叠式座椅
		带有电动可调腰部支撑乘客座椅 分体可折叠的第三排座椅	可加热前排座椅	可选装后排平座椅
				电动折叠式平座椅

音频/娱乐	彩色触摸收音机，配有 CD 播放器，智能交互系统 AM/FM/SiriusXM 收音机	Apple CarPlay 和 Android 车载系统兼容 4.8in 彩色触控收音机	蓝牙及免提连接								
	6.5in 触摸屏	博世的 AM/FM/CD 音频系统	蓝牙及串流音频	索尼高端音响系统	共 12 个扬声器						
	USB 端口，仅双向充电，位于中控台后部	10 个扬声器，包括 2 个低音扬声器	MP3、辅助输入插孔		390W 立体声输出						
	音响系统功能，Bose 高级 10 扬声器系统，带低音炮	通过蓝牙无线技术传输音频	MP3/WMA 播放功能		卫星广播						
	USB 端口，仅双向充电，位于中控台后部		RDS 功能		一个低音炮						
	音频系统控制，后部带耳机插孔		SVC 功能	音频记忆系统	提供 6 个月卫星无线电服务						
	SiriusXM 卫星广播		HondaLink 功能	SD 卡插槽	USB 连接						
			SMS 短信功能	无线数据广播系统	索尼高级品牌扬声器						
			Pandora 及兼容性		音频显示器						
			SBV 功能	显示器，所有三排 USB 端口均为 2.5A 充电容量	AM/FM 立体声						
			SiriusXM 收音机	静电触摸屏和可自定义的功能设置	环绕音频（分离式）						
			第二排高清多媒体接口	卫星导航系统	记忆卡插槽						
			带充电的音频接口（中控台 1 个 USB 接口）	SMS 短信功能	辅助音频输入和带外部媒体控制的 USB						

制造商、车型、生产年代和配置等级	参考车型	竞品车型#1	竞品车型#2	目标车辆（续）
	通用汽车公司, Acedia, 2016 款, SLT-2, 全时四驱	福特, Explorer, 2016 款, 四轮驱动	本田, Pilot, 2016 款, 旅行车全时四驱	通用汽车公司, Acedia, 2021 款, SLT-2, 混合动力全时四驱
音频/娱乐			充电音频端口（前排 2 个 USB 端口）	
			高速充电端口（第二排有 2 个 USB 端口）	SVC
			540W 音响系统，10 个扬声器，包括重低音扬声器	
			8in 显示器，配有高分辨率的宽型影像图形数组（800×480），带有静电触摸屏和可自定义的功能设置	
			Honda 卫星连接导航系统具有语音识别功能和高清数字传输	
	车辆防盗系统，通用汽车钥匙 PASS-Ⅲ级别，发动机防盗装置	电池省电特性	智能进入和可编程远程输入	无钥匙打开及起动
防盗	遥控无钥匙进入，紧急按钮和扩展范围进行编程	周边警报		双目摄像头系统
	通用遥控发射器（用于车门、防盗系统）	远程无钥匙/照明进入		无钥匙进入系统
		SecuriCode 无钥匙进入，键盘锁		防盗系统、车辆、通用汽车钥匙 PASS-Ⅲ型、遥控发射器（用于车门、安全系统）
	人脸识别	SecuriLock 安全锁被动防盗技术	SecuriLock 安全锁被动防盗技术	人脸识别进入系统

25.5 技术规划

表25.2列出了目标车辆的技术规划方案，它提出了目标车辆主要系统的变化，在表格的第4列和第5列中简要描述了在实施方案期间将面临的技术挑战和未解决的问题。

表25.2 技术规划

序号	车辆系统	主要技术提升计划	主要技术挑战	未解决主要问题/建议
1	动力总成系统			
		2.5L 4缸混合动力发动机，使排放水平满足2021年度车型的CAFE和NHTSA标准	混合动力发动机应该在SUV车型上进行充分验证，因国内客户喜欢这一细分市场的结实型汽车。这项新技术不仅要无故障，而且要结实耐用，能适应越野驾驶	新发动机的开发应该考虑到未来的排放规则，混合动力汽车供应商必须按照计划在规定的重量下设计电池组，比亚迪将成为电池供应商
	发动机	涡轮增压提高响应速度和快速加速	新增涡轮增压器的管道和附件问题	涡轮增压器供应商没有适合指定发动机功率的硬件，产品必须与发动机布局相结合，正在咨询霍尼韦尔和盖瑞特供应商
		适合的发动机起停系统	ECU用于新的混合动力控制系统，在汽油发动机和电动机之间切换的系统匹配需要更长时间的开发，即使在后期开发阶段也可能引起一些问题	通用系列产品中没有一个合适的发动机布置，系统产品，因此必须寻找新的供应商，欧姆龙公司比较合适
		采用发动机自动起停系统提升燃油效率	新特征需要更大容量的电池，更耐用的起动机和新增线束	新增线束和不同的起动机布置，由电装公司的一个团队负责完成
		可变气门正时用于改变发动机进气和排气的正时，以平衡功率和效率	可变气门正时装置，虽然是一个非常好的想法，但是增加了进气和排气系统以及维修的复杂性	通用汽车已经为2017年的车型开发了可变气门正时系统（因此，在功能整合方面设有重大问题）
		低摩擦轴承用于减少摩擦，提高效率	目前制造工厂无低摩擦轴承生产设备，独自生产可能也无法实现	制造低摩擦轴承需要先进的机械设备，应该分析与制造额外部件（如劳动力和成本效率）之间的权衡
	传动系统	9档自动变速器带换档拨片	尽管驾驶性提升，9档变速器将更加复杂，比6档增加旋转组件，频繁的升档和降档会在未来造成更多的磨损	总布置是一个挑战，必须研究可行性，成本会变高，因为新的变速器还得包括开发成本，考虑与另一家制造商合资，共同承担成本

407

（续）

序号	车辆系统	主要技术提升计划	主要技术挑战	未解决主要问题/建议
2	底盘系统			
	悬架系统	多连杆独立后半主动空气悬架及连续阻尼系统	空气悬架系统非常复杂，需要经常维护	新的电动悬架可能是从不同国家的制造商进口，从而可能影响零部件的使用
	转向系统	具有主动回正功能的电液可变电动转向系统	新的转向系统可能是一个问题，因为转向组件的监控需要容纳额外的组件，维护更加困难	提供转向系统的供应商还没有申请专利，可能会影响车辆测试，最终报告中包含的细节可能会有所不同
	制动系统	再生制动与发动机主动制动系统	新的再生制动系统要求制动系统配备新增的电子元件	最终供应商在布世和布雷博中确定
	前后轴	配有自适应地形四驱系统	四轮驱动系将有一个电子地形适应系统，它的安装方式必须保证泥浆或水不会影响它在越野过程中的使用	供应商尚未确定
	车轮和轮胎	车轮尺寸将增加到"19×7.5"，铸铝车轮	新的复杂的车轮设计可能有许多接头，制造也是一个挑战	更新轮辋尺寸可能意味着更昂贵的轮辋，所以必须采用一个新的设计，并且必须进行金刚石切割，以便人们为轮辋支付额外的价格，福斯等供应商将被选择为原始合金制造商
		低滚动阻力轮胎	低阻力轮胎的越野性能仍在开发中，可能不适当的越野轮胎	目前的供应商必须具有 Acedia 2021 款尺寸的低滚动阻力轮胎供应商可以是耐力
3	燃油系统	引进无盖燃油滤清器	这个新系统虽然已实施，但仍需要稍先进的制造工艺	供应商需确定
4	排气系统	系统带有额外的绝缘体	排气管的热量必须有额外的处理，以防止废气中的热量影响混合系统	同样的系统可以修改后在 2021 款 Acedia 车上使用

序号	系统	变化	说明
5	车身系统		
	白车身	整车重量减轻，车身将重新设计	重量轻且车身强度更大，需要改变车身材料，这反过来又增加了制造成本和材料成本
	开闭件系统	尾门踢脚开启系统	尾门踢脚开启系统需要布置额外的线路和传感器——增加了整体的复杂性
	座椅系统	具有带记忆一键式，第二排可调功能	地板和座椅框架上的新增线路布置将使座椅难以拆卸
6	电气系统	增加了带有再生制动系统电路的混合动力电动机	整个接线盒必须重新设计，以适应新的电路总成
7	照明系统	前照灯远近光自动切换和LED尾灯	与传统的12V系统相比，自动前照灯可能需要不同的电流规定，重新设计电子线路既昂贵又费时
8	电子控制系统	新增智能ECU，用于混合动力电动机的切断开关	当前仪表板布置空间不足，可能需要在布局上进行修改，需要空间来封装新增的ECU
9	车辆人机接口	Apple CarPlay和车载Android系统兼容，8in触屏界面	仪表板的中心处应设计出可以容纳一个的8in大的空间，布置也是一个问题
	娱乐系统	卫星导航系统	
		行人探测与夜视	行人检测系统及其控制单元需要修通道空间，它可能与传感器和线束之间所需的最小间隙冲突

序号		总结/影响
5		较轻的车身采用轻质材料并且强度增加，会导致成本增加，通用工厂将会采用最新的底盘分析设备
		由于这是福特公司新开发的系统，所以需要对系统的供应商进行确认
		供应商目前报的单价非常高，考虑通用内部开发的可能性
6		消除或简化某些其他系统的可能性，可以使得该系统的集成更容易
7		供应商最终确定为North American Lighting
8		先进的汽车电子系统如果设计不当，可靠性的水平可能会下降
9		谷歌和Apple负责软件开发
		因为系统需要安装幻外线和摄像头，会增加整体成本，成本与便利性之间的权衡有待检验

(续)

序号	车辆系统	主要技术提升计划	主要技术挑战	未解决主要问题/建议
10	空调系统	具有湿度控制和空气过滤功能的三区空调控制系统	内部整体布置水平必须更高，以保持三排座椅中的温度区	实施三区空调控制将在成本和舒适度之间进行权衡
11	安全系统	驾驶员和前排乘客使用的前侧气囊和新增帘式安全气囊	由于整体长度的减小，一个气囊的展开与另一个气囊展开之间的空间发生了变化，这就需要对气囊膨胀空间进行修改	新的安全气囊系统将由高田制造，成本与安全之间需要权衡，由于这是一个新的系统，因此需要确定供应商
		所有座位均配置三点式安全带	在新车上安装安全带和安全气囊需要分析并符合安全标准，这需要修订测量值	应进行更多的测试，以防止安全带对乘员造成伤害
	刮水器和除霜器	雨水感应式前/后刮水器	雨水感应模块将改变常规风窗玻璃的组装和密封，使风窗玻璃的制造、组装和更换更加困难	传感器单元按照风窗玻璃的设计，从供应商圣戈班购买
12	保安系统	具有人脸识别和无钥匙进入的防盗系统	新的保安系统将改变电路上的电流负载，需要重新设计。此外，人脸识别系统的安装和编程需要大量的资金来开发、安装和注册	老年人可能认为该系统非常复杂，需要在雨雪条件下对该系统进行人脸识别测试

25.6 开发车辆评估

本节介绍3个单独的Pugh矩阵图，通过使用参考车辆作为"基准"来比较拟开发的2021年度车型及其当前的两个竞争车型。表25.3～表25.5所示的3个矩阵图分别根据客户需求、车辆属性和车辆子系统进行对比。通过对比每个表格底部的总分，2021年度车型将比现有车辆有显著的改进。

表25.3 客户需求矩阵图

客户需求	通用 Acedia 2016 款（参考车辆）	福特 Explorer 2016 款	本田 Pilot 2016 款	通用 Acedia 2021 款（目标车辆）
舒适性		S	S	+
使用便利性		+	S	+
低成本维护		+	+	S
吸引人的美学设计		+	S	+
较高的座椅位置		−	+	S
噪声隔离		S	S	S
充足的内部存储空间		S	+	+
低排放		S	+	+
良好的燃油续航里程		S	+	+
良好的可靠性		+	+	+
良好的人机工程学设计		S	S	+
大功率发动机		+	+	+
乘坐舒适性		S	S	S
安全性		S	−	+
较大载货空间		−	−	−
防盗		+	−	+
+总计		6	7	11
−总计		3	3	1
S总计		7	6	5
总得分		3	4	10

表25.4 车辆属性矩阵图

车辆属性	重要性评分	重要性权重	通用 Acedia 2016 款（参考车辆）	福特 Explorer 2016 款	本田 Pilot 2016 款	通用 Acedia 2021 款（目标车辆）
总布置	5	0.0435		+1	+2	+1
人机工程学	7	0.061		+1	+2	+2
安全	10	0.0870		+3	+1	+4
造型和外观	9	0.0783		+2	+1	+2
热管理和空气动力学	5	0.0435		−2	0	+2
动力性和驾驶性	10	0.0870		+2	+3	+3
车辆动力学	8	0.0696		0	+1	+2
NVH（噪声、振动和舒适性）	8	0.0696		−1	−1	+1
车内空调舒适性	7	0.0609		0	0	+1

（续）

车辆属性	重要性评分	重要性权重	通用 Acedia 2016 款（参考车辆）	福特 Explorer 2016 款	本田 Pilot 2016 款	通用 Acedia 2021 款（目标车辆）
重量	5	0.0435		+1	+2	+3
防盗	8	0.0696		+2	2	+3
排放	3	0.0261		0	+1	+4
通信和娱乐	8	0.0696		+1	+2	+3
成本	10	0.0870		+1	+2	−3
客户生命周期	6	0.0522		+2	+1	+2
产品和工艺的复杂性	6	0.0522		+1	+2	−2
总和及加权总和	115	1		1.0349	1.0783	1.6782

表 25.5 车辆系统 Pugh 矩阵图

车辆系统	子系统	通用 Acedia 2016 款（参考车辆）	福特 Explorer 2016 款	本田 Pilot 2016 款	通用 Acedia 2021 款（目标车型）
车身系统	白车身		S	S	S
	开闭件系统		S	S	S
	座椅系统		S	S	S
	仪表板		S	S	S
	外部灯		S	S	+
	玻璃系统		S	+	+
	后视镜系统		S	S	S
底盘系统	车身底部结构		S	S	S
	悬架系统		S	S	+
	转向系统		S	S	S
	制动系统		S	+	+
	车轮和轮胎		S	S	S
动力总成系统	发动机		+	+	+
	变速器		S	+	+
	传动轴及万向节		S	S	S
	驱动轴及半轴		S	+	+
燃油系统	油箱		−	−	−
	燃油管		S	S	S
电气系统	电池组		S	S	+
	发电机		+	−	+
	线束		S	S	S
	电源控制		S	S	S

（续）

车辆系统	子系统	通用 Acedia 2016 款（参考车辆）	福特 Explorer 2016 款	本田 Pilot 2016 款	通用 Acedia 2021 款（目标车型）
空调系统	采暖加热		S	S	S
	风量控制		S	S	S
	温度控制		S	S	S
安全和防盗	安全气囊系统		+	S	+
	座椅安全带系统		+	S	+
	刮水器和除霜系统		S	S	S
	安全照明和闭锁系统		+	S	+
	车辆辅助驾驶系统		+	+	+
人机交互及系统	车辆主副控制信息娱乐及显示系统		S	+	+
	音频系统		S	+	+
	导航系统		+	+	+
	CD/DVD 播放器		S	−	−
	总计（+）		10	11	21
	总计（−）		3	4	3
	总计（S）		29	27	18
	总得分		7	7	18

由表 25.3 可知，基于客户需求，目标车辆总分为 10 分，明显高于 2016 年 3 款 SUV 车型总得分。目标车辆可以进一步改进，以满足客户在以下方面的需求：噪声隔离、乘坐舒适性、维修成本低。

表 25.4 给出了带权重的 Pugh 矩阵图，用于比较提案车辆与 3 款对标车辆在重要车辆属性上的差异。表中最后一行显示的是加权得分之和，其中目标车辆是最高的。然而，目标车辆在以下车辆属性方面可以进一步改进：布置方案、成本、产品和工艺的兼容性。

从表 25.5 提供的车辆系统总得分数据来看，与 3 款标杆车辆相比，目标车辆得分非常高，为 18 分。然而，值得注意的是，2016 年年度车型竞争对手，福特 Explorer 和本田 Pilot，总分都比基准高 7 分，当 2021 年年度车型汽车进入市场时，它们将继续是强劲的竞争对手。因此，应尽一切努力改进目标车辆的多个系统，特别是那些其评级为 S（与基准相同）的车辆系统（如空调系统）。

25.7 项目时间、销售和财务预测

25.7.1 项目时间

2021 年通用 Acedia 的车辆项目预计在车辆量产节点 工作#1 之前大约 50 个月开始组建核心产品开发团队。车辆量产节点工作#1 计划时间为 2020 年 11 月 20 日，项目时间计划和节点见表 25.6。

表 25.6　2021 年 Acedia 项目里程碑

年-月	节点代码	节点定义	节点内容描述
2016 年 4 月	PD	项目定义	对 2021 年 Acedia 项目进行定义
2016 年 9 月	PKO	计划启动	项目提案被高层管理人员批准，项目及团队领导确定
2016 年 10 月	TF	组建团队	依据汽车不同的系统和模块建立团队，对选定标杆车型进行对标研究
2016 年 12 月	TS	设定目标	功能规范目标设定，完成几组概念设计
2017 年 2 月	CR	概念评审	由高层管理人员基于对标车型确定车型概念设计
2017 年 4 月	CS	概念确定	市场调研数据和项目团队的方案建议由高层管理人员评审，概念选定并进一步开发
2017 年 6 月	EL	工程开发启动	考虑功能和工程可行性开始系统级设计
2017 年 12 月	SD	系统设计批准	各工程部经理对设计进行评审和批准设计方案
2018 年 4 月	ES1	工程方案签字	团队领导签署了当前的设计方案，以便进行更详细的工程开发设计
2018 年 8 月	PA	项目批准	项目经高层管理人员审核批准，研发预算批准
2018 年 10 月	VT1	验证测试 1	发布初步的验证测试，进行了系统级和子系统级的测试，并将结果纳入设计当中，也对对标车型零部件测试进行了比较
2019 年 4 月	PTV	工程样车测试	工程样车完成并进行整车测试
2019 年 5 月	VT2	验证测试 2	完成部件级进一步测试，并将结果纳入到设计中
2019 年 12 月	PF	工装样车	完成最终生产的样车开发并由专家评审
2020 年 2 月	VT3	验证测试 3	为确保预期使用寿命，进行最终耐久性测试
2020 年 4 月	MFS	营销和现场支持计划启动	向营销现场支持人员提供所需的信息和工具
2020 年 5 月	PR	生产准备	制造工厂改造和测试制造车辆
2020 年 5 月	MS	量产签字	制造工厂经理签署产品功能和质量控制方案
2020 年 4 月	ES2	工程签字批准	所有的团队领导在车辆的功能、可靠性和耐久性等方面签字
2020 年 11 月	JB1	工作#1（车辆量产）	管理部门批准销售生产车辆
2021 年 1 月	PSR	项目状态评审	定期审核客户反馈、销售、保修和成本
2025 年 9 月	STOP	终止生产	车辆停止生产，销售库存汽车
2026 年 1 月	END	终止项目	项目终止。维护库存中可用的零部件以支持使用中的车辆，为生产其他车辆重组工厂

25.7.2 销售预测

据估计,该公司每年将销售约 20 万辆,制造商建议 2021 款 Acedia 零售价(MSRP)估计是 48000 美元。

25.7.3 财务预测

在估计的 4 年销售期(2021—2025 年)中,通用 Acedia 的总销量约为 72.6 万辆,总收入约为 310 亿美元,净利润约为 180 亿美元。在车辆量产节点工作#1 之前,Acedia 项目的最大累计成本估计为 20 亿美元,成本盈亏平衡点预计发生在车辆量产节点工作#1 后 3 个月左右。

25.8 结束语

本章内容的目的是让学生通过执行数据收集和决策任务,了解汽车产品开发的早期阶段的工作。这些项目要求学生们为 2021 年的通用 Acedia 制定技术规范,方法是对最新的通用 Acedia、福特 Explorer 和本田 Pilot 车型进行对标测试,研究满足政府法规以及设计和技术的未来趋势。

应当认识到,本章所列表格中提供的数据是由学生通过搜索各种资源,例如车辆产品手册、汽车制造商的网站和汽车杂志,在非常有限的时间内收集的(附录 A～E 中给出所有的项目,由一个不超过 4 名研究生的团队在一个学期内完成)。Pugh 矩阵分析使用的数据是在有限的时间和缺乏对标车辆的条件下收集的。同样,财务分析是使用许多项目的假设进行的,例如执行各种设计任务所需的时间、人力需求,以及与不同评价相关的工资和费用。因此,本章提供的数据和信息是近似和粗略的。然而,从教育价值的角度来看,读者和学生应该了解在开发新的汽车产品时这种数据的需要和使用。

除了第 23 章结束语一节中所述的意见外,这里还简要描述了这些项目提出的重要意见:

1)本章所涉及的 SUV 车型是一种重要且不同类型的汽车产品。与乘用车相比,SUV 携带更多乘客,具有更大的载重能力,并提供更大的座椅灵活性。

2)为提高 SUV 的燃油效率而提出的三个主要方案:①发动机小型化;②实施混合动力系统;③减轻车辆的总重量。

3)SUV 市场份额一直在稳步增长,因此,这代表了增加未来利润的巨大机会。

参 考 文 献

Subramanian, A., V. Manoharan, U. Sundar, and S. Srinivasan. 2016. Development of 2021 GMC Acadia. Projects P-1 to P-4 conducted for "AE 500: Automobile an Integrated System" course at the University of Michigan-Dearborn in winter term 2016.

附 录

附录 A 对标和初步设计规范

目的

1) 对 AE 500 项目选择的参考车辆和竞争车辆进行对标研究。
2) 制定目标车辆的技术规范草案。
3) 绘制 Pugh 矩阵图来确定目标车辆和对标车辆是如何与参考车辆相比较的。

流程

1) 选择一个参考车辆（针对项目研究/开发 2021 年度车型的目标车辆）。参考车辆必须是在美国市场销售的最近年度车型（2015 年或 2016 年）的车辆。

2) 在同一细分市场中，至少选择另外两辆领先于参考车辆的新款车作为竞争对手进行对标。

3) 进行对标测试（即，通过考虑所有重要尺寸和车辆特征并确定定义目标车辆所需的改进，来比较两个竞争车辆与参考车辆）。从网络查询（例如，汽车制造商的用户手册）、汽车杂志和学术期刊上的文章、访问经销商、底特律车展以及个人对车辆及其零部件和系统的测量值、观察结果和照片中收集关于车辆尺寸和特性的数据，用于对照比较（即照片对标）。

根据相应系统的外饰和内饰尺寸、特性和特征（见表 1.1 车辆系统列表）以及可用标准和可选设备，编制一个对标表，来比较参考车辆及两辆竞争车辆。

4) 根据目标车辆、客户及市场位置的特征来定义细分市场。

细分市场可以使用车辆尺寸（小型、紧凑型、中型、大型）、车身造型（跑车、轿车、轿跑车、旅行车、运动型多用途车（SUV）、面包车、皮卡车）、经济/入门级豪华/豪华/超豪华以及车辆在哪些国家销售和使用等类别来定义。还可以考虑其他特征：目标车辆的载客人数、重量和货物/行李舱容积以及客户（即车主和主要用户）。另请参阅 https：//en. wikipedia. org/wiki/Car_classification，https：//en. wikipedia. org/wiki/Truck_classification 和 https：//en. wikipedia. org/wiki/Commercial_vehicle。

需要考虑的客户特征有：男女比例、年龄、学历、职业、人生阶段（例如，单身/已婚、学生、非学生/工作、退休）、生活方式（例如，他们使用车辆所进行的活动：上下班、度假旅行、与孩子一起旅行）、收入、家庭中其他车辆的品牌和型号等。

5）起草一份客户需求清单，即目标车辆预期客户的需求。

起草清单，需要观察参考车辆和对标车辆在实际中（例如，在道路、停车场、加油站、休息区和机场等地观察）是如何使用的（例如，上下班、与家人长途旅行或运输工作设备/材料等）。此外，与车辆的一些用户/车主讨论他们的需求和问题以及他们喜欢、不喜欢和想要的车辆特性。根据所收集到的信息，制定目标车辆的客户需求清单，并将客户需求按车辆使用类别分组。

客户需求清单必须涵盖所有主要客户的需求（注意：此清单应该全面并且尽可能完整，以定义车辆的所有特征和特性。需要注意的是，后续将参考客户需求来制定车辆属性和子属性级别的需求）。

6）目标车辆技术规范：在4）部分中起草的对标表中添加一列（对于2021年度目标车辆），并添加几行，包括车辆每个主系统的简要说明和特征（见表1.1）以及目标车辆、当前参考车辆和对标竞争车辆的规范草案。

技术规范应涵盖整个车辆及其所有主要车辆系统。此列中提供的信息应能充分地将每个车辆系统的基本信息（例如系统类型/配置（例如，发动机类型：2.3L涡轮增压汽油发动机，前置麦弗逊式悬架和后置拖曳臂式悬架）以及性能（例如，240hp，8.0s内达到0-60mile/h的加速度，125ft的制动距离内达到60-0mile/h的减速度））提供给设计工程师。

技术规范还应包括：①外饰尺寸（例如，总长、总宽和总高、轴距、前后轮距宽度和离地间隙）；②内饰尺寸（例如，每排座椅的腿部空间、头部空间、肩部空间、臀部空间；行李舱空间容量）；③性能（例如，发动机规格、功率、转矩）；④特性（例如，整备质量、前后悬架类型、制动器类型和规格）；⑤功能（例如，0-60mile/h的加速时间、60-0mile/h的制动距离、在城市/高速公路/组合道路上的每加仑英里数以及每英里的CO_2排放量克数）；⑥特征（例如，导航系统、智能前照灯、车道偏离报警系统）。因此，最后增加的一列应包括完整的目标车辆规范。

查阅环境保护局/国家公路交通安全管理局（EPA/NHTSA）关于燃油经济性和排放要求的最终标准（如图3.1~图3.4所示），并确定对目标车辆的最低要求（燃油消耗量和排放量）。目标车辆必须满足基于其投影面积的要求。规格表中应包括目标车辆投影面积数据和这些要求。

7）根据客户需求、车辆属性和车辆系统，绘制3个独立的Pugh矩阵图表，将目标车辆和对标车辆与参考车辆（"基准"）进行比较（分别如表2.2车辆属性表和表1.1车辆系统列表所示）。

每个 Pugh 矩阵图表的左列应包括要创建 Pugh 矩阵图表的类别（即，客户需求、车辆属性或车辆系统）中的所有项目（每行一个）。将参考车辆特征作为每行的"基准"，通过对比每个项目（分配给该行的客户需求、车辆属性和车辆系统）并在对标车辆和目标车辆的列中填写 +、- 或 S 符号来评估每个车辆（对标车辆和目标车辆）。

8）说明创建目标车辆时的重要产品设计/开发问题和挑战，包括基于投影面积的燃油经济性（每加仑英里数）、排放量（每英里 CO_2 的当量克数）指标和安全性相关的变化。

附录 B　选定的车辆系统的质量功能部署、需求级联和接口分析

目的

1）在车辆系统中应用质量功能部署（QFD），了解性能规范的开发。

2）了解汽车系统、子系统和各系统之间的接口及需求。

3）将车辆属性和子属性的需求级联到车辆系统及子系统的需求中。

4）了解以协调不同设计和工程活动之间的系统设计任务，以及与权衡相关的问题。

流程

1）为参考车辆选择如下车辆系统中的一个：

① 车身开闭件系统（车门、发动机舱盖、行李舱盖或后背门、铰链、闩锁、玻璃等）。

② 后悬架系统（控制臂、连杆机构、车轴、轮毂、车轮和轮胎、减振器、支架/车架等）。

③ 电气系统（交流发电机、电池、线束、开关、继电器、熔丝等）。

④ 仪表板系统（车辆横梁、支架、空气调节器、显示屏和控制装置、乘客安全气囊、杂物箱等）。

⑤ 燃油系统（燃油箱、带燃油泵的燃油模块、燃油滤清器、油位传感器、减压阀、油箱门、燃油管、油路等）。

2）研究参考车辆中的系统并列出所有子系统。为所选系统建立分解树。分解树应包括系统的所有子系统、二级子系统和主要零部件。此外，列出与所选系统相连接的所有其他车辆系统（例如，车身系统）。

3）为所选车辆系统的子系统绘制 QFD 图表，表中应中包含以下详细信息：

① 确定所选子系统的客户需求（访问至少 6 个客户，了解他们在所选系统及其子系统中喜欢和不喜欢的内容）。记录每个客户需求。

② 通过团队讨论确定其功能规范/要求（来自不同职能部门的成员将提供有关设计问题的更完整信息）。记录每个功能规范。

③ 建立关系和相关矩阵（使用 QFD 符号来表达优势）。
④ 确定（估计）客户需求并按重要性评级。
⑤ 基于具有相同系统的其他两个竞争产品来评估所选系统（参考车辆），并根据客户需求和功能规范划分等级。
⑥ 每个功能规范有对应的目标。
⑦ 按功能规范的相对重要性评分（最后一行）。确定该行中的前几个最重要的规范。

4）绘制参考车辆的所有属性和主要子属性的表格，至少为每个主要子属性提出一个主要整车级别的需求（注意：第一列应列出所有车辆属性。第二列应列出每个属性的所有主要子属性。第三列应列出每个子属性的至少一个级别的需求。因此，表格的每一行显示了属性、子属性和每个子属性需求）。

5）级联子属性需求（在步骤4）中创建的表的第3列），至少为所选系统的每个子属性提出一个工程设计需求，并将它们列入步骤4）中所绘制的表的第四列。

6）至少为所选系统的3个主要子系统中的每一个提出一个需求，并将它们添加到步骤3）中所绘制的表的第5、第6和第7列（注意：为限制表的大小，仅包括3个主要子系统）。

7）为选定的车辆系统绘制接口图表，包括系统的所有主要子系统和其他车辆系统。应通过箭头表明所选系统的子系统与车辆中的其他车辆系统之间的所有连接。通过在每个箭头旁边放置合适的字母代码，来为接口图表中的每个接口指定接口代码。使用字母代码功能（F）、物理（P）、总布置空间（S）、能量交换（E）、物料流（M）和信息流（I）。

8）建立一个接口矩阵，包括（所选系统的）所有子系统和其他车辆系统。指定与矩阵中每个单元格对应的每个接口的特征（例如，连接类型：功能（F），物理（P），总布置空间（S），能量交换（E），物料流（M），信息流（I）或无（0））。

9）为所选系统的每个子系统提出（说明）两个接口需求。

10）至少说明在设计所选系统时为与车内其他系统配合使用所需考虑的两个主要权衡因素。

11）写一份报告，包括2）～10）项中的所有内容，并总结从中获得的观察结果和思考。

12）书面报告（MS Word 或 pdf 格式的文件）应包括：
① 所选系统的分解树。
② QFD 分析，包括已完成的 QFD 分析图表，所选系统的图片/草图（显示零件/特征），记录客户需求并定义功能规范，结果/观察的说明，关于第3）～5）项最重要的功能规范和全部调查结果以及结论。
③ 需求逐级分解表（Excel 文件）要包括车辆属性、其主要子属性、车辆级子

属性要求以及与所选系统及其3个主要子系统相关的子属性的需求。

④ 接口图表包括所选系统的所有主要子系统和相连接的所有其他车辆系统。

⑤ 接口矩阵（Excel 文件）包括所选系统的所有主要子系统和相连接的所有其他车辆系统以及矩阵的每个单元的接口类型。

⑥ 为所选系统的每个子系统提出两个接口需求。

⑦ 说明在所选车辆系统的设计中需考虑的两个主要权衡因素。

附录 C　商业规划开发

目的

为开发目标车辆制定商业规划。

报告内容：

1）商业规划应该包括：

① 对所选（目标）车辆的说明，包括车辆特征、配置和车辆系统的特点（1页）。

② 所选车辆的竞争者（品牌和型号）以及对其关键尺寸和特征的比较（1页）。

③ 市场细分的说明（0.5页）。

④ 预期客户的特征（0.5页）。

⑤ 销售价格和销售预测（1页）。

⑥ 进度计划和关键节点（1~2页）（见图2.4的时间图表，表2.1是关于节点的定义。时间应按月份以作业#1表示）。

⑦ 车辆项目的成本和收入汇总表以及生命周期成本和收入的曲线图（带有与时薪、利息和通货膨胀相关的假设）（2~3页）。

⑧ 对标、变更和风险：目标车辆的技术规范与参考车辆和基准车辆进行比较的对标表。该表应包括两个附加列："注释"列和"风险"列。评论栏应简要说明目标车辆发生的重要变更，"风险"栏应简要说明在实施变更时车辆项目的主要风险（2~3页）。

2）总结与讨论：

① 总结主要成效和发现。说明具有所选特征车辆的畅销原因（1页）。

② 讨论哪些方面运作良好，哪些方面失败了或未尽如人意，并阐述经验教训和未来工作建议（1页）。

P-3报告的页面限制：页面限制要求（括号中显示）：页面大小为8.5×11，页边距为最小值1。文本使用12磅字体，表格和数字使用最小值10磅字体。尽可能以表格和/或图形格式（图表、平面图、流程图等）表达信息。整个报告页数最多为14页（不包括封面和目录）。超出上述页数限制的页面将不予评分。难以辨认的文字、数字、表格、图表和插图将不予评分。

附录 D　拟开发车辆的概念设计和技术方案

目的

1) 从对标以及设计与技术趋势中搜索更多的信息，并重新对车辆进行定位。

2) 阐述车辆配置和初步总布置设计，包括关键内饰和外饰尺寸以及车辆概念的细节说明。

3) 为选定的技术和特性制定技术方案。

流程

假设你在附录 C 中提交的商业规划已被公司高级管理层采纳。现在，为了启动概念设计流程，你需要召集你的团队并向他们提供有关车辆细节的信息，例如，整车特性、项目计划、时间安排、关键节点、主要团队的任务、职责和关键未决定问题。

在下一次设计团队会议中，你应该提供车辆概念的原始图样。该图样能够帮助设计团队根据整体尺寸、总布置和工程问题而将车辆形象化表示出来，并开始进行综合性设计——创建初始草图和计算机辅助设计（CAD）模型，并建立外饰和内饰表面。

你还需要启动技术方案来定义车辆中的新特征。因此，在该项目中，你的任务是：

1) 绘制初始图样，其中包含车辆的侧视图和平面图（按比例绘制，手绘或使用 CAD），并附有以下详细信息：

① 总长、总宽和总高的整车包络线。

② 四个车轮的位置，并规定轴距、前后悬以及前后轮距的尺寸。

③ 发动机舱罩后端最高点和行李舱 D 点、发动机包络线、前围板和后座椅靠背、车辆地板和车顶高度、加速踏板、前后座椅参考点和转向盘中心的位置。

④ 主要部件的位置和包络线，如油箱、电池和动力总成。

2) 使用表格制定初始技术方案。表格应包括所有主要车辆系统（作为行）。主要车辆系统应按顺序列出，序列号位于表格的第 1 列，系统名称位于表格的第 2 列。第 3 列应写明计划的主要变化（单行重点说明）。第 4 列应简要说明主要的技术挑战。第 5 列应提供对关键未决定问题的评论（需要进行额外的开发和分析工作以更好地了解问题及相关问题和取舍），例如可能对现有硬件/软件、技术、实施技术的相关风险、替代解决方案、之后需要采取的行动、制定与购买决策以及潜在供应商进行修改。

为了制定技术方案，需搜索以下领域的最新进展和发展信息：

① 动力系统技术，以满足环境保护局（EPA）和国家公路交通安全管理局

（NHTSA）即将发布的燃油经济性和排放要求。

② 其他燃料节能技术，如低摩擦轴承、低滚阻轮胎、动力再生方法和起停技术。

③ 新型轻质材料和其他可再循环汽车材料的应用。

④ 主动和被动安全装置的安全技术（例如，驾驶员报警系统、防撞系统和驾驶员辅助系统）。

⑤ 电子设备（信息、通信、计算机、无线和全球定位系统（GPS）技术的应用）。

⑥ 汽车电子（微处理器、传感器、执行器和电子控制单元（ECU）综合应用）。

⑦ 电气系统架构（电气系统的配置）。

⑧ 驱动接口技术（例如，转向盘上安装的控制装置、触摸屏、蓝牙、可编程/可重组的控制装置和显示屏、显示屏技术、语音控制器和手势控制器）。

⑨ 车辆照明技术（发光二极管（LED）、光纤、智能前照灯等）。

在表格第5列中简要总结你的建议，以便在第2)项中介绍你的技术方案。

附录 E　系统工程管理计划和车辆手册

目的

1) 为开发目标车辆制定系统工程管理计划（SEMP）。
2) 为目标车辆提供重要的车辆特征和功能列表，并将其写进手册中。
3) 编写目标车辆手册。

报告内容

1) SEMP（系统工程管理计划）：假设你的商业规划得到了高级管理层的批准，你的车辆设计和研发团队正在开发替代概念设计。现在，你所面临的主要挑战是确保在项目计划的时间安排和预算内开发正确的车辆（具有合适的属性组合以及对属性的权衡）。为了迎接挑战，你必须准备一份SEMP并将其展示给开发团队，使他们了解项目进程（即，他们需要承担的工作以及他们在车辆开发过程中必须应用的工具和技术）。因此，你的下一个任务是建立SEMP并以易于阅读的格式来记录。

确保报告的首要内容为目标车辆的以下信息：①品牌；②型号；③车身造型；④细分市场；⑤两辆竞争车辆。

SEMP必须包括实施图2.2和图2.3所示的系统工程过程所需的所有重要步骤、分析和评估。每个步骤必须包括要在目标车辆程序中处理的特定设计/开发任务。

使用如下表格介绍你的SEMP：

第1列：步骤编号。

第 2 列：步骤说明（必须完成的任务/工作）和时间安排（即，在［-］之前或［+］之后工作#1 之后几个月内的步骤开始和完成时间）。

第 3 列：要执行的分析、测试和评估，包括要使用的方法/工具，以及要进行的设计评审。

第 4 列：负责该步骤的学科/部门，以及有关该步骤的任何评论和/或其他详细信息。

2）提供 3 个工程细节列表，以帮助公司的营销部门为潜在客户准备车辆手册。

营销部门希望你通过准备如下 3 个单独的列表来整理相关的车辆详细信息（例如车辆重要尺寸和车辆特征性能）：

① 客户最期望车辆的 3 个属性。

② 3 个新颖且独特的特性，能够使其潜在客户产生"兴奋"的印象（即，客户在目标车辆的细分市场的车辆中还没见过这样的特性）。

③ 你认为客户最想要的 5 个特性（即，"必须拥有"的想法使他们做出购买决定）。

3）为潜在客户提供车辆手册。该手册应包括：①车辆外饰和内饰尺寸；②关键卖点、车辆标准和可选功能/内容，以及技术优势相关因素（例如，主要工程成效，与主要竞争车辆进行比较，说明为什么你的车辆比一些主要竞争车辆好）；③用草图和图样来说明车辆的功能。

Automotive Product Development/by Vivek D. Bhise/ISBN：9781498706810

ⓒ 2017 by Taylor & Francis Group, LLC

CRC Press is an imprint of Taylor & Francis Group, an Informa business

All rights reserved；

本书原版由 Taylor&Francis 出版集团旗下，CRC 出版公司出版，并经其授权翻译出版，版权所有，侵权必究。

China Machine Press is authorized to publish and distribute exclusively the Chinese Simplified edition. This edition is authorized for sale throughout Mainland of China. No part of the publication may be reproduced or distributed by any means, or stored in a database or retrieval system, without the prior written permission of the publisher.

本书中文简体翻译版授权由机械工业出版社独家出版并限在中国大陆地区销售，未经出版者书面许可，不得以任何方式复制或发行本书的任何部分。

Copies of this book sold without a Taylor & Francis Sticker on the cover are unauthorized and illegal.

本书封面贴有 Taylor & Francis 公司防伪标签，无标签者不得销售。

北京市版权局著作权登记　图字：01-2019-2305 号。

图书在版编目（CIP）数据

汽车产品开发/（美）维夫克·D. 比泽（Vivek D. Bhise）著；马芳武等译. —北京：机械工业出版社，2020.5

（汽车先进技术译丛. 汽车创新与开发系列）

书名原文：Automotive Product Development

ISBN 978-7-111-65274-8

Ⅰ. ①汽… Ⅱ. ①维… ②马… Ⅲ. ①汽车-产品开发 Ⅳ. ①U46

中国版本图书馆 CIP 数据核字（2020）第 057003 号

机械工业出版社（北京市百万庄大街22号　邮政编码100037）

策划编辑：孙　鹏　责任编辑：孙　鹏

责任校对：张　征　封面设计：鞠　杨　责任印制：邓　敏

北京圣夫亚美印刷有限公司印刷

2020 年 7 月第 1 版第 1 次印刷

169mm×239mm·27.75 印张·2 插页·568 千字

0 001—2 500 册

标准书号：ISBN 978-7-111-65274-8

定价：199.00 元

电话服务	网络服务
客服电话：010-88361066	机　工　官　网：www.cmpbook.com
010-88379833	机　工　官　博：weibo.com/cmp1952
010-68326294	金　　书　　网：www.golden-book.com
封底无防伪标均为盗版	机工教育服务网：www.cmpedu.com